21世纪高职高专规划教材（工商管理类）

现代市场营销学

主　编　李　胜　冯　瑞
副主编　吴姗娜
参　编　孙　菲　尹政平　吉赞锋

机　械　工　业　出　版　社

本书从当代国内外营销理论和实务发展的现状出发，博采众长，坚持理论与实践相结合，全面系统地介绍了现代市场营销学的基础理论、基本知识和方法，具有一定的创新性和较强的实践性。

全书共分为18章，内容包括现代市场营销学概论，市场营销管理哲学，市场营销战略规划与管理过程，市场营销环境，消费者市场和购买行为分析，生产者市场和购买行为分析，市场营销调研与预测，目标市场营销战略，竞争性市场营销战略，产品策略，品牌与包装策略，定价策略，分销渠道策略，促销策略，市场营销计划、组织与控制，国际市场营销，服务市场营销，网络营销。每章后均附有小结、思考题和案例分析。

本书可作为高职高专院校经济管理及相关专业的通用教材，也可作为应用型本科经济管理专业的教材，也可供各级企业管理人员、市场营销人员学习与培训参考。

图书在版编目（CIP）数据

现代市场营销学/李胜，冯瑞主编. —北京：机械工业出版社，2008.1（2014.8重印）

21世纪高职高专规划教材. 工商管理类

ISBN 978-7-111-22714-4

Ⅰ.现… Ⅱ.①李…②冯… Ⅲ.市场营销学—高等学校：技术学校—教材 Ⅳ.F713.50

中国版本图书馆CIP数据核字（2007）第171863号

机械工业出版社（北京市百万庄大街22号 邮政编码100037）
策划编辑：余茂祚 责任编辑：赵志鹏 责任校对：郑继成
封面设计：饶 薇 责任印制：刘 岚
北京中兴印刷有限公司印刷
2014年8月第1版第3次印刷
169mm×239mm · 22印张 · 428千字
7 001—8 500册
标准书号：ISBN 978-7-111-22714-4
定价：34.00元

凡购本书，如有缺页、倒页、脱页，由本社发行部调换

电话服务	网络服务
社服务中心：(010)88361066	教材网：http://www.cmpedu.com
销售一部：(010)68326294	机工官网：http://www.cmpbook.com
销售二部：(010)88379649	机工官博：http://weibo.com/cmp1952
读者购书热线：(010)88379203	封面无防伪标均为盗版

前 言

市场营销学是一门建立在经济科学、行为科学和现代管理理论基础之上的应用学科。1999年，教育部高教司首次将市场营销学列为工商管理类专业的核心课程，适时反映了竞争性市场体制及买方市场形成后，国内外市场竞争激烈、加强市场营销管理工作的重要性。

本书结合编者多年的教学与科研经验，充分吸纳了近年来理论和实践研究的成果，是集体智慧的结晶，具有体系完整、内容全面、理论联系实际、通俗易懂、深入浅出的特点。

为了融理论性与实践性于一体，专业性与可读性于一体，使教材富有启迪性、实用性与生动性，每章开篇设有“学习目标”，提示知识要点和重点；文中穿插“超级链接”，以补充相关资料，增加信息，既可以丰富教材知识点，也便于学生学习和理解；每章后附的小结、思考题以及综合性案例，可开发读者创新思维和营销心智，将所学知识融会贯通，学以致用。

本书由李胜和冯瑞任主编，吴姗娜任副主编。具体分工如下：北京城市学院经济管理学部李胜编写第1、2、3、8、15章；陕西工业职业技术学院吴姗娜编写第4、6、18章；苏州经贸职业技术学院冯瑞编写第5、11、14章；陕西工业职业技术学院孙菲编写第7、16章；北京城市学院经济管理学部尹政平编写第10章；洛阳大学吉赞锋编写第12、13、17章；第9章由孙菲和尹政平共同编写。此外，尹政平协助收集、整理了大量资料，并进行了文字编辑和部分图表的绘制。全书由李胜负责大纲的编写和撰写体例要求，并负责统稿。

在本书编写过程中，参阅、引用了大量同行编写的文献和书籍，借鉴了国内外市场营销学者的最新研究成果，在此向原作者表达深深的谢意。同时要感谢机械工业出版社对本书出版的大力支持！

由于时间和水平所限，书中难免有不妥之处，恳请广大读者批评指正。

编 者

目　录

第1章 现代市场营销学概论

学习目标 通过本章学习，了解市场营销学产生的背景和发展历程；了解市场营销学在我国的传播情况；掌握市场营销的概念和理解市场营销的核心概念；了解市场营销学的学科特征、研究对象、内容与方法。

1.1 市场营销学的起源、发展与传播

市场营销学是20世纪初从经济学中脱胎出来的，它的形成经历了一个特殊的历史过程，在此过程中市场营销学不断发展并逐渐成熟。

1.1.1 市场营销学的起源与发展

市场营销学于20世纪初起源于美国，它是美国社会经济环境发展变化的产物。一百多年以来，随着经济形势和工商企业市场营销活动的变化，市场营销学也有了很大发展，大致可分为6个阶段。

1. 萌芽阶段（1900～1920年） 早在1902年，美国有几所大学就率先开设了市场营销学课程。这一阶段，承担大学商科教学的教师们开始注意交换领域的定价、分销和广告问题的研究，并陆续开设相关课程。但此时市场营销学的理论体系尚未形成，时常需借用经济学理论，市场营销研究与企业的营销管理实践也没有密切联系起来。因此，可以说这一阶段是市场营销学的“萌芽阶段”。1912年，哈佛大学教授哈杰特齐（J. E. Hagertg）出版了第一本以“Marketing”（市场营销学）命名的教科书，这被认为是市场营销学作为一门独立学科产生的标志。

2. 功能研究阶段（1921～1945年） 这一阶段以营销功能研究为特点。1929～1933年，资本主义世界爆发了经济大危机，市场萧条，市场问题空前突出。因此，市场营销学逐渐受到学术界和企业界的重视，各种流派的不同观点和研究方法相继出现，逐渐形成了市场营销学的概念和理论体系。1926年，在美国建立了“全国市场营销学和广告学教师协会”。1937年，成立了“美国市场营销协会”（AMA），并在全美各地设立了几十个分会，在几十所大学里组织了市场营销学研究俱乐部，出版了杂志，交流研究成果和组织人员培训工作等，对市场营销学的发展起到了促进作用。

这一阶段，市场学的研究在深度和广度上都有一定的进展，但还没有超出流通领域，仍局限于推销问题的研究，没有重大突破。1942年，克拉克出版的《市场营销学原理》一书在功能研究上有所创新，把功能归结为交换功能、实体

分配功能、辅助功能等，并提出了推销是创造需求的观点，实际上是市场营销学的雏形。

3. 形成和巩固阶段（1946～1965年） 随着“二战”后科学技术的发展，劳动生产率大大提高，经济增长迅速，市场态势发生了重大变化：一方面商品供应数量空前增加，新产品和新品种不断出现，形成了买方市场；另一方面，由于资本主义政府吸取了30年代大危机的教训，推行一整套高工资、高消费和高福利的社会经济政策，刺激和提高了国民的购买力，使消费者对于商品的购买选择性日益增强。在这种情况下，企业间的市场竞争越演越烈，原来的市场营销学理论和实务已不能适应企业市场营销活动的需要。于是，在市场学的理论上出现了一个重大突破，形成了“以消费者为中心”的现代市场营销观念。至此，市场营销学的研究突破了流通领域，深入到生产领域和消费领域，形成了现代市场营销学体系。

这一阶段的主要特征是，市场营销理论的阐述更加准确；强调市场营销活动必须适应消费者需求的变化；强调目标市场营销学、市场营销信息和市场营销系统的重要作用；从企业环境与营销策略二者关系来研究营销管理问题。代表人物有范利（Vaile），格雷特（Grether），考克斯（Cox），梅纳德（Maynard），贝克曼（Beckman），罗·奥尔德逊（Wraoe Alderson），约翰·霍华德（John. A. Howard）和尤金·麦卡锡（E. J. Mocarthy）等。

1960年，美国的尤金·麦卡锡集大成著出《基础市场学》，提出了4P’s组合，即产品（Product）、价格（Price）、分销渠道（Place）和促进销售（Promotion）的营销组合。麦卡锡为我们提供了一个有助于记忆营销组合主要工具的简便方法。

4. 差异化发展阶段（1966～1980年） 这一阶段，市场营销学逐渐从经济学中独立出来，同管理科学、行为科学、心理学、社会心理学等理论相结合，广泛吸收其他学科的概念、原理，使市场营销学的理论体系更加充实。从原来的总论性、归纳性和概括性分析研究，转变为区别不同的研究对象、确定具体研究内容的专门性研究，并分化出许多子学科，如服务市场营销学、国际市场营销学、非营利组织市场营销学、房地产市场营销学等。

这一阶段的代表人物主要有菲利普·科特勒（Philip Kotler），乔治·道宁（George S. Downing）等。1967年，美国著名市场营销学教授菲利普·科特勒出版了《市场营销管理：分析、计划与控制》一书，该著作全面系统地论述了现代市场营销理论。他对营销管理下了精辟的定义：营销管理就是通过创造、建立和保持与目标市场之间的有益交换和联系，以达到组织的各种目标而进行的分析、计划、执行和控制过程，并提出市场营销管理过程包括分析市场营销机会，进行营销调研，选择目标市场，制订营销战略和战术，制订、执行及调控市场营销计划。

5. 国际化阶段（1981～1990 年） 20 世纪 80 年代以后，市场营销学在理论研究的深度和学科体系的完善上都得到了极大的发展。1986 年，菲利普·科特勒在《哈佛商业评论》（3～4 月号）发表了《论大市场营销》一书，提出了“大市场营销”（Megamarketing）概念，在原来的 4P’s 基础上增加了两个 P，即“政治力量”（Political Power）和“公共关系”（Public Relation）。这一概念引领了市场营销战略思想的新发展。

这一阶段也是市场营销学的分支学科——国际市场营销学理论化、系统化的大发展时期，是市场营销学在国际范围内迅速扩散和广为采纳的时期。伴随着和平与发展的主旋律，许多发展中国家积极倡导改革开放、发展经济，有力地促进了市场营销学的传播，也极大地丰富了市场营销学的理论内容。

6. 科技化阶段（1991 年～至今） 进入 20 世纪 90 年代以来，伴随着 Internet 的广泛使用和科技发展对经济的深远影响，市场营销学研究领域的学者们纷纷运用现代科学技术（如电子商务和 Internet）开展市场营销学科的教学与研究。寻求科学技术与市场营销的结合，成为这一阶段市场营销学科的教学与研究的一大热点。

1.1.2 市场营销学在我国的传播

第二次世界大战后，从 20 世纪五六十年代开始，市场营销学从美国传播到日本、西欧、前苏联和东欧各个国家。从一些公司在市场营销中应用现代美国市场营销学的原理和技术，到各大高等学府开设市场营销学课程，现代市场营销学在全球范围内广泛传播。同样，市场营销学在我国也得到了传播与发展。经过几十年的时间，我国对于市场营销学的研究、应用和发展已取得了可喜的成绩。

早在 20 世纪 30 年代，我国就有市场营销学的译本。现存最早的教材是丁馨伯编译的《市场学》，由复旦大学于 1933 年出版。但是我国对市场营销学的研究，当时仅限于几所设有商科或管理专业的高等院校，传播极其有限。

从新中国成立到实行改革开放前的 30 年左右的时间里，由于国家实行高度集中的计划经济体制，市场营销学得不到传播与应用，国内学术界对国外市场营销学的发展情况也知之甚少。

在党的十一届三中全会上，党中央提出了对外开放、对内搞活的总方针，从而为我国引进和研究市场营销学创造了有利的环境。1978 年，北京、上海、广州的部分学者和专家开始着手市场营销学（当时称之为“销售学原理”）的引进研究，这使我国在市场营销学的推广方面迈出了可喜的一步。1979 年，鉴于国家经济的发展，当时的对外贸易部、第二机械工业部和少数大专院校开始聘请外籍教师来华讲授市场营销学。

20 世纪 80 年代初期，我国有少数大专院校，开始陆续开设市场营销学课程。1980年，中美两国政府合作开办的中国工业科技管理大连培训中心成立。大连培训中心在培训我国大中型企业的厂长经理时，市场营销学作为一门核心课程被开设。

1984年10月，“中国高等院校市场学研究会”成立。1991年，“中国市场学会”成立。“两会”的成立标志着市场营销学在中国的研究与传播进入到普及、推广的新阶段。

随着改革开放的深入，我国已由过去长期供不应求的计划经济发展为活跃的市场经济。现代企业制度建立后，企业成为市场经济活动的主体。在激烈的市场竞争下，企业比以往任何时候都更加关注市场和客户需求，关注营销策略和营销部门在企业中的地位与作用。在这种新的形势下，我国理论界和工商业、外贸、银行等业务部门开始重视引进、学习研究和应用现代西方市场营销学所阐明的市场营销原理和技术。现在，我国许多综合大学、工科大学、高等财经院校和广播电视大学等都已开设市场营销学课程，市场营销学的知识正在我国迅速传播，并已开始运用于我国企业的国内、国际市场营销活动之中。学术界对市场经济体制的市场营销管理，中国市场营销的现状与未来，跨世纪中国市场营销面临的挑战、机遇与对策等重大理论课题都展开了研究，有力地扩展了市场营销学的研究领域，并取得了可喜的成果。

尤其是加入WTO以来，我国企业面临着来自国际市场的竞争压力，大家正在以前所未有的热情来研究市场营销学，以新的思考去面对市场的挑战。未来，我国市场营销学的研究会更加突出中国特色，在边引进、边消化、边吸收的基础上，逐步建立起适合我国国情的、中国化的市场营销理论。

1.2 市场营销及其核心概念

1.2.1 市场营销的概念

“Marketing”一词有时是指社会的某些经济活动或企业的某些经济活动，或视为企业的市场营销活动；有时是指以市场营销活动为研究对象的市场营销学。因此，Marketing用于不同场合的含义是不同的，不能将两种不同场合的Marketing的含义混为一谈。

对于市场营销，西方学者从不同的角度下了多种定义。美国学者基恩·凯洛斯曾将各种市场营销定义分为3类：①将市场营销看作是一种为消费者服务的理论。②强调市场营销是对社会现象的一种认识。③认为市场营销是通过销售渠道把生产企业同市场联系起来的过程。这从一个侧面反映了市场营销的复杂性。

本书采用著名营销学家菲利普·科特勒教授关于市场营销的定义：市场营销(Marketing)是个人和群体通过创造并同他人交换产品和价值以满足需求和欲望的一种社会过程和管理过程。

根据此定义，可将市场营销概念具体归纳为如下 3 点：

1）市场营销的最终目标是“满足需求和欲望”。

2）“交换”是市场营销的核心，交换过程是一个主动、积极寻找机会，满足双方需求和欲望的社会过程和管理过程。

3）交换过程能否顺利进行，取决于营销者创造的产品和价值满足顾客需求的程度和交换过程管理的水平。

1.2.2 市场营销的核心概念

市场营销既然是个人和群体通过创造并同他人交换产品和价值以满足需求和欲望的一种社会过程和管理过程。显而易见，市场营销作为一种复杂、连续、综合的社会过程和管理过程，它基于下列核心概念之上（见图 1-1），只有准确把握市场营销的核心概念及其相互之间的关系，才能深刻认识市场营销的本质。

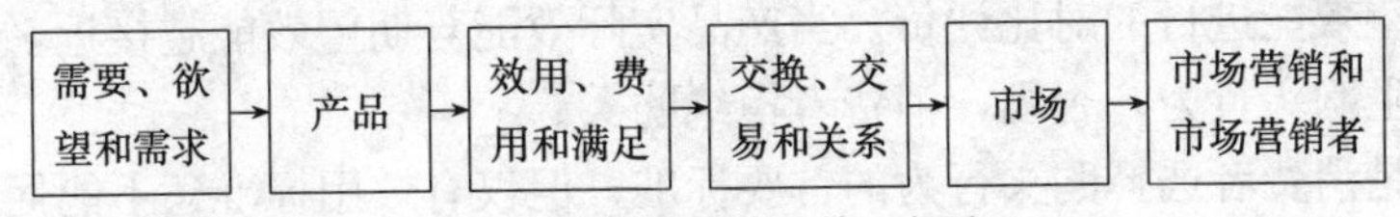

图 1-1 市场营销的核心概念

1. 需要、欲望和需求　消费者的需要、欲望和需求是市场营销活动的出发点，满足消费者的需要、欲望和需求是市场营销活动的目的。需要、欲望和需求是 3 个既相互联系，又相互区别的概念，认识这组概念的关联性和差异性，对营销者来说是十分重要的。

人的需要存在于人本身的生理和心理的自然状态之中，是人们感到某种要求尚未被满足的或被剥夺的状态。人为了生存需要食物、衣服、房屋等相关物品，并通过消费这些物品来满足相应的生理和心理的需要。人的需要是人的自然性的表现，它既包括物质的、生理的需要，也包括精神的、心理的需要，具有多元化、层次化、个性化、发展化的特性，营销者只能通过营销活动对人的需要施加影响和引导，而不能凭主观臆想加以创造。

欲望是指人希望得到更深层次的需要的满足。欲望源于需要，欲望生成行为动机和行为过程。欲望越强烈，越能激励人为实现欲望而采取主动、积极和创造性的行为。人的需要是有限的，但人的欲望是无限的。

需求是指人对特定产品或服务的欲望。需要转化为需求必须具备两个条件，即有强烈的需要欲望和有一定的支付能力。需求形成市场，因此，企业进行营销决策时，重要的不是有多少人需要、喜欢自己的产品或服务，而是有多少人愿意并有支付能力购买自己的产品和服务；重要的不是提供什么产品或服务，然后采取各种方式与手段将其卖出去，而是在准确预测需求的基础上，通过提供优质的产品、合理的价格、全面满意的服务来影响和引导需求，将潜在需要的欲望变成现实的市场。

2. 产品　产品泛指满足人的特定需要和欲望的商品和劳务。人们对产品重要性的认识，不在于通过购买拥有其所有权，而在于通过购买获得使用它们所能提供的效用与服务。产品是获得效用与服务的载体，它涵盖那些可满足需要和欲望的有形产品、服务产品和其他载体。人们在选择和购买产品时，实际上是在选择和购买最能满足他们需要的一种愿望和利益。如果只研究产品载体，忽视消费者的需要和欲望，不清楚消费者真正的购买愿望和利益，产品的生产和销售便失去了市场意义，就会因犯市场"营销近视症"的错误而失去市场。

3. 效用、费用和满足　在诸多产品的购买选择中，消费者总是根据多项标准去选择能提供最大效用的产品作为购买目标。效用最大化是消费者选择产品的首要原则。所谓效用是指消费者对产品满足其需要的整体效能的评价。效用的评价，既取决于厂商所提供的产品使用中的实际效能，也取决于消费者将产品实际效能与期望效能进行的对比评价。当产品实际效能与期望效能越接近，越能刺激消费者发生购买行为，否则，消费者拒绝购买。

效用是消费者选择购买行为的首要标准，但仅有效用标准还不能促使消费者作出实际的选择。消费者除了效用标准外，还需要用价值标准对购买行为进行比较，即购买某种产品或服务所支付的货币数额。如果消费者选择效用最大，而为此付出的经济利益得不偿失时，消费者不会作出购买的决策。消费者购买决策是建立在效用与费用双项满足的基础之上，其购买决策的基本原则是选择用最小的货币支出换取最大效用的产品或服务。

4. 交换、交易和关系　当人们决定通过交换来满足需要和欲望时，才产生市场营销。交换是人们取得产品的多种方式之一。人们通过自行生产、强取、乞讨、接受馈赠等方式获取产品时，并不存在市场及市场营销，只有通过市场交换取得产品时，才存在市场营销。交换是以提供某物作为回报而从他人换取所需要产品的行为。交换行为的发生需要 5 种条件：①存在交换双方。②每方都能提供对另一方需要并有价值的东西。③交换双方都具有沟通与送货的能力。④交换双方都是自由人（可以自由地接受或拒绝）。⑤交换双方都能在交换过程中受益。

交换并非是一次性的活动，而是一个过程。交换的双方都要经历一个寻找合适的产品和服务、谈判价格和其他交换条件以及达成交换协议的过程。一旦达成交换协议，交易也就产生。交易是指交换双方在达成协议后实际发生的价值交换行为或过程。交易发生的基本条件是，交易双方，双方互为满意的有价值的物品，双方满意的交换条件（价格、地点、时间、运输及结算方式等）。

5. 市场　市场由一切具有特定的欲望和需求并且愿意和能够以交换来满足此欲望和需求的现实及潜在顾客组成。对市场的界定因人而异，消费者将市场视为买卖双方聚集交易的场所，如百货商场、超市、专卖店等市场；政府官员将市场视为各种要素市场有机结合的市场体系，如商品市场、资本市场、技术市场、劳动力市场、信息市场、房地产市场、旅游市场等；经济学家视市场为买卖双方利益交换关系的总和；市场营销者视市场为与卖者相对应的各类买者的总和。卖者构成行业，买者构成市场（见图 1-2）。

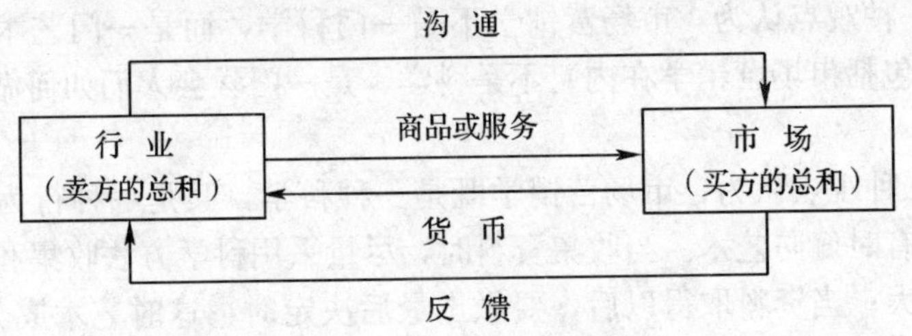

图 1-2 简单的市场营销系统模型

6. 市场营销与市场营销者 市场营销即指人类与市场有关的一切活动，具体地说，是指个人与社会组织为了满足人类的欲望和需求而进行的现实的或潜在的交换活动。市场营销是一个社会管理过程，在这一过程中个人和群体通过创造、提供与他人交换有价值的产品与服务而满足自己的需要和欲望。

市场营销者是指从他人处寻求资源并愿意以有价物品进行交换的个人或社会组织。一般而言，市场营销者是指服务于目标客户市场同时又面临竞争者的公司组织。市场营销者的营销活动是在多种力量影响下进行的，他既是营销活动的主导力量，又受各种外部力量的制约。市场营销者只有在内部资源与外部环境协调互助的发展过程中，才能实现营销绩效的最大化。现代市场营销系统的主要行为者及影响力量如图 1-3 所示。

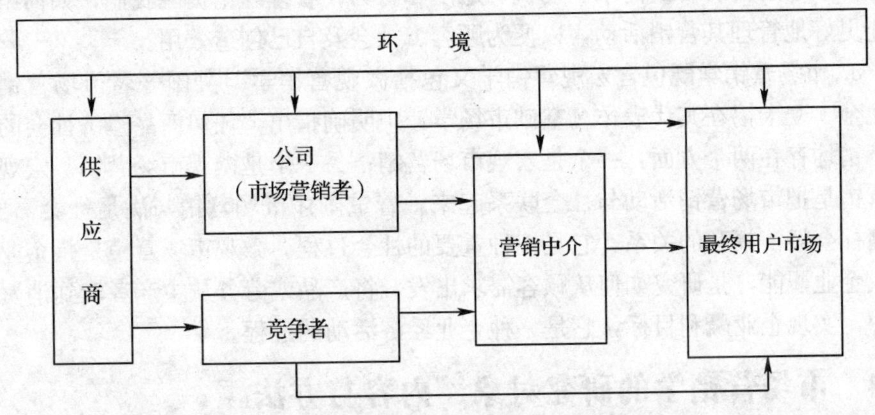

图 1-3 市场营销系统的主要行为者及影响力量

1.3 市场营销学的学科特征

市场营销学是研究市场营销活动及其规律的科学，市场营销学的学科特征主要表现为以下 3 个方面。

1. 市场营销学是一门含有行为艺术的科学　市场营销学是什么性质的科学？它是不是一门科学？对此国内外学术界持有 3 种不同见解。

1）第一种观点认为，市场营销学不是一门科学，而是一门艺术。他们认为工商管理（包括市场营销学在内）不是科学，是一门教会人们如何做出营销决策的艺术。

2）第二种观点认为，市场营销学既是一种科学，又是一种行为艺术，有时偏向科学，有时偏向艺术。当收集资料时，尽量采用科学方法收集和分析，这时科学成分较大；当资料取得以后，要做出最后决定时，这时艺术成分就大一点。这种双重观点主要问题在于把市场营销同市场营销学混同起来了。市场营销是一种活动过程，一种策略，因而是一种艺术。市场营销学是对市场营销活动规律的概括，因而是一门科学，二者是不能等同的。

3）第三种观点认为，市场营销学是一门科学。这是因为，市场营销学是对企业营销活动经验的总结和概括，它阐明了一系列概念、原理和方法。市场营销理论与方法一直指导着国内外企业营销活动的发展。

综合上述 3 种观点，市场营销学应该是一门含有行为艺术的科学。

2. 市场营销学是一门应用性科学　美国著名市场营销学家菲利普·科特勒指出："市场营销学是一门建立在经济科学、行为科学、现代管理理论之上的应用科学。"因为"经济科学提醒我们，市场营销是用有限的资源、通过仔细分配来满足竞争的需要；行为科学提醒我们，市场营销学是涉及谁购买、谁组织，因此，必须了解消费者的需求、动机、态度和行为；管理理论提醒我们，如何组织才能更好地管理其营销活动，以便为顾客、社会及自己创造效用。

3. 市场营销学既包含宏观营销学又包括微观营销学　美国著名市场营销学家尤金·麦卡锡在其代表作《基础市场学》中明确指出，任何商品经济社会的市场营销均存在两个方面：一个是宏观市场营销；另一个是微观市场营销。宏观市场营销是把市场营销活动与社会联系起来，着重阐述市场营销与满足社会需要、提高社会经济福利的关系，它是一种重要的社会过程。微观市场营销是指企业活动或企业职能，是研究如何从顾客需求出发，将产品或劳务从生产者转到消费者手中，实现企业赢利目标，它是一种企业经济活动的过程。

1.4　市场营销学的研究对象、内容与方法

1.4.1　市场营销学的研究对象

市场营销是个人和群体通过创造并同他人交换产品和价值以满足需求和欲望的一种社会过程和管理过程，而市场营销学则是研究市场营销活动及其规律的科学。市场营销学的研究对象是以满足消费者需求为中心的企业市场营销活动过程

及其规律性，即企业在动态市场上如何有效地管理和实施以产品（Product）、价格（Price）、分销渠道（Place）、促进销售（Promotion）为主要内容的市场营销活动，提高企业的经济效益，求得生存和发展，实现企业的目标。也即研究企业如何识别、分析评价、选择和利用市场机会，从满足目标市场顾客需求出发，有计划地组织企业的整体活动，通过交换，将产品从生产者手中转移到消费手中，以实现企业经营目标。其具体为以下 3 个方面的问题：

1）消费者的需求和欲望及其形成、影响因素、满足方式等，即消费者行为。

2）供应商如何满足并影响消费者的欲望和购买行为，即供应商行为。

3）辅助完成交易行为，从而满足消费者欲望的机构及其活动，即市场营销机构行为。

1.4.2 市场营销学的研究内容

市场营销学的主要研究内容包括 3 个部分，即分析环境与市场；研究营销活动与营销策略；实施市场营销计划、组织与控制。

（1）分析环境与市场：分析企业与市场环境的关系，分析影响和制约企业营销活动的各种环境因素，分析各类购买者行为，进而提出企业进行市场细分和选择目标市场的理论和方法，并进行市场调查和市场需求预测。这是市场营销的基础和基本思路。

（2）研究营销活动与营销策略：这是市场营销学的核心内容。其任务在于论述企业如何运用各种市场营销手段以实现企业的预期目标。市场营销活动中所包含的可控制的变数很多，美国学者尤金·麦卡锡把这些变数概括为 4 个基本变数，即产品、价格、分销渠道和促进销售，简称为“4P’s”，对 4P’s 策略的研究，构成了营销活动研究的四大支柱。这部分内容不仅就每个基本变数可供选择的营销策略进行了分析，而且提出了“市场营销组合”这一十分重要的概念，强调 4 个基本变数不是彼此孤立的、分割的，必须依据外部环境的动向，进行产品、定价、分销及促销四大策略的最佳组合，以保证从整体上满足顾客的需求。

（3）实施市场营销计划、组织与控制：市场营销计划、组织与控制的实施，主要是企业为保证营销活动的成功而在计划、组织与控制等方面采用的措施与方法。

1.4.3 市场营销学的研究方法

1. 传统市场营销学研究方法　市场营销学的研究方法是随着市场营销学的发展而变化的。在 20 世纪 50 年代前，对市场营销学的研究主要采用传统的研究方法，包括产品研究法、机构研究法、功能研究法。

（1）产品研究法：即对产品（商品），如农产品、机电产品、纺织品等分门别类的研究方法。主要研究产品的设计、包装、厂牌、商标、定价、分销、广告及各类产品的市场开拓。这种研究方法的优点是具体实用，可详细地分析研究各类产品在市场营销中遇到的具体问题，缺点是需耗费大量人力、物力和财力，而且重复性很大。这一方法的研究结果，形成各大类产品的市场营销学，如汽车市场营销学等。

（2）机构研究法：它是一种以人为中心的研究方法。这种方法以研究市场营销制度为出发点，即研究营销渠道中各个环节及各种类型的市场营销机构，诸如代理商、批发商、零售商等市场营销问题。其研究结果形成批发学、零售学等。

（3）功能研究法：它是研究市场营销的各类职能以及在执行这些职能的过程中所遇到的问题及解决方法。例如，通过研究交换功能（购买与销售）、供给功能（运输与储存）、便利功能（资金融通、风险承担、市场信息等），以及企业执行各种功能中可能遇到的问题，来研究和认识市场营销问题。这一方法在西方学术界颇为流行。

2. 现代市场营销学的研究方法　进入 20 世纪 50 年代以后，市场营销学从传统市场营销学演变为现代市场营销学，研究市场营销学的方法主要是现代科学方法，包括管理研究法、系统研究法及社会研究法。

（1）管理研究法：这是战后西方营销学者和企业界采用较多的一种研究方法。它是从管理决策的角度来分析、研究市场营销问题，综合了产品研究法、机构研究法和功能研究法。从管理决策的角度看，企业营销受两大因素的影响：一是企业不可控制因素，诸如人口、经济、政治、法律、物质、自然、社会文化等因素；二是企业可控因素，即产品、价格、分销及促销。企业营销管理的任务在于全面分析外部不可控制因素的作用，针对目标市场需求特点，结合企业目标和资源，就企业的可控因素制订出最佳的营销组合策略，实现企业盈利目标。

（2）系统研究法：它是系统理论具体应用的一种研究方法，是从企业内部系统、外部系统，以及内部和外部系统如何协调来研究市场营销学。企业内部系统主要是研究企业内部各职能部门，如生产部门、财务部门、人事部门、销售部门等如何协调，以及企业内部系统同外部系统的关系如何协调。外部系统主要研究企业同目标顾客和外部环境的关系。内部与外部系统又是通过商品流程、货币流程、信息流程联结起来的。只有市场营销系统的各组成部分相互协调，才能产生高的营销效益。

（3）社会研究法：其主要是研究企业营销活动对社会利益的影响。市场营销活动，一方面带来了社会经济繁荣，提高了社会及广大居民的福利；另一方面造成了某些负面效应，诸如污染社会及自然环境，破坏社会生态平衡。因此，有必要通过社会研究方法，寻求使市场营销的负面效应减少到最低限度的途径。

本章小结

市场营销学于 20 世纪初起源于美国，其发展经历了萌芽阶段、功能研究阶段、形成和巩固阶段、差异化发展阶段、国际化阶段以及科技化阶段，并传播到了世界各国。

市场营销是个人和群体通过创造并同他人交换产品和价值以满足需求和欲望的一种社会过程和管理过程。市场营销作为一种复杂、连续、综合的社会过程和管理过程，它是基于核心概念之上的，只有准确把握市场营销的核心概念及其相互之间的关系，才能深刻认识市场营销的本质。

市场营销学是研究市场营销活动及其规律的科学，其学科特征主要表现为以下3个方面：①市场营销学是一门含有行为艺术的科学。②市场营销学是一门应用性科学。③市场营销学既包含宏观营销学又包括微观营销学。市场营销学的研究对象是以满足消费者需求为中心的企业市场营销活动过程及其规律性，具体为3个方面的问题：①消费者行为。②供应商行为。③市场营销机构行为。市场营销学的主要研究内容包括3个部分：①分析环境与市场。②研究营销活动与营销策略。③实施市场营销计划、组织与控制。

传统市场营销学研究方法包括产品研究法、机构研究法、功能研究法；现代市场营销学研究方法主要包括管理研究法、系统研究法和社会研究法。

思 考 题

1. 什么是市场营销?
2. 试述市场营销学的形成与发展过程。
3. 简述市场营销学的主要研究方法。
4. 你如何认识市场营销对我国经济发展及企业成长的重要意义?

案 例 分 析

库尔斯啤酒兴衰的秘密

库尔斯公司是美国一家啤酒酿造公司，地处科罗拉多的山沟里，1960年，由44岁的啤酒王阿道夫·库尔斯经营。库尔斯啤酒是用纯净的落基山泉水酿制的，公司只生产这一种品质的啤酒，且独此一家，并只在西部11个州销售。公司没有设分厂，22年没有扩大过规模。该啤酒质量很好，除了一些名演员像保罗·纽曼和伊斯特伍等外，从福特总统到亨利·基辛格无不对库尔斯啤酒称道叫好。每年大约有30万名库尔斯的崇拜者来到啤酒厂游玩。

到1970年，库尔斯公司异常繁荣。1969年比1968年生产量增长19%，居全国啤酒行业第4名。在西部11个州中，其市场占有率达30%，在加州，到1973年为止它占有40%的市场份额，比啤酒行业产量最大的安休斯—布希公司的18%还高。这与来自那些知名的和不知名的人士对库尔斯啤酒的喜爱，与来自纯净的落基山泉水、味道清淡适口的啤酒品质是分不开的。

到20世纪70年代后期，啤酒消费趋势发生了很大变化。啤酒行业最热门的产品是凉爽型啤酒或低热量啤酒和高级名牌啤酒，其销售量几乎占到总销量的10%。全国发展最快的米勒公司啤酒占其市场份额的30%，且这一比例还在上升。其他竞争力较强的还有安休斯—布希的米歇洛布牌啤酒。它们增长速度快，且主要是生产凉爽或低热量啤酒和高级名牌啤酒。库尔斯公司不生产这两种热门啤酒，只一味依赖原来的单一产品，从而使大量顾客从库尔斯公司转向其他公司。据了解，当时每10个饮用凉爽型啤酒的新消费者中有4个是从库尔斯公司那里转出来的。1978年，库尔斯公司利润下降5.48亿美元。

库尔斯公司面对变化不定和更有扩张性的市场，长期采取观望的态度，未相应改变市场营销策略，而错误认为其啤酒形象和魅力会长盛不衰，这也就是库尔斯啤酒走向衰退的主要原因。

案例思考

1. 库尔斯啤酒在20世纪70年代以前兴旺的秘密是什么？
2. 您认为应该如何拯救库尔斯公司的命运？

第 2 章 市场营销管理哲学

学习目标 通过本章学习，理解市场营销管理哲学演进的几个阶段；掌握新、旧观念的区别；理解顾客让渡价值的概念与获得途径；理解形象营销、绿色营销、关系营销和整合营销的内涵与特征；了解如何进行市场营销道德建设。

2.1 市场营销管理哲学的演进

市场营销管理哲学（即观念或者称为导向）是企业从事营销活动的基本指导思想，是企业如何看待顾客和社会的利益，即如何处理企业、顾客和社会三者利益之间的关系。无论是西方国家还是我国，企业经营观念思想演变都经历了由"以生产为中心"转变为"以顾客为中心"的过程。企业经营观念的演变过程，既反映了社会生产力及市场趋势的发展，也是企业领导者对市场营销发展客观规律认识的深化结果。

现代企业的市场营销管理观念可归纳为 5 种，即生产观念、产品观念、推销观念、市场营销观念和社会市场营销观念。

1. 生产观念（production concept） 生产观念是指导销售者行为的最古老的观念之一。这种观念产生于 20 世纪 20 年代以前。那时企业经营哲学不是从消费者需求出发，而是从企业生产出发。其主要表现是"我生产什么，就卖什么"。生产观念认为，消费者喜欢那些可以随处买得到而且价格低廉的产品，企业应致力于提高生产效率和分销效率，扩大生产，降低成本以扩展市场。例如，美国皮尔斯堡面粉公司，从 1869 年至 20 世纪 20 年代，一直运用生产观念指导企业的经营，当时这家公司提出的口号是"本公司旨在制造面粉"。美国汽车大王亨利·福特傲慢地宣称："不管顾客需要什么颜色的汽车，我只有一种黑色的。"这是一种典型的生产观念。显然，生产观念是一种重生产、轻市场营销的商业哲学。

生产观念是在卖方市场条件下产生的。在资本主义工业化初期以及第二次世界大战末期和战后一段时期内，由于物资短缺，市场产品供不应求，生产观念在企业经营管理中颇为流行。我国在计划经济体制下，由于市场产品短缺，企业不愁其产品没有销路，工商企业在其经营管理中也奉行生产观念。其具体表现为，工业企业集中力量发展生产，轻视市场营销，实行以产定销；商业企业集中力量抓货源，工业企业生产什么就收购什么，工业企业生产多少就收购多少，也不重视市场营销。

除了物资短缺、产品供不应求的情况之外，有些企业在产品成本高的条件下，其市场营销管理也受生产观念支配。例如，亨利·福特在本世纪初期曾倾全力于汽车的大规模生产，努力降低成本，使消费者购买得起，借以提高福特汽车的市场占有率。

2. 产品观念（product concept） 它也是一种较早的企业经营观念。产品观念认为，消费者最喜欢高质量、多功能和具有某种特色的产品，企业应致力于生产高值产品，并不断加以改进。这种观念产生于市场产品供不应求的“卖方市场”形势下，并且最容易滋生产品观念的场合，莫过于当企业发明一项新产品时。此时，企业最容易导致“市场营销近视”，即不适当地把注意力放在产品上，而不是放在市场需要上，在市场营销管理中缺乏远见，只看到自己的产品质量好，看不到市场需求在变化，致使企业经营陷入困境。

超级链接

美国某钟表公司营销观念

美国某钟表公司自1869年创立到20世纪50年代，一直被公认为是美国最好的钟表制造商之一。该公司在市场营销管理中强调生产优质产品，并通过由著名珠宝商店、大百货公司等构成的市场营销网络分销产品。1958年之前，公司销售额始终呈上升趋势。但此后其销售额和市场占有率开始下降。造成这种状况的主要原因是市场形势发生了变化：这一时期的许多消费者对名贵手表已经不感兴趣，而趋于购买那些经济、方便、新颖的手表；而且，许多制造商迎合消费者需要，已经开始生产低档产品，并通过廉价商店、超级市场等大众分销渠道积极推销，从而夺得了某钟表公司的大部分市场份额。某钟表公司竟没有注意到市场形势的变化，依然迷恋于生产精美的传统样式手表，仍旧借助传统渠道销售，认为自己的产品质量好，顾客必然会找上门。结果，致使企业经营遭受重大挫折。

3. 推销观念（the selling/sales concept） 推销观念（或称销售观念）产生于20世纪20年代末至50年代前，是许多企业所采用的另一种观念，表现为“我卖什么，顾客就买什么”。这种观念认为，消费者通常表现出一种购买惰性或抗衡心理，如果听其自然的话，消费者一般不会足量购买某一企业的产品，因此，企业必须积极推销和大力促销，以刺激消费者大量购买本企业产品。推销观念在现代市场经济条件下被大量用于推销那些非渴求物品，即购买者一般不会想到要去购买的产品或服务。许多企业在产品过剩时，也常常奉行推销观念。

推销观念产生于资本主义国家由“卖方市场”向“买方市场”过渡的阶段。在1920～1945年间，由于科学技术的进步，科学管理和大规模生产的推广，产品产量迅速增加，逐渐出现了市场产品供过于求，卖主之间竞争激烈的新形势。尤其在1929～1933年的特大经济危机期间，大量产品销售不出去，因而迫使企业重视采用广告术与推销术去推销产品。许多企业家感到，即使有物美价廉的产品，也未必能卖得出去；企业要在日益激烈的市场竞争中求得生存和发展，就必须重视推销。例如，美国皮尔斯堡面粉公司在此经营观念导向下，当时提出“本公司旨在推销面粉”。推销观念仍存在于当今的企业营销活动中，如对于顾客不愿购买的产品，往往采用强行的推销手段。

这种观念虽然比前两种观念前进了一步，开始重视广告术及推销术，但其实质仍然是以生产为中心的。

4. 市场营销观念（marketing concept） 市场营销观念是作为对上述诸观念的挑战而出现的一种新型的企业经营哲学。这种观念是以满足顾客需求为出发点的，即“顾客需要什么，就生产什么”。尽管这种思想由来已久，但其核心原则直到20世纪50年代中期才基本定型。当时社会生产力迅速发展，市场趋势表现为供过于求的买方市场，同时广大居民个人收入迅速提高，有可能对产品进行选择，企业之间为实现产品销售的竞争加剧，许多企业开始认识到，必须转变经营观念，才能求得生存和发展。市场营销观念认为，实现企业各项目标的关键，在于正确确定目标市场的需要和欲望，并且比竞争者更有效地传送目标市场所期望的物品或服务，进而比竞争者更有效地满足目标市场的需要和欲望。

市场营销观念的出现，使企业经营观念发生了根本性变化，也使市场营销学发生了一次革命。

市场营销观念同推销观念相比具有重大的差别。西奥多·莱维特曾对推销观念和市场营销观念作过深刻的比较，他指出：推销观念注重卖方需要；市场营销观念则注重买方需要。推销观念以卖主需要为出发点，考虑如何把产品变成现金；而市场营销观念则考虑如何通过制造、传送产品以及与最终消费产品有关的所有事物，来满足顾客的需要。可见，市场营销观念的4个支柱是，市场中心，顾客导向，协调的市场营销和利润。推销观念的4个支柱是，工厂，产品导向，推销和盈利。从本质上说，市场营销观念是一种以顾客需要和欲望为导向的哲学，是消费者主权论在企业市场营销管理中的体现。许多优秀的企业都是奉行市场营销观念的。

超级链接

本田雅阁车的设计

日本本田汽车公司要在美国推出一种雅阁牌新车。在设计新车前，他们派出工程技术人员专程到洛杉矶地区考察高速公路的情况，实地丈量路长、路宽，采集高速公路的柏油，拍摄进出口道路的状况。回到日本后，他们专门修了一条9英里（约为14千米）长的高速公路，就连路标和告示牌都与美国公路上的一模一样。在设计行李箱时，设计人员意见有分歧，他们就到停车场看了一个下午，看人们如何取放行李，这样一来，意见马上统一起来。通过这些细致入微的工作，本田公司设计出新的车型。所以雅阁牌新车一到美国就备受欢迎，被称为是全世界都能接受的好车。

5. 社会市场营销观念（societal marketing concept） 社会市场营销观念是对市场营销观念的修改和补充。它产生于20世纪70年代西方资本主义国家出现能源短缺、通货膨胀、失业增加、环境污染严重、消费者保护运动盛行的新形势下。因为市场营销观念回避了消费者需要、消费者利益和长期社会福利之间隐含着冲突的现实。社会市场营销观念认为，企业的任务是确定各个目标市场的需要、欲望和利益，并以保护或提高消费者和社会福利的方式，比竞争者更有效、更有利地向目标市场提供能够满足其需要、欲望和利益的物品或服务。社会市场营销观念要求市场营销者在制订市场营销政策时，要统筹兼顾3方面的利益，即企业利润、消费者需要的满足和社会利益。

上述5种企业经营观念，其产生和存在都有其历史背景和必然性，都是与一定的条件相联系、相适应的。

中国入世之后，随着经济体制的改革和全球化的浪潮，我国很多企业的营销观念发生了极大的变化，树立了市场营销观念和社会市场营销观念。但是，由于经济发展的不平衡等因素，仍有较多企业以推销观念为主。因此，可以说我国目前处于多种观念并存的阶段。

2.2 现代营销观念和传统营销观念的比较

由于市场营销观念的提出使企业营销观念发生了根本性变革，被视为是市场营销学的一次革命。因此，有关学者以此为标志，将5种观念归并为两大类：①传统的营销观念，包括生产观念、产品观念和推销观念。②现代营销观念，包括市场营销观念和社会市场营销观念。新旧两类营销观念在指导思想、出发点、手段运用、目标及实现途径以及适用条件等方面存在着质的区别。

1. 营销的指导思想不同 传统营销观念把消费者视为异己力量，仅作为企业获取盈利的手段和工具，因而忽视消费者自身的利益和要求。现代营销观念认为，消费者是企业不可分割的组成部分，消费者的需要是企业生存发展的前提和动力，所以高度重视消费者及社会利益，甚至将其置于企业利益之上。

2. 营销活动的出发点不同 传统营销观念以企业的要求和产品本身为出发点，根据自身的生产能力决定生产产品的品种和数量，在生产过程开始前不预先考虑市场销路。现代营销观念坚持以消费需求作为营销活动的出发点，强调从市场调查预测开始，深入研究消费者的需求特点，根据消费需求生产适销对路的产品。

3. 营销活动的手段不同　传统营销观念的手段比较单一，偏重于通过提高生产效率、降低成本来提高产品质量和价格，或借助各种推销手段促成产品销售。现代营销观念强调营销手段的综合性、整体性，运用产品设计、包装、定价、分销渠道、广告宣传、售后服务等各种手段的有效组合，把商品销售给消费者，从而全方位地满足消费者的多种需求。

4. 营销活动的目标及实现途径不同　传统营销观念以获取盈利为惟一目标，力求通过每次销售取得最大的即期利润。现代营销观念注重企业盈利与消费者和社会利益的兼顾与平衡，强调通过满足消费者需要和维护社会长远利益来实现企业的长期利益。

5. 营销观念的适用条件不同　传统营销观念主要适用于产品供不应求，卖方居于支配地位的卖方市场环境。现代营销观念则适用于产品供过于求，卖方竞争激烈，买方居于主导地位的买方市场环境。

在现代市场经济条件下，传统营销观念的落后性和不适应性是显而易见的。但是，同时应当看到，从传统营销观念向现代营销观念的演进是一个历史过程。这一过程是与生产力发展水平的提高、市场环境的变化以及社会的文明进步程度紧密联系在一起的。相对于商品经济发展的特定阶段而言，任何一种营销观念的存在都有其必然性和合理性。而在一定社会范围和历史时期内由于生产力发展不平衡，不同行业、不同地区、不同产品的微观或局部市场环境千差万别，企业领导者的认知水平和价值取向也不尽相同。因此，不同的企业可能会奉行不同的营销观念。要求营销观念的整齐划一，简单地摒弃或否定某种营销观念的存在也是不现实的。此外，在倡导现代营销观念时，应注意避免片面强调对现有消费需要的一味迎合或满足，而忽略了运用现代科学技术发明和制造新产品，主动引导消费，积极开发新的消费领域，创造新的消费需求。

2.3 顾客让渡价值理论

在现代市场营销观念指导下，企业应致力于顾客服务和顾客满意。而要实现顾客满意，需要从多方面开展工作，并非人们所想象的“只要价格低，则万事大吉”。事实上，消费者在选择卖主时，价格只是考虑因素之一，消费者真正看重的是“顾客让渡价值”。

2.3.1 顾客让渡价值的含义

顾客让渡价值（Customer Delivered Value），是指顾客总价值（Total Customer Value）与顾客总成本（Total Customer Cost）之间的差额。顾客总价值，是指顾客购买某一产品与服务所期望获得的一组利益，它包括产品价值、服务价值、人员价值和形象价值等。顾客总成本，是指顾客为购买某一产品或服务所耗费的时间、精神、体力以及所支付的货币资金等。因此，顾客总成本包括货币成本、时间成本、精神成本和体力成本等。

由于顾客在购买产品或服务时，总希望把有关成本包括货币、时间、精神和体力等降到最低程度，而同时又希望从中获得更多的实际利益，以使自己的需要得到最大限度的满足。因此，顾客在选购产品时，往往从价值与成本两个方面进行比较分析，从中选择出价值最高、成本最低，即顾客让渡价值最大的产品作为优先选购的对象。

企业为在竞争中战胜竞争对手，吸引更多的潜在顾客，就必须向顾客提供比竞争对手具有更多顾客让渡价值的产品，这样才能使自己的产品让消费者喜欢，进而购买本企业的产品。为此，企业可从两个方面改进自己的工作：①通过改进产品、服务、人员与形象，提高产品的总价值。②通过降低生产与销售成本，减少顾客购买的时间、精神与体力的耗费，从而降低货币与非货币成本。

2.3.2 顾客购买的总价值

增加顾客购买的总价值是使顾客获得更大顾客让渡价值的有效途径之一。顾客总价值由产品价值、服务价值、人员价值和形象价值构成，其中每一项价值因素的变化均对总价值产生影响。

1. 产品价值　这是指由产品的功能、特性、品质、品种与款式等所产生的价值。

产品价值是顾客需要的中心内容，也是顾客选购产品的首要因素。因此，在一般情况下，它是决定顾客购买总价值大小的主要因素。产品价值是由顾客需要来决定的，在分析产品价值时应注意：

1）在经济发展的不同时期，顾客对产品的需要有不同的要求，构成产品价值的要素以及各种要素的相对重要程度也会有所不同。例如，我国在计划经济体制下，由于产品长期短缺，人们把获得产品看得比产品的特色更为重要，因而顾客购买产品时更看重产品耐用性、可靠性等性能方面的质量，而对产品的花色、款式、特色等却较少考虑。而如今，我国市场商品日益丰富，人们生活水平普遍提高，顾客往往更为重视产品的特色质量，如要求功能齐备、质量上乘、式样新颖等。

2）在经济发展的同一时期，不同类型的顾客对产品的价值也会有不同的要求，在购买行为上显示出极强的个性特点和明显的需求差异性。因此，这就要求企业必须认真分析不同经济发展时期顾客需求的共同点，以及同一发展时期不同类型顾客需求的个性特征，并据此进行产品的开发与设计，增强产品的适应性，从而为顾客提供更大的价值。

2. 服务价值　这是指伴随产品实体的出售，企业向顾客提供的各种附加服务，包括产品介绍、送货、安装、调试、维修、技术培训、产品保证等所产生的价值。

服务价值是构成顾客总价值的重要因素之一。在现代市场营销实践中，随着消费者收入水平的提高和消费观念的变化，消费者在选购产品时，不仅注意产品本身价值的高低，而且更加重视产品附加价值的大小。特别是在同类产品质量与性质大体相同或类似的情况下，企业向顾客提供的附加服务越完备，产品的附加价值越大，顾客从中获得的利益就越大，从而购买的总价值也越大；反之，则越小。因此，在提供优质产品的同时，向消费者提供完善的服务，已成为现代企业市场竞争的新焦点。

美国哈佛商业杂志发表的一项研究报告指出："公司只要降低5％的顾客流失率就能增加25％～85％的利润，而在吸引顾客再度光顾的众多因素中，首先是服务质量的好坏，其次是产品的本身，最后才是价格。"据美国汽车业的调查，一个不满意的顾客会影响251个人的购买意愿。争取一位新顾客所花的成本是保住一位老顾客所花价钱的6倍。有一位名叫吉拉德的德国汽车经销商，每个月要寄出13000张卡片，任何一位从他那里购买汽车的顾客每月都会收到有关购后情况的询问。这一方法使他生意兴隆。

3. 人员价值　这是指企业员工的经营思想、知识水平、业务能力、工作效益与质量、经营作风、应变能力等所产生的价值。

企业员工直接决定着企业为顾客提供的产品与服务的质量，决定着顾客购买总价值的大小。一个综合素质较高又具有顾客导向营销思想的工作人员，会比知识水平低、业务能力差、营销思想滞后的工作人员为顾客创造更高的价值，从而创造更多的满意的顾客，进而为企业创造市场。人员价值对企业、对顾客的影响作用是巨大的，并且这种作用往往是潜移默化、不易度量的。因此，高度重视对企业人员综合素质与能力的培养，加强对员工日常工作的激励、监督与管理，使其始终保持较高的工作质量与水平就显得至关重要。

4. 形象价值　这是指企业及其产品在社会公众中形成的总体形象所产生的价值。它包括企业的产品、技术、质量、包装、商标、工作场所等所构成的有形形象所产生的价值；公司及其员工的职业道德行为、经营行为、服务态度、工作作风等行为形象所产生的价值，以及企业的价值观念、管理哲学等理念形象所产生的价值等。

形象价值与产品价值、服务价值、人员价值密切相关，在很大程度上是上述三方面价值综合作用的反映和结果。

形象对于企业来说是宝贵的无形资产，良好的形象会对企业的产品产生巨大的支持作用，赋予产品较高的价值，从而带给顾客精神上和心理上的满足感、信任感，使顾客的需要获得更高层次和更大限度的满足，进而增加顾客购买的总价值。因此，企业应高度重视自身形象塑造，提高企业的形象价值，进而为顾客带来更大的价值。

2.3.3 顾客购买的总成本

降低顾客购买的总成本是使顾客获得更大顾客让渡价值的有效途径之二。顾客总成本不仅包括货币成本，而且还包括时间成本、精神成本、体力成本等非货币成本。一般情况下，顾客购买产品时首先要考虑货币成本的大小，因此，货币成本是构成顾客总成本大小的主要因素。在货币成本相同的情况下，顾客在购买时还要考虑所花费的时间、精力、体力等，因此，这些支出也是构成顾客总成本的重要因素。这里我们主要考察时间成本和精力成本。

1. 时间成本　在顾客总价值和其他成本一定的情况下，时间成本越低，顾客购买的总成本越小，顾客让渡价值就越大。

以服务企业为例，顾客为购买餐馆、旅馆、银行等服务行业所提供的服务时，常常需要等候一段时间才能进入到正式购买或消费阶段，特别是在营业高峰期更是如此。在服务质量相同的情况下，顾客等候购买该项服务的时间越长，所花费的时间成本越大，购买的总成本就会越高。同时，等候时间越长，越容易引起顾客对企业的不满意感，从而中途放弃购买的可能性就会增大；反之亦然。因此，努力提高工作效率，在保证产品质量与服务质量的前提下，尽可能减少顾客的时间支出，降低顾客的购买成本，是为顾客创造更大的顾客让渡价值，增强企业产品市场竞争力的重要途径。

2. 精力成本（精神与体力成本）　这是指顾客购买产品时，在精神、体力方面的耗费与支出。

在顾客总价值与其他成本一定的情况下，精神与体力成本越小，顾客为购买产品所支出的总成本就越低，从而“让渡价值”越大。因为消费者购买产品的过程是一个从认知需求、寻找信息、判断选择、决定购买到实施购买，以及购后评价的全过程。在购买过程的各个阶段，均需付出一定的精力与体力。如当消费者对某种产品产生了购买需求后，就需要收集该种产品的有关信息。消费者为收集信息而付出的精神与体力的多少会因购买情况的复杂程度不同而有所不同。就复杂购买行为而言，消费者一般需要广泛全面地收集产品信息，因此，需要付出较多的精神与体力。对于这类产品，如果企业能够通过多种渠道向潜在顾客提供全面详尽的信息，就可以减少顾客为获取产品信息所花费的精神与体力，从而降低顾客购买的总成本。又如，对于结构性能比较复杂、装卸搬运不太方便的机械类、电器类产品，如果企业能为顾客提供良好的售后服务，如送货上门、安装调试、定期维修、供应零配件等，就会减少顾客为此所耗费的精神和体力，从而降低精力成本。因此，企业采取这些有效措施，对增加顾客购买的实际利益，降低购买的总成本，获得更大的顾客让渡价值具有重要意义。

2.3.4 运用顾客让渡价值概念应注意的几个问题

在现代市场经济条件下，企业树立顾客让渡价值观念，对于加强市场营销管理，提高企业经济效益具有十分重要的意义。正确运用顾客让渡价值应注意以下3点：

1. 影响因素　顾客让渡价值的多少受顾客总价值与顾客总成本两方面因素的影响。顾客总价值（*TCV*）是产品价值（P_d）、服务价值（*S*）、人员价值（P_s）和形象价值（*I*）等因素的函数，可表示为 $TCV = f(P_d, S, P_s, I)$，其中任何一项价值因素的变化都会影响顾客总价值。

顾客总成本（*TCC*）是货币成本（*M*）、时间成本（*T*）、精力成本（*E*）等因素的函数，即 $TCC = f(M, T, E)$，其中任何一项成本因素的变化均会影响顾客总成本，由此影响顾客让渡价值的大小。

同时，顾客总价值与总成本的各个构成因素的变化及其影响作用不是各自独立的，而是相互作用、相互影响的。某一项价值因素的变化不仅影响其他相关价值因素的增减，从而影响顾客总价值与总成本的大小，进而影响顾客让渡价值的大小。因此，企业在制订各项市场营销决策时，应综合考虑构成顾客总价值与总成本的各项因素之间的这种相互关系，从而用较低的生产与市场营销费用为顾客提供具有更多的顾客让渡价值的产品。

2. 不同的顾客群期望不同　不同顾客群对产品价值的期望与对各项成本的重视程度是不同的。企业应根据不同顾客群的需求特点，有针对性地设计和增加顾客总价值，降低顾客总成本，以提高产品的实用价值。

例如，对于工作繁忙的消费者来讲，时间成本是最为重要的因素，企业应尽量缩短消费者从产生需求到具体实施购买，以及产品投人使用和产品维修的时间，最大限度地满足其求速求便的心理要求。总之，企业应根据不同细分市场顾客的不同需要，努力提供实用价值强的产品，这样才能增加顾客购买的实际利益，减少其购买成本，使顾客的需求获得最大限度的满足。

3. 顾客让渡价值的合理界限　企业为了争取顾客，战胜竞争对手，巩固或提高企业产品的市场占有率，往往采取顾客让渡价值最大化策略。追求顾客让渡价值最大化的结果却往往会导致成本增加，利润减少。因此，在市场营销实践中，企业应掌握一个合理的度的界限，而不应片面追求顾客让渡价值最大化，以确保实行顾客让渡价值所带来的利益超过因此而增加的成本费用。换言之，企业顾客让渡价值的大小应以能够达到实现企业营销目标的经济效益为原则。

2.4　现代营销观念的新发展

20世纪50年代以来，市场营销学的新概念层出不穷，每十年都出现一些新概念，刺激了研究，指导了实践，引起了争论。近几年，我国营销学界密切关注面向21世纪的市场营销学新发展，中国高等院校市场学研究会从1994年起，就锲而不舍地组织营销学者研究跨世纪的市场营销学的新领域与新概念，提出了有关市场营销的一些新动向、新问题。这里的篇幅难以对营销新领域、新概念作较充分的说明，只能有选择地介绍几个方面的内容。

2.4.1 形象营销

1. 形象营销产生的背景　在现代高科技背景下，社会进入“无差别化”时代，商品生命周期缩短，市场瞬息万变，商品力的相对地位下降了，传统的营销手段已难以适应新的市场环境，市场呼唤新的营销手段。在“无差别化”时代，企业竞争已不是孤立的产品竞争，而是升级为企业整体形象的竞争。形象力对企业的生存和发展显得日益重要起来。这时，形象力与商品力、营销力一起成为决定企业生存和发展的三大要素。由此，借助企业形象、品牌形象、产品形象等形成的形象力来展开的营销活动——“形象营销”便应运而生。

2. 形象营销观念的应用

(1) 形象营销与传统营销手段的区别：形象营销与传统的营销手段的主要区别在于，它不是将产品作为孤立的“光杆产品”来销售，而是通过为产品“打造光环”——提升产品形象、品牌形象及企业形象，使其成为“光环产品”，从而提高产品的竞争力。

例如，近年来，被称为“家乡鸡”的肯德基在中国大行其道，而我们真正的家乡鸡却节节败退。其根本原因在于“光杆产品”不敌“光环产品”。我们的家乡鸡仅仅被作为“鸡”来销售，因此称其为“光杆产品”。而肯德基的“鸡”却罩着一层“光环”，这便是肯德基的形象，它是企业理念、文化背景、企业行为、店铺氛围、视觉形象所构成的企业形象与产品形象、品牌形象的综合体。消费者在肯德基餐厅里所消费的不仅仅是鸡，而是一个以“鸡”为核心的系统。试想一下，如果把肯德鸡的炸鸡搬到别的快餐店去卖，会有人买吗？

超级链接

移动电话跨国公司的“形象先行”营销战略

跨国公司进入中国市场的具体策略虽不尽相同，但其战略却十分相似，即普遍采用“形象先行”的营销战略。仅以移动电话为例，即可见一斑。

中国移动电话市场曾被爱立信、摩托罗拉、诺基亚三分天下，但飞利浦、阿尔卡特、松下、索尼、西门子等公司的加入，很快将这种垄断格局打破，移动电话市场迅速演变为买方市场。面对这种竞争格局，摩托罗拉在1998年5月“飞跃无限”，首次将其主要产品寻呼机、手机、对讲机作为一个整体进行宣传，试图将寻呼机的良好形象延伸至其他产品上，进而使企业的整体形象得以提升。

诺基亚推陈出新，通过克林顿、叶利钦、布什、撒切尔夫人“四大人物”返璞归真的表演，阐释“以人为本”的企业理念，倡导每个人都应该拥有可贵的人性特点的主张，在同行当中独树一帜。

爱立信曾以企业形象系列电视广告片“代沟篇”、“父子篇”、“矿工篇”，标榜“沟通就是理解”、“沟通就是关怀”、“沟通就是爱”，并将“电信沟通”与“心意互通”巧妙地联系起来，加上后来张曼玉所演绎的浪漫与温情，在社会大众面前树立起“柔情沟通”的形象。但随着市场格局的变化，爱立信试图再次提升品牌形象，于是在1998年8月推出全新广告，通过“城市救星”刘德华的“硬汉”形象，表现进取、领先，标志着爱立信从柔情沟通走向科技领先，以此进一步巩固其市场领导地位。

面对竞争对手的强大压力，摩托罗拉再度出击，以当红男女模特演绎“慧眼识英雄”，力推其小巧玲珑的“掌中宝”。

跨国公司的形象攻势之猛烈，由此可见一斑。

形象营销何以在众多的营销手段中脱颖而出，成为跨国公司的营销利器，奥妙大概就在于此。

(2) 形象与战略定位：有效的形象营销是建立在准确的形象定位的基础之上的。而准确的形象定位又是以准确的战略定位为前提的。如果把形象定位比作“毛”，那么战略定位就是“皮”，皮之不存毛将焉附？有一家资产3.2亿的企业，它在经营过程中始终没有明确的发展主业和主导产品，采用的是一种在市场开发过程中被称作“跟进大势、人云亦云”的思路，使得企业整体经营思路一直处于混乱状态，最终导致了企业在全国各地的投资项目全面亏损。其中一个主要原因是，公司经营所涉及的行业过多，包括金融投资、房产开发、酒店、计算机、汽车、娱乐、餐饮、化工、新产品开发等。很显然，企业在如此缺乏战略定位的情况下，是不可能谈得上形象定位的，有效的形象营销也就无从谈起。

只有企业的自我认知清楚，战略定位明晰，才能确立准确的形象定位。

(3)“三位一体”战略：这是指将企业、品牌、商标三者名称合而为一，以获得单一名称的张力，便于形成集中、统一的形象，并增强名称的传递力。

对于中小企业或创业阶段的企业而言，运用“三位一体”战略，从形象营销的角度看，具有明显的优点。

1）容易被大众接受和识别。要使大众接受、识别一个概念，比同时接受、识别两个、三个甚至更多的概念要容易得多。因此，对企业、品牌、商标冠以统一名称，与三者名称各异相比，优势自不待言。

2）容易传播。“三位一体”使企业信息高度集中，传递力增强。如日本SONY公司，几乎所有产品都以SONY这一名称销售。实际上SONY既是公司名称，又是产品和商标名称。日本松下公司和东芝公司的电器也是如此。这样在销售产品的同时，自然而然地传播了企业形象。相反，多名称、多品牌不利于传播的一致性，也使企业形象分散。

3）费用降低。由于企业、品牌、商标的名称一致，不仅企业形象、品牌形象的策划设计成本降低，而且对外宣传也可收“一箭三雕”之效，可以最小的投入获得最佳的传播效果。如果三者名称各异，而且公司开发的新产品均冠以新名称，传播费用将会大大增加。如美国宝洁公司采用多品牌策略，每年的广告费都在数十亿美元，成为全美最大的广告客户。像美国宝洁这样财大气粗的公司可以投入大量广告培养多个品牌，但对一般中小企业而言，多品牌策略所需的巨额传播费用就难以承担了。

从企业、品牌、商标三者形象的互动关系角度来看，“三位一体”战略的实现途径大体有以下 3 种：

1）“商标、品牌形象主导型”。对于因历史等原因拥有著名商标、品牌，但企业名称却与商标、品牌互不相干时，企业可将三者名称统一起来，以商标在消费者心目中的形象来带动企业形象和品牌形象的提升。如化工部第一胶片厂（保定）与第二胶片厂（南阳）及感光材料研究所（沈阳）联合组建一家新的公司时，就以著名的品牌“乐凯”作为公司的名称，即“中国乐凯胶片公司”。上海冠生园（集团）总公司拥有“大白兔”、“生”、“天厨”、“佛手”、“华佗”、“沙利文”等著名商标、品牌，为了充分利用这些无形资产，总公司分别将其组建成独立的品牌公司。云南红塔集团正是利用中国卷烟第一品牌红塔山高达近 400 亿的无形资产，以红塔命名，使该集团成立不到几年便以“大哥大”的形象立于企业界。

2）“企业形象主导型”。如果企业具有较高的知名度，可将企业名称应用于品牌及商标上，以此带动品牌及商标形象的提升。如一些拥有金字招牌的“老字号”企业，在进行产品和品牌开发时，可重点考虑对金字招牌这一无形资产的挖掘和利用。

3）“同步培育型”。对于一些专业化经营的新公司而言，可在公司成立伊始，即将企业、品牌、商标三者统一起来，同步培养，共同提升。近些年在国内市场涌现出来的著名品牌，有相当一部分属于这一类型。

当然，“三位一体”战略并不是对于所有企业都适用，如对各事业部门之间相关性不强、多元化经营的集团公司来说，采用“三位一体”战略就不一定合适。况且，“三位一体”战略还有“一损俱损”的风险。因此，要视具体情况来决定是否采用“三位一体”战略。

2.4.2 绿色营销

1. 绿色营销的兴起　伴随着现代工业的大规模发展，人类以空前的规模和速度毁坏自己赖以生存的环境，给自己的生存和发展造成严重威胁。大自然的报复促使人类猛省，绿色需求便逐步由潜在转化为现实，消费需求的满足，转向物质、精神、生态等多种需求和价值并重。有支付能力的绿色需求，是绿色营销赖以形成的推动力，并决定了绿色市场的规模与发展。

1968 年，在意大利成立的罗马俱乐部指出：“人类社会的进步并不等于 GDP 的上升。”1972 年 6 月，联合国首次召开了斯德哥尔摩人类环境会议，通过了全球性环保行动计划和《人类环境宣言》，向全世界发出呼吁：“人类只有一个地球。”

进入 20 世纪 90 年代以来，一些国家纷纷推出以环保为主题的“绿色计划”。如日本在 1991 年推出“绿色星球计划”和“新地球 21”计划；英国于 1991 年执行“大地环境研究计划”，着重研究温室效应；加拿大于 1991 年推出 5 年环保“绿色计划”等。

在 20 世纪 70 年代，美国人对环保的狂热引来了地球日的诞生。如今美国人对环境的热爱范围越来越广，并已深深根植于生活的细微之处，许多城市已大力推行强制回收体系。美国的绿色市场发展潜力巨大，人们认为“环境友好产品”构成的“地球可持续市场”，将是解决环境问题的一个好办法。1978 年德国首先执行“蓝色天使”计划，1997 年即产生 400 多种绿色产品，现已达 4500 多种。

中国的绿色工程始于绿色食品开发，1984 年在广州出现了全国第一家无公害蔬菜生产基地；1989 年农业部组织专家研究，提出绿色食品概念；《中国 21 世纪议程》是 1992 年 7 月编写的关于下一世纪发展的行动纲要；1992 年 11 月，国务院批准成立了中国绿色食品发展中心，制订了《绿色食品标志管理办法》；1993 年 5 月，绿色食品发展中心加入了“有机农业运动国际联盟”。1995 年初，全国已有 28 个绿色食品的生产厂和开发基地，除食品外，其他绿色产品也不断研制成功。随着绿色食品的开发，绿色商店已在一些大城市相继建立。

2. 绿色营销的内涵　绿色营销是在绿色消费的驱动下产生的。所谓绿色消费，是指消费者意识到环境恶化已经影响其生活质量及生活方式，要求企业生产、销售对环境影响最小的绿色产品，以减少危害环境的消费。所谓绿色营销，是指企业以环境保护观念作为其经营哲学思想，以绿色文化为其价值观念，以消费者的绿色消费为中心和出发点，力求满足消费者绿色消费需求的营销策略。狭义的绿色营销，也称生态营销或环境营销。

3. 绿色营销的特征　与传统营销相比，绿色营销具有以下特征：

(1) 绿色消费是开展绿色营销的前提：消费需求由低层次向高层次发展，是不可逆转的客观规律，绿色消费是较高层次的消费观念。人们的温饱等生理需要基本满足后，便会产生提高生活综合质量的要求，产生对清洁环境与绿色产品的需要。

(2) 绿色观念是绿色营销的指导思想：绿色营销以满足需求为中心，为消费者提供能有效防止资源浪费、环境污染及损害健康的产品。绿色营销所追求的是人类的长远利益与可持续发展，重视协调企业经营与自然环境的关系，力求实现人类行为与自然环境的融合发展。

(3) 绿色体制是绿色营销的法制保障：绿色营销是着眼于社会层面的新观念，所要实现的是人类社会的协调持续发展。在竞争性的市场上，必须有完善的政治与经济管理体制，制定并实施环境保护与绿色营销的方针、政策，制约各方面的短期行为，维护全社会的长远利益。

(4) 绿色科技是绿色营销的物质保证：技术进步是产业变革和进化的决定因素，新兴产业的形成必然要求技术进步，但技术进步如背离绿色观念，其结果有可能加快环境污染的进程。只有以绿色科技促进绿色产品的发展，促进节约能源和资源可再生、无公害的绿色产品的开发，才是绿色营销的物质保证。

4. 绿色营销的实施　在绿色理论和绿色意识的指引下，实施绿色营销的企业，必须制定绿色营销战略和绿色营销组合。

(1) 制定绿色营销战略：在全球绿色浪潮兴起的时代，企业基于环境和社会利益考虑，制定体现绿色营销内涵的战略计划，有利于长期发展。绿色营销战略应明确企业研制绿色产品的计划及必要的资源投入，具体说明环保的努力方向及措施。绿色营销战略应以满足绿色需求为出发点和归宿，既要满足现有与潜在绿色需求，又要促进绿色消费意识和绿色需求的发展。绿色营销带来更高的边际收益，实现合理的“绿色盈利”，从长远看是绿色营销战略实施的必然结果。

(2) 制定绿色营销组合：绿色产品不仅对社会或环境改善有所贡献，而且能有效地树立良好的企业形象，冲破绿色堡垒，适应“环保回归”热潮，为企业带来长期效益。绿色产品生命周期分析，主要考虑在产品生命周期各阶段产品与包装对环境所造成的干预和影响，力求减少资源消耗和对环境的污染。正确有效的绿色渠道是绿色营销的关键环节。不仅要慎选绿色信誉好的中间商，而且要选择和改善能避免污染、减少损耗和降低费用的储运条件。绿色价格应反映生态环境成本，包括产品所吸收的环保及环境改善支出的费用，确立环境与生态有价的基本观点，贯彻“污染者付款”原则，促进生态化、低污低耗的绿色技术的开发和应用。绿色促销是绿色媒体传播绿色企业及产品的信息的行为。要利用传媒和社会活动，为企业的绿色表现作宣传。通过赞助、捐赠等对有关环保的组织及活动，给予经济上的支持。广告要突出绿色产品的特点，突出环保靠全社会的力量，靠每个人的贡献。广告投入和广告频率要适度，防止因广告而造成资源浪费和声、光等感官污染。

2.4.3 关系营销

1. 关系营销的概念　关系营销是以系统论为基本思想，将企业置身于社会经济大环境中来考察企业的市场营销活动，认为企业营销乃是一个与消费者、竞争者、供应者、分销商、政府机构和社会组织发生互动作用的过程。关系营销将建立与发展同所有利益相关者之间的关系作为企业营销的关键变量，把正确处理这些关系作为企业营销的核心。

关系营销更为注意的是维系现有顾客，丧失老主顾无异于失去市场、失去利润的来源。有的企业推行“零顾客背离”计划，目标是让顾客没有离去的机会。这就要求及时掌握顾客的信息，随时与顾客保持联系，并追踪顾客动态。因此，仅仅维持较高的顾客满意度和忠诚度还不够，必须分析顾客产生满意感和忠诚度的根本原因。由于对企业行为绩效的感知和理解不同，表示顾客满意的原因可能不同，只有找出顾客满意的真实原因，才能有针对性地采取措施来维系顾客。满意的顾客会对产品、品牌乃至公司保持忠诚，忠诚的顾客会重复购买某一产品或服务，不为其他品牌所动摇，不仅会重复购买已买过的产品，而且会购买企业的其他产品。同时，顾客对企业的满意宣传有助于树立企业的良好形象。此外，满意的顾客还会高度参与和介入企业的营销活动过程，为企业提供广泛的信息、意见和建议。

关系营销把一切内部和外部利益相关者纳入研究范围，用系统的方法考察企业所有活动及其相互关系，表现积极的一方被称为市场营销者，表现不积极的一方被称作目标公众。

企业与利益相关者要结成休戚与共的关系。企业的发展要借助利益相关者的力量，而后者也要通过企业来谋求自身的利益。

(1) 企业内部关系：内部营销起源于把员工当作企业的市场。明智的企业高层领导，心中装有“两个上帝”，一个“上帝”是顾客，另一个“上帝”是员工。企业要进行有效的营销，首先要有具备营销观念的员工，能够正确理解和实施企业的战略目标和营销组合策略，并能自觉地以顾客导向的方式进行工作。企业要尽力满足员工的合理要求，提高员工的满意度和忠诚度，为关系营销奠定良好基础。

(2) 企业与竞争者关系：企业所拥有的资源条件不尽相同，往往是各有长短，为有效地通过资源共享实现发展目标，企业要善于与竞争对手和睦共处，并和有实力、有良好营销经验的竞争者进行联合。

(3) 企业与顾客关系：顾客是“上帝”，是“财神”，企业要实现盈利目标，必须依赖顾客。企业需要通过收集和积累大量市场信息，预测目标市场购买潜力，采取适当方式与消费者沟通，变潜在顾客为现实顾客。同时，要致力于建立数据库或其他方式，密切与消费者的关系。对老顾客，要更多地提供产品信息，定期举行联谊活动，加深情感信任，争取成为长期顾客，其花费的成本，肯定比寻求新顾客更为经济。

(4) 企业与供销商关系：因分工而产生的渠道成员之间的关系，是由协作而形成的共同利益关系。合作伙伴虽难免也存在矛盾，但相互依赖性更为明显。企业必须广泛建立与供应商、经销商之间的密切合作的伙伴关系，以便获得来自供销两个方面的有力支持。

(5) 企业与影响者关系：各种金融机构、新闻媒体、公共事业团体以及政府机构等，对企业营销活动都会产生重要的影响，企业必须以公共关系为主要手段争取他们的理解与支持。例如，社区是以地缘为纽带而连接和聚集的若干社会群体或组织之间的关系，是构成企业关系营销中不可忽视的一环。企业需要社区提供完善的基础设施和有效率的工作，社区也希望企业为社区建设提供人、财、物的支持。

2. 关系营销的基本特征

(1) 信息沟通的双向性：社会学认为关系是信息和情感交流的有机渠道，良好的关系即是渠道畅通，恶化的关系即渠道阻滞，中断的关系则是渠道堵塞。交流应该是双向的，既可以由企业开始，也可以由营销对象开始。广泛的信息交流和信息共享，可以使企业赢得支持与合作。

(2) 战略过程的协同性：在竞争性的市场上，明智的营销管理者应强调与利益相关者建立长期的、彼此信任的、互利的关系。这可以是关系一方自愿或主动地调整自己的行为，即按照对方要求的行为，也可以是关系双方都调整自己的行为，以实现相互适应。各具优势的关系双方，互相取长补短，联合行动，协同动作去实现对各方都有益的共同目标，可以说是协调关系的最高形态。

(3) 营销活动的互利性：关系营销的基础在于交易双方相互之间有利益上的互补。如果没有各自利益的实现和满足，双方就不会建立良好的关系。关系建立在互利的基础上，要求互相了解对方的利益要求，寻求双方利益的共同点，并努力使双方的共同利益得到实现。真正的关系营销是达到关系双方互利互惠的境界。

(4) 信息反馈的及时性：关系营销要求建立专门的部门，用以追踪各利益相关者的态度。关系营销应具备一个反馈的循环，以连接关系双方，企业由此了解到环境的动态变化，根据合作方提供的信息，以改进产品和技术。信息的及时反馈，使关系营销具有动态的应变性，有利于获得新的市场机会。

2.4.4 整合营销

1. 整合营销的含义　菲利普·科特勒认为：“企业所有部门为服务于顾客利益而共同工作时，其结果就是整合营销。整合营销发生在两个层次上：一是不同营销功能——销售力量、广告、产品管理、市场研究等——必须共同工作；二是营销部门必须和企业其他部门相协调。”

营销组合强调将市场营销中各种要素组合起来，营销整合则与之一脉相承，但更为强调各种要素之间的关联性，要求它们成为统一的有机体。在此基础上，整合营销更要求各种营销要素的作用力形成合力，共同为企业的营销目标服务。

整合营销改变了把营销活动作为企业经营管理的一项职能的观点，而是要求所有活动都整合和协调起来，努力为顾客的利益服务。同时，强调企业与市场之间互动的关系和影响，努力发现潜在市场和创造新市场。以注重企业、顾客、社会三方共同利益为中心的整合营销，具有整体性与动态性特征，企业把与消费者之间交流、对话、沟通放在特别重要的地位，这是营销观念的变革和发展。

2. 整合营销中的4C观念　20世纪90年代以来，消费者对产品的需求越来越具有个性。一方面，是产品的同质化日益增强；另一方面是消费者的个性化、多样化日益发展，于是日渐兴起的4C观念，强化了以消费者需求为中心的营销组合。

(1) Consumer（消费者）：这是指消费者的需要和欲望。企业要把重视顾客放在第一位，强调创造顾客比开发产品更重要，满足消费者的需求和欲望比产品功能更重要。不能仅仅卖企业想制造的产品，而是要提供顾客确实想买的产品。

(2) Cost（成本）：这是指消费者获得满足的成本，或是消费者满足自己的需要和欲望所愿意付出的成本。这里的成本因素延伸为生产经营过程的全部成本。包括企业的生产成本，即生产适合于消费者需要的产品成本；消费者购物成本，不仅指购物的货币支出，还有时间耗费、体力和精力耗费以及风险承担。新的定价模式是

消费者支持的价格－适当的利润＝成本上限

企业要想在消费者支持的价格限度内增加利润，就必须努力降低成本。

(3) Convenience（便利）：这是指购买的方便性。跟传统的营销渠道相比，新的观念更重视服务环节。在销售过程中，强调为顾客提供便利，让顾客既购买到商品，也购买到便利。在各种邮购、电话订购、代购代送方式出现后，消费者不一定去商场，就能在自己家中或小区买到自己所需的物品。企业要深入了解不同的消费者有哪些不同的购买方式和偏好，把便利原则贯穿于营销活动的全过程。

(4) Communication（沟通）：这是指与用户沟通。企业可以尝试多种营销策划与营销组合，如果未能收到理想的效果，说明企业与产品尚未完全被消费者接受。这时，不能依靠加强单向劝导顾客，要着眼于加强双向沟通，增进互相的理解，实现真正的适销对路，培养忠诚的顾客。

3. 整合营销的组织和实施　在整合营销实施中，涉及资源、人员、组织与管理等方面。

(1) 资源的最佳配置和再生：实现资源最佳配置，既要利用内部资源运用主体的竞争，力求实现资源使用的最佳效益，又要利用最高管理层和各职能部门，组织资源共享，避免资源浪费。

(2) 人员的选择、激励：人是实现整合营销目标的最能动、最活跃的因素，

要组成有较高的合作能力和综合素质的非长期团队小组，保证圆满完成分目标，并通过激励措施不断增强人员信心，调动其积极性，促使创造性变革的产生。

(3) 学习型组织：整合营销团队具有动态性特点，而组织又要求具有稳定性。要建立组织中人们所共同持有的意象或景象，即共同愿景，保持个人与团队目标和企业目标的高度一致，并强化团队学习，创造出比个人能力总和更高的团队，形成开放思维，实现自我超越。

(4) 监督管理机制：高层管理务求使各种监管目标内在化，如通过共同愿景培养各成员、各团队自觉服务精神，塑造企业文化，通过团队中人员、职能设置强化团队自我管理能力。团队自身也承担了原有监管应承担的大量工作，在最高层的控制下，自觉为实现企业营销目标努力工作。

2.5 市场营销道德

2.5.1 市场营销道德的含义

1. 市场营销道德　道德是社会意识形态之一，是一定社会调整人们之间以及个人和社会之间的关系的行为规范的总和。营销道德可以界定为调整企业与所有利益相关者之间的关系的行为规范的总和，是客观经济规律及法制以外制约企业行为的另一要素。

道德是由一定社会的经济基础所决定，并为一定社会经济基础服务的，任何道德都具有历史性。营销道德在不同的社会制度下和不同的历史时期，评判标准有所差异。营销道德最根本的准则，应是维护和增进全社会和人民的长远利益。凡有悖于此者，皆属非道德的行为。

2. 道义论的道德观　关于道德合理性的评价，伦理学家们提出了功利论与道义论两大理论。

2.5.2 我国市场营销道德的现状

据调查资料，我国营销道德问题的状况值得引起重视。主要表现在以下几方面：

1. 不公平现象

1) 某些企业为牟利不惜侵害消费者的健康与安全，而消费者对有潜在危险性商品，包括危险的玩具、含过量防腐剂和色素的食品、劣质化妆品等，认识还不够深刻。买卖双方都较多地注重表面的、短期的利益，忽视潜在的、长期的利益。如调查中有71%的人认为在给予用户说明的情况下，可以出售有潜在危险性的玩具；有65%的人认为烟草工业可以发展。

2) 某些企业为牟利使消费者购物所得利益远低于付出的代价，除假冒伪劣商品外，有些合格商品的价值也远低于消费者付出的代价。这种现象在保健药品与滋补食品中最为明显。如58%的消费者认为购买的保健饮品效用没有达到预期目的。

3）只针对目标市场的消费者或太多数消费者，忽视甚至歧视其他少数或处境不利的消费者。如中老年人及低收入者市场，为多数企业忽视。调查中有高达90%的人认为中老年人不易买到满意的服装。

2. 不真实现象

1）虚假的“特价”、“减价”。经常出现的“特价”、“减价”广告宣传，大多成了欺诈式的推销术。调查中已有75%的消费者表示不相信“特价”、“减价”广告宣传。

2）过分夸张的广告。过分夸大和片面强调优点的广告，误导消费者购买决策。有75%的消费者认为目前广告过于夸大，消费者购买物品的实际收益小于由广告产生的期望值。

3）滥用质量标志。由于滥用“真皮”、“纯羊毛”标志及“省优”、“部优”、“国优”称号现象严重。有65%的消费者不相信商品的质量标志。

4）夸大量或质的包装。许多食品、化妆品包装显示的商品内容、容量与实质不符。

3. 浪费现象　过分的促销造成资源浪费，最终加重了消费者的负担。调查中75%的消费者认为华丽的包装只是推销的需要；62%的被调查者认为广告刺激了消费欲望，潜移默化地改变了人的价值观与生活态度，过多地追求物质享受，引起不合理的过量消费。个别产品为争“标王”投入的广告费，远远超过产出价值，企业效益与社会效应都很差。

4. 强制推销　消费者主要依靠企业与营销人员提供的信息作出购买决策。50%的被调查者依据包装的好坏、标签及说明来了解商品的品质与品牌并决定购买；50%的消费者在直销人员的高超推销技巧下买了未计划购买的商品，其中70%的人在购买后又后悔。

5. 污染环境　工商企业绿色意识普遍淡薄。绿色食品为数较少且价格偏高，工业生产、废弃物品污染环境日趋显著。60%的被调查者认为环保不能只讲自觉，需要法令强制；76%的消费者愿意购买有利于环保和健康的绿色产品，但要求定价合理。

6. 不正当竞争　企业营销中采用不正当竞争手法，如请客、送礼、回扣、贿赂、搭售、窃取商业情报、蓄意贬低竞争对手的广告宣传等。43%的营销人员把宴请、娱乐、送礼视作惯例；42%的营销人员认为这是增进感情的需要。

2.5.3 市场营销道德建设

营销道德问题涉及面广，根本解决非一朝一夕之功。营销道德建设应从以下几方面入手：

1. 树立社会营销观念　企业不仅要以实现盈利和满足消费者直接需求为目

标，而且要切实关心和维护消费者及社会的长期福利。法律、法规只是道德规范的最起码的要求，合法的营销行为不一定合乎道德标准；对消费者的教育只是从客观上提高消费者认识水平，也难以完全避免受骗、上当和不合理消费。建立营销道德最根本的还是确立并实施社会营销观念。企业在营销中要形成一套履行道德与社会责任的行为准则，自觉维护消费者的利益。

2. 加强法制建设，建立健全维护消费者利益的机构　进一步健全和完善法律、法规，严格依法治市，约束企业的不正当竞争行为，制裁欺骗和损害消费者权益的行为。建立有权威的保护消费者权益及监督、检查、仲裁机构，切实维护消费者利益。

3. 认真解决信息不对称问题　不道德营销行为能够得逞，消费者利益受损，往往是由于营销者掌握的信息较多，而消费者了解的情况较少，对有关商品的知识了解有限，在交易中处于不利地位。要加强对消费者的宣传教育，增强其自我保护意识，积极地与违法和不道德的营销行为作斗争。应通过报刊和各种广告为消费者提供更多的商品知识，培养更多的理性消费者。

本章小结

市场营销管理哲学（观念）是企业营销活动的指导思想和行为准则，是企业所奉行的一种经营哲学或理念。在西方国家营销管理哲学的演变过程中，曾出现了生产观念、产品观念、推销观念、市场营销观念和社会市场营销观念5种典型的营销观念。有关学者将5种观念归并为两大类：一类是传统的营销观念，包括生产观念、产品观念和推销观念；另一类为现代营销观念，包括市场营销观念和社会市场营销观念。新旧两类营销观念在指导思想、出发点、手段运用、目标及实现途径以及适用条件等方面存在着质的区别。

顾客让渡价值是指顾客总价值与顾客总成本之间的差额。该理论提示企业可从两个方面改进自己的工作：①通过改进产品、服务、人员与形象，提高产品的总价值。②通过降低生产与销售成本，减少顾客购买的时间、精神与体力的耗费，从而降低货币与非货币成本。

形象营销是指借助企业形象、品牌形象、产品形象等形成的形象力来展开的营销活动。有效的形象营销是建立在准确的形象定位的基础之上的。对于中小企业或创业阶段的企业而言，将企业、品牌、商标三者名称合而为一的“三位一体”形象营销战略具有明显的优点。

绿色营销是指企业以环境保护观念作为其经营思想，以绿色文化为价值观念，以消费者的绿色消费为中心和出发点，力求满足消费者绿色消费需求的营销策略。本章简述了绿色营销的特征与实施。

关系营销是以系统论为基本思想，将企业置身于社会经济大环境中来考察企业的市场营销活动，认为企业营销是一个与消费者、竞争者、供应者、分销商、政府机构和社会组织发生互动作用的过程。关系营销具有信息沟通的双向性、战略过程的协同性、营销活动的互利性、信息反馈的及时性等特征。

整合营销强调各种营销要素的作用力，形成合力，共同为企业的营销目标服务。不同营销功能——销售力量、广告、产品管理、市场研究等——必须共同工作；营销部门必须和企业其他部门相协调。整合营销中的4C观念，强化了以消费者需求为中心的营销组合。本章还介绍了整合营销的组织和实施。

市场营销道德可以界定为调整企业与所有利益相关者之间的关系的行为规范的总和，是客观经济规律及法制以外制约企业行为的另一要素。我国营销道德问题的状况值得引起重视，应从观念、法制、信息等方面加强营销道德建设。

思考题

1. 现代市场营销观念和传统市场营销观念的根本区别是什么？
2. 什么是顾客让渡价值？如何增加顾客让渡价值？
3. 如何看待形象营销与企业战略之间的关系？
4. 什么是绿色营销？绿色营销的特征有哪些？
5. 什么是关系营销？关系营销的特征有哪些？
6. 整合营销中的4C指的是什么？
7. 市场营销道德建设应从哪些方面入手？

案例分析

以真诚“回报社会，奉献爱心”

沈阳协合集团自成立以来，坚持“回报社会，奉献爱心”的信念，以其骄人的业绩和真诚之心履行着企业对社会应承担的责任。

协合集团创建于1988年。当初是一个小型不起眼的民营制药企业，经过18年的风雨坎坷，发展成为以生物医药、保健品、中药标准对照品为突出优势的集科研、生产、经贸为一体的股份制跨国集团公司。

目前，协合集团下设33家分支机构和分公司，在美国、香港和沈阳设有科研中心，在美国和新加坡设有二级集团公司，在沈阳有生产基地，在香港、深圳和沈阳设有销售公司，在沈阳还与国内高校合作承办了企业大学。下一步，协合集团将与国外的投资人共建企业医院。

协合集团发展到今天，与其奉行的“回报社会，奉献爱心”的信念是分不开的。18年来，协合集团累计向社会公益事业捐献财物和药品已超过4000万元人民币，接受捐助的国家有印度、菲律宾、南非、刚果、尼日尔、马里，我国有北京、香港以及抗洪灾区和“非典”疫区。他们捐助的药品主要是自己研制的具有国际领先技术的后基因生物类药，对于癌症、心脑血管病、糖尿病、败血病、艾滋病、“非典”病毒等有特殊疗效。为此，陈巨余董事长获得了在国际上具有盛名的“圣约翰爵士”殊荣。

面对市场销售其产品时，协合集团以真诚“回报社会，奉献爱心”为信念；在产品研发和生产方面，研制具有国际领先水平的生产工艺和产品为标准。他们的纯水制备系统、动物蛋白提取工艺和超级抗原后基因保健品等超过了发达的美国和日本，使诺贝尔生物学奖获得者、美国科学院院士弗里德·穆拉德为之惊叹，他说：“我们还在研究设想，你们已经研制成功，甚至都有了产品”。“协合”的生物药品和保健品远销德国、日本、澳大利亚、新西兰、美国、英国和南非等国。在国内1100家大型医院都在临床使用他们的高聚生等超级抗原系列药品。

协合集团的辉煌，还包括它已通过国家GMP标准和ISO9001国际质量标准认证体系，连续9年获得国家特级（AAA）信用认证；它与国内外知名高校合作研发，并拥有自己的专家和研发人员100多人，同时拥有科研院士工作站和博士后工作站，承担着国家3项火炬计划项目，已拥有19项专利，其中14项为发明专利，仅其中1项就被美国专业评估机构估值为4960万美元。其他殊荣还有“国家级重点高新技术企业”等。

以上案例说明，企业的效益和发展与企业的社会责任是相辅相成的。企业对社会责任的承担，带来的社会对企业的回报将使企业具有更有利的发展环境，同时，企业的发展壮大也将会得到社会的相应支持。

案例思考

结合案例，谈谈你对企业的经济效益与企业的社会责任的理解。

第3章 市场营销战略规划与管理过程

学习目标 通过本章学习，了解企业战略的概念、特征；企业战略的层次结构；掌握市场营销战略的概念，理解市场营销战略与企业战略的关系；掌握市场营销战略规划的相关内容；理解市场营销管理过程。

企业要在不断变化的环境中生存和发展，必须以长远和系统的眼光看待经营管理问题，必须在目标、资源和市场机会三者间找到最佳的配合方式，从而赢得有利的市场地位，因此战略规划的概念和方法应运而生。20世纪70年代以来，随着市场竞争的加剧，人们越来越清楚地看到企业战略管理的重要性。市场营销战略规划作为企业战略的重要组成部分，已经成为企业营销工作的核心和灵魂。

3.1 企业战略与市场营销战略

3.1.1 企业战略的概念和特征

1. 企业战略的概念 在我国，战略就是指导战争的谋略，即克敌制胜的良策。在很久以前，战略就已经诞生于战争和军事活动之中了。在西方，战略(strategy)一词来源于希腊语“strategos”或演变出的“stagia”。前者是“将军”，后者是“战役”、“谋略”。

到了现代，人们将战略引申到其他方面的活动，特别是经济活动。于是就出现了企业战略。企业战略是指公司在市场经济下，在竞争激烈的环境中，在总结历史经验、调查现状、预测未来的基础上，为谋求生存和发展而做出的带有长远性、全局性的谋划或方案。它是企业经营思想的体现，是企业具体活动的指导思想。

2. 企业战略的特征 无论从广义还是从狭义理解企业战略这一概念，都可以看到企业战略具有以下特征：

(1) 全局性：它是以企业全局作为对象，根据企业总体发展的需要而制定的。它规定的是企业的总体行动，所追求的是企业的总体效果。虽然它也包括企业的局部活动，但是这些局部活动是作为总体行动的有机组成部分在战略中出现的。

(2) 长远性：企业战略是企业为求生存和发展而做出的长远性的谋划或方案。谋划即谋略、计策，为生存谋发展的谋划显然是关系成败的大政方针。可以说，凡是为了适应环境、条件的变化所确定的长期基本不变的目标和实现目标的方案，都属于战略的范畴。针对当前形势，灵活地适应短期变化、解决局部问题的方法，则是战术的概念。

(3) 纲领性：企业战略规定的是企业总体的长远目标、发展方向和重点、前进道路，以及所采取的基本行动方针、重大措施和基本步骤，都是原则性、概括性的规定，具有行动纲领的意义。它必须通过展开、分解和落实等过程，才能变为具体的行动计划。

(4) 抗争性：企业战略是关于企业在激烈的竞争中如何与竞争对手抗衡的行动方案，同时也是针对来自各方面的冲击、压力、威胁和困难，迎接这些挑战的行动方案。它与那些不考虑竞争、挑战，而单纯为了改善企业现状、增加经济效益、提高管理水平等为目的的行动方案不同。只有当这些工作与强化企业竞争力量和迎接挑战直接相关、具有战略意义时，才能构成企业战略的内容。

3.1.2 企业战略的层次结构

由于战略目标是多层次的，不仅有企业的总体目标，还有企业内部各个层次以及每个经营项目的目标，这就形成了一个完整的体系。一般来说，企业战略可以划分为3个层次结构，即公司总体战略、公司业务战略和公司职能战略。

1. 公司总体战略　它是对公司全局的谋划，由最高管理层制定。它需要根据企业使命，选择企业参与竞争的经营领域，合理配置企业经营所必需的资源，使各项经营业务相互支持、相互协调。它回答的是企业应该在哪些经营领域进行业务活动的问题，因此，经营范围的科学选择和资源的合理配置是其中的重要内容。

2. 公司业务战略　这是指各个业务单位的战略。在大企业或企业集团中，从组织形态上，把一些具有共同战略因素的二级单位合成一个战略经营单位(Strategic Business Units，SBU)，或者在一些一般企业，如果各个二级单位的产品和市场具有特殊性，也可以视作独立的战略经营单位。在总体战略的指导下，各个业务单位的管理者负责本单位的战略，指导本单位业务的经营。

3. 公司职能战略　公司的各职能系统，如市场营销、生产、财务、人力资源、研究与开发等，需根据公司上面的总体战略和业务战略分别制定职能战略，由各职能系统的管理者负责。这一层次中最为核心的内容就是市场营销计划。由于各个职能部门的主要任务不同，关键变量也不同。但是每一种职能战略都要服从于所在战略经营单位的经营战略，以及为整个企业制定的总体战略。市场营销战略同样如此，必须在企业总体战略，以及经营战略的框架内进行。

企业战略的层次结构如图3-1所示。

3.1.3 市场营销战略与企业战略的关系

市场营销战略是企业为了谋求长足的发展而对其在某一较长时段内的营销活动制定的全局性行动总方案。一个组织的最高管理当局要制定出企业发展战略，以决定经营什么业务、所要达到的目标、产品或业务投资的方向等。市场营销管理者再制定市场营销战略，采取系统的办法来识别未满足的需要和市场机会，并且把它变为有利可图的公司机会。可见，企业总体的战略规划中，如何结合企业的资源状况，确定较长期的发展趋向，制定一个具有远见又切实可行的企业发展战略，是直接关系企业市场营销战略的制定以及企业营销活动的方向、中心、重点、发展模式、资源的调配，关系未来市场营销活动的成败，乃至企业的前途和命运。

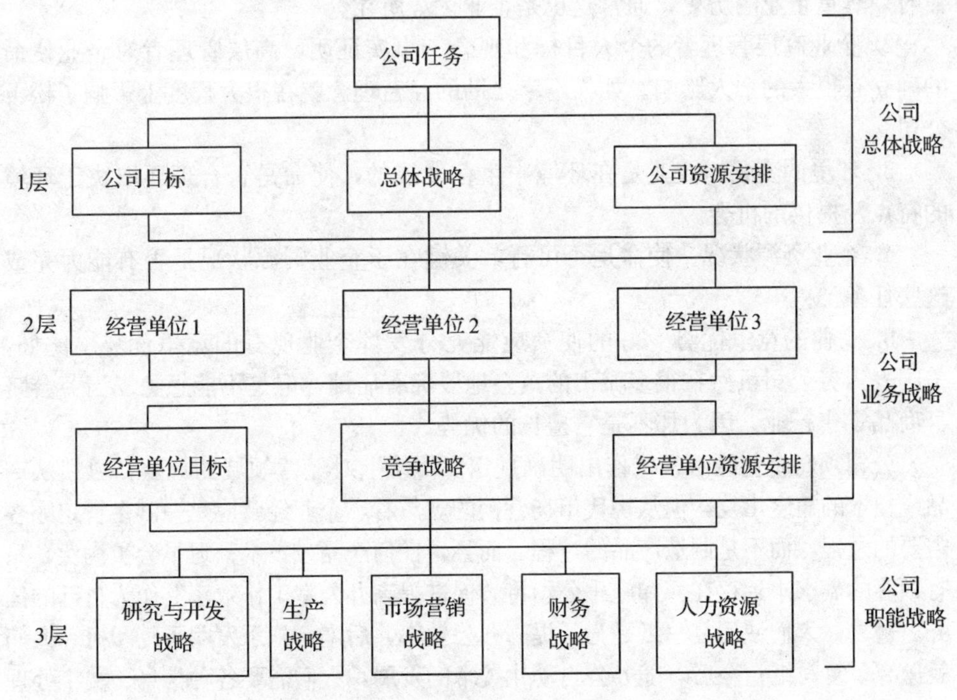

图 3-1　3 个层次战略的相互关系示意图

一个企业不仅要制定与环境变化相适应的全面的发展战略，企业的市场营销部门还要根据企业总的发展战略制定相应的市场营销战略。它既是企业发展战略的一个重要组成部分，也是实现企业发展战略的重要保证。而市场营销战略的制定与实施是通过市场营销管理过程来进行的，它在确保企业发展适应外部环境变化方面起着主要作用。在实际工作中，企业战略性管理与市场营销管理其实是密不可分的，在企业总体战略规划中，市场营销战略是企业发展战略的子战略。

3.2　市场营销战略规划

市场营销战略的制定是一个连续的过程，包括一系列重大步骤，我们称之为市场营销战略规划。菲利普·科特勒在《营销管理》中指出，市场营销战略规划是一个管理过程。

3.2.1 认识和界定企业使命

企业使命（Mission）反映企业的目的、特征和性质。规定企业使命必须回答一些有关企业的根本性问题："企业是干什么的?""顾客是谁?""对顾客的价值是什么?""企业的业务有哪些?"

制定企业的使命主要考虑5方面的因素，它们都将影响企业使命的确立。

1. 企业的历史　企业使命很大程度上体现了企业发展的历史特色。确立使命时须尊重企业的历史，通常这也是企业优势所在。

2. 企业高层管理者的个人目标和观念　事实证明，高层管理者对企业使命的确立有很大的个人影响。如松下幸之助的经营理念就在很大程度上影响了松下公司。

3. 环境的变化　企业是在环境中生存发展的，使命是否合理还取决于环境的特点及提供的机会。

4. 企业资源状况　使命是否可行，关键在于企业资源状况是否有能力完成这些任务。

5. 企业的竞争优势　好的使命应能充分发挥企业现有的竞争优势。比如，美国麦当劳公司虽然在很多城市的黄金地段拥有店铺，但是不能想象麦当劳会跻身商品零售行业，因为那不是它擅长的优势。

公司须对企业经营领域作出明确规定。传统上对经营领域的规定，习惯从产品或技术的角度出发，但从现代市场营销的观点看，企业经营应是一满足特定顾客需要的过程，而不是制造产品的过程。而且，任何产品或技术都迟早会被淘汰，只有顾客的需求永远存在。如施乐公司将"促进提高办公室工作效率"作为自己的任务。过去，人们使用复写纸是为了提高办公效率，后来，施乐发明了复印机，人们就抛弃了复写纸；今后，随办公自动化技术的发展，人们需要各种信息、文字处理系统、硬件和软件，而这些都是施乐的经营范围。莱维特主张公司在确定其经营领域时应该从产品导向转向市场导向，表3-1列出了几个这样的例子。

表3-1　产品导向和市场导向两种不同的经营领域定义的比较

定义 / 公司	产品导向经营领域定义	市场导向经营领域定义
化妆品公司	生产化妆品	出售美丽和希望
复印机公司	生产复印机	帮助改进办公效率
化肥厂	出售化肥	帮助提高农业生产力
石油公司	出售石油	提供能源
电影厂	生产电影片	经营娱乐
空调器厂	生产空调器	为家庭及工作地点提供舒适的气候

企业应编写正式的公司使命报告书，就公司经营的行业、顾客、地理范围作

出明确规定。使命报告书还应具有激励性，使公司员工感到自己工作的重要，为社会和消费者带来利益，而不仅是谋取利润。使命书还应提出关于公司10年或20年的远景发展规划，使公司经营活动具有连续性，而不是隔一两年就因形势变化而修改。

3.2.2 区分战略经营单位

大多数的企业，都可能同时或准备经营若干项业务。比如一家公司原来从事公路汽车运输，后来又经营房地产，现在还生产医药用品。即使只是从事汽车运输，也有客运、货运、长途运输、短途运输等多种类型。每项业务都会有自己的特性，面对的市场、环境也未必完全一样。界定企业的活动领域，只是在大范围上说明了企业经营的总体范围。企业为了便于从战略上进行管理，有时要对组成其活动领域的各项业务，从性质上区别开来，划分为若干战略经营单位。

战略经营单位是企业值得为其专门制定经营战略的最小管理单位。有时候，一个战略经营单位会是企业的一个部门，或一个部门中的某类产品，甚至某种产品；有的时候，又可能包括几个部门、几类产品。

战略经营单位通常具有的特征：①有自己的业务。②有共同的性质和要求。③拥有一定的资源，能够相对独立或有区别地开展业务活动。④有竞争对手。⑤有相应的管理班子从事经营战略管理工作。

区分战略经营单位的主要依据，是各项业务之间是否存在共同的经营主线。所谓“共同的经营主线”是指目前的产品、市场与未来的产品、市场之间的一种内在的联系。区分战略经营单位是为了将企业使命具体化，并分解为各项业务或某一组业务的战略任务。

3.2.3 规划投资组合

拥有多个经营业务单位的企业必须对现有各业务单位的状况进行评估，确定哪些该发展，哪些该维持，哪些应当缩减。其目的是最大程度地有效利用现有资源，实现企业整体利益最大化。

在分析和评估现有业务组合方面，有两种方法最为普遍，一是波士顿咨询集团法；二是通用电器公司法。

1. 波士顿咨询集团法　波士顿咨询集团（Boston Cousulting Group）是美国一流的管理咨询公司。其方法是使用“市场增长率—市场占有率”区域图，对企业的各个战略业务单位（strategic business unit）加以分类和评估（见图3-2）。图中，纵向表示市场增长率，即产品销售额的年增长速度，以10%（也可以设为其他临界值，视具体情况而定）为临界线分为高低两个部分；横向表示业务单位的市场占有率与最大竞争对手市场占有率之比，称为相对市场占有率，以1.0为最大分界线分为高低两个部分。如果相对市场占有率为0.1，则表示该业务单位的市场份额为最大竞争对手市场份额的10%；相对市场占有率为10，则表示其市场份额为最大竞争对手市场份额的10倍。市场增长率反映产品在市场上的成长机会和发展前途；相对市场占有率则表明企业的竞争实力大小。区域图中的圆圈代表企业的各个业务单位，圆圈的位置表示该业务单位市场增长率和相对市场占有率的现状，圆圈的面积表示该业务单位的销售额大小。

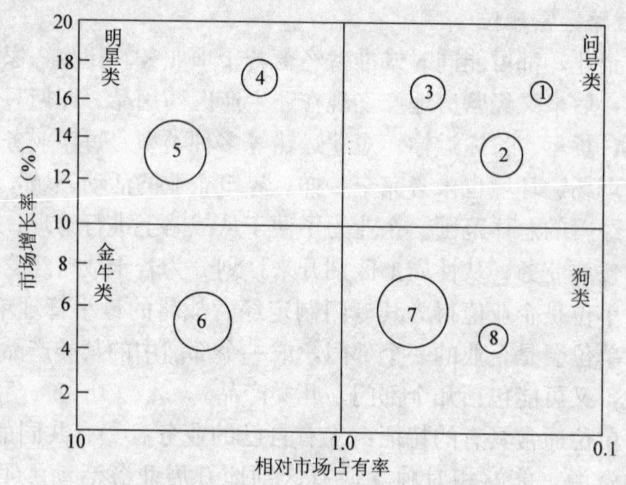

图3-2 市场增长率—占有率区域图

区域图中的4个象限分别代表4类不同的业务单位。

(1)“问号”类（question mark）：该类表示市场增长率高但相对市场占有率低的业务单位。大多数业务单位最初都处于这一象限。这一类业务单位需要较多的资源投入，以赶上最大竞争者和适应迅速增长的市场。但是它们又都前途未卜，难以确定远景。企业必须慎重考虑，是对它们继续增加投入，还是维持现状，或进行精简乃至淘汰。

(2)“明星”类（star）：这是指问题类业务单位如果经营成功，就会成为明星类。该类业务单位的市场增长率和相对市场占有率都较高，因其销售增长迅速，企业必须大量投入资源以支持其快速发展，待其市场增长率降低时，这类业务单位就由“现金使用者”变为“现金提供者”，即变为“金牛”类业务单位。

(3)“金牛”类（cash cow）：这是指市场增长率低，相对市场占有率高的业务单位。由于市场增长率低，不再需要大量资源投入；又由于相对市场占有率较高，这些业务单位可以产生较高的收益，支援其他类业务的生存与发展。“金牛”业务是企业的财源，这类业务单位越多，企业的实力越强。

(4)“狗类”（dog）：这是指市场增长率和相对市场占有率都低的业务单位。它们或许能提供一些收益，但盈利甚少或亏损，一般难以成为“财源”，因而不应再追加资源投入。

在对各业务单位进行分析之后，企业应着手制订业务组合计划，确定对各个业务单位的投资战略。可供选择的战略有以下 4 种：

(1) 拓展战略：设法提高市场占有率，必要时可放弃短期利润，适用于明星类和问号类中有希望转为明星类的单位。

(2) 维持战略：保持现有的市场占有率，适用于金牛类的单位。

(3) 收割战略：增加短期现金收入，不管长期效果。适用于金牛类中前景暗淡单位，对狗类和问号类也适用。

(4) 放弃战略：企业变卖和处理某些业务单位，以使企业资源转移到赢利的业务上，适用于给企业造成很大负担而又没有发展前途的狗类和问号类业务。

2. 通用电器公司法（多因素投资组合矩阵法） 通用电器公司法是波士顿咨询集团法的发展，这种方法考虑了多种因素，并将这些因素分为两类：①市场吸引力。②业务单位的业务实力，即竞争能力。

市场吸引力由以下因素综合而成：市场规模、市场增长率、利润率、竞争强度、技术要求、周期性、季节性、规模经济效益、学习曲线、由通货膨胀引起的脆弱性、能源要求、环境影响以及社会、政治和法律因素等。

战略业务单位的业务实力，由以下因素综合而成：相对市场占有率、价格竞争力、产品质量、顾客了解度、推销效率、地理优势等。

企业对上述两类因素评估，逐一评出分数，再按其重要性分别加权合计，就可计算出市场吸引力和企业业务实力的数据，然后利用图 3-3 加以分析 。在图 3-3 中，市场吸引力分为大、中、小 3 类，企业的竞争能力分为强、中、弱 3 档，共 9 个方格，可分为 3 个区域。

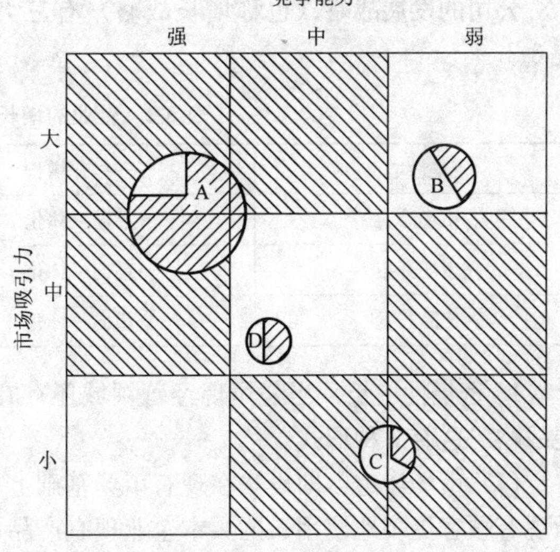

图 3-3 通用电器公司法的战略业务规划网络

(1) 第 1 区域（绿色）：由左上方 3 个方格组成，即“高高”、“高中”和“中高” 3 格，这是最佳区域。这个区域的市场吸引力和业务单位的竞争能力都最为有利，如业务单位 A（圆圈的大小表示所在行业的规模的大小，圆圈中阴影部分表示该业务单位在本行业中所占的市场份额）。

对该区域的业务单位，一般要“开绿灯”，应该采取“拓展”战略，即追加投资，促进其发展。

（2）第 2 区域（黄色）：由对角线上的 3 个方格组成，即“低高”、“中中”和“高低”3 格，这是中等区域，如业务单位 B 和 D。

对该区域的业务单位“开黄灯”，应采取“维持”战略，即维持现有投资水平，不增不减。

（3）第 3 区域（红色）：由右下角 3 个方格组成，即“低中”、“低低”和“中低”3 格，这是行业吸引力和企业竞争能力都低的区域，如业务单位 C。

对该区域的业务单位，企业多是“开红灯”，采取“收割”或“放弃”的战略。

以上是西方企业常用的评估和分析业务组合状况的两种方法。不论采用哪种方法，企业的营销管理者都要根据评估结果为各个业务单位确定经营目标和投资战略，然后再据此分配企业的资源。

3.2.4 规划发展战略

对现有投资业务重新组合后，公司必须开发新的业务领域来弥补“收割”或“放弃”部分的差额，并求得公司业务的新扩展。怎样选择新的投资方向，也就是公司制定发展战略的过程。

公司的发展战略（也称增长战略）有三大类，每一类又各含 3 种形式，见表 3-2。

表 3-2 企业的增长战略

密集性增长	一体化增长	多角化增长
市场渗透	后向一体化	同心多角化
市场开拓	前向一体化	横向多角化
产品开发	横向一体化	混合多角化

1. 密集性增长 当公司现经营领域还存在发展潜力时，一般应取密集性发展战略。这有 3 种形式。

（1）市场渗透：即设法在现有市场基础上扩大销售，提高市场占有率。如刺激现有顾客更多地使用、购买本企业现有产品；吸引竞争对手的顾客购买本公司的产品，或是劝说原来不使用、购买该种产品的顾客产生购买欲望，并成为现实的购买者。

（2）市场开发：主要指公司通过将现有产品销往新的地区市场或开辟新的分销渠道，扩大产品的销售量。

（3）产品开发：公司考虑对现有产品作某些改进，如增加花色品种、规格档次，改进包装和服务等，进而扩大在现有市场上的销售量。

2. 一体化增长 如公司某一战略业务单位，通过把自己的经营范围向前、向后，或横向延伸、扩展，能够减少摩擦、提高效率、获得规模效益的话，公司即可采取一体化发展战略。一体化发展也有3种形式。

（1）后向一体化：制造业公司通过控制或合并原材料、零部件供应企业实现产供一体化。如一家钢铁公司向采矿业延伸经营范围；一家服装商店自办服装加工厂；一家餐馆连锁集团合并养殖业的农场等。

（2）前向一体化：制造业公司通过向前控制分销系统（如批发商、零售商）实现产销结合，或“上游”企业合并“下游”企业达到一体化。如石油开采业公司办炼油厂，奶牛养殖场合并奶粉厂并生产冰淇淋等。

（3）横向一体化：即通过控制或兼并经营同类产品的企业扩大经营规模。如一家大零售商合并若干小零售店开办连锁商店；一家成功的化妆品生产企业兼并若干其他化妆品企业等。

3. 多角化增长　如果公司所在行业发展潜力有限，而其他领域存在极好的发展机会，或者公司所在领域虽仍有潜力可挖，但公司还有足够的资源进入新领域，而本行业之外又确实不乏发展的机会时，企业可选择多角化发展战略。一般来说，现代大型公司多采用多角化发展战略。多角化发展也有3种形式。

（1）同心多角化：即公司开发那些能充分利用现有技术和生产设备的产品。如一家公司以生产电视机的技术为基础，开发生产电脑显示器。这时，公司已进入一个新行业，面对着不同的顾客群。但所使用技术或设备却相近。

（2）横向多角化：即公司开发一些与现有产品在技术上不同，但同样能吸引现有顾客群的产品。如生产胶卷的公司开发照相机；经营百货的零售商同时开办快餐厅、酒吧、美容店等。

（3）混合多角化：如果公司开发与现有技术、产品和顾客群均无关系的产品，称之为混合多角化。如钢铁公司开发电脑、快餐盒饭或房地产一类新业务，就是混合多角化。混合多角化发展的风险最大，一般只有财力、技术和管理力量雄厚的大企业方可采用。混合多角化发展也可细分为两种情况，一种是以原传统行业为主，兼营别样，如柯达公司、可口可乐公司；另一种则主业已不太明显，如美国国际电话电报公司和日本的一些大公司。

上述3类发展战略中，一般来说，公司应先从密集性发展战略入手，再尝试一体化发展，最后才是选择多角化发展战略。因为后者的风险很大，所需投入及对企业管理能力要求更高。

3.2.5　制订具体的营销计划

市场营销战略规定了企业的任务、目标，以及对各业务单位作出安排并确定新的增长方向后要对各业务单位的市场营销工作制订具体的计划。通过对企业内外部条件的分析，拟订营销目标，选择行动方案，编制预算。有关这部分工作的具体内容将在第15章“市场营销计划、组织与控制”中详细阐述。

3.3 市场营销管理过程

制定有效的市场营销战略是在竞争激烈的市场环境中管理现代企业的重要手段。市场营销部门制定、执行并控制营销战略的活动称为市场营销管理过程。市场营销管理过程是企业营销工作的内容，是企业识别、分析、研究、选择和发掘市场机会，以实现企业任务和目标的管理过程。营销管理过程包括 4 个步骤：①分析市场机会。②目标市场战略。③设计营销策略。④管理营销活动。

这 4 个步骤构成了营销管理全过程，也是本书的总纲。以下各章的论述将沿着这条线索展开，概要了解各部分基本内容将为以后的学习打下基础。

3.3.1 分析市场机会

市场营销是通过满足顾客需求进而达到企业目标的经营活动。研究和分析外部环境是营销工作的出发点。通过分析外部环境特征，研究购买者行为以及市场调查和预测市场机会，并对可能存在的市场机会进行评估，看它是否对企业适用，是否有利可图。

1. 市场营销机会的含义　市场营销机会是指对企业营销活动富有吸引力的领域，在这些领域，企业拥有竞争优势。市场营销机会对不同企业有不同的影响力。在现代市场经济条件下，某种市场机会能否成为某企业的机会，不仅取决于利用这种市场机会是否与该企业的任务和目标相一致，而且取决于该企业是否具备利用这种市场机会、经营这种业务的条件，也取决于该企业是否在利用这种市场机会、经营这种业务上比其潜在的竞争者有更大的优势，因而能享有更大的“差别利益”。

超级链接

工业护肤品的市场机会

20 世纪 80 年代以来，我国化妆品市场日趋兴旺，许多企业纷纷投身于其中。陕西户县的一家乡镇企业，在对市场认真调查、分析之后，找到了一个隐藏在现有需求背后的潜在机会——工业护肤品需求。他们认为，目前大家所重视的仅仅是生活护肤需求，即日常护肤用品。但对大多数消费者来说，他们有 1/3 的时间是在劳动岗位和劳动过程中度过的，这段时间也需要保护皮肤，而且需要特别保护。各种劳动过程和劳动岗位，条件不同，如高温、有毒、野外作业等，对护肤的要求也不同，而这些和生活护肤需求差异很大，化妆品市场高涨的需求，也包含了这一类需求。他们致力于开发这一潜在机会，专门生产工业护肤用品，从而取得了极大的成功。

2. 市场营销机会的分类

(1) 显在的市场机会与潜在的市场机会：在市场机会中，有的是明显表现出来的尚待满足的需求，这就是显在的市场机会。还有一些是隐藏在现有的某种需求后面的未被满足的需求，即潜在的市场机会。显在的机会容易寻找和识别，难度系数较低，利用的企业必然较多。一旦超过这一机会的容纳度（即提供的市场需求容量的大小），就未必能给企业带来机会效益（即先于其他企业进入市场所获得的竞争优势和超额利润），机会也就失去了它本身的价值。潜在的机会不易发现，寻找和识别的难度系数较大。正因为如此，一旦把握了这种机会，竞争对手可能要比利用显在机会的竞争者少，机会效益也比较高。

(2) 目前的市场机会与未来的市场机会：通常所讲的市场机会，是指目前市场上存在的尚待满足的需求，即目前的市场机会。用发展的眼光看，还存在一种未来的市场机会。它并未在目前的市场上表现为大量需求，而是仅仅暴露出一种消费意向或极少量的需求。在未来，如果条件具备，它可能会表现为大量需求或大多数人的消费倾向，转化为该时期的现实的市场机会。

由于企业从发现市场机会，到推出产品进入市场，有一个时间过程。只有提前把握住未来的机会，未雨绸缪，才可以获得领先优势。

(3) 全面的市场机会与局部的市场机会：市场从其范围来说，有全面的大范围的市场和局部的、小范围的市场之分。全面的市场机会是在大范围市场，如国际市场、全国性市场上出现的机会。局部的市场机会则是在局部市场，如某个特定地区出现的尚待满足的需求。全面的市场机会对各个企业都有普遍意义，因为它反映环境变化的一种普遍趋势。局部的市场机会对进入该局部市场的企业有重要的意义，因为它意味着这个市场的变化有别于其他市场的发展趋势。

3. 寻找市场营销机会的方法　企业寻求市场机会的途径、方法很多，最常用的有以下几种：

(1) 采用系统化工具寻求市场机会：主要通过企业规划新增业务的系统思路，发现和识别机会。首先在密集性发展的范围内，从市场深入、市场开发和产品开发3个方向，寻求机会。若不存在有吸引力的机会，可逐渐扩大范围，沿着一体化发展直到多角化发展的思路，继续寻求。

(2) 通过最大范围地收集意见和建议寻求市场机会：发现机会、提出新观点的可能有各种人员，企业内部各个部门，是一大来源。但更为广泛的来源在企业外部，如中间商、消费者和用户，专业咨询机构，教学和科研单位，政府部门等。企业必须注意和各方面保持联系，经常倾听他们的意见，采用科学的方法收集各种建议，并进行归纳和分析。另外还可聘用专业人员进行市场机会分析。

(3) 结合市场细分过程寻求市场机会：市场细分不仅是企业选择目标市场常用的方法，同样也是寻求市场机会的重要工具。结合市场细分的过程，可以在那些市场需求大、进入的企业较少、满足程度较低的市场上发现大量的市场机会。

3.3.2 目标市场战略

在分析市场机会的基础上，开展以下工作，以制定目标市场战略。

(1) 市场细分：把机会所显示出来的市场，依据顾客需求的不同特性，区分为若干部分，即分市场。同一分市场的需求较为一致，不同分市场之间的需求有较大差别。企业要对各个分市场进行评价。

(2) 市场选择：在市场细分的基础上，决定目标市场。不管什么样的市场营销战略，其成功最重要的关键是确认消费者的需求，并为满足这些需求而合理地配置企业所拥有的资源。所以，企业营销战略的核心课题是选择企业可提供自己的产品和服务的潜在消费群体（目标市场）。

(3) 市场定位：在拟订的目标市场上，为企业、产品或品牌树立一定的特色，塑造预定的形象，以突出和显示与竞争者之间的区别。

3.3.3 设计营销策略

市场营销策略是企业及经营单位期望在目标市场实现其目标所遵循的主要原则。它包括两项基本决策，即市场营销组合和市场营销预算。

1. 市场营销组合　市场营销组合就是企业在目标市场上所进行的4项不同领域的决策。它包括产品决策、价格决策、促销决策、分销渠道决策等。营销组合的意思就是企业为了实现其营销目标，把构成营销活动手段的4个因素，既有效果又有效率地有机结合起来。

2. 市场营销预算　市场营销预算是指企业要决定花多少钱用于各经营单位、各项业务及产品的市场营销工作，并决定如何在各种市场营销手段、各个市场营销环节之间合理分配预算。

3.3.4 管理营销活动

企业及经营单位要在发展市场营销策略的基础上，为各个经营单位以及不同的产品，分别制订市场营销计划，并通过市场营销执行系统和控制系统，将计划从纸上谈兵变为实际行动。

本章小结

企业战略是指公司在市场经济下，在竞争激烈的环境中，在总结历史经验、调查现状、预测未来的基础上，为谋求生存和发展而做出的带有长远性、全局性的谋划或方案。它分为3个重要层次，即公司总体战略、公司业务战略和公司职能战略。

市场营销战略属于公司职能战略，是企业为了谋求长足的发展而对其在某一较长时段内的营销活动制订的全局性行动总方案。企业发展战略与市场营销战略的目的都是要利用不同的市场机会使企业得以发展，但二者的主次和侧重点又各不相同。

市场营销战略规划是一个管理过程，包括认识和界定企业使命、区分战略经营单位、规划投资组合、规划发展战略、制订具体的营销计划。

市场营销管理过程是企业营销工作的内容，是企业识别、分析、研究、选择和发掘市场机会，以实现企业任务和目标的管理过程，它包括 4 个步骤：①分析市场机会。②目标市场战略。③设计营销策略。④管理营销活动。

思 考 题

1. 什么是企业战略？它可以划分为哪几个层次？
2. 简述市场营销战略与企业战略的关系。
3. 简述营销战略规划中分析现有业务组合的方法。
4. 企业的增长战略有哪些选择？
5. 简述企业营销管理过程的步骤。

案 例 分 析

通用电气公司的战略计划的制订

通用电气公司是美国最大的电器公司。该公司拥有职工近 40 万人，制造、销售和维修的产品约 13 万种，其中包括飞机引擎、核子反应堆、医疗器械、塑料和家用电气等，业务范围遍及 144 个国家和地区。1978 年，公司的销售额约达 200 亿美元，利润超过了 10 亿美元，其中 40％来自国际市场。

一、战略计划的由来

由于通用电气公司的规模越来越大，产品的种类越来越多样化，公司在经营管理上，面临着以下几个关键问题：

1）冒一定的风险使利润迅速增长，还是使利润持续不断地低速增长？

2）需要一个分权式的组织机构以保持组织上的灵活性，还是建立一个集权式的组织机构以加强对整个公司的控制？

3）如何对付环境、技术和国际等方面的新挑战？

经过研究，公司选择了利润高速增长的经营战略，这意味着即使在经济下降时期，也要使利润持续不断地增长。为了做到这一点，该公司在业务上保持了多种经营方式，以抵消经济危机对某些业务的影响。为此又需要一个分权的组织机构，以促使下属各单位不断地改进经营管理并使利润增长。但是，怎样管理这样一个机构，并对付来自环境、政治、经济、技术和国际上的各种挑战呢？通用电气公司的答案是需要制订战略性计划。

在 20 世纪 60 年代，通用电气公司有一个高度分权的利润中心结构。这种结构共分 4 层，最下层是事业部，共有 175 个，每个事业部都有一个利润中心。这些事业部由 45 个部管辖，45 个部又由 10 个大组管辖，这 10 个大组形成最高管理层，它们向公司最高办公室报告工作。最下层的部门的销售额，一般不超过 5000～6000 万美元，如果超过这个限度，这个事业部就分为两个事业部。当时，通用电气公司占统治地位的管理哲学是控制幅度，这个幅度要“小到一个人足以管理的程度”。这套高度分权的利润中心结构，在 20 世纪 60 年代曾大大促进了公司的发展。

随后通用电气公司碰到了一个新问题，即公司的销售额大幅度增长了，但每股的红利并没有随着增长，与此同时，公司的投资报酬率也下降了。出现这种情况的原因是：

1）由于事业部数目的猛增，事业部之间在竞相使用各种资源时发生了重复。

2）在 20 世纪 60 年代的繁荣时期，没有对公司各下属企业的前途进行充分的比较就进行投资，而实际上并非所有下属企业都需要投资。有些企业可能在将来被淘汰，因此不需要大量投资，而另一些企业因为很有发展前途，则应为其今后的发展进行大量投资。

鉴于上述情况，通用电气公司开始革故鼎新。从 20 世纪 70 年代初期开始、公司开始制订战略性计划，并建立了一套制订战略性计划的机构、程序和原则。

二、制订战略计划的机构、程序和原则

从组织机构上来说，通用电气公司在传统的事业部和大组的机构上，又建立了一种制订计划的机构——战略（计划）经营单位。这些经营单位的规模不一，大组、部、部门都可成为战略经营单位。在全公司共建立了 43 个战略（计划）经营单位。从定义上来说，一个战略计划经营单位，必须有一致的业务，相同的竞争对象，有市场重点以及所有的主要业务职能（制造、设计、财务和经销），所有这些都由战略（计划）经营单位的经理负责。在建立了战略计划经营单位之后，通用电气公司就形成了双重机构和双重任务，即新建的战略（计划）经营单位是计划机构，其职责是制定战略，原有的组织机构的任务是执行战略。

这种把生产组织和计划机构分开的思想，也应用在其他方面。例如，生产食品加工设备、特种电子元件和特种变压器的。每个部和事业部被划入一个工业零件大组，但在这些产品之间并没有战略上的共同点。每个部和事业部都在它独特的领域内进行生产，每个部和事业部都是一个战略（计划）经营单位，并制订自己的战略性计划。但是，将这些部和事业部划进工业零件大组的目的，是为了便于在生产上进行控制，而不是为了成为一个制订计划的机构。

建立了制定战略机构之后，下一步就是采用一种制订计划的程序。制订战略计划的程序，主要是靠一步一步地进行分析。例如，当观察外界环境时，通用电气公司考虑到社会、经济、政治和技术发展趋势，在过去和将来如何影响到市场、顾客、竞争对手和供应厂商，并由此可找出发展机会和对公司的威胁；当分析到本公司的资源时，应考虑到本公司计划、设计、生产、销售、资金和管理等方面的能力，由此可以找出本公司的强点和弱点。

当分析到企业目标时，应考虑到公司股东、贷方、顾客、雇员、供应厂商、政府和社会的期望，并辨别出每一个因素如何指导或限制着企业的发展。总之，这个过程所强调的是进行全面的分析，在分析时将一切因素都考虑进去。该公司认为，经过这种分析，就会出现非常有效的战略。

例如，在 20 世纪 60 年代，通用电气公司的机件维修业务部的任务，仅限于修理本公司在美国卖出超过保修期的电动机、变压器和断路器。在制订了战略计划之后，这个部将业务扩大到非通用电气公司产品、非电气产品和外国产品的修理方面。这样做的结果，就使这个部的业务扩大到了全世界，在过去 5 年中，年销售额和利润都增长了 20%以上。

再如，通用电气公司现在在向市场供应喷气式飞机的引擎方面取得了很大的成功，这是由于公司生产了适销对路的产品，而能够生产对路的产品，也是由于进行了周密的环境分析的结果。经过分析，公司认识到飞机引擎的发展周期是五年多，还认识到今天对噪声程度、化学污染、燃料节约、第一次生产成本、服务能力等方面的全面要求，已大大不同于 20 世纪 70 年代初期了。通用电气公司认为，他们对这些问题的综合考虑，应归功于战略计划的制订。

制订战略计划过程中的各个分析步骤，也使通用电气公司找到了发展业务和进行多样化生产的机会。通用电气公司下属的战略计划经营单位下决心兼并了考克斯广播公司，这使得通用电气公司，在广播和可视电话方面有了新的市场。公司之所以如此快地进行这次兼并，是由于通过战略性的分析，预计到在这方面有发展机会。

在采用了上述制订战略计划的程序之后，还需要规定一些共同遵守的原则，以保证计划的制订。这些原则可以从以下几个方面加以说明：

1）所有管理人员都要参与战略计划的制订和学习。通用电气公司的 320 名高级管理人员，要集中 4 天时间研究和制订战略计划。428 名未来的计划人员，要集中用 2 周时间全部完成战略计划的制订工作。在全公司 1 万名各级经理人员，要接受一天了解战略计划的视听训练。公司认为，这样做的时间代价虽大，但却是成功的关键。

2）制订计划时间表，以便对各种战略计划进行检查，并通过预算对不同的发展机会分配公司的资源。对战略计划的审查是为了使其付诸实施，通过预算对不同的发展机会分配资源，是为了从物质上保证战略性计划的实施。

3）用投资矩阵图（又称业务屏幕）来说明投资的轻重缓急。每年通用电气公司都用上述矩阵图安排自己的投资。战略计划经营单位用顶上的横轴估价工业的吸引力，用边上的纵轴来估价自己的企业在该行业中的竞争。对投资增长类的企业在投资时予以优先照顾，对选择增长类的企业（即还有一定发展前途的企业）在投资时排在第 2 位。而对选择盈利类则要求它们在投资同利润之间保持平衡。对业务萎缩类的企业，则逐渐撤回投资。

公司认为，关键的问题是如何衡量工业的吸引力和企业本身的力量。为了解决这个问题，公司应用了多种因素估计表。对于外界各因素和企业本身的力量有了精确的估价后，战略计划经营单位的经理就有了做出投资决策的信心。

4）对战略计划经营单位的经理人员实行奖励制度。对于战略计划经营单位经理人员的考核，主要是看这些经理人员对通用电气公司的全面贡献如何。对投资增长类的企业经理人员来说，当他们的行动和计划能为全公司带来长远利益时，他们会得到更多的奖励。

另一方面，对于业务萎缩类企业的经理人员来说，奖励的多少主要是看这些经理人员能否在短期内为公司赚到更多的利润。把奖励与战略性的任务联系起来，有助于克服那种不顾企业本身的实际潜力而使业务盲目扩大的倾向。

案例思考

1. 通用电气公司制订战略计划给它带来了哪些转变？
2. 通用电气公司采取什么方法来确定投资的优先顺序？为什么？
3. 通用电气公司采取什么方法来保证战略计划的实施？

第 4 章　市场营销环境

学习目标　通过本章学习，明确分析市场营销环境的意义；了解市场营销环境的概念；掌握市场营销微观环境和宏观环境构成要素；领会分析微观环境和宏观环境的着眼点和方法；理解市场营销环境的特点；掌握“威胁—机会矩阵”分析法，能对企业营销环境进行综合分析。

企业并不是生存在真空里，作为社会经济组织或社会细胞，必须依托于动态变化的营销环境而生存发展。外界环境条件是不断变化的，一方面它给企业带来新的市场机会；另一方面也会给企业带来某种威胁。因此，市场营销环境对企业的生存和发展具有重要意义。企业只有能动地、充分地使营销活动与营销环境相适应，重视对市场营销环境的分析和研究，并根据环境的变化制定有效的营销战略，适应变化，抓住机会，扬长避短，趋利避害，才能实现市场营销目标。

4.1　市场营销环境概述

4.1.1　市场营销环境的概念

市场营销环境的概念，按照美国著名市场学家菲利普·科特勒的解释，是指影响企业的市场和营销活动的不可控制的参与者和影响力，具体地说就是影响企业的市场营销管理能力，使其能否卓有成效地发展和维持与其目标顾客交易及关系的外在参与者和影响力。因此，所谓市场营销环境就是指与企业营销活动有潜在关系的所有外部力量和相关因素的集合，它是影响企业生存和发展的各种外部条件。

市场营销环境的内容既广泛又复杂，不同的因素对营销活动各个方面的影响和制约也不尽相同，同样的环境因素对不同的企业产生的影响和形成的制约也会大小不一。一般来说，市场营销环境主要包括两方面的构成要素：①微观环境要素，指与企业紧密相联，直接影响其营销能力的各种参与者，这些参与者包括企业的供应商、营销中间商、顾客、竞争者，以及社会公众和影响营销管理决策的企业内部各个部门。②宏观环境要素，即影响企业微观环境的巨大社会力量，包括人口、经济、政治、法律、科学技术、社会文化及自然地理等多方面的因素。微观环境直接影响和制约企业的市场营销活动，而宏观环境主要以微观营销环境为媒介，间接影响和制约企业的市场营销活动。前者称为直接营销环境，后者可称为间接营销环境。两者之间并非并列关系，而是主从关系，是包容和从属的关系，即直接营销环境受制于间接营销环境，微观环境受宏观环境大背景的制约，宏观环境则通过微观环境发挥作用。

市场营销环境与市场营销一样，是一个不断完善和发展的概念。在 20 世纪初，西方企业仅将销售市场作为营销环境。到了 20 世纪 30 年代以后，又把政府、工会、竞争者等对企业有利害关系者看作是环境因素。进入 20 世纪 60 年代，西方企业家又把自然生态、科学技术、社会文化等作为重要的环境因素。20 世纪 70 年代以来，随着资本主义国家政府对经济干预力度的加强，西方企业家又开始了对政治、法律环境研究的重视。这种对市场营销环境研究不断扩大的过程，国外市场学称之为“企业的外界环境化”。20 世纪 80 年代后期至 90 年代，企业家们普遍认识到环境对其企业生存和发展的重要性，因而将对环境的分析、研究作为企业营销活动最基本的课题。

4.1.2 市场营销环境的特点

1. 客观性　客观性是营销环境的主要特征。企业总是在特定的社会经济和其他外界环境条件下生存和发展。这种环境是客观存在的，并不以营销人员的意志为转移，具有强制性和不可控性的特点。企业的营销活动能够主动适应和利用客观环境，但不能改变或违背客观环境。企业在客观环境面前，只能研究它、适应它，主观臆断营销环境及发展趋势，必然会导致营销决策的盲目与失误，造成营销活动的失败。

2. 关联性与相对分离性　市场营销环境各因素不是孤立的，而是相互联系、相互渗透、相互作用的，即它们之间具有关联性。在某一特定时期，环境中某些因素又彼此相对分离，各因素对企业营销活动的影响程度大小是不一样的。此外，不同环境因素对不同的营销活动内容的影响也不同。当然，营销环境因素的相对分离性，为企业分清主次环境提供了可能。

3. 变化性　营销环境是动态的，不断变化着的。一种环境因素的变化会导致另一环境随之变化，而每个环境内部因素（如文化环境中的宗教文化）的变化也会导致环境因素的变化。因此，市场营销环境总是处于不断变化的动态过程中。比如，消费者的需求特点、国家的宏观产业政策等，都有可能发生变化，企业必须在不断变化的环境中努力寻找市场机会。

4. 不可控性　市场营销环境作为一个复杂多变的整体，单个企业不能控制它，只能适应。对于市场营销环境因素中的绝大多数单个因素，企业也不可能控制，而只能在基本适应中施加一些影响。但是，企业通过本身能动性的发挥，如调整营销策略，进行科学预测或联合多个企业等，可能冲破环境的制约或改变某些环境因素，获得成功。

4.1.3 企业市场营销与市场营销环境

1. 营销环境对企业营销策划的影响　营销策划对企业的生存和发展至关重要，它的意义在于提高企业对于环境的适应性，分析威胁与辨别机会的存在。现代管理学理论中的“组织—环境适应说”指出，任何组织都必须与环境协调，否则企业将面临被淘汰的危险。其原因如下：

(1) 环境能给企业带来威胁：营销环境中出现不利于企业生存和发展的因素，由此而形成一种挑战，如果企业不采取相应规避风险的措施，威胁会导致企业营销的困难。为保证企业正常运行，企业应能及时预见环境威胁，将危机降低到最低程度。

(2) 环境给企业带来机会：营销环境在变动中也会孕育出对企业有吸引力的领域，给企业带来发展机会，即所谓市场营销机会。在该领域内，企业将拥有竞争优势。企业在每一特定机会中成功的概率，取决于其业务实力是否与该行业所需要的成功条件相符合。

2. 营销环境对企业营销活动的影响　企业营销活动必须与所处的直接环境和间接环境相适应，但是企业在环境面前绝不应无能为力地被动适应，而应该采取积极主动的态度，制定一系列营销策略去影响环境。菲利普·科特勒在20世纪80年代提出的“大市场营销”观念，就是指导企业以积极的姿态去影响和改变环境，争取主动权。

3. 营销环境对企业营销资源获取的影响　营销环境不仅是企业营销活动的制约因素，也是企业营销活动赖以生存的条件。企业营销活动所需的各种资源，如资金、信息、人才，都需要在环境的许可下取得，企业生产经营的产品或服务也需要得到环境的接纳。

综上所述，分析研究营销环境因素，是企业制定营销战略和策略的前提和基础。

超级链接

市场告诉你机会

许多创业者和企业都在为寻找市场机会而发愁，其实，机会就在你身边的顾客身上。有位经营者说过，消费者的需求就如同洋葱一样，从里到外一层又一层，避开其他公司已经选择的那一层，我们是能够找到最适合自己的那一层的。遗憾的是，不少厂商经营思路比较单一，视野不够开阔，看到什么生意火了，便一哄而上，结果导致僧多粥少，大家都吃不饱。

1998年夏天，青岛双星集团发了一笔“空调”财。原来，双星人发现，夏季人们穿鞋的时候需要很强的排汗功能。但是，市场上根本没有这种功能的优质鞋。公司经过反复研究和充分的市场调查，想出了一种妙法，生产“空调鞋”系列，解决鞋内的通风问题。企业的研究人员在鞋的底部设计了一条贯穿前后的通气道，人们穿着这样的鞋走路时，脚无形中对具有打气筒功能的鞋底做了功，实现了空气的吸进与排除功能，保持了鞋内的干燥。这种具有呼吸功能的“空调鞋”一经上市便引起了市场的轰动效应。在短短的 3 个月中就销售了将近 15 万双。双星集团从把握顾客的消费需求中找到了市场机会，创造了新的市场空间，为企业带来了竞争优势。

资料来源：http：//www.ccmsky.com

4.1.4 营销环境的分析方法

1. 分析营销环境威胁的方法　对环境威胁的分析主要从两个方面考虑：一是分析环境威胁对企业的影响程度；二是分析环境威胁出现的概率大小。同时还要将这两个方面结合在一起进行分析，如图 4-1 所示。

1）第 1 象限，威胁的严重性高，出现的概率也高，表明企业面临着严重环境危机。面对危机，企业应处于高度戒备状态，积极采取相应对策，避免威胁造成的损失。

2）第 2 象限，威胁严重性高，但出现的概率低。对于这种情况，企业不可轻视，必须密切注意其发展方向，采取相应的措施准备面对，力争降低其危害。

3）第 3 象限，营销环境威胁程度较小，但出现的概率高。虽然企业面临的威胁不大，但是，由于出现的可能性大，也必须给予充分重视。

4）第 4 象限，环境威胁严重性低，出现的概率也低。在这种情况下，企业不必担心，但应该密切注意其发展态势。

2. 分析营销环境机会的方法　研究营销环境机会应从机会潜在的吸引力和成功的可能性两方面进行分析，如图 4-2 所示。

影响程度 \ 出现概率	高	低
大	1	2
小	3	4

图 4-1　威胁分析矩阵

机会潜在的吸引力 \ 成功的可能性	高	低
大	1	2
小	3	4

图 4-2　机会分析矩阵

1）第 1 象限，机会潜在的吸引力和成功的可能性都很大，表明机会对企业发展有利。同时，企业有能力利用营销机会，应采取积极的态度，分析把握。

2）第 2 象限，机会潜在的吸引力很大，但是成功的可能性很小。这种情况说明企业暂时还不具备利用机会的条件，应当放弃。

3）第 3 象限，机会潜在的吸引力很小，但成功的可能性很大。虽然企业拥有利用机会的优势，但吸引力很小，不值得去开拓。

4）第 4 象限，机会潜在的吸引力很小，成功的可能性也很小。对于这种情况，企业应当主动放弃。

超级链接

美国著名市场营销学者西奥多·莱维特（Theodore Levitt）曾警告企业家们，要小心地评价市场机会。他说："这里可能是一种需要，但是没市场；或者这里可能是一个市场，但是没有顾客；或者这里可能是一顾客，但目前实在不是一个市场。如这里对新技术培训是一个市场，但是没有那么多的顾客购买这种产品。那些不懂得这种道理的市场预测者对某些领域表面上的机会曾作出惊人错误估计。"

资料来源：《营销短视症》(Marketing Myopia，1960)

3. 营销环境的综合分析和评价　在企业实际面临的客观环境中，单纯的威胁环境和机会环境是少有的。一般情况下，营销环境对企业造成的威胁和带来的机会是并存的，威胁中有机会，机会中有挑战。企业可以运用"威胁—机会矩阵"综合分析法，以便更清楚地认识企业在环境中的位置，如图 4-3 所示。

1）第 1 象限为理想环境。此时，机会水平高，威胁水平低，说明企业有非常好的发展前景。企业必须抓住机遇，开拓经营，创造营销佳绩，万万不可错失良机。

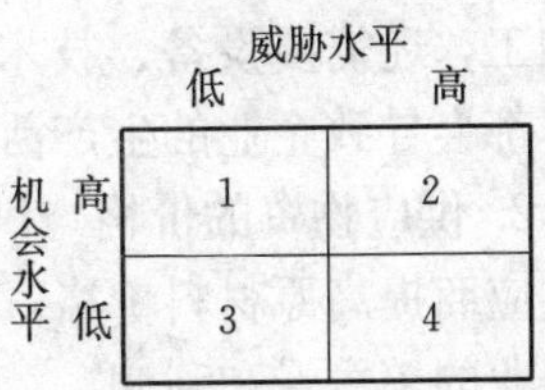

图 4-3　威胁—机会综合分析矩阵

2）第 2 象限为冒险环境。冒险环境是机会和威胁同在，利益与风险并存，在有很高利益的同时，存在很大的风险。面对这样的环境，企业必须加强调查研究，进行全面分析，发挥专家优势，审慎决策，以降低风险，争取利益。

3）第 3 象限为成熟环境。成熟环境下，机会和威胁水平都比较低，是一种比较平稳的环境。面对这样的环境，企业一方面要按常规经营，规范管理，以维持正常运转，取得平均利润；另一方面要积蓄力量，为进入理想环境或冒险环境做准备。

4）第 4 象限为困难环境。困难环境是风险大于机会，企业处境十分困难。面对困境，必须想方设法扭转局面。如果大势已去，无法扭转，则必须采取果断决策，退出在该环境中的经营，另谋发展。

4.2　市场营销的微观环境

企业营销的微观环境主要是指与企业具体业务密切相关，对企业营销活动发生直接影响的组织或力量。构成微观环境的主要因素有企业的供应商、营销中介、顾客、竞争对手、社会公众及企业内部参与营销决策的各部门，如图 4-4 所示。

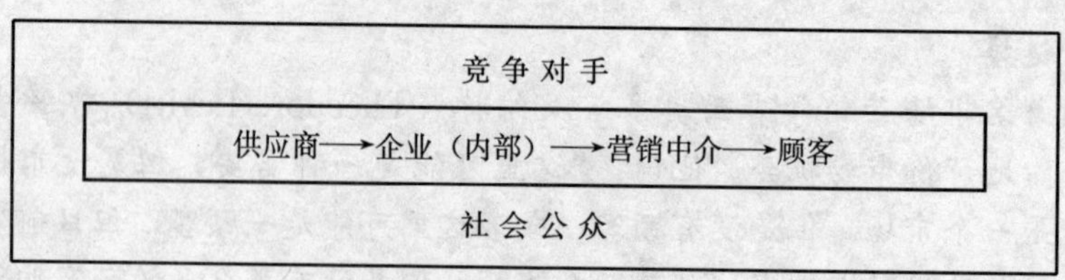

图 4-4 企业营销的微观环境

4.2.1 供应商

供应商是指向企业供应原材料、部件、能源、资金、劳动力等生产资源的企业和组织。供应商对企业的市场营销活动十分重要，因为其所提供资源的变化会直接影响到企业产品的质量、产量以及利润，从而影响到企业营销计划和营销目标的完成。

供应商对企业营销活动的影响主要体现在如下方面：

1. 供应物资的稳定性　原材料、零部件、能源及机器设备等货源的保证，是企业营销活动顺利进行的前提。如服装厂不仅需要布匹、棉线等原料来进行服装加工，还需要设备、技术等其他生产要素，任何一个环节在供应上出现了问题，都会导致企业的生产活动无法正常开展。

2. 供应物资的价格　供应物资的价格变动会导致企业生产成本的变化，如果供应商提高原材料价格，生产企业将被迫提高自身产品的价格，由此可能影响到企业的销售量和利润。

3. 供应物资的质量　供应物资的质量直接影响到企业产品的质量，进一步会影响到销售量、利润及企业信誉。

4. 供应时间和连续性　供应商的供货时间和连续性要得到切实保证，防止因断档而延误企业的正常生产的进行。

4.2.2 企业内部

企业内部的营销环境包括市场营销管理部门和其他职能部门，如制造、采购、研发及财务部门和最高管理层等（见图 4-5）。市场营销部门在决策时必须考虑企业相关业务部门的情况，并与之密切合作，共同研究制订年度和长期计划。另外还要考虑最高管理层的意图，以最高管理层制订的企业任务、目标战略

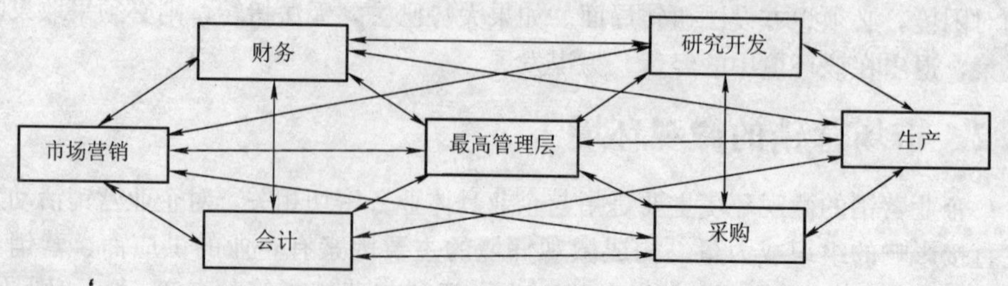

图 4-5 企业内部的营销环境

和政策等为依据制订市场营销计划。

营销管理系统内部各部门由于所肩负职能各不相同，也要协调一致，服务于营销目标。现代企业管理没有协调就难以避免内部摩擦与消耗。因此，如何通过内部有效沟通，协调好企业各职能部门和营销管理系统内部关系，成为营造良好微观环境，更好地实现营销计划的关键。

4.2.3 营销中介

营销中介是协助企业推广、销售和分配产品给最终消费者的企业，包括中间商、实体分配单位、营销机构和金融机构等。

1. 中间商　中间商是指协助销售、分配产品至最终顾客的企业。它们直接向企业取货，再利用自身建立的销售机制推销给下一级消费者，中间商对产品从生产领域到消费领域的流通产生极其重大的影响。企业首先要选择合格的中间商，在建立合作关系后，还要随时了解和掌握其经营活动，并采取一些激励性措施来推动中间商业务活动的开展。而一旦中间商不能履行其职责，或市场环境发生变化时，企业应及时调整或终止与中间商的关系。

中间商可分为代理中间商和商人中间商两类。代理中间商是指专门协助企业达成交易，推销产品，但不拥有商品所有权的中间商，如经纪人、代理人和制造商代表等。商人中间商是指从事商品购销活动，并对所经营商品拥有所有权的中间商，如批发商和零售商等。他们是联系企业与消费者的桥梁，直接与消费者打交道，协调企业与消费者之间存在的地点、时间、数量、品种及交货方式上的差异。他们的工作效率和服务质量直接影响着企业产品的销售。

2. 实体分配单位　实体分配单位是指担任仓储、运输活动的物流机构。其作用是保证企业营销渠道中物质流畅通无阻，创造时间效益和空间效益。实体分配企业协助制造企业将产品实体运往销售目的地，完成产品空间位置的移动。产品到达目的地之后还有一段待售时间，它们还要协助保管和储存。物流的安全性和方便性会直接影响企业营销活动的质量。

3. 营销服务机构　营销服务机构指广告公司、广告媒体经营公司、市场调研机构、市场营销咨询企业、财务代理、税务代理等专门提供各种营销服务的企业。它们协助企业确立市场定位，进行市场推广，他们提供的专业服务是企业营销活动中不可缺少的。一些大的集团公司往往建有自己的广告和市场调研等营销服务部门，而大多数公司一般则以合同方式委托营销服务专业公司办理有关事务。

4. 金融机构　金融机构包括银行、信用合作社、信托公司、保险公司等为企业营销活动提供融资或保险服务的机构。在现代社会里，金融机构对企业的影响越来越大，企业应与金融机构保持良好的关系，以保证融资及信贷业务的稳定和渠道的畅通。

4.2.4 顾客

顾客是企业的服务对象，企业所有经营活动的最终目的，就是为了有效地向目标顾客提供产品和服务。企业的营销活动以满足顾客需要为中心，顾客是企业产品及服务的对象，是企业产品的直接购买者或使用者，也是影响企业营销活动的重要力量，产品和服务得到了顾客的认可就取得了市场。所以，顾客的需求特点和变化正是企业营销活动努力的起点和核心，分析目标顾客需求的变化、趋势是企业极其重要的基础工作。

一般来说，企业的顾客包括5种类型，也即来自5种目标市场：

1. 消费者市场　这是指为了消费而购买，由个人和家庭所构成的市场。

2. 生产者市场　这是指为了生产其他产品及劳务，以赚取利润而购买产品与服务的个人和企业所构成的市场。

3. 中间商市场　这是指为了转卖，取得利润而购买，由批发商和零售商所构成的市场。

4. 政府市场　这是指购买产品及服务以提供公共服务，或把这些产品和服务转让给其他需要的人，为了履行政府职责而购买的政府机构所构成的市场。

5. 国际市场　这是指由国外的消费者、生产者、中间商、政府机构等所构成的市场。

4.2.5 公众

公众是指对企业实现市场营销目标的能力有着实际或潜在利益关系和影响力的群体或个人，包括金融机构、新闻媒体、政府、社区公众和企业内部公众。公众对企业的态度会对企业的营销活动产生巨大的影响，他们可能有助于增强一个企业实现目标的能力，也有可能会妨碍这种能力。因此，成功地处理好与公众的关系，争取公众的支持和偏爱，为企业营造一个和谐宽松的营销环境非常重要。

企业营销活动所面临的公众主要有以下6类：

1. 金融公众　金融公众主要包括银行、投资公司、证券公司、股东等，金融公众对企业融资能力有重要影响。

2. 媒介公众　媒介公众是指报纸、杂志、电台、电视台等传播媒介，它们掌握传媒工具，有着广泛的社会联系，能直接影响社会舆论对企业的认识和评价。

3. 政府公众　政府公众是指与企业营销活动有关的各级政府机构和部门。企业在开展营销活动时必须认真研究各级政府的方针政策与措施的发展变化情况，从中寻找对企业营销的限制或存在的机遇。

4. 社团公众　社团公众是指与企业营销活动有关的非政府机构，如消费者组织、环境保护组织，以及其他群众团体。企业营销活动会涉及社会各方面的利益，因此，来自社团公众的意见、建议对企业营销活动有着十分重要的影响。

5. 社区公众　社区公众是指企业所在地附近的居民和社区团体。社区是企业的邻里，保持与社区的良好关系，为社区的发展做出贡献，会受到社区居民的好评，能为企业树立良好的口碑。

6. 内部公众　内部公众是指企业内部的管理人员及一般员工。企业的营销活动离不开内部管理人员和一般员工的支持、配合和努力。

4.2.6　竞争者企业

在市场营销活动中，任何企业都不大可能完全垄断某一市场，总会受到来自其他企业的包围和影响，与企业争夺同一目标顾客的力量就是企业的竞争者。

企业的竞争对手不仅来自同行业竞争者，还包括非同行业的竞争者。从消费需求的角度划分，可把竞争者分为 4 类。

1. 愿望竞争者　这是指提供不同产品、满足不同需求的竞争者。例如，消费者要选择一种高档消费品，他所面临的选择有电脑、电视机、摄像机、出国旅游等，这时电脑生产商、电视机制造商、摄像机制造商以及旅行社之间就存在着竞争关系，成为愿望竞争者。在购买力有限的情况下，消费者不可能同时购买诸多高档产品，所以愿望竞争的关键在于采取积极有效的促销手段，以吸引消费者。

2. 平行竞争者　这是指提供不同的产品以满足相同需求的竞争者。例如，为满足顾客对交通工具的需求，家用轿车、摩托车、自行车的生产厂家之间就形成了平行竞争的关系。

3. 产品形式竞争者　这是指生产同类但规格、型号、款式不同的产品的竞争者。例如，近视镜，它的基本功能是使近视患者“恢复”正常视力，但满足这一需求的产品有各种各样的形式，如普通眼镜、高档眼镜、隐形眼镜、特殊材质眼镜等。除了矫正视力的功能外，有些眼镜还有遮阳、装饰等特殊功能。这些不同产品的生产商，就构成了产品形式竞争。

4. 品牌竞争者　这是指生产相同规格、型号、款式的产品，但品牌不同的竞争者。例如，索尼、长虹、创维、康佳、厦华、海信、TCL 等电视机的各种品牌制造商，就构成了品牌竞争者。

上述 4 类不同的竞争者与企业构成了不同的竞争关系，企业在制定营销策略前必须先弄清竞争对手，特别是同行竞争对手的生产经营状况，做到知己知彼，从而有效地开展营销活动。

4.3　市场营销的宏观环境

市场营销的宏观环境又称为间接营销环境，包括人口、经济、政治和法律、社会文化、自然和科学技术等企业无法控制的因素，企业及其微观营销环境都受到这些宏观因素的制约和影响。

4.3.1 人口环境

现代市场营销学认为，市场是由具有购买欲望和购买能力的消费群体组成的。企业在进入市场时，首先要按某种标准对市场进行细分，然后再确定目标市场，而这种细分实质上就是按消费者群体即人口进行划分。人口的多少直接决定市场潜在容量的大小，人口越多，市场规模就越大，而人口的年龄结构、地理分布、婚姻状况、出生率、死亡率、人口密度、人口流动性及其文化教育等人口特性，会对市场格局产生深刻影响，并直接影响企业市场营销活动和经营管理。因此，人口状况成为市场营销的主要环境因素。企业必须重视对人口环境的研究，密切注视人口特性及其发展动向，适应人口环境的变化，不失时机抓住市场机会。

1. 人口数量　人口数量是决定市场规模和潜在市场容量的基本要素，如果收入水平不变，人口越多，对食物、衣物、日用品的需要量越多，市场也就越大。随着经济全球化的发展，不少跨国公司纷纷在中国投资，将中国市场作为未来经济发展的增长点，其原因就是看中了中国这个巨大的市场。可以毫不夸张地说，中国将是世界上最大的市场。

此外，企业也应充分关注人口数量的变化，人口总量的变化会影响对某些生活必需品的需求，如衣着、食物、住房、交通等。特定年龄段人口数量的变化也会影响到某些行业的发展，如人口老龄化必将影响到老年人消费品、保健品等行业，并促进它们的兴旺发展。

2. 人口结构　人口结构包括自然结构和社会结构。自然结构主要包括人口的年龄结构、性别结构、家庭结构。社会结构主要包括民族结构和职业结构。

人口结构对市场营销工作极其重要，因为在不同的人口结构中，其收入水平、生理需求、生活方式和价值观念会有不同，表现出的需求也就不同，就会出现不同的市场，而大多数产品都是针对某一特定市场展开的。企业应根据各个市场的容量及自身条件，确定目标市场，从而实现营销目标。

3. 人口地理分布　人口地理分布是指人口在不同地区的密集程度。人口的地理分布表现在市场上，就是各地人口的密度不同，其市场大小不同，地区消费群习惯不同，市场需求特性不同。

当前我国正处于城市化进程之中，一个突出的现象就是农村人口向城市或工矿地区流动，内地人口向沿海经济发达地区流动。人口流入较多的地方由于劳动力增多，就业问题突出，行业竞争较激烈，但人口增多也使当地基本需求量增加，消费结构发生一定的变化，从而带来较多的市场份额和营销机会。

4. 家庭单位和家庭生命周期　现代家庭仍是社会的细胞，也是商品采购的基本单位，一个国家或地区家庭单位的多少，直接影响着许多消费品的市场需求量。如家庭数目多，对家电、家具等生活必需品的需求就会大。同时，家庭生命周期状况对企业的市场营销也有重大影响。

4.3.2 经济环境

经济环境是指企业营销活动所面临的外部经济因素，其运行状况及发展趋势会直接或间接地对企业市场营销活动产生影响。经济环境一般包括经济发展阶段、社会购买力、消费者收入、消费者支出、消费者储蓄和信贷等。

1. 经济发展阶段　企业的市场营销活动要受到整个国家或地区的经济发展阶段的制约，处在不同经济发展阶段的目标市场，呈现不同的市场需求和消费方式，因而会对企业的营销活动产生直接或间接影响。如在经济发展水平较高的地区，消费者更注重产品款式、性能和特色，品质竞争多于价格竞争；而在经济发展水平比较低的地区，消费者往往更注重产品功能及实用性，价格因素显得比产品品质更为重要。因此，对于处在不同经济发展阶段地区的消费者，企业应采取不同的营销策略。

2. 社会购买力　社会购买力是指一定时期内社会各方面用于购买产品或服务的货币支付能力。市场规模的大小，归根到底取决于购买力的大小，因此，从企业市场营销的角度看，社会购买力是经济环境最主要的要素。而社会购买力的大小取决于国民经济发展水平以及由此决定的国民平均收入水平。经济发展快，人均收入高，社会购买力大，企业营销机会就随之扩大；反之，经济衰退，市场规模小，则会给企业营销带来威胁，迫使许多企业不得不缩小经营规模。

3. 消费者收入　消费者收入是指消费者个人从各种来源中所得到的全部收入，包括消费者个人的工资、退休金、红利、租金、赠与等收入。消费者的购买力来自消费者的收入，但消费者并不是把全部收入都用来购买商品或劳务，购买力只是收入的一部分。因此，在研究消费收入时，要注意以下几个概念：

(1) 国民生产总值：它是衡量一国经济实力与购买力的重要指标。从国民生产总值的增长幅度，可以了解一个国家经济发展的状况和速度。国民生产总值增长越快，对商品的需求和购买力就越大；反之，就越小。

(2) 人均国民收入：这是用国民收入总量除以总人口的比值。这个指标大体反映了一个国家人民生活水平的高低，也在一定程度上决定商品需求的构成。一般来说，人均收入增长，对商品的需求和购买力就大；反之，就小。

(3) 个人可支配收入：这是指扣除消费者个人缴纳的各种税款和交给政府的非商业性开支后，可用于个人消费和储蓄的那部分收入，它是影响消费者购买力和消费者支出的决定性因素。

(4) 个人可任意支配收入：这是指可支配收入减去消费者用于购买生活必需品的固定支出（如房租、保险费、分期付款等）所剩下的那部分收入。这部分收入是消费变化中最活跃的因素，也是企业开展营销活动时所要考虑的主要对象。因为这部分收入主要用于满足人们基本生活需要之外的开支，它是影响奢侈品、汽车、旅游等非生活必需品和服务销售的主要因素。

(5) 家庭收入：家庭收入的高低会影响很多产品的市场需求。一般来说，家庭收入高，对消费品需求大，购买力也大；反之，需求小，购买力也小。

4. 消费者支出　消费者支出主要受消费者收入的影响。随着收入的变化，消费者支出也发生相应变化，从而影响到消费结构，即消费支出在各类商品上的比例分配。德国统计学家恩斯特·恩格尔根据长期观察和大量统计资料，于1875年发现了家庭收入变化与各种支出之间比例关系的规律性，提出了著名的恩格尔定律：“随着家庭收入的增加，用于购买食品的支出占家庭收入的比重将下降；用于住房和家庭日常开支的费用比例保持不变；用于服装、娱乐、保健和教育等方面的开支及储蓄的比重将会上升。”人们把食物支出占总支出的比重称为恩格尔系数，即

$$\text{恩格尔系数}=\frac{\text{食物支出金额}}{\text{总支出金额}}$$

恩格尔系数是衡量一个国家、地区、城市、家庭生活水平高低的重要参数。食物开支占总消费量的比重越大，恩格尔系数越高，生活水平越低；食物开支所占比重越小，恩格尔系数越小，生活水平越高。

优化消费结构是优化产业结构和产品结构的客观依据，也是企业开展营销活动的基本立足点。我国目前的经济发展水平与发达国家相比还有很大差距，特别在广大的农村，现行消费中衣食等必需消费品所占比例还相当大。随着社会主义市场经济的进一步发展以及国家在住房、医疗等制度方面改革的深入，人们的消费模式和消费结构都将发生明显的变化。

5. 消费者储蓄和信贷　在一定时期内，消费者储蓄的多少对消费者的购买力和消费支出有一定的影响。当收入一定时，储蓄越多，现实消费量就越少，而潜在消费量越大；储蓄越少，现实消费量就越大，而潜在消费量越小。此外，储蓄的目的不同，也往往会影响到潜在需求量、消费模式、消费内容和消费发展方向。这就要求企业营销人员在调查、了解储蓄动机与目的的基础上，制定不同的营销策略，为消费者提供有效的产品和劳务。

另外，消费者信贷对购买力的影响也很大。消费者信贷是，指消费者凭信用先取得商品使用权，然后按期归还贷款，以购买商品。信贷消费允许人们购买超过自己现实购买力的商品，它可以创造更多的需求。主要有短期赊销、分期付款购买住房、分期付款购买昂贵消费品、信用卡信贷等4种形式。我国现阶段的信贷消费还停留在初级阶段，信贷商品基本上局限于住房、汽车等，但较以前已有了较大的发展。

超级链接

联合国粮农组织用恩格尔系数作为判定生活发展阶段的一般标准，即60%

以上为贫困；50％～60％为温饱；40％～50％为小康；40％以下为富裕。

我国的恩格尔系数：2000 年，农村为 49.1％，城市为 39.2％；2001 年，农村为 47.7％，城市为 37.9％；2004 年，农村为 47.2％，城市为 37.7％；2005 年，农村为 45.5％，城市为 36.7％。

资料来源：管理资源网

4.3.3 政治和法律环境

政治和法律环境是影响企业营销重要的宏观环境因素。政治因素像一只有形之手，调节着营销活动的方向，法律则为企业规定了商贸活动行为准则。政治与法律相互联系，共同对企业的市场营销活动发挥作用和施加影响。

1. 政治环境因素　政治环境是指企业市场营销活动的外部政治形势和状况，以及国家方针政策的变化，对市场营销活动带来的或可能带来的影响。

（1）政治局势：这是指企业营销活动所在国家或地区的政治稳定状况，一个国家的政局稳定与否会给企业营销活动带来重大的影响。如果政局稳定，生产发展，人民安居乐业，就会给企业带来良好的营销环境；相反，政局不稳，社会矛盾尖锐，秩序混乱，这不仅会影响经济发展和人民的购买力，而且对企业的营销心理也有重大影响。战争、暴乱、罢工、政权更迭等政治事件都可能对企业营销活动产生不利影响，能迅速改变企业生存环境。例如，一个国家的政权频繁更迭，尤其是通过暴力改变政局，这种政治的不稳定，会给企业投资和营销带来极大的风险。特别是在对外营销活动中，一定要考虑东道国政局变动和社会稳定情况可能造成的影响。像中东地区的一些国家，虽然有较大的市场潜力，但由于政治不稳定，国内经常发生宗教冲突、派系冲突，还有恐怖组织的恐怖活动，国家之间也常有战事，这样的市场有较大的风险，需要认真评估。

（2）方针政策：各个国家在不同时期，根据不同需要颁布一些经济政策，制定经济发展方针，这些政策、方针不仅要影响本国企业的营销活动，而且还要影响外国企业在本国市场的营销活动。例如，我国在产业政策方面制定的《关于当前产业政策要点的决定》，明确提出了当前生产领域、基本建设领域、技术改造领域、对外贸易领域等各主要产业的发展序列。还有诸如人口政策、能源政策、物价政策、财政政策、金融与货币政策等，都给企业研究经济环境，调整自身的营销目标和产品构成提供了依据。就对本国企业的影响来看，一个国家制定出的经济与社会发展战略、各种经济政策等，企业都是要执行的，而执行的结果必然要影响市场需求，改变资源的供给。相关政策和方针在扶持和促进某些行业发展的同时，又限制了另一些行业和产品的发展。企业必须按照国家的规定，生产和经营被允许的行业和产品，而这种影响是非常直接的。

国家也可以通过政策、方针对企业营销活动施以间接影响。例如，通过征收个人收入调节税，调节消费者收入，从而影响消费者的购买力来影响消费者需求；国家还可以通过增加产品税来抑制某些商品的需求，如对香烟、酒等课以较重的税收来抑制消费者的消费需求。这些政策必然影响社会购买力，影响市场需求，从而间接影响企业营销活动。从对国外企业的影响来看，市场国的政治环境是外国企业营销的重要环境因素，要直接和间接影响到外国企业在市场国的营销活动。例如，改革开放之初，我国的外贸政策还比较谨慎，有关外贸的法律制度既不健全，又缺乏稳定性和连续性，因此，外国资本来华投资很多表现为短期行为。随着我国改革进一步深入和对外开放进一步扩大，特别是外贸、外商投资法律制度的完善，外资看到了在华投资的前景，因而扩大投资规模，延长投资期限，由最初的1～3年，延长到5年以上，甚至10年、20年、50年，来华投资的外国企业也越来越多。这说明，市场国的政治环境对外来投资有非常大的影响。

目前，国际上各国政府采取对企业营销活动有重要影响的政策和干预措施主要有：

1）进口限制。指政府所采取的限制进口的各种措施，如许可证制度、外汇管制、关税、配额等。进口限制包括两类：①限制进口数量的各项措施。②限制外国产品在本国市场上销售的措施。政府进行进口限制的主要目的在于保护本国企业，确保本国企业在市场上的竞争优势。

2）税收政策。政府在税收方面的政策措施会对企业经营活动产生影响。比如，对某些产品征收特别税或高额税，则会使这些产品的竞争力减弱，给经营这些产品的企业带来一定影响。

3）价格管制。当一个国家发生了经济问题时，如经济危机、通货膨胀等，政府就会对某些重要物资，以至所有产品采取价格管制措施。政府实行价格管制通常是为了保护公众利益，保障公众的基本生活，但这种价格管理直接干预了企业的定价决策，影响企业的营销活动。

4）外汇管制。指政府对外汇买卖及一切外汇经营业务所实行的管理。它往往是对外汇的供需与使用采取限制性措施。外汇管制对企业营销活动特别是国际营销活动产生重要影响。例如，实行外汇管制，使企业生产所需原料、设备和零部件不能自由地从国外进口，利润和资金也不能或不能随意汇回母国。

5）国有化政策。指政府由于政治、经济等原因对企业所有权采取的集中措施。例如，为了保护本国工业避免外国势力阻碍等原因，将外国企业收归国有。

（3）国际关系：这是指国与国之间的政治、经济、文化、军事等关系。发展国际间的经济合作和贸易关系是人类社会发展的必然趋势，企业在其生产经营过程中，会或多或少地与其他国家发生往来，开展国际营销的企业更是如此。因此，国家间的关系也就必然会影响到企业的营销活动。这种国际关系主要包括两个方面的内容。

1）企业所在国与营销对象国之间的关系。在国外经营的企业要受到市场国也就是营销对象国对于企业所在国外交政策的影响。如果营销对象国与企业所在国的关系良好，则对企业在该国经营有利；反之，如果营销对象国对企业所在国政府持敌对态度，那么，营销企业就会遭遇不利的对待，甚至攻击或抵制。比如，中美两国之间的贸易关系就经常受到两国外交关系的影响，美国经常攻击中国的人权状况，贸易上也常常采取一些歧视政策，如搞配额限制，所谓“反倾销”等，阻止中国产品进入美国市场，这对中国企业在美国市场上的营销活动是极为不利的。

2）国际企业的营销对象国与其他国家之间的关系。国际企业对于市场营销对象国来说是外来者，但其营销活动同样要受到市场国与其他国家关系的影响。例如，中国与伊拉克很早就有贸易往来，后者曾是我国钟表和精密仪器进口的较大客户。海湾战争后，由于联合国对伊拉克的经济制裁，使我国企业有很多贸易往来不能进行。阿拉伯国家也曾联合起来，抵制与以色列有贸易往来的国际企业。例如，当可口可乐公司试图在以色列办厂时，引起阿拉伯国家的普遍不满，因为阿拉伯国家认为，这样做有利于以色列发展经济。而当可口可乐公司在以色列销售成品饮料时，却受到阿拉伯国家的欢迎，因为他们认为这样做会消耗以色列的外汇储备。这说明国际企业的营销对象国与其他国家之间的关系，也是影响国际企业营销活动的重要因素。

2. 法律环境因素　法律是体现统治阶级意志、由国家制定或认可、并以国家强制力保证实施的行为规范的总和。对企业来说，法律是评判企业营销活动的准则，只有依法进行的各种营销活动才能受到国家法律的有效保护。因此，企业开展市场营销活动，必须了解并遵守国家或政府颁布的有关经营、贸易、投资等方面的法律、法规。如果从事国际营销活动，企业除了要遵守本国的法律制度，还要了解和遵守市场国的法律制度和有关国际法规、国际惯例和准则，因为这方面因素对国际企业的营销活动有深刻影响。例如，日本政府曾规定，任何外国公司进入日本市场，必须要找一个日本公司同它合伙。也有一些国家利用法律对企业的某些行为作特殊限制。例如，美国《反托拉斯法》规定不允许几个公司共同商定产品价格，一个公司的市场占有率超过20％就不能再合并同类企业。

除上述特殊限制外，各国法律对营销组合中的各种要素，往往有不同的规定。例如，产品由于其物理和化学特性事关消费者安全问题，因此，各国法律对产品的纯度、安全性能有详细甚至苛刻的规定，目的在于保护本民族的生产者而非消费者。美国曾以安全为由，限制欧洲制造商在美国销售汽车，以致欧洲汽车制造商不得不专门修改其产品，以符合美国法律的要求；英国也曾借口法国牛奶计量单位采用的是公制而非英制，将法国牛奶逐出本国市场；德国以噪声标准为由，将英国的割草机逐出德国市场。各国法律对商标、广告、标签等也都有自己特别的规定。比如，加拿大的产品标签要求用英、法两种文字标明，而法国却只使用法文产品标签。广告方面，许多国家禁止电视广告，或者对广告播放时间和广告内容进行限制。例如，德国不允许做比较性广告和使用“较好”、“最好”之类的广告词，许多国家不允许做烟草和酒类广告等。这些特殊的法律规定，是企业特别是进行国际营销的企业必须了解和遵循的。

从当前企业营销活动的法律环境情况来看，有两个明显的特点。

（1）管制企业的立法增多，法律体系越来越完善：西方国家一贯强调以法治国，对企业营销活动的管理和控制也主要通过法律手段。在这方面的立法主要有3个内容或目的：①保护企业间的公平竞争，制止不公平竞争。②保护消费者正当权益，制止企业非法牟利及损害消费者利益的行为。③保护社会的整体利益和长远利益，防止对环境的污染和生态的破坏。近几年来，我国在发展社会主义市场经济的同时，也加强了市场法制方面的建设，陆续制定、颁布了一系列有关的法律法规，如《公司法》、《广告法》、《商标法》、《经济合同法》、《反不正当竞争法》、《消费者权益保护法》、《产品质量法》、《外商投资企业法》等，这对规范企业的营销活动起到了重要作用。

（2）政府机构执法更严格：有了法还必须进行执法，这样法律才能起到应有的作用。各个国家都根据自己不同的情况，建立了相应的执法机关。例如，在美国，就有联邦贸易委员会、联邦药物委员会、环境保护局、消费者事务局等执法机构；日本有公正交易委员会；德国有联邦卡特尔局；瑞典有消费者行政长官处和市场法院；加拿大有市场保护委员会等。这些官方机构对企业的营销活动有很大的影响力，近年来执法更加积极、严格。我国的市场管理机构比较多，主要有工商行政管理局、技术监督局、物价局、医药管理局、环境保护局、卫生防疫部门等机构，分别从不同方面对企业的营销活动进行监督和控制，在保护合法经营，取缔非法经营，保护正当交易和公平竞争，维护消费者利益，促进市场有序运行和经济健康发展等方面，发挥了重要作用。因此，企业必须知法守法，自觉用法律来规范自己的营销行为并自觉接受执法部门的管理和监督。同时，还要善于运用法律武器维护自己的合法权益，当其他经营者或竞争者侵犯自己正当权益的时候，要勇于用法律手段保护自己的利益。

4.3.4 社会文化环境

任何企业都处在一定的社会文化环境中，它的经营活动必然要受到各种社会文化因素的影响和制约。社会文化环境，一般是指在一种社会形态下已经形成的价值观念、宗教信仰、道德规范、审美观念以及风俗习惯等的总和。企业应了解、研究和分析社会文化环境，针对不同文化环境市场制定不同的营销策略。社会文化环境主要包括以下几个方面：

1. 教育状况 受教育程度的高低，影响到对商品的需求。通常文化素质高的国家或地区的消费者要求商品包装典雅华贵，对附加功能也有一定要求。受教育程度的高低，也会影响到企业的市场调研、分销等营销活动的进行。

2. 宗教信仰 宗教是影响人们消费行为的重要因素，宗教影响着信徒的消费需求和消费行为。对市场营销而言，产品在进入一国或地区之前，必须认真研究当地的宗教信仰，否则产品万一与当地宗教信仰相冲突，将受到巨大的损失。如我国某厂在向某阿拉伯国家出口塑料底鞋时，在该国海岸遭到了军警的查禁与销毁，并遭到穆斯林的严厉指责，原因是鞋底的花纹酷似当地文字的“真主”一词。

3. 风俗习惯 一般而言，风俗是指世代相袭固化而成的一种风尚，习惯则指由于重复或练习而巩固下来并变成需要的行动方式，两者合称习俗。不同的国家，不同的民族，有着不同的风俗习惯。我国地域辽阔，民族众多，长期以来形成了形形色色的风俗习惯。各地的习俗不同，要求市场营销必须有针对性。同时，习俗也给厂家提供了机会，可以说，当今假日经济的火热与各地习俗就有着密切联系。

4. 价值观念 价值观念是指人们对社会生活中各种事情的态度和看法。在不同的国家或民族之间，甚至是同一国家或民族的不同群体之间，人们的价值观念都可能存在很大的差异。不同的价值观念会影响人们的消费需求和消费行为。

4.3.5 自然环境

自然环境是指自然界提供给人类的各种形式的物质资源，如空气、阳光、水、森林、土地等。自然环境是企业赖以生存的基本环境，自然环境的优劣不仅影响到企业的生产经营活动，而且影响到一个国家或地区的经济结构和发展水平，以至经济环境和人口环境等。自然环境对企业营销活动的影响主要表现为自然资源短缺、能源成本上升、环境污染和政府干预等。

1. 自然资源短缺 自然界的资源可分为无限资源与有限资源两大类。其中有限资源又可分为有限可再生资源和有限不可再生资源。随着社会经济的不断发展，人们大量地开采各种矿产，有限的不可再生资源日趋匮乏。

2. 能源成本上升 石油这一重要的不可再生的能源资源，已成为未来经济发展的障碍。在石油价格不断上涨的情况下，不少企业开始寻求新的其他形式的能源，如太阳能、风能、原子能等，这些都将会给企业的营销环境带来新的变化。

3. 环境污染加剧 工业生产活动对自然环境带来了很大的影响，随着现代工业的进一步发展，环境污染问题日趋严重，已引起全世界的高度重视。公众对环境问题的关心，为企业创造了新的市场机会，促使企业研究开发污染控制技术及环保型产品。

4. 政府干预　环境污染问题的日趋严重及公众对环境问题的关心，使得各国政府加强了对环境保护的立法，颁布各种政策法规治理环境，防止污染。一方面政府将尽力做好工作，力争既要保护管理好资源和自然环境，又保证企业的经济增长；另一方面，企业要制定相应的市场营销策略，研究开发新的生产技术，既提高资源利用率，又减少环境污染。

4.3.6 科技环境

作为营销环境的一部分，科技环境不仅直接影响企业内部的生产和经营，同时还与其他环境因素互相依赖、相互作用，科学技术的发展深刻地影响着企业的市场营销活动。一方面企业可以不断地利用新技术，开发新产品，满足消费者的需求；另一方面，新技术的出现也使得企业现有产品陈旧，如果不及时跟上科技发展的步伐就有可能被淘汰。

目前，科技发展的趋势是科技成果转化为产品的周期缩短，产品更新换代加快，企业研发费用急剧增加，技术创新的机会增多，技术贸易的比重加大，以微电子技术为代表的新技术在企业管理和市场营销中广泛应用，降低了企业成本，提高了企业效益。因此，企业应密切关注科技发展的新动向，注意市场对新技术和新产品的需求，积极利用技术发展给企业带来的营销机会。另外，企业还应分析科技发展的长期后果，以便预测可能带来的市场机会或威胁。

本章小结

市场营销环境不仅是企业营销活动的制约因素，也是企业营销赖以生存的条件。市场营销环境的概念，按照美国著名市场学家菲利普·科特勒的解释是："影响企业的市场和营销活动的不可控制的参与者和影响力。"市场营销环境与市场营销一样，是一个不断完善和发展的概念，具有客观性、关联性与相对分离性、变化性和不可控性 4 个特点。

一般情况下，营销环境带来的对企业的威胁和机会是并存的，企业可以运用"威胁—机会矩阵"综合分析，以更清楚地认识企业在环境中的地位。

市场营销环境主要包括微观环境要素和宏观环境要素。前者可称为直接营销环境，后者可称为间接营销环境。微观环境受宏观环境大背景的制约，宏观环境则通过微观环境发挥作用。

企业的微观营销环境主要是指与企业具体业务密切相关，对企业营销活动发生直接影响的组织或力量。构成微观环境的主要因素有企业的供应商、营销中介、顾客、竞争对手、社会公众及企业内部参与营销决策的各部门。

宏观营销环境又称为间接营销环境，包括人口、经济、政治和法律、社会文化、自然和科学技术等企业不可控制的因素，企业及其微观营销环境都受到这些宏观因素的制约和影响。

思 考 题

1. 如何正确认识市场营销环境?

2. 如何分析和识别由于环境变化而带来的机会和造成的威胁?

3. 对企业营销活动有影响的微观环境有哪些?企业应如何应对微观环境的影响?

4. 分析近年来人口因素对我国旅游业发展的影响。

5. 简述自然环境因素对企业市场营销活动的影响。

6. 2006 年是我国入世保护期届满的最后一年,请对我国经济型小轿车的市场营销环境进行分析。

案 例 分 析

西班牙华商鞋店被焚事件

2004 年 9 月 16 日晚,在西班牙东南部城市埃尔切发生攻击并焚烧中国侨民鞋店的恶性案件。当地时间晚 7 时多,埃尔切发生的针对当地华人鞋商的示威抗议活动中,有近千名当地鞋商和鞋厂工人未经当地政府批准却“有组织”地聚集在该市的中国鞋城内,号召当地人“把进入这个城市里的所有鞋子烧掉”。被烧毁的温州鞋共有 16 个集装箱,价值 100 多万欧元,而传闻这些不法分子正在赶制汽油弹,准备继续“进攻”。埃尔切中国鞋城的 50 多名中国鞋商和仓库内价值十几亿元的温州鞋,遭受了前所未有的严重威胁。

据温州吉尔达鞋业西班牙公司经理王长川回忆,“火祸”当晚,他们公司的鞋类集装箱并未在仓库进行装卸,因此躲过一劫。但货物被焚毁的部分商人损失惨重,王长川说:“有个青田县来的商人,他们公司几大箱货物都被烧光了,损失了 80 多万元人民币。”现场的鞋商为了维护利益,不得不开来车辆和推土机保卫鞋城。“事情发生的当晚,人山人海,火光冲天,空气中飘荡着焦糊味。”王长川回忆说,他已经害怕得不敢再靠近仓库。

中国鞋被焚事件惊动了埃尔切这座 20 万人口的西班牙小城。多数埃尔切市民对中国商人持同情态度,认为商业竞争不可以成为烧鞋的理由。埃尔切的 Casimir Gomez 先生说,这两天的烧鞋事件震动了该市。他还说:“中国鞋质量好,价格便宜,我每过一两个月就会带着妻子去逛一逛。商人之间的竞争应该采取正当手段,烧鞋的人非常不理智。”还有的市民愤愤不平地说:“烧鞋的行为真是愚蠢!”

西班牙“烧鞋事件”不是一个简单的排华事件,而是有着复杂的经济背景。

从2005年1月1日起，欧盟将取消从中国进口部分鞋类产品的配额，这意味着温州鞋将在欧洲获得更为广阔的市场空间。温州鞋之所以力压欧洲鞋，主要优势在于价格，据有关人士介绍，欧洲鞋平均价格是温州鞋的3到8倍。一位中国鞋批发商说："一双不错的中国鞋用轮船装运到西班牙后只卖5欧元，而西班牙生产的鞋最低价也要8欧元。"3欧元的差价，让中国鞋在西班牙市场赢得了巨大的优势。西班牙埃尔切市素有"欧洲鞋都"之称，但是温州鞋进入埃尔切之后，以飞快的速度发展起来，对当地的制鞋工业形成了客观威胁，一部分规模小、技术落后的鞋厂由于缺乏竞争力纷纷倒闭。近30年来，该市制鞋工人失业率增长了30%。温州商人断言，用不了多久，西班牙乃至欧盟的鞋类销售网络就有可能"大洗牌"。温州鞋在欧洲的大举进逼，甚至让鞋业大国意大利也感到了某种威胁。可以说，价格的巨大差异是欧洲鞋的不可承受之痛，而且这个痛点在很长时期里都难以治愈。

与此同时，温州鞋与欧洲鞋的尖锐矛盾也必然在贸易、文化、种族等领域爆发。回顾近年温州鞋在海外的遭遇：2001年8月至2002年1月，温州东艺鞋业等中国鞋商在俄罗斯遭查扣，损失约3亿元；2004年1月，尼日利亚政府发布"禁止进口商品名单"，造成温州鞋损失至少数千万元；2004年2月，莫斯科"艾米拉"大市场华商货物被查抄，包括温州鞋商在内的中国商人损失约3000万美元。

不难想见，在市场手段无法抗衡温州鞋的情形下，贸易措施必然登场，如"贸易救济措施"调查的启动，就会对温州鞋产生重大负面影响。正是由于这个原因，温州鞋在欧盟不断遭遇不测事件。温州某制鞋公司老总说："我们早就预料到进入西班牙市场所要面对的不仅仅是市场风险。"

面对来自官方的贸易制衡和来自民间的非法抵制，温州鞋在西班牙乃至欧洲何去何从，已经成了一个需要思考的问题。

资料来源：中国营销网

案例思考

通过此案例，分析市场营销环境与企业发展的关系。

第5章　消费者市场和购买行为分析

学习目标　通过本章学习，理解消费者市场的含义；了解消费者市场的特点；掌握消费者购买行为模式；明确消费者市场的购买对象；理解影响消费者购买行为的主要因素；熟悉消费者购买决策过程。

5.1　消费者市场与消费者行为模式

5.1.1　消费者市场的含义和特点

1. 消费者市场的含义　按照顾客购买目的或用途的不同，可将市场划分为消费者市场和组织市场。消费者市场又称消费品市场、生活资料市场或最终消费者市场，是指所有为了个人消费而购买商品（包括货物和劳务）的个人和家庭。消费者市场是一切市场的基础，是最终起决定作用的市场。例如，制革厂的产品，一般不直接卖给消费者，而是卖给皮革加工厂制成皮衣、皮鞋等产品出售，但也必须认真研究最终消费者的需要，以消费者的需要为依据来制订营销方案。

2. 消费者市场的特点　成功的市场营销者是那些能够有效地提供对消费者有价值的产品，并运用富有吸引力和说服力的方法将产品有效地呈现给消费者的企业和个人。因而，研究消费者市场及其特征，对于企业开展有效的市场营销活动至关重要。

消费需求由于受经济、社会、心理等各种因素的影响，呈现出千差万别、纷繁复杂的形态，但从总体上看，各种需求之间存在着共性。具体来说，有以下特征：

（1）消费需求的多样性：人不仅有物质需求，还有精神需求；众多的消费者，其收入水平、文化素质、职业、年龄、性格、民族、生活习惯等各不相同，因而在消费需求上也表现出各种各样不同的兴趣和偏好；此外，消费者对同一商品的需求往往有多个方面的要求。

（2）消费需求的层次性：人的消费需求总是由低层次向高层次逐渐发展和延伸的，即低层次的、最基本的生活需求满足以后，就会产生高层次精神需要。马斯洛的“需求层次论”将人的需求划分为5个层次，即从低到高依次为生理需求、安全需求、社交需求、尊重需求、自我实现需求。

（3）消费需求的发展性：人永远是有所需要的，旧的需要被满足，又会不断产生新的需要。人们对商品和服务的需求不论是从数量上还是从质量上、品种上或审美情趣等方面都在不断发展，总的趋势是由低级向高级发展，由简单向复杂发展，由单纯追求数量上的满足向追求质量和数量的全面充实而发展。

（4）消费需求的习惯性：这是指消费者在长期消费活动中积累下来的一些消费偏好和倾向，如过年吃饺子、放鞭炮等。当然，对一些不好的消费习惯，要加以教育引导甚至控制。

（5）消费需求的周期性：一些消费需求在获得满足后，在一定时期内不再产生，但随着时间的推移，还会重新出现，并具有周期性。如某些服装款式的需求就具有很强的周期性。

（6）消费需求的从众性：在某一特定时空范围内，消费者对某些商品或劳务的需求趋向一致，这就是消费需求的从众性。在现实生活中表现为：①消费流行，或叫消费时尚、时髦，它是消费者追求时兴事物而形成的从众化消费风潮。②消费中的攀比现象。③“抢购”风潮。对第①种从众化消费需求应及时把握，充分利用，使之成为企业的经营机会；对后两种从众性消费需求应高度重视，科学分析，进行正确的宣传和引导，同时，要采取综合性的措施加以调控。例如，一个人在路上流鼻血了，为了防止流血，就仰着头站在那里。结果很多人跟着都仰起头往天上看。这种从众心理应加以调控。

（7）消费需求的可诱导性：消费者市场购买的情感性强，易受广告、营销人员的影响。也可能受家人、朋友的影响出现冲动购买。形成此特点的原因在于：①消费品品种繁多，花色各异，消费者缺乏商品专门的知识，属于非专家购买。他们在购买许多商品时，需要卖方的宣传、介绍。②很多消费品替代性强，需求弹性大，消费者对商品规格、品质的要求也不如生产者那样严格。③在通常情况下，消费者自发、分散的做出购买决策，不像产业市场的购买者那样，理性购买。

5.1.2 消费者购买行为模式

消费者的购买行为复杂多样，分析消费者的购买行为，主要包括以下几个方面：

1）哪些人构成了市场？　—谁是购买者？　购买者
2）他们购买什么商品？　—购买什么？　购买对象
3）他们为什么购买这些商品？　—为什么购买？　购买目的
4）谁参与了购买过程？　—谁参与了购买？　购买组织
5）他们以什么方式购买商品？　—如何购买？　购买行为
6）他们什么时候购买商品？　—何时购买？　购买时间
7）他们在哪里购买商品？　—何地购买？　购买地点

消费者的行为受消费者心理活动支配。按照心理学的“刺激—反应”理论，人们行为的动机是一种内在的心理活动过程，像一只黑箱，是一个不可捉摸的神秘过程。客观的刺激，经过黑箱（心理活动过程）产生反应，引起行为——购买者黑箱。只有通过对行为的研究，才能了解心理活动过程。消费者购买的行为模式如图 5-1 所示。

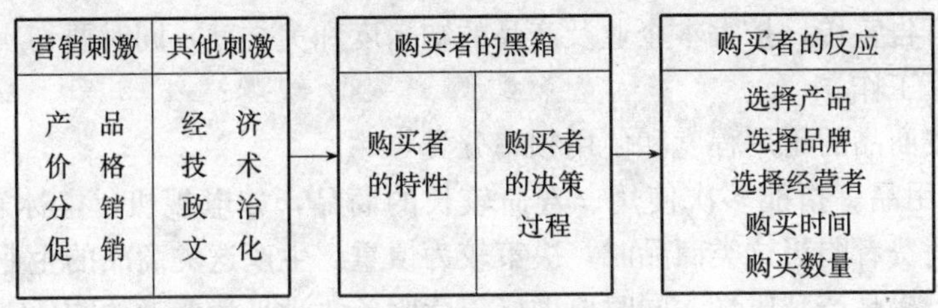

图 5-1　消费者购买行为模式

营销刺激，是指企业营销活动的各种可控因素，即产品、价格、分销、促销；其他刺激是指消费者所处的环境因素（经济、技术、政治、文化等）的影响。这些刺激通过购买者黑箱产生反应，即购买者行为。

刺激和反应之间的购买者黑箱包括两个部分：①购买者的特性。购买者特性受到许多因素的影响，并进而影响购买者对刺激的理解和反应，不同特性的购买者对同一种刺激会产生不同的理解和反应。②购买者的决策过程，它直接影响最后的结果。

我们将讨论以下两个问题：

1）购买者的特征（文化、社会、个人和心理）是怎样影响购买者的购买行为的?

2）购买者是怎样做出购买决策的?

5.2　消费者市场的购买对象

消费者进入市场，其购买对象是多种多样的。如果以一定的标准进行分类，消费者的购买对象则可以有以下两种主要的类型：

（1）按消费者的购买习惯为标准分类

1）便利品。又称日用品，是指消费者日常生活所需、需重复购买的商品，诸如粮食、饮料、肥皂、洗衣粉等。消费者在购买这类商品时，一般不愿花很多时间比较价格和质量，并愿意接受其他任何代用品。因此，便利品的生产者应注意分销渠道的广泛性和经销网点的合理分布，以便消费者能及时就近购买。

2）选购品。指价格比便利品贵，消费者购买时愿花较多时间对许多家商品进行比较之后才决定购买的商品，如服装、家电等。一般情况下，消费者在购买某选购品之前，对这种商品的了解不是很多，因而在决定购买前总是要对同一类型的产品从价格、款式、质量等方面进行比较。因此，选购品的生产者应将销售网点设在同类产品销售点相对集中的商业区，以便顾客进行比较和选择。

3）特殊品。指消费者有特殊偏好并愿意花较多时间去购买的商品，如电视机、电冰箱、化妆品等。消费者在购买前对这些商品有一定的认识，偏爱特定的厂商或品牌，不愿接受代用品。为此，企业应注意争创名牌，以赢得消费者的青睐，加强广告宣传，扩大本企业及产品的知名度和美誉度，同时要切实做好售后服务和维修工作。

（2）按商品的耐用程度和使用频率分类

1）耐用品。指能多次使用、寿命较长的商品，如电视机、电冰箱、音响、电脑等。消费者购买这类商品时，决策较为慎重。生产这类商品的企业，要注重技术创新，提高产品质量，同时要做好售后服务，满足消费者的购后需求。

2）非耐用品。指使用次数较少、需经常购买的商品，如食品、文化娱乐品等。生产这类产品的企业，除应保证产品质量外，要特别注意销售点的设置，以方便消费者的购买。

超级链接

快速消费品与耐用消费品

快速消费品、耐用消费品都是属于“消费品”范畴，在这个范畴之外，还包括工业品（industrial products）、服务行业等。

快速消费品（Fast Moving Consumer Goods，FMCG）是指消费者消耗较快、需要不断重复购买的产品。典型的快速消费品包括日化用品、食品饮料、烟草等，药品中的非处方药（OTC）通常也可以归为此类。在有些时候，快速消费品也被称为“包装消费品”（Packaged Consumer Goods），顾名思义，把产品包装成一个个独立的小单元进行销售。

与快速消费品概念相对应的是“耐用消费品”（Durable Consumer Goods），通常使用周期较长（一般达1年以上），一次性投资较大（一般在500元以上），包括家用电器、家具、汽车等。

资料来源：中国营销传播网

5.3 影响消费者购买行为的主要因素

1. 文化因素。文化是指人类从生活实践中建立起来的价值观念、道德、理想和其他有意义的象征的综合体。每一个人都是在一定的社会文化环境中成长，通过家庭和其他主要机构的社会化过程学到和形成了基本的文化观念。文化是决定人类欲望和行为的基本要素，文化的差异引起消费行为的差异，具体表现为服饰、饮食、起居、建筑风格、节日、礼仪等物质文化生活各个方面的不同特点。比如，中国人讲尊老爱幼，所以有了“再苦也不能苦孩子”的观念，这些观念也必然反映到消费上；讲孝道，一到过年过节，保健品特别畅销。

亚文化。每种文化都由更小的亚文化组成，亚文化为其成员带来更明显的认同感。

社会阶层。社会阶层是社会学家根据职业、收入来源、教育水平、价值观等对人们进行的一种社会分类，是按层次排列的、具有同质性和持久性的社会群体，同一阶层的成员具有类似的价值观、兴趣和行为，在消费行为上相互影响并趋于一致。

2. 社会因素　消费者的购买行为同样也受到一系列社会因素的影响，如消费者相关群体、家庭和社会角色与地位等。

（1）相关群体：一个人的行为受到许多群体的影响。一个人的相关群体是指那些直接或间接影响人的看法和行为的群体。

（2）家庭：消费者以个人或家庭为单位购买产品，家庭成员和其他有关人员在购买活动中往往起着不同作用并且相互影响，构成了消费者的“购买组织”。在这里，市场营销人员要研究的是，家庭成员在购买决策中的地位，一般有3种：①丈夫支配型。②妻子支配型。③共同支配型。

随着社会的进步，妇女就业增多，妻子在购买决策中的地位越来越高，尤其在中国，许多家庭由丈夫支配型转变为妻子支配型。

（3）角色身份：个人的角色身份随着所处环境的不同而改变，在不同的环境中扮演着不同的社会角色，塑造不同的自我，具有不同的行为，但是在特定的时间内特定的角色身份将占主导地位。

3. 个人因素　消费者的购买决策也受到个人特征的影响，特别是受年龄与人生阶段、职业、经济状况、生活方式、个性及自我观念的影响。

（1）年龄与家庭生命周期阶段：1个人的年龄及其家庭生命周期阶段，对消费者行为有重要的影响。家庭生命周期可分为7个阶段。

1）未婚阶段。单身1人，空闲时间多，可以进行广泛的社交，对于书籍、名牌服装等需求较大。

2）新婚阶段。夫妇2人，无子女，需要家具、电器等耐用消费品和时装等。

3）“满巢”Ⅰ期。年轻夫妇和6岁以下婴幼儿，需要婴幼儿的食品、玩具、书籍、服装等。

4）“满巢”Ⅱ期。年轻夫妇和6岁以上儿童，需要文教用品、书籍、自行车等。

5）“满巢”Ⅲ期。年龄较大的夫妇和经济尚未独立的子女，需求基本与“满巢”Ⅱ期相同。

6）“空巢”阶段。子女已婚独立居住，家中只剩夫妇2人，需要方便、营养、卫生的食品和保健品等。

7）孤寡阶段。丧偶老人和独居老人群体，对社会服务的需求与日俱增，其中医疗保健方面始终排在首位。

（2）职业：在一个消费者的类型很大程度上是根据其谋生手段来界定的社会体系中，职业“声望”是营销人员评价1个人是否有“价值”的1种方式。职业也会影响一个人的消费模式。

（3）经济状况：经济环境也会严重影响产品的选择，这既包括经济发展水平不同的各国之间的差异，也包括同一个国家内经济发展周期的不同阶段的差异。这种差异是非常明显的，足以影响企业调整其营销策略。

（4）个性、自我观念：个性是指个人独特的心理特征，这种心理特征使个人与其环境保持相对一致和持久的反应。因此，个性结合了心理特征和环境力量。自我观念或自我感觉是指消费者如何看待他们自己。自我观念包括态度、感觉、信念和自我评价。

（5）生活方式：个性和自我观念是通过生活方式反映出来的。生活方式是个人行为、兴趣、思想方面所表现出的生活模式。

4. 心理因素　消费者购买行为要受动机、感觉、学习以及信念与态度的影响。购买动机是使消费者做出购买某种商品决策的内在驱动力，是引起购买行为的前提，也就是引起购买行为的原由。有什么样的动机就有什么样的行为。

动机分为两类：一类是生理性动机，第二类是心理性动机。生理性动机，例如，肚子饿了会产生对食物的需要，口渴了会产生对水的需要。这些都属于生理需要，企业改变不了，也不是营销研究的对象，而只能去适应它。心理性动机可以分为3种：感情动机、理智动机、信任动机。顾客想不想购买，取决于他的购买动机，这是可以通过营销努力来改变的，也是我们研究的重点，如图5-2所示。

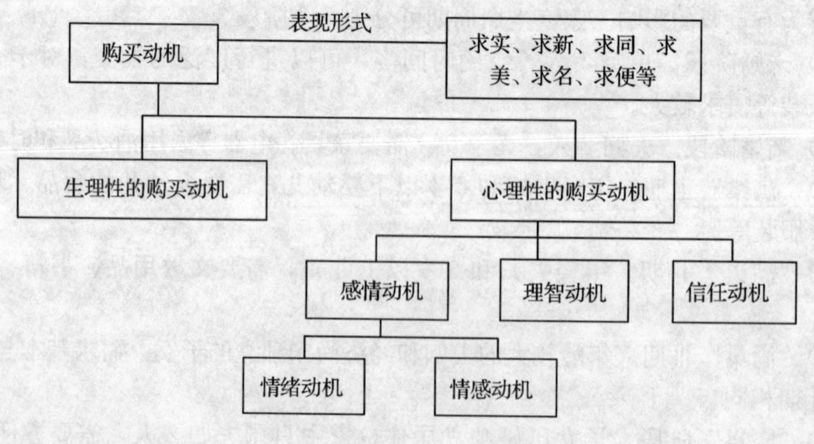

图5-2　消费者购买动机类型

（1）感情动机：感情动机就是由人的感情需要而引发的购买欲望。感情动机可以细分为两种情况，一种是情绪动机；另一种是情感动机。

1）情绪动机是由于人们情绪的喜、怒、哀、乐的变化所引起的购买欲望。针对这种购买动机，在促销时就要营造顾客可以接受的情绪背景。

2）情感动机就是由人们的道德感、友谊感等情感需要所引发的动机。比如说，为了友谊的需要而购买礼品，用于馈赠亲朋好友等。

（2）理智动机：理智动机就是消费者对某种商品有了清醒的了解和认知，在对这个商品比较熟悉的基础上所进行的理性抉择和做出的购买行为。

拥有理智动机的往往是那些具有比较丰富的生活阅历、有一定的文化修养、比较成熟的中年人。他们在生活实践中养成了爱思考的习惯，并把这种习惯转化到商品的购买当中。正如很多小商小贩说的，现在最难对付的就是中年妇女。

（3）信任动机（惠顾动机）：信任动机就是基于对某个品牌、某个产品或者某个企业的信任所产生的重复性的购买动机。

具体而言，在现实经济生活中，这 3 种动机还呈现出一些不同的表现形式，如求实、求新、求同、求美、求名、求便等（见超级链接）。这些不同的购买动机带来不同的购买行为，企业应该根据消费者的动机来了解他的购买行为，按照他的购买行为来确定营销策略。

超级链接

购买动机的表现形式

1. 求实动机　在这种动机的驱动下，消费者在购买商品时，注重商品的使用价值，讲究实惠、使用方便，不大强调商品的外观、花色和款式。具有这种购买动机的人大多是收入较低、支付能力有限或注重传统习惯和购买经验的消费者。

2. 求美动机　这样的消费者在购买商品时，注重商品的式样、色调、造型等形式美，重视商品对环境的装饰作用和对人体的美化作用。具有这种购买动机者多为青年和妇女，而易被消费者从“美”的角度加以审视的商品则多为家具、服装等。

3. 求廉动机　具有求廉动机的购买者，在选购商品时，特别注重商品的价格，对便宜、降价、处理商品具有浓厚的兴趣，而对商品的花色、款式等“外在形象”不太注意。求廉动机也称为造价动机。

4. 求名动机　具有这种购买动机的消费者，对名牌产品具有特殊的偏好，而对非名牌产品缺乏信任感。他们在选购产品时，很注重产品的名称、产地、销售地点。

5. 求新动机　具有这种购买动机的消费者购买商品时，不大计较商品的价格，而是把注意力集中在商品的外在形式上。他们总是期望自己能领导消费新潮流。

6. 求安全动机　这种动机的顾客在购买商品时，十分注意商品的安全可靠，干净卫生，不损害人体健康。在购买医药、食品、卫生用品和煤气用具等时，显得尤为突出。

此外，还有所谓“求奇动机”、“求同动机”等。这些购买动机，是引起购买行为的关键性因素，企业应高度注视对顾客购买动机的研究。

5.4　消费者购买决策过程

消费者从不了解某种商品到经常购买某种商品，要经过哪些步骤，在这些步骤中企业要做好哪些工作，才能使之向下一步发展，直至经常购买我们的商品？要想弄清这些问题，就需要研究消费者的购买决策过程。

5.4.1　消费者购买行为类型

消费者的购买行为有多种类型，可从不同角度进行划分。

1. 根据消费者性格分析划分

（1）习惯型购买行为：习惯型的购买行为是由信任动机产生的。消费者对某种品牌或对某个企业产生良好的信任感，忠于某一种或某几种品牌，有固定的消费习惯和偏好，购买时心中有数，目标明确。

（2）理智型购买行为：理智型购买行为是理智型消费者发生的购买行为。他们在做出购买决策之前一般经过仔细比较和考虑，胸有成竹，不容易被打动，不轻率做出决定，决定之后也不轻易反悔。

因此，我们一定要真诚地提供令顾客感到可信的决策信息，如果你提供的信息可信，他就会对你产生信任而再度光临；如果你提出的信息不可信，那么下次他可能就对你敬而远之。所以我们一定要真诚地提供顾客所需要的各种有关信息。

（3）经济型购买行为（价格型）：具有这种行为的消费者，特别重视价格，一心寻求经济合算的商品，并由此得到心理上的满足。针对这种购买行为，在促销中要使之相信，他所选中的商品是最物美价廉的、最合算的，要称赞他很内行，是很善于选购的顾客。

（4）冲动型购买行为：冲动型消费者往往是由情绪引发的，年轻人居多，血气方刚，容易受产品外观、广告宣传或相关人员的影响，决定轻率，易于动摇和反悔。这是在促销过程中可以大力争取的对象。

（5）想象型购买行为（感情型）：这样的消费者往往有一定的艺术细胞，善于联想。针对这种行为，可以在包装设计上、在产品的造型上下功夫，让他产生美好的联想，或在促销活动中注入一些内涵。

比如说耐克和乔丹，乔丹穿着耐克鞋驰骋在 NBA 球场上，使崇拜乔丹的球迷感觉到，穿上了耐克就离乔丹近了一步。

商务通跟濮存昕，成功地塑造了中年男人的形象，使得拥有商务通的人感到离成功男人的形象又近了一步等。要努力让消费者产生联想，这些人实现了联想，你就达到了营销目标。

营销者应了解自己目标市场的消费者行为属于哪种类型，然后有针对性地开展促销活动。

（6）不定型购买行为：不定型消费者常常是那些没有明确购买目的的消费者，表现形式常常是三五成群，步履蹒跚，哪儿有卖的东西往哪儿看，问的多，看的多，选的多，买的少。他们往往是一些年轻的、新近开始独立购物的消费者，易于接受新的东西，消费习惯和消费心理正在形成之中，尚不稳定，缺乏主见，没有固定的偏好。

对于这样的顾客，首先要满足他问、选、看的要求，即便这次他不购买，也不应反唇相讥，要想到今天的观望者可能就是明天的顾客，今天不买肯定有诸多的理由，可能今天没带足钱，也可能真的不需要，但是你以热情周到的服务给他留下了很深刻的印象，以后需要的话，他可能首先会想到你。这是营销人员必须考虑到的。

2. 根据消费者行为的复杂程度和所购商品本身的差异划分

（1）复杂型：这是消费者初次购买差异性很大的耐用消费品时发生的购买行为。购买这类商品时，通常要经过一个认真考虑的过程，广泛收集各种有关信息，对可供选择的品牌反复评估，在此基础上建立起品牌信念，形成对各个品牌的态度，最后慎重地作出购买选择。

（2）和谐型：这是消费者购买差异性不大的商品时发生的一种购买行为。由于商品本身的差异不明显，消费者一般不必花费很多时间去收集并评估不同品牌的各种信息，而主要关心价格是否优惠，购买时间、地点是否便利等。因此，和谐型购买行为从引起需要、产生动机到决定购买，所用的时间比较短。

（3）习惯型：这是一种简单的购买行为，属于一种常规反应行为。消费者已熟知商品特性和各主要品牌特点，并已形成品牌偏好，因而不需要寻找、收集有关信息。

（4）多变型：这是为了使消费多样化而常常变换品牌的一种购买行为。一般是指购买品牌差别虽大但较易于选择的商品，如罐头食品等。同上述习惯型一样，这也是一种简单的购买行为。

5.4.2 消费者购买决策过程的主要步骤

1. 引起需要　从理论上讲，需要的引起有两个方面的原因。一方面原因是内在的，是由生理所决定的。比如说，肚子饿会产生对食物的需要，渴了会产生对水的需要，这些都是由生理变化所决定的。这些方面，企业是改变不了的。另一方面原因是外在的刺激。比如说，你看到某个人穿着非常漂亮得体的服装，这个外在的刺激使你对这种服装产生了希望拥有的欲望。对企业来讲，就要通过适当的方式刺激顾客，使之了解、喜欢你的产品，并产生购买欲望。如加大宣传力度，以刺激顾客产生购买的欲望。

2. 收集信息　在市场营销中，消费者购买决策的第二步是收集信息，所以你要了解目标消费者接受信息的通道。

消费者信息的来源有许多种，主要有 4 个方面：个人来源、商业来源、公共来源、经验来源。

(1) 经验来源：通过对各种商品的触摸、查看、试验、使用等得来的信息。

(2) 个人来源：包括家庭成员、亲朋好友、同事邻居等。

(3) 公共来源：包括报纸、杂志、电视等。

(4) 商业来源：产品介绍、营销人员介绍、商品展示等。

了解了这些，在做广告宣传时，对广告媒体的选择也就有了针对性。比如说，如果是给出租车司机做宣传，那么他接受信息的主要通道可能就是交通台，他在收听路况信息的时候，同时也就接受了其他有关信息，那么在选择广告媒体时就应以交通台为主。

3. 比较评估（评价选择）　作为消费者，可能会从不同的渠道收集很多信息。在收集大量信息的基础上，对此进行分析，做出决策，这就是比较评估。

针对顾客的比较评估阶段，企业应该使消费者获得大量的能够打动他的信息。企业经过对众多竞争对手的产品的比较，确知消费者愿意接受哪种性能和价格让他比较满意的产品，哪种能给他带来更多利益的产品。所以，企业在宣传中，要注意突出自己产品的优点，尽量让顾客多了解自己产品的优点，方便消费者做出判断和选择。

4. 实际购买　只让消费者对某一品牌产生好感和购买意向是不够的，真正将购买意向转为购买行动，其间还会受到两个方面的影响。

(1) 他人的态度：消费者的购买意图，会因他人的态度而增强或减弱。他人态度对消费意图影响力的强度，取决于他人态度的强弱及他与消费者的关系。一般来说，他人的态度越强、他与消费者的关系越密切，其影响就越大。例如，丈夫想买一大屏幕的彩色电视机，而妻子坚决反对，丈夫就极有可能改变或放弃购买意图。

(2) 意外的情况：消费者购买意向的形成，总是与预期收入、预期价格和期望从产品中得到的好处等因素密切相关的。但是当他欲采取购买行动时，发生了一些意外的情况，诸如因失业而减少收入，因产品涨价而无力购买，或者有其他更需要购买的东西等，这一切都将会使他改变或放弃原有的购买意图。

实际购买是消费者购买决策中的第 4 步。这个时候，企业应该注意，前期的工作尽管成功了，但在这个实际购买的阶段也一定要把握好。要做到热情接待、周到服务，让顾客在非常温馨的交易情景下接受你的商品。因为在这个实际购买的过程中，顾客依然可能做出否定购买的决策。因此，必须按照顾客接受的最佳状态、最佳时机来考虑接待方式。

5. 购后感受　消费者购买商品后，通过自己的使用和他人的评价，会对自己购买的商品产生某种程度的满意或不满意。购买者对其购买活动的满意感(S) 是其产品期望（E）和该产品可觉察性能（P）的函数，即 S=f（E，P）。若 E=P，则消费者会满意；若 E>P，则消费者不满意；若 E<P，则消费者会非常满意。消费者根据自己从卖主、朋友以及其他来源所获得的信息来形成产品期望。如果卖主夸大其产品的优点，消费者将会感受到不能证实的期望。这种不能证实的期望会导致消费者的不满意感。E 与 P 之间的差距越大，消费者的不满意感也就越强烈。当他们感到十分不满意时，肯定不会再买这种产品，甚至有可能退货、劝阻他人购买这种产品。所以，卖主应使其产品真正体现出其可觉察性能，以便使购买者感到满意。事实上，那些有保留地宣传其产品优点的企业，反倒使消费者产生了高于期望的满意感，并树立起良好的产品形象和企业形象。

实际购买的完成并不是企业营销行为的结束，作为企业，还要关心、了解消费者的购后感受，这是购买过程的最后一个步骤。购后感受分为购后的近期感受和远期感受。

研究和了解消费者的需要及其购买过程，是市场营销成功的基础。市场营销人员通过了解购买者如何经历引起需要、寻找信息、评价行为、决定购买和买后行为的全过程，就可以获得许多有助于满足消费者需要的有用线索；通过了解购买过程的各种参与者及其对购买行为的影响，就可以为其目标市场制订有效的市场营销计划。

企业既要追求近期感受，也要追求远期感受。如果顾客没有良好的近期感受，他可能买都不买；如果没有远期感受，他买完了之后也会后悔，甚至会做反面宣传。因此，要通过商品的质量，通过良好的售后服务体系的构建，来为顾客营造一种良好的、长期的购后感受。与此同时，也要通过良好的近期促销，恰当的促销手段，让顾客获得良好的近期感受，达到顾客满意和理解，让顾客感到物有所值。

本 章 小 结

消费者市场又称消费品市场、生活资料市场或最终消费者市场，是指所有为了个人消费而购买商品（包括货物和劳务）的个人和家庭。消费者市场是一切市场的基础，是最终起决定作用的市场。

消费需求由于受经济、社会、心理等各种因素的影响，呈现出千差万别、纷繁复杂的形态，但从总体上看，各种需求之间存在着共性。具体来说，有以下特征：①消费需求的多样性。②消费需求的层次性。③消费需求的发展性。④消费需求的习惯性。⑤消费需求的周期性。⑥消费需求的从众性。⑦消费需求的可诱导性。

消费者的行为受消费者心理活动支配。按照心理学的“刺激—反应”理论，人们行为的动机是一种内在的心理活动过程，像一只黑箱，是一个不可捉摸的神秘过程。客观的刺激，经过黑箱（心理活动过程）产生反应，引起行为——购买者黑箱。只有通过对行为的研究，才能了解心理活动过程。

消费者进入市场，其购买对象是多种多样的。如果以一定的标准进行分类，消费者的购买对象则可以有以下两种主要的类型：①按消费者的购买习惯为标准，消费者的购买对象一般分为3类，即便利品、选购品和特殊品。②如按商品的耐用程度和使用频率，可将消费者的购买对象分为耐用品和非耐用品。

影响消费者购买行为的主要因素包括文化因素、社会因素、个人因素和心理因素。消费者购买决策过程的主要步骤是引起需要、收集信息、比较评估（评价选择）、实际购买和购后感受。

思 考 题

1. 消费者市场有哪些特点？

2. 消费者购买的行为模式是怎样的？

3. 影响消费者购买行为的主要因素有哪些？

4. 消费者购买的决策过程是怎样的？企业针对决策过程的各阶段，可采取什么措施影响消费者的购买决策？

案 例 分 析

从豆浆到维他奶

一碗豆浆、两根炸油条，是三顿美餐中的第一餐，这是长期以来许多中国人形成的饮食习惯。豆浆是以大豆为原料制作豆腐的副食品，在中国已有两千多年的历史。它的形象与可乐、牛奶相比，浑身上下冒着土气。以前，喝它的人也多是老百姓。

但是现在，豆浆在美国、加拿大、澳大利亚等国的超级市场上都能见到，与可乐、七喜、牛奶等国际饮品并列排放，且价高位重，有形有派。当然，它改了名，叫维他奶。

豆浆改名维他奶，是香港一家有50年历史的豆品公司为了将街坊饮品变成一种国际饮品，顺应不断变化的价值和现代人的生活形态，不断改善其产品形象而特意选择的。“维他”来自拉丁文 Vita，英文 Vitamin，其意为生命、营养、活力等，而舍“浆”取“奶”，则来自英语 soybean milk（豆奶，即豆浆）的概念。50 年前，香港人的生活不富裕，营养不良，各种疾病很普通。当时生产维他奶的用意，就是要为营养不良的人们提供一种既便宜又有营养价值的牛奶代用品——一种穷人的牛奶。在以后的 20 年中，一直到 20 世纪 70 年代初期，维他奶都是以普通大众的营养饮品这个面貌出现的，是一个廉价饮品的形象。

可是到了 20 世纪 70 年代，香港人的生活水平大大提高，营养对一般人来说并不缺乏，人们反而担心营养过多的问题。如果此时还标榜“穷人的牛奶”，那么喝了不就掉价了吗？难怪豆品公司的职员发现，在马路边汽水摊前，喝汽水特别是外国汽水的人喝起来“大模大样”，显得十分“有派”，而喝维他奶的人，就大多站在一旁遮遮掩掩，惟恐人家看到似的，因而，豆品公司的业务陷入低潮。

20 世纪 70 年代中期，豆品公司试图把维他奶树立为年轻人消费品的形象，使它能像其他汽水一样，与年轻人多姿多彩的生活息息相关。这时期的广告便摒除了“解渴、营养、充饥”或“令你更高、更强、更健美”等字眼，而以“岂止像汽水那么简单”为代表。1983 年，又推出了一个电视广告，背景为现代化城市，一群年轻人拿着维他奶随着明快的音乐跳舞，可以说，这时期维他奶是一种“消闲饮品”的形象。

然而，到了 20 世纪 80 年代，香港的年轻人对维他奶怎么喝也喝不出“派”来了，于是，从 1988 年开始的广告便重点突出它亲切、温情的一面。对于很多香港人来说，维他奶是个人成长过程的一个组成部分，大多数人对维他奶有一种特殊的亲切感和认同感，它是香港本土文化的一个组成部分，是香港饮食文化的代表作，维他奶对中国香港人如同可口可乐对美国人一样。由此，维他奶又开始树立一个“经典饮品”的形象。

在同一时期，维他奶开始进入国际市场。这一时期，太多的脂肪成了美国等国公民的一大问题。在美国，维他奶标榜高档“天然饮品”。所谓天然饮品，就是没有加入人工的成分，如色素和添加剂等，可以使消费者避免吸收太多的脂肪，特别是动物脂肪。标榜天然饮品，当然受美国人的欢迎。于是便出现了这样历史性的趣事：维他奶创始之初，标榜穷人的牛奶，强调它与牛奶的相似之处，并且价格比牛奶要低；今天在美国市场，维他奶强调的是与牛奶不同的地方（维他奶具有牛奶所有的养分，而没有牛奶那么多的动物脂肪），其价格也比牛奶高。

案例思考

从豆浆变成维他奶，直至国际饮品的过程，可以给我们哪些启示？

第 6 章　生产者市场和购买行为分析

学习目标　通过本章学习，了解生产者市场的含义及其特点；熟悉生产者市场的购买对象；理解影响生产者购买行为的主要因素；了解生产者购买类型；理解购买决策参与者的作用；了解生产者购买决策过程。

6.1　生产者市场的含义和特点

生产者市场又叫产业市场或企业市场，是指一切购买产品和服务并将之用于生产其他产品或劳务，以销售、出租或供应给他人而获取利润的单位和个人组成的市场。组成生产者市场的主要产业有工业、农业、林业、渔业、采矿业、建筑业、运输业、通信业、公共事业、银行业、金融业和服务业等。与消费者市场相比，生产者市场有以下特征：

1. 从市场需求的角度看　生产者市场的需求有两个鲜明的特征：①需求的派生性，即生产资料的需求源于消费资料的需求，消费资料的需求情况决定生产资料的需求状况。例如，因为消费者对住房的需求，才导致建筑商购买钢材、水泥、砖等生产资料。②需求的弹性小，即在一定的时期内，需求的品种和数量不会因价格变动而发生很大变化。造成这种现象的主要原因是生产者市场的需求取决于生产工艺过程和生产特点，企业在短期内不可能很快变更其生产方式和产品种类。同时，生产资料有专门用途，需求量较固定，生产资料价格的高低对用户生产成本的影响不大。

2. 从产品角度看　生产者市场的产品和服务均是用于制造其他产品或提供服务，属中间投入品，是非最终消费产品。

3. 从购买的角度看　从购买的角度看，生产者市场有以下特征：①产品技术性强。购买者必须具备相关的商品知识和市场知识。无论是采购员，还是销售员，都必须是在产品专业技术知识和采购、推销方面训练有素的专业人员。如果卖方缺乏商品知识和市场知识，就不可能很好地介绍产品的性能，从而影响销售；如果买方缺乏相应的知识，就无法鉴定产品的好坏，造成采购的失误。②直接采购。生产资料的采购一般很少经过中间商（标准品除外），而是直接从生产厂商那里购买。③购买批量大、购买者少。由于企业的主要设备若干年才购买一次，原材料、零配件则是根据供货合同定期供应，为了保证生产的顺利进行，企业总是要保证合理的储备，因此，每次购买的量比较大。而且，在生产者市场上不仅购买产品总是少数几个购买者，或者主要是少数购买者，而且购买者的地区分布也有明显的相对集中性。如在我国，工业客户主要集中在东北、华北、东南沿海一带。此外，影响生产购买决策的人比影响消费者购买决策的人更多。

6.2 生产者市场的购买对象

在生产者市场上，生产者购买的产品一般可分为原材料、主要设备、附属设备、零配件、半成品和消耗品。

1. 原材料　这是指生产某种产品的基本原料，它是用于生产过程起点的产品。原材料又分为两大类：①自然形态的森林产品、矿产品与海洋产品，如铁矿石、原油等。②农产品，如粮、棉、油、烟草等。对于原材料这种产品，供货方较多，且质量上没有什么差别。因此，在营销上要根据各类产品的特点采取适当的措施，如对矿产品、海洋产品等自然形态的产品宜采取直接销售的方式，分配路线应尽可能短，运输成本应尽可能低。而对农产品则应加强保管，减少分销环节，有些产品还可以由商业收购网点集中供应给生产企业。

2. 主要设备　这是指保证企业进行某项生产的基本设备，主要设备直接影响企业的生产效率和生产出的产品质量。主要设备包括重型机床、厂房建筑、大中型电子计算机等。这类产品一般体积较大、价格昂贵、技术复杂。生产企业购买主要设备是一项重大决策，不仅要求产品性能先进、有效，而且希望有良好的服务，产品供应者则应注意产品性能的改进、宣传和售后服务工作，以使购买者对本企业产品建立良好的信任感。

3. 附属设备　机械工具、办公设备等均属附属设备。相对主要设备而言，附属设备对生产的重要性略差一些，价格也较低，供应厂家较多，产品标准化突出。采购人员可以自主作出购买决定，并能自由地从几家供应商处选购，而且在购买时比较注重价格比较。对这类产品的经营，要充分发挥价格机制和广告促销的作用，多采用间接销售的形式销售。

4. 零配件　这是指已经完工、构成用户产品的组成部分的产品，如集成电路块、仪表、仪器等。零配件虽不能独立发挥生产作用，但它直接影响生产的正常进行。这类产品品种复杂，专用性强，及时和按标准供货是零配件购买者最基本的要求。零配件供应者可以通过订合同直接销售的方式，采取合理的订价策略，满足购买者的需求，提高市场占有率。

5. 半成品　这是指经过初步加工，以供生产者生产新产品的产品。例如，由铁矿砂加工成生铁，又由生铁加工成钢材等。半成品可塑性强，其质量、规格有明确要求，产品来源较多，供应者除确保供货及时外，还应加强销售服务，可以说，加强销售服务是半成品供应者最有利的竞争手段。

6. 消耗品　这是指为保证和维持企业生产正常进行所需消耗的诸如煤、润滑油、办公用品等产品。这类产品价格低，替代性强，寿命周期短，多属重复购买，购买者较注重购买是否方便。供应者要通过广泛的分销渠道，以价格的优惠、交货的及时实现营销目标。

6.3 影响生产者购买行为的主要因素

同消费者购买行为一样，生产者的购买行为也同样会受到各种因素的影响。美国的韦伯斯特和温德将影响生产者购买行为的各种因素概括为 4 类主要因素：环境因素、组织因素、人际因素和个人因素。

1. 环境因素　在影响生产者购买行为的诸多环境因素中，经济环境是最主要的。生产资料购买者受当前经济状况和预期经济状况的影响非常大，当经济不景气，或前景不佳时，生产者就会缩减投资，减少采购，压缩原材料的库存。此外，生产资料购买者也受科技、政治和竞争发展的影响。营销者要密切注视这些环境因素的作用，力争将不利变成机遇。

2. 组织因素　每个企业的采购部门都会有自己的目标、政策、工作程序和组织结构。生产者市场上的营销人员应了解并掌握购买企业采购部门在企业里处于什么地位，是一般的参谋部门，还是专业职能部门，它们的购买决策权是集中决定还是分散决定，在决定购买的过程中，哪些人会参与最后的决策等。只有对这些问题做到心中有数，才能使营销工作有的放矢。

3. 人际因素　这是指企业内部的人事关系。生产资料购买的决定，是由公司各个部门和各个不同层次的人员组成的“采购中心”做出的。“采购中心”的成员一般由采购申请者、质量管理者、财务主管者、工程技术人员等组成。这些成员的地位不同，权力有异，他们之间的关系也有所不同，而且对生产资料的采购决定所起的作用也不同，因而在购买过程中呈现较纷繁复杂的人际关系。生产资料营销人员必须了解用户购买决策的主要人员，他们的决策方式和评价标准，决策中心成员间相互影响的程度等，以便采取有效的营销措施争取用户的光临。

4. 个人因素　生产者市场的购买行为虽为理性活动，但参加采购决策的仍然是一个个具体的人，而每个人在作出决定和采取行动时，都不可避免地受其年龄、收入、所受教育、职位和个人特性以及对待风险的态度等因素的影响。因此，市场营销人员还应了解生产者市场采购人员的个人情况，以便采取“因人而异”的营销策略。

6.4 生产者的购买类型

1. 直接重购　这是一种在供应者、购买对象、购买方式都不变的情况下而购买以前曾经购买过的产品的购买。这种购买类型所购买的多是低值易耗品，花费人力较少，无需联合采购。面对这种采购类型，原有的供应者不必重复推销，而应努力使产品的质量和服务保持一定的水平，减少购买者的时间，争取稳定的买卖关系。

2. 修正重购　这是指购买者想改变产品的规格、价格、交货条件等，这需要调整或修订采购方案，包括增加或调整决策人员、人数。对于这样的购买类型，原有的供应者要清醒认识面临的挑战，积极改进产品规格和服务质量，大力提高生产率，降低成本，以保持现有的客户。新的供应者也要抓住机遇，积极开拓，争取新业务的建立。

3. 新购　这是指生产者首次购买某种产品或服务。由于是第一次购买，买方对新购产品心中无数，因而在购买决策前，要收集大量的信息，制定决策所花时间也比较长。首次购买的成本越高，风险就越大，参加购买决策的人员就越多。新购是营销人员的机会，因此要采取适当措施，影响决策的中心人物，还要通过实事求是的广告宣传，使购买者了解企业产品。为了达到目标，企业应将最优秀的推销人员组成一支庞大的营销队伍，以赢得采购者的信任并力促企业实施购买行动。

6.5　购买决策的参与者

购买类型的复杂程度不同，购买决策的参与者也不同。比如在直接重购过程中，起决定作用的是采购部门的负责人，而在新购过程中，企业的高层领导和技术专家起决定作用。因此在新购情况下，供应商应把产品的信息传递给企业的高层领导和技术人员。生产资料的供应者不仅要了解影响生产者市场采购的因素及购买类型，而且还应知道谁会参与购买决策，他们在其中担当什么角色，起什么作用。

如前所述，对生产资料的购买，一般是由专职的采购员和非专职的采购员组成“采购中心”来进行，而企业的“采购中心”一般由下列5种人组成：

1. 使用者　这是指直接使用所采购的产品的人员。使用者一般会提出购买建议，协助确定产品规格、性能等。他们往往是某一生产资料购买的提议者，并在产品的规格确定上有较大的影响力。

2. 影响者　这是指生产企业的内部或外部对采购决策产生直接或间接影响的人员。影响者是从企业的内部和外部直接或间接影响购买决策的人，他们会影响对供应商的选择及对产品规格、性能、购买条件等的确定。在众多的影响者中，企业外部的咨询机构和企业内部的技术人员影响最大。

3. 采购者　这是指企业中具体执行采购决定的人，是企业里有组织采购工作正式职权的人员，主要任务是交易谈判和选择供应者。在较复杂的采购工作中，采购者还包括企业的高层管理人员。采购者在采购行动中具有较大的灵活性，供应商应该把握好机会，处理好与采购员的关系。

4. 决定者　这是指有权对买与不买，买的数量、规格、质量及供应商的选择做出决策的人员。这些人可以是企业内处在不同层次的人，供应商应该弄清这一对决策起关键作用的人。在通常的采购中，采购者就是决定者，而在复杂的采购中，决定者通常是公司的主管。

5. 信息控制者　这是指生产者用户的内部或外部能够控制信息流向采购中心成员的人。例如，技术人员或采购代理人、接待员、电话接线员、秘书、门卫等，他们可以拒绝或终止某些供应商、推销人员与决策者及使用者接触。

应该指出的是，并不是所有企业采购任何产品都必需上述 5 种人员参加决策。一个企业采购中心的规模和参加的人员，会因欲购产品种类的不同和企业自身规模的大小及组织结构不同而有所区别。对生产资料营销人员来说，关键是了解一个企业采购中心的组成人员，他们各自所具有的相对决定权，以及采购中心的决策方式，以便采取富有针对性的营销措施。比如对采购中心成员较多的企业，营销人员可以只针对几个主要成员做工作，如果企业实力较强，则可采取分层次、分轻重、层层推进、步步深入的营销方针。

6.6　生产者的购买决策过程

生产者购买决策过程一般可分为 8 个步骤：

1. 问题识别　这是指生产者用户认识自己的需要，明确所要解决的问题。问题识别是生产者用户购买决策的起点。

2. 需要说明　这是指通过价值分析确定所需项目的特征和数量。

3. 明确产品规格　这是指说明所购产品的品种、性能、特征、数量和服务，写出详细的技术说明书，作为采购人员的采购依据。

4. 物色供应商　这是指生产者用户的采购人员根据产品技术说明书的要求寻找最佳供应商。

5. 征求供应建议书　这是指邀请合格的供应商提交供应建议书。

6. 选择供应商　这是指生产者用户对供应建议书加以分析评价，确定供应商。

7. 签订合同　这是指生产者用户根据所购产品的技术说明书、需要量、交货时间、退货条件、担保书等内容与供应商签订最后的订单。

8. 绩效评价　这是指生产者用户对各个供应商的绩效加以评价。

本 章 小 结

生产者市场又叫产业市场或企业市场，是指一切购买产品和服务并将之用于生产其他产品或劳务，以供销售、出租或供应给他人，获取利润的个人和组织。从市场需求的角度，从产品角度和从购买的角度，生产者市场表现出与消费者市场不同的特征。

生产者购买的产品，一般可分为原材料、主要设备、附属设备、零配件、半成品和消耗品。美国的韦伯斯特和温德将影响生产者购买行为的各种因素概括为4个主要因素：环境因素、组织因素、人际因素和个人因素。生产者购买的类型可分为3种：直接重购、修正重购和新购。

对生产资料的购买，企业一般都由专职的采购员和非专职的采购员组成“采购中心”，企业的“采购中心”一般由5种人组成：使用者、影响者、采购者、决定者和信息控制者。应该指出的是，并不是所有的企业采购任何产品都必需上述5种人员参加决策。对生产资料营销人员来说，关键是了解企业采购中心的组成人员，他们各自所具有的相对决定权，以及采购中心的决策方式，以便采取富有针对性的营销措施。生产者购买决策过程一般可分为以下8个步骤：问题识别、需要说明、明确产品规格、物色供应商、征求供应建议书、选择供应商、签订合同和绩效评价。

思 考 题

1. 与消费者市场相比，生产者市场有哪些特征？
2. 在企业生产资料的购买过程中，都有哪些参与者？各起的作用是什么？
3. 简述影响生产者购买行为的主要因素。
4. 简述生产者购买类型和购买决策的参与者。

案 例 分 析

羊肉切片机：推销看得见

涮羊肉，好吃看得见。可薄薄的羊肉片切起来却颇费功夫，最好的厨师1小时仅能切5kg，北京食品研究所推出的羊肉切片机同样时间可以切30kg，照理说是产品好用看得见，然而推销起来，照样不少犯难。涮羊肉好吃，羊肉片难切，曾几何时，这句话成了美食家们“望肉兴叹”的口头语。

不过，现在简单了。您想吃涮羊肉，商场里有的是现成的袋装肉片，无需动刀，您就可一饱口福。商场里出售的羊肉片，当然不会是加工厂专门请来一群切肉师傅挥刀而成。批量生产的羊肉片都是羊肉自动切片机的产品。如今这种切片机早已不是什么稀罕物了。

北京“东来顺”饭庄的涮羊肉可谓天下驰名，可要说这专卖羊肉的“东来顺”还曾是羊肉切片机的销售“门市”，就不大有人知道了。其实，当初北京市包装食品机械研究所正是通过“东来顺”等饭庄，才将他们生产的羊肉切片机从北京推向全国，从国内推向国外的。

1977 年，北京市包装食品机械研究所在国内首创了 SH—1 羊肉自动切片机，次年将该产品委托北京 4 个贸易货栈销售，每台售价为 5000 元。可到年内一清账，全年销售量只有 8 台。研究所派人调查，发现在货栈羊肉切片机是与普通炊具商品放置在一起的，由于缺少管理，机身上布满了厚厚的灰尘，原本外型美观的“白天鹅”在这里变成了灰头灰脑的“丑小鸭”，客户所看到的，惟有它比压面机、挤馅机高出近 10 倍的突出价格。那时候，羊肉切片机和其他机电设备一样，还属于指令性计划调拨商品，食品研究所没有选择销售渠道的自主权，只得将 80 台 SH—1 型羊肉切片机搁置在贸易货栈了。

1979 年，羊肉切片机已无指令性计划，少部分属指导性计划，大部分属市场调节。羊肉切片机直面市场，光蹲在货栈当“姜太公”自然不行，所里开始组织人员推销。“上哪儿去找市场?”推销人员心中愁闷，便来到“东来顺”借酒浇愁。当时，东来顺饭庄是羊肉切片机的第一家用户，在机械的维修方面得到了食品所无数次帮助。对老朋友，招待自然格外热情，听了推销员的难题，还为他们出谋划策。也就是在这一团热情中，推销员产生了借助“东来顺”销售羊肉切片机的念头。

食品所对东来顺饭庄作了认真分析：

1. 它是北京久负盛名的涮羊肉饭庄，菜肴风味独特，社会影响大。

2. 它是最早使用羊肉切片机的用户，熟悉机器性能和操作，可以对潜在用户起示范作用。

3. “东来顺”与北京各大饭店、高级宾馆联系密切，在同行业中威信较高，而羊肉切片机眼下的用户正是这些大型饭店和宾馆。

4. “东来顺”与研究所有一定的友好关系，可能协作。

通过这样的分析，研究所认定若选择“东来顺”作为销售点，对于打开北京羊肉切片机市场，将占据天时、地利、人和诸多有利条件。于是，经过与“东来顺”协商，东来顺饭庄门前很快就挂出了“羊肉切片机大展销”的巨型条幅。时逢北京各大饭店、宾馆负责人齐集“东来顺”开会，销售人员为了让大家看个真切，专门组织了手工切肉与机器切肉比赛，观赛者目睹了这样的事实：最著名的厨师每小时切肉 5kg，而机器是 30kg，手工切片厚度为 1.2mm，机器切出的只有 0.6mm，机器切片厚薄均匀，刀功增强，味道就更佳，另外机器切片还能按要求自动分碟，大大提高了服务效率。人机比赛完毕，又由东来顺几位老师傅讲解了羊肉切片机的性能和特色，引起了各大饭店、宾馆的强烈兴趣，当场就订购了 12 台。紧接着，食品所又抓住时机，将现场表演和展销会实况录制成一分钟广告，在北京电视台黄金时间连续播放数天，及时扩大“战果”，赢得了一批用户，1979 年销售量达 50 台。

第二年，食品所经历过 SH—2 和 SH—3 两种型号切片机试制失败后，成功地研制出了 SH—4 型新机器。新型羊肉切片机由优质不锈钢制成，极大地提高了保洁性能，外观设计也更趋美观合理，因而倍受用户青睐，并获国家科研成果三等奖。食品所根据在“东来顺”的经验，在天津以民族饭店为销售窗口，如法炮制出人机切肉比赛，很快打开了天津市场。一时间，羊肉切片机成了京津地区各大饭店的热门货，当年销售量竟达 105 台。

案例思考

1. 很多人认为，在生产者市场上产品的营销就是关系营销，能不能成功完全取决于关系“过不过硬”。结合本案例谈谈你的看法。

2. 生产者市场上的需求是消费需求派生的结果，只有消费者市场上的需求旺盛，生产者市场的需求才会旺盛。你同意这一观点吗?

第 7 章　市场营销调研与预测

学习目标　了解市场调研的含义和内容；理解市场调研的程序；掌握市场调研的一些基本方法，包括市场调查问卷的设计和使用；熟悉市场预测的概念和市场预测的基本程序；熟悉市场预测的主要方法。

7.1　市场调研的内容与程序

在市场竞争日趋激烈的今天，拥有市场比拥有一个工厂更加重要。如何分析市场、发现市场需要和确定目标市场已经成为企业关注的关键问题，所以，市场营销调研被称为企业的“雷达”或“眼睛”。当今世界约有三万多家跨国公司，没有哪一家不拥有自己完备的市场调查机构，即使是无力设立市场调研机构的中小型企业，也经常聘请专门的市场调研咨询公司为其服务。

7.1.1　市场调研的含义和内容

从现代市场营销观念来看，企业经营的目的，不是单纯为了销售产品和获取利润，而是要不断地开拓市场，满足消费者日益增长的需求。

1. 市场调研的含义　市场调研有广义和狭义之分，狭义的市场调研是指以科学的方法和手段收集消费者对商品的购买情况，包括对商品的购买和购买动机等活动的调查。

广义的市场调研是企业为了达到特定的经营目标，而运用科学的方法和通过各种途径、手段去收集、整理、分析有关市场营销方面的情报资料，从而掌握市场的现状及其发展趋势，以便对企业经营方面的问题提出方案或建议，供企业决策人员进行科学决策时参考的一种活动。广义的市场调研将调查范围从消费和流通领域扩展到了生产领域，包括生产前的调研、生产中的调研、生产后的调研和售后调研。

2. 市场调研的内容　市场调研的内容非常广泛，只要能直接或间接地影响企业营销活动的信息资料，都应该进行收集，加以研究。由于市场变化的因素很多，一般来说，凡属影响市场变化的各种主要因素都应调研。按营销调研的内容来划分，可将营销调研分为以下几个类别：

（1）宏观经济调研：企业是社会经济的一个细胞，是整个国民经济建设有机整体的一部分。对产品的品种、规格、质量和数量等方面的要求，是受整个社会总需求制约的，而社会总需求的动态是与国家经济建设的方针、政策直接有关的。因此，任何企业的经营管理都必须适应国家经济形势的发展，都必须严格遵守政府的方针、政策和法令。只有在这个大前提下，企业才能自主经营。所以，必须首先对宏观经济进行调研，即调研整个国家经济环境的变化对企业产品的影响。调研的具体内容有工农业总产值、国民收入、积累与消费的比例、发展速度、基建规模、基建投资、社会商品零售总额、人口增长、就业率、主要产品产量等。调研这些内容的目的是：

1）为了判断和确定企业的服务方向。

2）通过调研主要产品产量，按相关比例测算对本企业产品的需要量。

(2) 科学技术发展动态的调研：该项调研主要是调研与本企业生产的产品有关的科技现状和发展趋势。具体内容有世界科学技术现状和发展趋势；国内同行业科学技术状况和发展趋势，本企业所需的设备、原材料的生产和科技状况及其发展趋势。进行科技调研的目的是：

1）为了掌握同行业的科技动态以确定本企业的科研方向。

2）为了正确地进行产品决策，以便确定生产什么样的新产品，什么质量水平的产品。

(3) 用户需求的调研：对用户需求的调研，就是要了解用户和熟悉用户，掌握用户需求的变化规律，千方百计地去满足用户的需求。

1）对用户的特点进行调研。本企业产品的用户是谁？是生产性用户还是非生产性用户？是城市用户还是农村用户？是国内用户还是国外用户？谁又是最主要的用户？用户不同，其需要的特点也不同，要按照用户的不同特点满足其要求。

2）对影响用户需要的各种因素进行调研。如调研用户的购买力的大小。用户购买力分为组织购买力和个人购买力。组织购买力受国家财政经济状况及税收政策的影响。个人购买力主要取决于劳动者个人和家庭经济收入。又如调研社会风俗、习惯、文化水平、民族特点对用户的需要有何影响？用户购买动机如何？想购买什么样的产品？

3）对用户的现实需要和潜在需要进行调研。所谓现实需要，就是用户已意识到有能力购买，也准备购买客观存在的某种产品的需要。用户的现实需要，既包括对本企业已有的新老产品的需要，也包括本企业没有生产，而市场已有产品的需要。

① 调研用户现实需要的目的。一是为了了解市场容量的大小，即各种用户吸收容纳某种产品的能力有多大；二是为了确定本企业的生产条件是否有能力满足用户的这种需要，以及满足的程度如何。

② 调研用户潜在需要的目的。一是为了确定企业开发新产品的方向；二是为了使用户的潜在需要及早地转变为现实需要。所谓潜在需要，就是用户自己还没有意识到，但客观上“将来时代”有对某种产品的需要，或者用户已意识到，

由于种种原因，还不能即时产生购买行为的对某种产品的需要。生产经营者把握住“潜在的市场需要”，特别是将来成为“时代需要”的产品开发，这对企业兴衰是非常重要的。

(4) 产品营销调研：企业经营的目的在于把产品顺利地销售出去，这样商品的价值才能得以实现，才能获取一定的盈利，才能有足够的资金重新购置生产资料进行再生产。因此，对产品的营销调研，实际上就是对产品的销路、产品的价值能否实现的调研，这对企业是至关重要的。对产品营销的调研内容有以下4点：

1) 企业所生产的各种产品，在一定的销售区域内是独家产品还是多家产品？用户对本企业产品是否满意？若不满意，其原因是什么？本企业的产品在市场上是畅销还是滞销？原因是什么？

2) 企业的各种产品处于产品生命周期的哪一个阶段，即哪些产品的销售处于成长发展期，哪些产品处于成熟的旺销时期，哪些产品在市场上已处于饱和状态，哪些产品的销售已处于衰退期。

3) 企业各种产品的价格在市场上有无竞争能力？用户对价格有何反映？市场价格的现状对哪些产品有利？对哪些产品不利？产品的价格波动幅度有多大？其发展趋势如何？

4) 企业的销售力量是否适应需要？现有的销售渠道是否合理？如何扩大销售渠道，减少中间环节？如何正确地选择广告媒介？广告效果如何？销售产品的市场营销组合策略是否妥当？效果如何？

(5) 竞争对手的调研：企业的竞争场所是市场，产品的销售量是企业竞争的“晴雨表”，只有通过市场调研才能掌握竞争对手的情况。

1) 在全国或一个地区有哪些同类型企业，企业实力大小如何？所谓企业实力，是指企业满足市场要求的能力，包括生产能力、技术能力和销售能力等因素。这些企业当中，谁是最主要的竞争者？谁是潜在的竞争者？

2) 主要竞争者的产品市场分布如何？市场占有率多大？它对本企业的产品销售有何影响？所谓市场占有率，就是指本企业的某种产品在市场销售的同类产品中所占的比重。市场占有率反映一个企业的竞争能力和经营成果。

3) 主要竞争者采取了哪些市场营销组合策略？这些营销组合策略发生作用后对企业的生产经营产生何等程度的影响？

(6) 自然和政治法律因素调研：自然因素的调研是对自然资源的储量及开发利用情况、自然环境的情况、各国政府对自然环境的管理和利用等方面进行调研。

政治法律因素的调研是对一定时期内本国的政治形势、政府的有关方针政策、法律法规，东道国的政治形势、法律法规及国际政治法律进行的调研活动。

7.1.2 市场调研的程序

市场调研是指针对企业生产、经营中所要解决的问题而进行的调查研究活动。因此，调查活动必须具有很强的目的性，在目标确定以后，需要按照一定的程序来进行。从准备到方案的制订，直至最后的实施和完成，每一阶段都有其特定的工作内容来保证调查工作有秩序的进行，减少盲目性。

市场调研的程序大致分为调研前的准备、计划实施和提出调研报告三大阶段。

1. 调研准备阶段　调研准备阶段又可分为确定调研问题和调研目标、制订市场调研计划、培训调研人员等阶段。

（1）确定调研问题和调研目标：要想搞好市场调研工作，必须针对本企业的实际情况确定好调研问题和调研目标。如果选题发生错误，整个调研工作将前功尽弃、导致失败。因此，在调研前要在综合分析的基础上，确定好调研问题。在确定调研问题的时候，调研专题的界定不能太宽、太空泛，避免造成调研专题不明确、不具体的现象。调研问题要根据调研目标来确定，比如，调研的目的是为了了解产品销售下降的原因，经过初步分析认为可能是产品质量有问题，就要把调研产品质量问题确定为调研问题。

（2）制订市场调研计划：在市场调研开始之前必须拟好调研计划。计划要具体、明确。调研计划包括：

1）确定资料来源。

2）确定调研方法。具体方法在后面章节中详述。

3）确定调研对象。即向哪些单位或个人调研。

4）选择调研和收集资料的方法，按不同的调研内容选择不同的调研方法。

5）明确调研日期，特别是完成时间。

6）作出调研费用预算及规定作业进度安排。

以上计划内容必须以“市场调研项目建议书”的形式报主管领导，经批准后才可进行调研。

（3）培训调研人员：调研人员的素质对调研质量关系重大。因此，必须确定合适的人选并采取有效的方法进行培训。

2. 计划实施阶段　市场调研计划批准后，市场调研就进入调研计划的实施阶段。

（1）组织安排好调研力量：目前，我国的市场调研力量一般还是由本调研单位自己组织人员调研。在有条件的地方，可委托专门的市场调研公司进行调研。

（2）设计调研表格：调研表是整个调研工作的一项重要工具。调研表设计得好坏，直接影响调研效果。设计要既具有科学性又具有艺术性。调研表的提问要避免抽象，尽可能具体，文字要简练，要通俗易懂。

（3）现场实地调研：即现场收集资料。现场调研要把调研人员分好工，并掌握调研进度，保证调研质量。

（4）收集各种资料：市场调研需要的各种资料，可分为原始资料和现成资料两大类。原始资料是从实地调研中所得到的第一手资料；现成资料是从他人或其他单位取得的、已经积累起来的第二手资料。现成资料节省时间和经费，应尽量采用，资料不足时可实地调研获取原始资料加以补充。

1）现成资料的收集。这种资料来源于内部资料和外部资料。内部资料是企业内部的市场信息系统收集和记录的资料，如客户订单、销售资料、销售损益、库存情况、产品成本等。外部资料是从统计资料、行业资料、市场调研机构资料、科研情报机构资料、金融机构资料、文献报刊杂志等资料中获得的资料。

2）原始资料的调研。获取原始资料的方法有询问法、观察法、实验法、统计调研法（普查、重点调研、典型调研、抽样调研）等。每种方法都有自己的优缺点和适用范围，企业可根据自己的情况进行选择。

3. 提出调研报告阶段

（1）编辑整理：在调研信息资料的编辑整理过程中，要检查调研资料的误差。产生误差常常是不可避免的，其原因一般有两种：

1）抽样误差。由于抽样调研是用其结果推算全体，因此，推算结果与全体必然有一定误差，所以必须加以测定。

2）非统计抽样误差。例如，统计计算错误，调研表内容设计不当，谈话记录不完整，访问人员的偏见，被调研人员回答不认真或前后矛盾等。错误资料必须剔除。在调研过程中，调研人员要尽可能的将“非统计抽样误差”降至最低。

要对情报资料进行评定，审核其根据是否充分，推理是否严谨，阐述是否全面，观点是否成熟，以保证情报资料的真实与准确。

（2）分类：为了便于查找、归档、统计和分析，必须将经过编辑整理的资料进行分类编号。如果资料采用计算机处理，分类编号尤为重要。

（3）统计：将已经分类的资料进行统计计算，以便利用和分析。

（4）分析：运用调研所得出的有用数据和资料，分析情况并得出结论。

（5）调研报告：将调研所得出的结果编写成调研报告形式提供给有关部门或领导，以便做决策时参考。

1）编写调研报告要突出调研主题，调研内容要客观、扼要、有重点；方案简洁易懂；报告结构要合理、严谨、给人以完整的印象。

2）编写调研报告一般包含的内容是，调研的目的和范围；调研所采用的方法；调研的结果；提出的建议；必要的附件。

3）调研报告一般由以下部分组成：

① 引言。包括标题和前言。

② 正文。这是调研报告的主体，包括调研结果的描述和分析、提出的结论和建议等。

③ 结尾。这是调研报告的结束部分。包括样本误差的说明、对调研报告前言的照应等。

④ 附件。包括所有与研究结果有关但不宜放在正文中的资料，如图表、附录、问卷、抽样设计的详细说明、决定样本大小的统计方法等。

7.2 市场调研的基本方法

市场营销调研方法有多种不同的方式，按照所采用的形式不同可以分为询问法、观察法和实验法。选择哪种调查方法与调查目标，与调查对象和调查员的素质有直接关系。每一种调查方法的反馈率、真实性和调查费用都有所不同。所以，在实际操作过程中应注意不同调查方式的特点，适用范围以及需要注意的问题，做到几种方法配合使用。

7.2.1 市场调研方法

1. 询问法 该方法是由调研者先拟订出调研提纲，然后以当面、电话和书面的不同形式向被调研者提出问题，以获得所需要的调查资料的调查方法。这是最常用的一种调研方法，也是一种特殊的人际关系或现代公共关系。在这一方法中，调研人员必须明确不仅要收集到调查所需要的资料，还应该在调查过程中给调研对象留下良好的印象，树立公司的产品品牌形象。

从向被调查者询问的方法来看，有面谈访问、电话调研、邮寄问卷和留置问卷调研 4 种方法。

(1) 面谈访问：采用这种方法时，可以一个人面谈，也可以几个人集体面谈；可以一次面谈，也可以多次面谈。这种方法能直接与被调研者见面而听取意见并观察其反应。这种方法的灵活性较大，可以一般地谈，也可以深入详细地谈，并能互相启发，得到的资料也比较真实。但是，这种方式调研的成本高，调研结果受调研人员的政治、业务水平影响较大。

面谈访问法的优点在于：①调查有深度。调查者可以提出许多不宜在人多的场合讨论的问题，深入了解被调查者的状况、意愿或行为。②直接性强。由于是面对面的交流，所以被调查者可以采用一些方法来激发被调查者的兴趣，如图片、表格、产品的演示等。③灵活性强。调查者可以根据情况灵活掌握提问题的次序，随时解释被调查者提出的疑问。④准确性强。调查者可充分解释问题，把问题的不回答程度及答复误差减少到最低，同时可根据被调查者回答问题的态度，判别资料的真实可信程度。⑤拒访率较低。这是面谈访问法的最大优点。通过面谈访问，被调查者一般不会拒绝回答问题。遇到拒绝回答时，也可通过访谈技巧得到问题的回答。

当然，面谈访问也有其缺点，如调查成本高、时间长；对调查人员的素质要求较高，使得调查成本加大；调查的质量容易受到气候、调查时间、被访者情绪等其他因素的干扰等。

(2) 电话调研：电话调研是由调研人员根据抽样的要求，在样本范围内，用电话向被调研者提出询问，听取意见。这种方式调研收集的资料快，成本低，并能以统一格式进行询问，所得资料便于统一处理。但是这种方法有一定的局限性和缺点，它只能对有电话的用户进行询问，不易取得与被调研者的合作，不能询问较为复杂的问题，调研不甚深入；而且电话交谈时间短促，很难全面提问；人们也不一定愿意与询问者探讨有关个人的问题。使用该方法还可能受到询问者个人偏见的影响——询问者的说话方式，如何提出问题及其他能影响应答者的回答的因素。

(3) 邮寄调研：这种方法又称通信调研。就是将预先设计好的询问表格邮寄给被调研对象，请他们按表格要求填写后寄回。这种方式调研范围较广，被调研者有充裕的时间来考虑回答问题，不受调研人的影响，收集意见、情况较为真实。但问卷的回收率较低，时间往往拖延较长，被调研者有可能误解问卷的含义，影响调研结果。

(4) 留置问卷调研：就是由调研人员将问表、问卷、当面交给被调研人，并说明回答要求，留给被调研者自行填写，然后由调研人员定期收回。这种方式调研的优缺点介于面谈调研和邮寄调研之间。

2. 观察法　调研者到现场观察被调研者的行动来收集情报资料。也可以安装仪器，如使用照相机、摄影机、录音机或者某些特定的仪器等进行录音和拍摄。观察的方式有到顾客购买现场观察，到产品使用单位的使用现场观察。这种方式能客观地获得准确性较高的第一手资料，但调研面较窄，花费时间较长。

观察法一般有以下几种类型：

(1) 直接观察法：就是在现场凭借自己的眼睛观察市场行为的方法，具体包括：

1) 顾客观察法。这是指在各种市场中以局外人的方式秘密注意、跟踪和记录顾客的行踪的举动以取得调查资料的方法。

2) 环境观察法。这是指以普通顾客的身份对调查对象的所有环境因素进行观察，以获取调查资料的方法。有的时候也叫做“伪装购物法”或“神秘购物法”。

(2) 间接观察法：就是通过对现场遗留下来的实物或痕迹进行观察，以了解或推断过去市场的行为。

(3) 亲身经历法：就是通过调查人员亲自参与某种活动，来收集有关信息。例如，中国招商银行行长马蔚华先生自发明“一卡通”后，钱包里经常有十几张信用卡（主要是其他银行的产品），目的是通过尝试比较自己和他人的产品，做到“互相了解、心中有数”。

（4）行为记录法：就是通过使用仪器设备来收集有关信息。

3. 实验法　某种产品在大批量生产之前，先生产一小批，向市场投放，进行销售试验，观察和收集用户有关方面的反映来获得情报资料。也就是在特定地区，特定时间，向市场投放一部分产品进行试销，故也称“实验市场”。实验的目的在于：

（1）看本企业生产的产品质量、品种、规格、外观是否受欢迎。

（2）了解产品的价格是否被用户所接受。目前常采用的产品展销会、新产品试销门市部等都属于实验法。

4. 其他调研方法　市场调研方法，按其调研的范围和调研统计的形式，还可分为全面调研和非全面调研。

（1）全面调研：又称普查。就是对调研对象所包括的全部单位，都要逐一地毫无遗漏地进行调研统计。很显然，这种调研的好处，就是能够收集到比较全面、细致、精确的资料。但缺点是工作量大，花费的人力、物力、财力多，时间过长。

（2）非全面调研：就是对调研对象的一部分进行调研。这种调研方法，可以节省人力、物力、财力和时间。非全面调研又有以下两种：

1）重点调研。就是在对被调研对象进行全面分析的基础上，有目的、有计划地选择几个具有代表性的典型单位，做系统的、周密的调研。对市场的典型来说，就是通过具有代表性的用户或地区的调研，以达到对全部用户需求的基本认识，了解市场的大体趋势。这种典型调研的好处是调研的单位少，情况可以摸得准，情报汇总得快，节省人力、物力和财力。它适用于专业生产比较强，能比较准确掌握供应面，产品供应比较稳定的企业。

2）抽样调研。就是从被调研对象的总体中，抽取一部分样本单位进行调研，用以推算总体。它适用于一些使用量大、涉及面广的产品。

7.2.2　问卷的设计和运用

问卷又称调查表，它是以书面的形式系统地记载调查内容，了解调查对象的反应和看法，以此获得资料和信息的一种工具。

问卷是调研的工具，是沟通调研人和调研对象之间信息交流的纽带。问卷的设计是否科学，直接关系到收集信息的质量。问卷设计的目的就在于设计一份理想的问卷，既能描述出被调查者的特征，如性别、年龄、职业、文化程度等，又能测量出被调查者对某一社会经济事物的态度，并且能在一定条件下以最小的计量误差得到所需的所有数据。

1. 设计问卷的原则和注意事项

(1) 文字：问卷上的文字和语句应简明、清晰、通顺、浅显易懂，必须使用明确的而不是模棱两可的语句。要避免错字、别字、偏字和怪字。同时，也要避免采用命令式的语言，提问方式要委婉，使人感到亲切。

(2) 内容：问卷上的问题不宜过多或过于分散，问题提得过多，会使填表人感到厌烦；过于分散，会使主要调研问题不突出，而影响调研质量。一般来说，每份问卷仅围绕二三个主题，提出 10 个左右的问题比较恰当。但要注意，不要提出与调研对象无关或使填表人感到不好回答和不愿回答的问题，如涉及个人私生活或单位机密的问题。以个人为调研对象的问卷，最好不列填表人姓名的栏目。

(3) 提问方式：这是关系到调研能否达到目的的重要问题。提问的主要原则是：

1) 要把调研人的意图清晰地传给被调研者。

2) 要使被调研者知道应怎样回答才能满足调研人的要求。因此，提问应清楚，不能含糊其辞。不要使用过长的问句，或把几个问题放在一个问题里。如果是围绕一个主题的几个问题，应先提出概括性的问题，然后逐步具体，做到层次分明。为了方便被调研者回答问题，可预先列出可能的答案，供被调研者采用打勾方法选择回答。提出问题应避免偏见，以免被调研者产生误解，影响信息的客观真实性。

(4) 格式：为了方便填表人回答问题，问卷所提出的问题要有序号，排列要先易后难，每个问题之后要留有适当空间，以便填表人填写。同时还要注意，问卷的开头应有问候之词和关于调研目的的说明，如单位对象的工作性质、所属部门、规模，或个人职业、性别、年龄、收入等栏目。这些可以放在所有问题之前，也可放在提问之后。

2. 设计问题　在问卷上经常采用的问题类型有以下 4 种：

(1) 自由回答题：也被称为开放型问题，即问题的答案事先是不确定的，由被调研人随意发表意见，调研人不预先划定回答的范围。问卷设计者给予回答者自由回答的空间，回答者可以针对问题的主题畅所欲言，表明自己的看法和观点。这种类型的问题一般用于调研产品开发信息或广泛征求意见。例如，你对中国国产手机的质量有何看法？

(2) 是非题：例如，调研普及率时，可问："您家有家用电脑吗？有；没有。"又如调研购买意向时，可问："明年您准备购买家用轿车吗？买；不买。"这类问题的答案仅有两种可以选择，"是"或"否"，"有"或"无"，"对"或"错"等。这两种答案是对立的、互斥的。

(3) 多项选择题：这是应用较多的一类问题。凡是存在多种可能答案的情况下，如征求用户意见，了解用户状况或爱好，调研购买意向，分析竞争前景，研究广告宣传效果等，都可采用这种类型的问题。采用这种类型的问题时，应由调研人员预先设想被调研者可能采用的各种答案，并且列在问题之后，供被调研者选择。下面是这种类型问题的几个例子：

1）您认为艾美特电风扇应在下列哪些方面加以改进？时控装置；调速装置；开关；装饰灯；外形；颜色；底座；叶片大小；摇头装置；价格；其他______。

2）您喜欢什么颜色的小轿车？黑色；蓝色；绿色；红色；白色；米黄色；紫色。

3）您计划在什么时候购买小轿车？今年下半年；明年上半年；明年下半年。

4）您家平均月收入属于下列哪一档？不到3000元；3000～5000元；超过5000元。

5）您打算买什么品牌的小轿车？奇瑞；SPARK；奥拓；路宝；飞度；POLO；宝莱；雅阁；其他________。

6）您根据什么选择了高露洁牌牙膏？听广告；听别人介绍；价格合适；包装漂亮；喜欢其形象代言人；其他________。

（4）比较题：这是请被调研者对两种以上的事物进行比较和评定，以了解这些事物在被调研者心目中的地位。在调研用户购货心理、产品竞争能力等方面常采用这类问题。比较题又分两项比较和多项比较两类。有时为了便于比较，可将多项比较题化为多个两项配对比较题。两项比较只需被调研者在供比较的两项事物中选择一项画勾，而多项比较则往往要求被调研者对参加比较的事物进行排序或编号。例如：

1）两项比较。当下面两种品牌的空调供您选择时，您购买哪一种？春兰牌；美的牌。

2）多项比较。请您根据您的看法，为下面4种选购皮鞋时所要考虑的因素排一下顺序（您认为最重要的排号为1，最不重要的排号为4）：皮质，外观，价格，耐穿程度。

3）配对比较。请您对下面每一对在选购皮鞋时所要考虑的因素作一下比较，并在您认为比较重要的因素上画勾。皮质与外观；皮质与价格；皮质与耐穿程度；外观与价格；外观与耐穿程度；价格与耐穿程度。

除了上面的4种类型问题之外，还有一些设计成其他形式的问题，但它们总可以归入这4类之中，在此不作一一介绍了。

3. 优秀问卷的标准　要设计一份好的问卷，必须考虑这样几个问题：它是否能提供必要的管理决策信息？是否考虑到应答者的实际情况？是否满足编辑、编码和数据处理的要求？

（1）问卷能否提供必要的决策信息：任何问卷的主要作用是提供管理决策所需要的信息，任何不能提供管理或决策的重要信息的问卷都应放弃或加以修改，这就意味着要让利用数据的企业管理者首先认可问卷。

(2) 满足编辑、编码和日后数据处理的要求。信息收集完毕以后，就要开始编辑工作了。编辑是指检查问卷以确保按“跳问”形式来进行，需要填写的问题已经填好。所有“自由回答问题”都要由访问员逐字记录。自由回答问题有时通过从完成的问卷中随机选出一些答案，根据这些问卷中的答案来编码。当然，如果有可能的话，自由回答问题应该预先编码。那些出现频率较高的回答要列在编码单上。

(3) 问卷应该服务于更多的管理者，有更多的功能：一份高质量的调查问卷必须具有以下功能：

1) 必须能够完成所有确定好的调研目标，满足企业的信息需要。

2) 必须以可以理解的语言和适当的知识水平与应答者沟通，并获得应答者的合作。

3) 必须易于归纳，使调研员能够方便地记录下应答者的回答。

4) 必须有利于方便快捷地编辑和检查完成的问卷，而且易于编码和数据输入。

5) 最后，问卷必须能够解决市场调研开始之前所确定的悬而未决的问题。

7.3 市场预测的概念和基本程序

7.3.1 市场预测的概念

市场预测是指在市场调研的基础上，运用预测理论与方法，对决策者关心的变量变化趋势和未来可能的水平作出估计和测算，为组织决策提供依据的过程。市场预测是宏观经济管理和微观经济决策的重要职能，是科学组织社会化大生产、有计划指导经济活动、有效利用市场机制、合理配置资源、提高经济效益的重要手段；同样也是企业按市场经济发展规律，科学制定企业市场营销发展战略和营销计划的客观依据。

随着商品经济的发展，市场不断地扩大，商品生产者和消费者之间隔着一个流通过程，存在着时间上和空间上的矛盾。社会分工越发展，商品生产越发达，市场也就越扩大，市场预测就显得越重要。

7.3.2 市场预测的基本程序

市场预测的全过程是调查研究、综合分析和计算推断的过程。整个预测过程大致有以下步骤：明确预测目标、收集整理资料、选择预测方法、提出预测模型、评价和修正预测结果、编写预测报告。

1. 确定预测目标　进行一项预测，首先必须明确为什么要进行这项预测？它是解决什么问题的？预测的目的关系到预测的一系列问题，如收集什么资料、怎样收集资料、采用什么预测方法等。只有目标明确，才能使预测工作有的放矢，按照要求进行。所以，在这一阶段，首先应该了解决策的要求，确定本次预测空间层次、商品层次、时间层次属于哪一种类，应达到哪些要求，然后开展目标分析。

2. 收集、整理资料　资料是预测的基础，必须做好资料的收集工作。收集什么资料，是由预测的目标所决定的。对所收集到的资料要进行认真的审核，对不完整和不适用的资料要进行必要的推算和调整，以保证资料的准确性、系统性、完整性和可比性。对经过审核和整理的资料还要进行初步分析，观察资料结构的性质，作为选择适当预测方法的依据。

3. 选择预测方法　市场预测的方法很多，各种方法都有自己的适应范围和局限性。要取得较为正确的预测值，必须正确选择预测方法。其选择的原则，主要考虑以下几个方面：

（1）预测的目的：不同的预测目的，要选择不同的方法。例如，为了分析和辨明两种相关联产品之间的内在联系及需要量的联系，可以运用相关分析法；如果是为了发展一种新产品，预测新产品未来的市场容量，可以采用从上往下或市场因子推演法。

（2）预测时间的长短：也就是进行短期的销售预测。一般采用各种平均法、平滑法。中、长期预测一般要采用直线或曲线趋势法。

（3）占有历史统计资料的多少及完整程度：中、长期预测一般要有 3 年以上的统计资料，如果历史统计资料比较丰富和完整，可以运用各种统计方法进行预测；如果历史统计资料不完整，一般只适宜采用主观经验判断法、销售人员集合意见法、德尔菲方法等。

（4）产品寿命周期：产品寿命周期的不同阶段，有不同的市场特性，市场经营决策的目标也不同，因此，要采用不同的预测方法。如家用电器的市场需求量，在产品的投入市场阶段、成长阶段、成熟阶段，其市场需求趋势很不相同。产品处于成长期，销售增长很快，则要用直线式或曲线式最小平方法；如果产品受季节变化的影响，则要用季节指数法，消除季节性变化的影响；产品进入成熟期，销售增长率一般不少于 5%，比较稳定，可以采用移动平均法、平滑法进行预测。因此，要分析产品寿命周期和更新换代的转折点，从而选择不同的预测方法。

4. 提出预测模型　预测模型是对预测对象发展规律的近似模拟。因此，在资料的收集和处理阶段，应收集到足够的可供建立模型的资料，并采用一定的方法加以处理，尽量使它们能够反映出预测对象未来发展的规律性，然后利用选定的预测技术确定或建立可用于预测的模型。如用数学模型法，则需确定模型的形式并求出模型的参数；如用趋势外推法，则要确定反映发展趋势的公式；如用概率分析法，则要确定预测对象发展的各种可能结果的概率分布；如用类推法，则要找到可以应用于本预测的历史的或他人的经验规律等。

5. 评价和修正预测结果　市场预测毕竟只是对未来市场供需情况及变化趋势的一种估计和设想，由于市场需求变化的动态性和多变性，预测值同未来的实际值总是有差距的。一般由以下原因造成：

1）预测方法选择不当，建立的预测模型与产品实际需求规律不符合。

2）历史统计资料不完整，或有虚假因素。很多企业，甚至一些经济部门，由于过去对经济统计工作重视不够，统计资料既不完整又有水分，这就给预测带来很大困难。因此，在预测时特别要注意对统计资料进行分析处理，剔除虚假因素，消除非正常原因造成的奇高奇低现象。

3）外部政治、经济、技术条件发生了重大变化，致使市场需求发生了重大变动。

4）预测人员的经验，分析、判断能力的局限性。

比较不同的预测方法的精确度时，一般用它们的平均误差、平均绝对误差、均方根误差的大小来衡量。通常把具有最小均方根误差的方法作为最好的预测方法。

6. 编写预测报告　经过预测之后，要及时写出预测结果报告。报告要把历史和现状结合起来进行比较，既要进行定性分析，又要进行定量分析，尽可能利用统计图表及数学方法予以精确表述。要做到数据真实准确，论证充分可靠，建议切实可行。然后，还要对预测的结果进行判断、评价，重点要进行预测误差分析。预测是一种预计，很难与实际情况百分之百吻合。但是，预测的误差不能过大，否则，就失去了预测的意义。一旦发现误差过大，就要找出原因。如果引起误差的原因是选择预测方法不当，就应该重新选择预测方法，以求得正确的结果。预测报告是对预测工作的总结，用以向预测信息的使用者汇报预测结果。除了应列出预测结果之外，一般还应包括资料收集与处理过程、选用的预测技术、建立的预测模型及对模型的评价与检验、对未来条件的分析、对预测结果的分析与评价（包括对利用模型得到的结果进行修正的理由和修正方法）以及其他需要说明的问题等。

7.4　市场预测的主要方法

通过本节的学习要掌握定性预测法和定量预测法两个基本原理；应注意区分不同形式的预测方法的使用条件和步骤，在实际的市场预测工作中将定性预测方法与定量预测方法有效的结合起来。在定性预测中加入量化分析以提高预测的准确性；在定量预测中加入定性判断，以避免非量化因素对预测结果的影响。

7.4.1　定性预测方法

定性预测法是指依靠预测者的知识、经验以及对各种资料的综合分析，来预测市场未来的变化趋势。该方法的优点在于简便易行，并且不需要经过复杂的数学运算。这主要有以下几种常用方法：

1. 个人判断法　这是指预测者依据个人的经验和知识，通过对影响市场变化的各种因素进行分析、判断和推理来预测市场的发展趋势。这一方法要求预测者有丰富的经验，并且占有资料详尽而准确，从而使作出的预测准确性较高。

2. 集体判断法　这是指预测者邀请生产、财务、市场销售等各个部门的负责人进行集体的讨论，广泛交换意见，再做出预测的方法。集体判断法是个人判断法的发展，它能够集思广益，相互启发，避免了个人判断的局限，并且由于对各预测者分析的结果进行了数学处理，排除了预测结果的主观性，从而提高了预测准确度。

3. 德尔菲法　又称专家意见法，是由美国兰德公司在 1950 年初创造的一种预测方法。它是充分发挥专家们的知识、经验和判断力，并按规定的工作程序来进行的预测方法。其主要特色在于，整个预测过程是背靠背进行的，即任何专家之间都不发生直接联系，一切活动都由工作人员与专家单独联系来进行。从而使预测具有很强的独立性和较高的准确性。

采用这种方法，企业首先要拟定预测提纲，明确预测目标，并准备好有关的信息资料及征询表格；还要选择既熟悉业务，又善于与专家打交道和责任心强的工作人员来专门负责预测工作。然后，由工作人员将预测提纲及有关信息资料，征询表格送交专家们，专家们按照提纲要求作出自己的主观估计，填好征询表格，定期交回给工作人员汇总整理。

7.4.2　定量预测方法

定量预测方法主要是依靠数学模型和数理统计方法，对各种资料进行计算分析，从而对市场变化趋势做出预测。这类方法适用于历史统计资料准确、详尽，预测对象变化发展的客观趋势比较稳定的对象的预测。

1. 简单平均法　如果产品的需求形态近似于平均形态或产品处于成熟期，可用此法进行预测。将过去的实际销售量的时间序列数据进行简单平均，把平均值作为下一期的预测值。其计算公式为

$$\text{预测销售量} = \frac{\text{过去各期实际销售量之和}}{\text{期数}(n)} \tag{7-1}$$

简单平均法将远期销售量和近期销售量等同看待，没有考虑近期市场的变化趋势，所以，准确度较低，只适用于短期预测。

2. 加权评价法　如果过去的实际销售量有明显的增长（或下降）趋势，则使用此法，即逐步加大近期实际销售量在平均值中的权数，然后予以平均，确定下期的预测值。其计算公式为

$$W=\frac{\sum_{i=1}^{n}C_iD_i}{\sum_{i=1}^{n}C_i} \tag{7-2}$$

式中 W——预测值（加权平均值）；

D_i——i 期的销售量；

C_i——i 期销售量的“权”数。

3. 指数平滑法　此法是美国企业普遍采用的预测方法之一。其计算公式为

$$F_t=\alpha D_{t-1}+(1-\alpha)F_{t-1} \tag{7-3}$$

式中 D_{t-1}——最近一期销售实际量；

F_{t-1}——最近一期预测值；

F_t——本期预测值；

α——平滑化系数（$0\leqslant\alpha\leqslant1.0$）。

平滑化系数的大小可根据过去的预测值与实际值差距的大小而定，即根据 D_{t-1} 与 F_{t-1} 的差距来确定。预测值与实际值差距大，则应大一些，差距小，则可取小一些。α 越小，则近期的倾向性变动影响越小，越平滑；α 越大，则近期的倾向性变动影响越大；当 α 小于 0.3 时，则比较平滑。

4. 移动平均法　该方法是根据时间数列的各期数值作出非直线长期趋势线的一种比较简单的方法，连续地求其平均值，再计算相邻两期平均值的变动趋势，然后计算平均发展趋势，进行预测。这种方法较上述几种方法准确度高，实用性强。

5. 一元线性回归法　一元线性回归法就是处理自变量 X 和应变量 Y 两者之间线性关系的一种方法。其基本公式为

$$Y=a+bX \tag{7-4}$$

式中 Y——应变量；

a、b——回归系数；

X——自变量。

X、Y 这两个变量之间的关系，将在 a、b 这两个回归系数的范围内，展开有规律的演变。因此：

（1）根据 X，Y 等现有的实验数据或统计数据，寻求合理的 a、b 等回归系数来确定回归方程。这是运用回归分析的关键。

（2）利用已求出的 a，b 这两个回归系数的经验值，再去确定 X，Y 值的未来演变，并与具体条件相结合，是运用回归分析的目的。求回归系数 a，b 的公式为

$$b=\frac{\Sigma X_iY_{ai}-\overline{X}\Sigma Y_{ai}}{\Sigma X_i^2-\overline{X}\Sigma X_i} \tag{7-5}$$

$$a = \overline{Y}_a - b\overline{X} \tag{7-6}$$

7.4.3 其他预测方法

除了上面所介绍的定性和定量预测方法之外，还有以下一些市场预测方法：

1. 试销法　市场试销法又称为销售实验法，即指通过向某一特定的地区或对象，采用试销手段向该实验市场投放新产品或改进的老产品，在新的分销途径中取得销售情况的资料，用其进行销售的预测。这是市场预测行之有效的方法之一。因为市场试销要求顾客和用户直接付款进行购买，所以能够真实地反映出市场需求情况，其结果比较准确。

预测模型如下：

$$Y_t = QND\% \tag{7-7}$$

式中 Y_t——下期的预测销售量；

Q——每单位用户平均消费量；

N——总用户数；

$D\%$——重复购买的比重。

超级链接

某公司试制了一种新型洗衣粉，他们选择了一个较为典型的地区推销这种新产品。试销结果表明，这个地区中有40%的家庭试用过这种去污能力强的洗衣粉，而且其中有30%的用户重复购买，即整个试销地区中约有40%×30%=12%的家庭重复购买这种产品。12%为稳定比率，即保险系数，而一般家庭每年平均消费量为2kg。若把这个试销结果推广到用户总数为500万户的地区中去，就可利用上面公式推测出该企业生产的洗衣粉在这个大区（市场）内，比较稳定和可能的销售量预测值。下一年度的销售量的预测值为

$$Y_t = QND\% = 2\text{kg/户} \times 5000000\text{户} \times 12\% = 1200000\text{kg}$$

这个年度需要量120万kg的数字，非常可观。足以使该企业下决心扩大这种泡沫丰富、去污力强的新型洗衣粉的生产和销售。

2. 季节指数预测法　在市场经济活动中，一些商品的供求状况随着季节变化的影响而呈现出季节性的变动规律。季节指数法就是描述时间序列的季节性变动规律，并以此为依据来预测未来市场商品的供应量、需求量及价格变动趋势。

利用季节指数预测法的关键是计算时间数列的季节指数，常用的计算季节指数的方法有两种，即按月（季）平均法和连环比率平均法。

本章小结

市场调研有广义和狭义之分，狭义的市场调研是指以科学的方法和手段收集

消费者对商品的购买情况，包括对商品的购买和购买动机等的调查。

广义的市场调研是企业为了达到特定的经营目标，而运用科学的方法和通过各种途径、手段去收集、整理、分析有关市场营销方面的情报资料，从而掌握市场的现状及其发展趋势，以便对企业经营方面的问题提出方案或建议，供企业决策人员进行科学决策时参考的一种调查。

市场调研的程序大致分为：调研前的准备、计划实施和提出调研报告三大阶段。

市场调研的方法主要有询问法、观察法、实验法。

问卷又称调研表，它是以书面的形式系统地记载调查内容，了解调查对象的反应和看法，以此获得资料和信息的一种工具。

市场预测是指在市场调研的基础上，运用预测理论与方法，对决策者关心的变量变化趋势和未来可能的水平做出估计和测算，为组织决策提供依据的过程。

市场预测一般分为定性预测方法和定量预测方法。定性预测方法有个人判断法、集体判断法、德尔菲法。定量预测方法有简单平均法、加权评价法、指数平滑法、移动平均法、一元线性回归法等。

思 考 题

1. 市场营销调研的含义是什么？类型有哪些？
2. 市场观察法的定义是什么？类型有哪些？
3. 市场预测的含义是什么？
4. 试针对家用电器市场设计一份市场调查问卷。

案 例 分 析

中国一些主要城市消费者消费心态调查

北京大视野社会经济调查有限责任公司在北京、上海、沈阳、深圳、南京、武汉、济南、青岛、重庆、石家庄共10个城市进行了“全国10城市消费者消费心态调查”。调查采用问卷形式，在各城市的高、中、低档购物场所进行了街头拦截式访问。调查对象为20～50岁的消费者，合格样本为1029个。

(1) 消费者行为分析：通过调查，消费者购买行为具有以下几个明显的特征：

1) 最爱去的购物场所是大、中型百货商店。调查显示，不同地区的消费者购物时首选的购物场所基本类似，大、中型百货商店是多数消费者愿意选择的购物场所（30.6%），其次是大型连锁超市（16.6%），普通的百货商店（13.6%）

和批发市场（12.8%）。选择在高档商店购物的消费者只有 6.6%，而这部分人中以月收入 4000 元以上的居多。

虽然大多数消费者愿意在传统的且有保障的大、中型百货商店购物，但不同地区却呈现出明显的差异。北京有近 1/3 的消费者更喜欢去大型连锁超市购物。这一方面是北京人的生活节奏加快，需要便捷的购物方式；另一方面是因为大型超市的商品种类更加齐全；购物方式更加灵活，价格又更加便宜。相比之下，沈阳和石家庄的消费者更多地选择批发市场，沈阳有 42%、石家庄有 25%的消费者作出这种选择。上海的消费者在看重质量的同时更注重实惠，普通百货商店是那里的消费者首选的地方。

调查发现，沈阳、石家庄两地均有全国知名的大型批发市场，吸收了全国各地的货源，也吸引了众多的消费者。从全国范围看，随着商品质量的不断提高和批发市场管理的不断完善、规范，越来越多的工薪族（尤其是家庭月收入低于 2000 元以下）家庭会到以价格取胜的批发市场购买日用消费品（占 62.3%）。

2）购物时最看重的因素是质量。调查显示，有 84%的消费者在购物时最看重的因素仍然是商品的质量，而价格（70%）和售后服务（41.8%）处于第 2、第 3 位。此外，考虑的因素排列次序是商品款式、品牌知名度、商品功能和购物环境。其中，商品款式被许多人看重，在沈阳、上海、深圳三地的消费者对商品款式的注重程度明显高于其他地区。年龄在 30 岁以下的女性消费者也呈现出对商品款式的特殊关注。广告宣传对消费者的影响程度远远低于人们对广告作用的预期，只有 7.2%的消费者回答受广告的影响而购买某些商品。

3）生活消费是绝大多数人的第一消费动力。有 83.6%的消费者选择“生活需要而消费”，而因品牌偏好、受广告或他人的影响及冲动性购买的消费者则很少。调查结果也同时显示，对于年龄在 30 岁以下的消费者，明显存在对品牌的偏好和冲动性购买行为偏高的迹象。同时月收入 5000 元的家庭其购买行为呈现明显的品牌偏好。

如果将家庭用于购买衣、食、住、行等方面的物品购买支出归为物质消费，更注重物质消费也是调查中明显显示的一大特征。超过 50%以上的家庭，物质消费占全部消费的 60%以上，有近 10%的家庭其物质消费占全部消费的 90%左右。文化消费，即家庭在学习、娱乐、教育、旅游等方面的支出水平或比例明显低于物质消费。绝大多数的消费者回答说，文化消费低于家庭总消费的 50%。在文化消费上，男性高于女性；有子女的家庭高于无子女的家庭；收入高的家庭高于收入低的家庭；30 岁以下的消费者文化消费比例明显低于物质消费。

在被访问者中，有 34.2%的消费者在未来的半年有明确的购买意向，其中，北京、上海、深圳、济南的消费者这种意向更加明显。40 岁以上的消费者购买意向明显度较高，收入较高的消费者的这种购买意向也更加明显。在这些购买意向中集中度最高的是购买家用电器，彩电、空调是第1位，住房为第2位，电脑为第3位，接下来的是家具、汽车、住宅装修、旅游、购买保险。

(2) 名牌商品拥有认知度：调查中消费者为名牌商品勾画出其应有的特征：质量完美（89.6%）、信誉良好（67.6%）、服务完善（67.6%）、技术先进（43.7%）、外观美观（37%）、设计独特（32.3%）。

1) 名牌的购买意向。有64.5%的消费者表示买一般生活用品不会考虑或关注其是否名牌，而在购买耐用消费品或昂贵的商品时会注重选择名牌；有16.5%的消费者在购买任何商品时都会首选名牌商品；19%的消费者回答无论买什么商品自己都不会考虑商品是否名牌。从地区上看，北京、沈阳、上海、深圳的消费者更重视商品是否名牌；从性别差异上看，女性比男性更注重商品是否名牌；从年龄差异上看，年轻人更加注重商品是否名牌。

2) 名牌商品中本地名牌更受青睐。调查显示，不同地区消费者对名牌商品的熟悉程度各有差异，但是一些全国知名的品牌在地区也有较高的认知度。例如，青岛海尔、海信，北京联想，深圳康佳等。国际名牌商品因其进入国内市场的时间较长、商品质量较好，而在国内消费者心目中建立了深刻印象。调查结果表明，消费者对松下、索尼、东芝、日立、飞利浦等国际名牌的偏好程度依然很高。另外，对可口可乐、百事可乐、奔驰、耐克、摩托罗拉、诺基亚等名牌也有了一定的偏好。

调查结果表明，消费者对家电商品的名牌认知度相对较高而且集中，服装、化妆品、食品的名牌认知度则较为分散，见表7-1。

表7-1　消费者最熟悉的国内名牌排序

类别＼排序	第1	第2	第3	第4	第5	第6	第7	第8	第9	第10
家电	海尔	长虹	康佳	小天鹅	海信	熊猫	小鸭	容声	TCL	爱多
服装	金利来	衫衫	李宁	双星	森达	鄂尔多斯	三枪	真维斯		
食品	五粮液	茅台	娃哈哈	青岛啤酒						
其他	红塔山	桑塔纳	红旗	富康						

3) 80.3%的消费者认为家中应拥有名牌家电。调查中涉及的名牌包括洗衣机、冰箱、电视机、微波炉、录像机、VCD、电脑、音响等八大家电，80.3%的被调查者认为家中应拥有名牌家电。按这次调查结果，消费者拥有的名牌家电的排序，见表7-2。

表 7-2　消费者家中拥有的名牌家电排序

排序 \ 家电名称	洗衣机	冰箱	电视机	微波炉	录像机	DVD	电脑	音响
第 1	小天鹅	海尔	松下	格兰仕	松下	爱多	联想	松下
第 2	海尔	容声	长虹	松下	索尼	新科	康柏	先锋
第 3	小鸭	新飞	康佳	LG	日立	先科	海信	飞利浦
第 4	水仙	上菱	索尼	蚬华	东芝	步步高	金长城	索尼
第 5	荣事达	美菱	海信	夏普	夏普	松下	IBM	普生

拥有名牌家电最多的家庭的地区是北京、上海，这两个城市有 90%以上的家庭拥有名牌家电。经常在高档购物场所购物的消费者拥有的名牌商品，高于经常在中等档次购物场所购物的消费者。月收入高于 3000 元的家庭 90%拥有名牌商品。

地方名牌商品在产地的销售占有绝对优势。青岛的消费者更多选择海尔洗衣机，而上海的消费者则更会选择申花和水仙洗衣机，济南消费者会选择小鸭洗衣机。上海消费者首选的是上菱冰箱，而青岛的消费者则选择海尔冰箱。

4）对民族名牌大多数消费者持肯定态度。本次调查中有 5.2%的被访问者对民族品牌持完全信赖的态度；40%的被访问者认为大部分民族品牌是非常好的品牌，使人有信任感；47.2%的被访问者认为虽然部分民族品牌有缺点，但总体可以放心；6.9%的被访问者认为大部分民族品牌都不好，购买时会很担心；0.6%的被访问者对民族品牌持完全不信任的态度。

消费者对民族品牌的购买意向调查表明，当国内外的产品价格相差不大，选择国产品牌的比例比选择国外品牌的高 1.5 个百分点，有近 20%的消费者表示选择两者都可以；当价格差异很大时，63%的被访问者会选择国产品牌，14%的被访问者会选择国外品牌，15%的被访问者则认为两者都可以选择。有一定数量的消费者的决定是，无论价格是否变化，质量、售后服务和是否适合自己是最主要的考虑因素。

资料来源：中国市场营销网 http://www.ecm.com.cn。

案例思考

1. 讨论：用街头拦截式访问来收集与消费者心理相关的资料是否有效？在整个调查过程中你认为应该采取什么措施来提高调查资料的准确性？

2. 在调查结果中运用了哪些分析方法？请与调查方法相结合，推断这种结论的有效性与准确性。

第 8 章　目标市场营销战略

学习目标　通过本章学习，掌握市场细分的概念，理解市场细分的理论依据和市场细分的作用，了解市场细分的标准，掌握市场有效细分的条件，了解细分的方法。理解目标市场选择的五种模式，掌握目标市场营销策略。理解市场定位的概念，掌握市场定位的依据和定位策略。理解市场营销组合的内容，了解市场营销组合理论的演变。

企业面对着成千上万的消费者，消费者的消费心理、购买习惯、收入水平和所处的地理环境和文化环境等都存在着很大的差别，不同消费者和用户对同一类产品的消费需求和消费行为具有明显的差异性，任何一个企业都无法满足整体市场的全部需求。因此，目标市场营销战略就显得至关重要。企业需要将顾客对某一类产品的需求细分为若干个群体，然后结合特定的市场环境和资源条件选择某些特定群体作为企业的目标市场，并制定相应的市场营销战略。

目标市场营销战略就是企业在市场调研的基础上，识别不同消费群体的差异，有选择地确认若干个消费群体作为自己的目标市场，发挥自身优势，满足其需求。目标市场营销战略包括 3 个方面：市场细分（Segmenting）、目标市场选择（Targeting）和市场定位（Positioning），所以又被称为 STP 战略。

8.1　市场细分

8.1.1　市场细分的理论依据

市场细分是 20 世纪 50 年代中期美国市场营销学家温德尔・斯密斯（Wendell R. Smith）在总结西方企业市场营销实践经验的基础上提出的。这主要有以下两个理论依据：

1. 顾客需求的异质性　也就是说，并不是所有的顾客需求都是相同的，只要存在两个以上的顾客，需求就会不同，由于顾客需求、欲望及购买行为是多元的，所以顾客需求满足呈现差异。因此，顾客需求的异质性是市场细分的内在依据。

2. 企业资源的有限性和进行有效的市场竞争　现代企业由于受到自身实力的限制，不可能向市场提供能够满足一切需求的产品或服务。而且，任何一个企业，即使是处于市场领先地位，都不可能在市场营销全过程中占有绝对优势。为了进行有效竞争，企业必须进行市场细分，选择最有利可图的目标细分市场，集中企业资源，制定有效的竞争策略，以取得和增强竞争优势。所以，企业资源的有限性和进行有效的市场竞争是对市场进行细分的外在要求。

8.1.2 市场细分的概念与作用

所谓市场细分就是以顾客需求的某些特征或变量为依据，区分具有不同需求的顾客群体的过程。经过市场细分，在同类产品市场上，就某一个细分市场而言，顾客需求具有较多的共同性，而不同细分市场之间的需求具有较多的差异性。企业应明确有多少细分市场及各细分市场的主要特征。

注意，市场细分不是通过产品分类来细分市场的，如汽车市场、服装市场、机床市场等。而是按照顾客需求爱好的差别，求大同存小异，来细分市场的。

市场细分被西方企业誉为具有创造性的新概念，市场细分是企业是否真正树立“以消费者为中心”的市场营销观念的根本标志。它对企业营销具有以下作用：

1. 有利于发现市场机会　在买方市场条件下，企业营销决策的起点在于发现有吸引力的市场环境机会，这种环境机会能否发展成为企业的市场机会，取决于两点：与企业战略目标是否一致；利用这种环境机会能够比竞争者具有优势并获取显著收益。显然，这些必须以市场细分为起点。通过市场细分可以发现哪些需求已得到满足，哪些只满足了一部分，哪些仍是潜在需求，相应地，可以发现哪些产品竞争激烈，哪些产品较少竞争，哪些产品亟待开发。

市场细分对所有企业都至关重要，对中小企业尤为重要。与实力雄厚的大企业相比，中小企业资源能力有限，技术水平相对较低，通过市场细分，可以根据自身的经营优势，选择一些大企业无暇顾及的细分市场，集中力量满足该特定市场的需求，在整体竞争剧烈的市场条件下，在某一局部市场取得较好的经济效益，求得生存和发展。

2. 有利于掌握目标市场的特点　不进行市场细分，企业选择目标市场必定是盲目的；不认真地鉴别各个细分市场的需求特点，就不能进行有针对性的市场营销。例如，某公司出口日本的冻鸡原先主要面向消费者市场，以超级市场、专业食品商店为主要销售渠道。随着市场竞争的加剧，销售量呈下降趋势。为此，该公司对日本冻鸡市场作了进一步的调查分析，以掌握不同细分市场的需求特点。通过调查分析得知：从购买者区分有3种类型：一是饮食业用户；二是团体用户；三是家庭主妇。这3个细分市场对冻鸡的品种、规格、包装和价格等要求不尽相同。比如，饮食业用户对鸡的品质要求较高，但对价格的敏感度低于零售市场的家庭主妇；家庭主妇对冻鸡的品质、外观、包装均有较高的要求，同时要求价格合理，购买时挑选性较强。根据这些特点，该公司重新选择了目标市场，以饮食业和团体用户为主要顾客，并据此调整了产品、渠道等营销组合策略，出口量大幅度增长。

3. 有利于制定市场营销组合策略　市场营销组合是企业综合考虑产品、价格、促销形式和销售渠道等各种因素而制定的市场营销方案。就每一特定市场而言，只有一种最佳组合形式，这种最佳组合只能是市场细分的结果。前些年我国曾向欧美市场出口真丝花绸，消费者是上流社会的女性。由于我国外贸出口部门没有认真进行市场细分，没有掌握目标市场的需求特点，因而营销策略发生了较大失误：产品配色不协调，不柔和，未能赢得消费者的喜爱；低价策略与目标顾客的社会地位不相适应；销售渠道又选择了街角商店、杂货店，甚至跳蚤市场，大大降低了真丝花绸产品的“华贵”品位；广告宣传也流于一般。这个失败的营销个案，从反面说明了市场细分对于制定营销组合策略具有多么重要的作用。

4. 有利于提高企业的竞争能力　企业的竞争能力受客观因素的影响而存在差别，但通过有效的市场细分战略可以改变这种差别。市场细分以后，每一细分市场上竞争者的优势和劣势就明显地暴露出来，企业只要看准市场机会，利用竞争者的弱点，同时有效地开发本企业的资源优势，就能用较少的资源把竞争者的顾客和潜在顾客变为本企业的顾客，提高市场占有率，增强竞争能力。

8.1.3　市场细分的标准

1. 消费者市场细分的标准　消费者市场细分标准的影响因素可归纳为 4 大类：地理环境因素、人口因素、消费心理因素和消费行为因素。这些因素有些相对稳定，多数则处于动态变化中。

（1）地理环境因素：即按照消费者所处的地理位置、自然环境来细分市场。具体变量包括国家、地区、城市规模、气候及人口密度等。处于不同地理位置的消费者，对同一类产品往往呈现出差别较大的需求特征，对企业营销组合的反应也存在较大的差别。例如，对防暑降温、御寒保暖之类的消费品按照不同气候带细分市场是很有意义的。地理细分对不同区域市场的识别和划分也有意义。企业可以根据产品在该区域上市的时间，将市场分为引入期或发育期市场（1～5年），成长期市场（6～11 年），成熟期市场（11 年以上）。显然，这样的划分，有利于企业识别不同阶段市场的特征，制定具有针对性的营销策略。但是，就总体而言，地理环境中的大多数因素是一种相对静态的变量，企业营销必须研究处于同一地理位置的消费者和用户对某一类产品的需求或偏好所存在的差异。因此，还必须同时依据其他因素进行市场细分。

（2）人口因素：这是指各种人口统计变量，包括年龄、婚姻、职业、性别、收入、受教育程度、家庭生命周期、国籍、民族、宗教、社会阶层等。比如，不同年龄、受教育程度不同的消费者在价值观念、生活情趣、审美观念和消费方式等方面会有很大的差异。

第二次世界大战以后，美国的婴儿出生率迅速提高。到 20 世纪 60 年代，战后出生的一代已成长为青少年。加之美国这个时期经济繁荣，家庭可支配的收入增加，所以，几乎所有定位于青少年市场的产业及产品都获得了巨大的成功。20世纪70年代后期，受美国经济不景气的影响，出生率显著下降。到20世纪80年代中期，几乎所有原来定位于婴幼儿和儿童市场的产品市场都呈现出不同程度的萧条景象，这必然使那些原来定位于儿童和青少年市场的企业重新定位或扩大经营范围，使企业在新的市场环境下得以继续发展。

人口因素是企业细分市场重要而常用的依据，但消费者对许多产品的购买并不单纯取决于人口因素，而是同其他因素特别是心理因素有着密切关系。例如，美国福特汽车公司曾按照购买者年龄来细分汽车市场，该公司的“野马”牌汽车原来是专门为年轻人设计的。令人惊讶的是，事实上不仅某些年轻人购买“野马”车，许多中老年人也购买“野马”车，因为他们认为驾驶“野马”可以使自己显得年轻。这时，福特汽车公司的营销管理者才认识到，其“野马”车的目标市场不是年轻的人，而是那些心理上年轻的人。这个事例表明，心理因素也是市场细分的重要依据。

（3）消费心理因素：即按照消费者的心理特征细分市场。按照上述地理和人口等标准划分的处于同一群体中的消费者对同类产品的需求仍会显示出差异性，这可能是消费心理因素在发挥作用。心理因素包括个性、购买动机、价值观念、生活格调、追求的利益等变量。比如，生活格调是指人们对消费、娱乐等特定习惯和方式的倾向性，追求不同生活格调的消费者对商品的爱好和需求有很大差异。越来越多的企业，尤其是服装、化妆品、家具、餐饮、旅游等行业的企业越来越重视按照人们的生活格调来细分市场。消费者的个性、价值观念等心理因素对需求也有一定的影响，企业可以把具有类同的个性、爱好、兴趣和价值取向相近似的消费者集合成群，有针对性地制定营销策略。在有关心理因素的作用下，人们的生活方式可以分为“传统型”、“新潮型”、“奢侈型”、“活泼型”、“社交型”等不同类型。追求的利益是指消费者在购买过程中对产品不同效用的重视程度。一项对亚洲女士服装市场的调查表明，亚洲女士喜爱紧身服装有以下原因：视觉上更娇柔、形体更美丽、更加自信等，但不同亚洲国家和地区的女士的追求在心理上仍有差异。

来自相同的亚文化群、社会阶层、职业的消费者可能具有不同的生活方式，生活方式不同的消费者对商品和服务有不同的需求。例如，美国有的服装公司把妇女分成“朴素型妇女”、“时髦妇女”、“有男子气的妇女”3种类型，分别设计和生产不同的妇女服装。对于这些生活方式不同的消费者群，不仅产品的设计不同，而且产品价格、经销商店、广告宣传等也有所不同。许多企业都从生活方式细分中发现了有吸引力的市场机会。

（4）消费行为因素：即按照消费者的购买行为细分市场，包括消费者进入市场的程度、使用频率、偏好程度等变量。

1）消费者进入市场程度。按消费者进入市场程度，通常可以划分为常规消费者、初次消费者和潜在消费者。一般而言，资力雄厚、市场占有率较高的企业，特别注重吸引潜在购买者，争取通过营销战略，把潜在消费者变为初次消费者，进而再变为常规消费者。而一些中小企业，特别是无力开展大规模促销活动的企业，主要吸引常规消费者。

2）消费者的使用频率。在常规消费者中，不同消费者对产品的使用频率也很悬殊，可以进一步细分为“大量使用者”和“少量使用者”。根据美国某啤酒公司的调查，某一区域有32%的人消费啤酒，其中，大量使用者与少量使用者各为16%，但前者购买了该公司啤酒销售总量的88%。因此，许多企业把大量使用者作为自己的销售对象。

3）消费者的偏好程度。消费者对产品的偏好程度是指消费者对某品牌的喜爱程度，据此可以把消费者市场划分为4个群体，即绝对品牌忠诚者、多种品牌忠诚者、变换型忠诚者和非忠诚者。在“绝对品牌忠诚者”占很大比重的市场上，其他品牌难以进入；在“变换型忠诚者”占比重较大的市场上，企业应努力分析消费者品牌忠诚者转移的原因，以调整营销组合，加强品牌忠诚程度；而对于那些“非品牌忠诚者”占较大比重的市场企业来说，则应审查原来的品牌定位和目标市场的确立等是否准确，并且随着市场环境和竞争环境变化重新对定位加以调整。

2. 产业市场细分的依据　美国学者 Thomas V . Bonoma and Benson P. Shapiro 提出了一个产业市场的主要细分变量，比较系统地列举了细分产业市场的主要变量，并提出了企业在选择目标顾客时应考虑的主要问题，对企业细分产业市场具有一定的参考价值。产业营销者在确定其细分市场和为之服务的客户时必须考虑的问题如下：

（1）人文变量

1）行业。我们应把重点放在购买这种产品的哪些行业？

2）公司规模。我们应把重点放在多大规模的公司上？

3）地理位置。我们应把重点放在哪些地区？

（2）经营变量

1）技术。我们应把重点放在顾客所重视的哪些技术上？

2）使用者或非使用者地位。我们应把重点放在经常使用者、较少使用者、首次使用者还是从未使用者身上？

3）顾客能力。我们应把重点放在需要很多服务的顾客上，还是只需少量服务的顾客上？

（3）采购方法

1）采购职能组织。我们应将重点放在那些采购组织高度集中的公司上，还是那些采购组织相对分散的公司上?

2) 权力结构。我们应侧重那些工程技术人员占主导地位的公司，还是财务人员占主导地位的公司?

3) 与用户的关系。我们应选择那些现在与我们有牢固关系的公司，还是追求最理想的公司?

4) 总的采购政策。我们应把重点放在乐于采用租赁、服务合同、系统采购的公司，还是采用密封投标等贸易方式的公司上?

5) 购买标准。我们是选择追求质量的公司、重视服务的公司，还是注重价格的公司?

(4) 情境因素

1) 紧急。我们是否应把重点放在那些要求迅速和突击交货或提供服务的公司上?

2) 特别用途。我们应将力量集中于本公司产品的某些用途上，还是将力量平均花在各种用途上?

3) 订货量。我们应侧重于大宗订货的用户，还是少量订货者?

(5) 个性特征

1) 购销双方的相似点。我们是否应把重点放在那些其人员及价值观念与本公司相似的公司上?

2) 对待风险的态度。我们应把重点放在敢于冒风险的用户还是不愿冒风险的用户上?

3) 忠诚度。我们是否应该选择那些对本公司产品非常忠诚的用户?

在上述变量中，人文变量最重要，其次是经营变量，直至购买者的个性特征等。

8.1.4 市场细分的条件

从企业市场营销的角度看，无论消费者市场还是产业市场，并非所有的细分市场都有意义，所选择的细分市场必须具备一定的条件。

1. 可衡量性　可衡量性表明该细分市场特征的有关数据资料必须能够加以衡量和推算。比如在电冰箱市场上，在重视产品质量的情况下，有多少人更注重价格，有多少人更重视耗电量，有多少人更注重外观，或者兼顾几种特性。当然，将这些资料进行量化是比较复杂的过程，必须运用科学的市场调研方法。

2. 可实现性　可实现性即企业所选择的目标市场是否易于进入，根据企业目前的人、财、物和技术等资源条件，能否通过适当的营销组合策略占领目标市场。

3. 可盈利性　可盈利性即所选择的细分市场有足够的需求量且有一定的发展潜力，使企业获得长期稳定的利润。应当注意的是，需求量是相对于本企业的产品而言，并不是泛指一般的人口和购买力。

4. 可区分性　可区分性是指不同的细分市场的特征可清楚地加以区分。比如，女性化妆品市场可依据年龄层次和肌肤类型等变量加以区分。

8.1.5　市场细分的方法

1. 单一因素法　即按影响消费需求的某一个因素来细分市场。例如，美国亨氏公司按年龄这一因素把婴儿食品市场划分为0～3个月、3～8个月、9个月以上等不同的细分市场。

2. 综合因素法　即按影响消费需求的两种或两种以上因素进行综合划分。因为顾客的需求差别常常极为复杂，只有从多方面去分析、认识，才能更准确地把他们区别为不同特点的群体。例如，一家企业依据户主年龄、家庭规模及收入水平3个因素，将家居市场细分为36（4×3×3）个分市场，如图8-1所示。

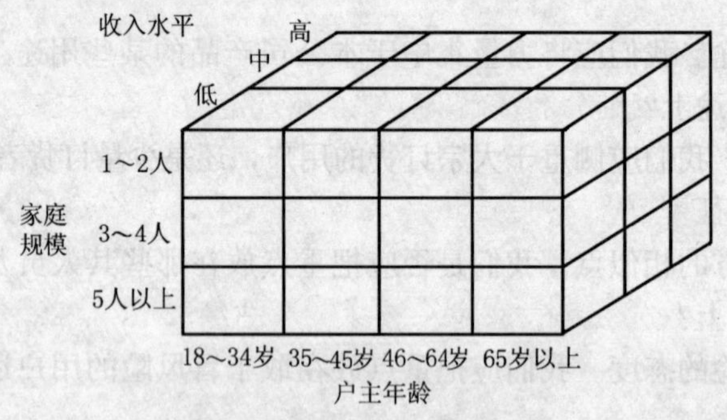

图8-1　综合因素法示意图

3. 系列因素法　这种方法也是运用两个或两个以上的因素，但依据一定的顺序逐次细分市场。细分的过程也就是一个比较、选择分市场的过程。下一阶段的细分在上一阶段选定的子市场中进行。例如，某企业细分化妆品市场就是采用系列因素法，如图8-2所示。

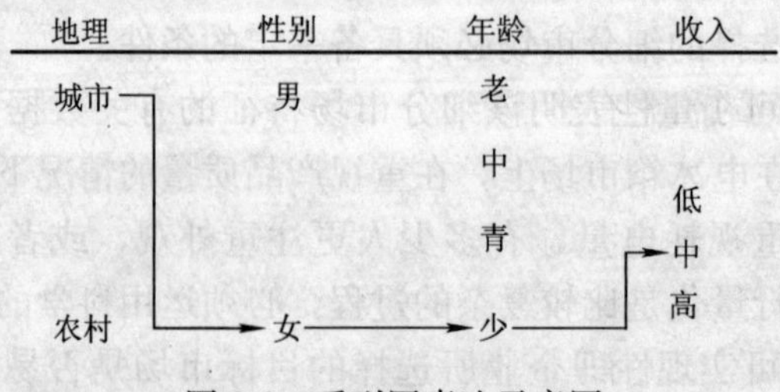

图8-2　系列因素法示意图

4. “产品—市场方格图”法　即按产品（顾客需要）和市场（顾客群）这两个因素的不同组合来细分市场。例如，某彩电市场对彩电有4种不同的需要，即14in、18in、20in、21in。同时有3个不同的顾客群，即农村个人、城镇个人、宾馆。这样就构成了 12 个细分市场，如图 8-3 所示。

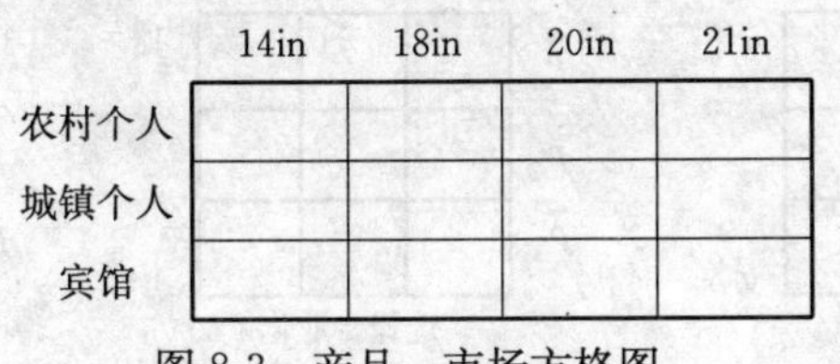

图 8-3 产品—市场方格图

注：in 为英寸，1in＝25.4mm。

8.2 目标市场选择

在市场细分的基础上，企业首先要认真评估各细分市场，然后选择对本企业最有吸引力的一个或多个细分市场作为目标市场，有针对性地开展营销活动，市场细分的目的就是为了选择目标市场。

8.2.1 评估细分市场

目标市场是在市场细分的基础上，被企业选定的准备为之提供相应产品和服务的那一个或几个细分市场。企业为了选择目标市场，必须对各细分市场进行评估，判断细分市场是否具备目标市场的基本条件。这主要应从以下几个方面考虑：

1. 适当的市场规模和增长潜力　首先要评估细分市场是否有适当规模和增长潜力。适当规模是与企业规模和实力相适应的。较小的市场对于大企业来说，不利于充分利用企业生产能力；而较大市场对于小企业来说，则小企业缺乏能力来满足较大市场的有效需求，或难以抵御较大市场上的激烈竞争。增长的潜力是要有尚未满足的需求，有充分发展的潜力。

2. 有足够的市场吸引力　吸引力主要是从获利的立场看市场长期获利率大小。市场可能具有适当规模和增长潜力，但从利润方面来看不一定具有吸引力。决定市场是否具有长期吸引力的因素主要有现实的竞争者、潜在的竞争者、替代品、购买者和供应者。企业必须充分估计这 5 种因素对长期获利率所造成的影响，预测各细分市场的利润有多少。

3. 符合企业的目标和资源　有些市场虽然规模适合，也具有吸引力，但必须考虑：①是否符合企业的长远目标，如果不符合，就只有放弃。②企业是否具备了在该市场获胜所需的技术和资源，如企业的人力、物力、财力等，如果不具备，也只能放弃。但是仅拥有必备的力量是不够的，还必须具备优于竞争者的技术和资源，具有竞争的优势，才适宜进入该细分市场。

8.2.2 选择目标市场

企业通过评估细分市场，将决定进入哪些细分市场，即选择目标市场，在选择目标市场时有 5 种可供参考的市场覆盖模式，如图 8-4 所示。

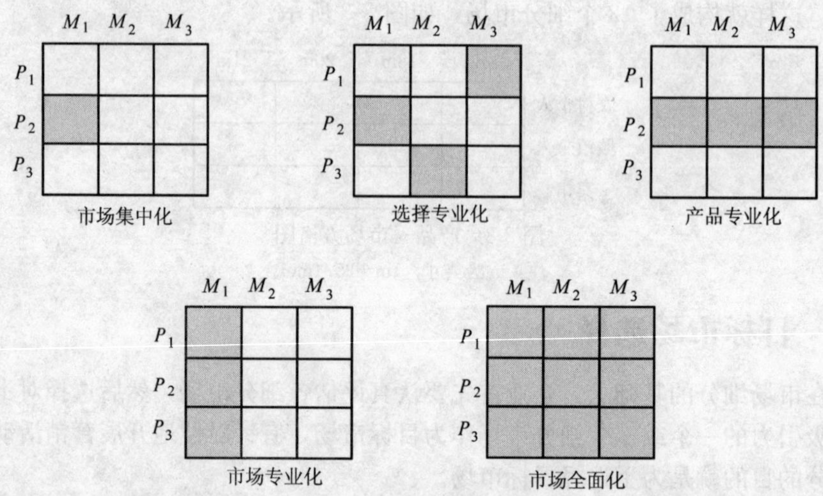

图 8-4 目标市场选择的 5 种模式

注：P=产品，M=市场

1. 市场集中化 这是一种最简单的目标市场模式，即企业只选取一个细分市场，只生产一类产品，供应某一单一的顾客群，进行集中营销，例如，某服装厂商只生产儿童服装。选择市场集中化模式一般基于以下考虑：企业具备在该细分市场从事专业化经营或取胜的优势条件；限于资金能力，只能经营一个细分市场；该细分市场中没有竞争对手；准备以此为出发点，取得成功后向更多的细分市场扩展。

2. 选择专业化 选择专业化是指企业选取若干个具有良好的盈利潜力和结构吸引力，且符合企业的目标和资源条件的细分市场作为目标市场，其中每个细分市场与其他细分市场之间较少联系。其优点是可以有效地分散经营风险，即使某个细分市场盈利情况不佳，仍可在其他细分市场取得盈利。选择专业化模式的企业应具有较强的资源和营销实力。

3. 产品专业化 产品专业化是指企业集中生产一种产品，并向各类顾客销售这种产品，如饮水器厂只生产一个品种，同时向家庭、机关、学校、银行、餐厅、招待所等各类用户销售。产品专业化模式的优点是企业专注于某一种或某一类产品的生产，有利于形成和发展生产和技术上的优势，在该领域树立形象。其局限性是当该领域被一种全新的技术与产品所代替时，产品销售量有大幅度下降的危险。

4. 市场专业化 市场专业化是指企业专门经营满足某一顾客群体需要的各种产品。比如，某工程机械公司专门向建筑业用户供应推土机、打桩机、起重机、水泥搅拌机等建筑工程中所需要的机械设备。市场专业化经营的产品类型众多，能有效地分散经营风险。但由于集中于某一类顾客，当这类顾客的需求下降时，企业也会遇到收益下降的风险。

5. 市场全面化　市场全面化是指企业生产多种产品去满足各种顾客群体的需要。一般来说，只有实力雄厚的大型企业选用这种模式，才能收到良好效果。例如，美国 IBM 公司在全球计算机市场，日本丰田汽车公司在全球汽车市场等都采取市场全面化的战略。

8.2.3 目标市场营销策略

企业确定目标市场的方式不同，选择目标市场的范围不同，营销策略也有所不同。概括起来，可供企业选择的目标市场营销策略主要有以下 3 种：

1. 无差异性营销策略　无差异营销策略是指企业把整体市场看作一个大的目标市场，不进行细分，用一种产品、统一的市场营销组合对待整体市场。在两种情况下，企业会采用无差异性营销策略：①企业面对的市场是同质市场。②企业把整个市场看成是一个无差异的整体，认定所有消费者对某种需求基本上是一样的。

企业采用无差异性营销策略时，实际上忽略了消费者需求之间存在的不明显的微小差异，或者企业认为没有必要进行细分。因此，企业只向市场投放单一的商品，设计一套营销组合策略，开展无差异性的营销活动。例如，在 20 世纪 60 年代前，美国可口可乐公司一直奉行典型的无差异策略，以单一的品种、标准的瓶装和统一的广告宣传，长期占领世界非酒类饮料市场。在大量生产、大量销售的产品导向时代，企业多数采用无差异性营销策略进行经营。又如食盐这种产品，消费者需求差异很小，企业认为没有细分的必要，可以采用大致相同的市场营销策略。

采用无差异性营销策略的最大优点是成本的经济性。大批量的生产销售，必然降低单位产品成本；无差异的广告宣传可以减少促销费用；不进行市场细分，相应减少了市场调研、产品研制与开发，以及制定多种市场营销战略、战术方案等带来的成本开支。

但是，无差异性营销策略对市场上大多数产品都是不适宜的，特别是在当前商品生产发达，市场竞争激烈的情况下，对于一个企业来讲，一般也不宜长期采用。因为：①消费者需求客观上是千差万别、不断变化的。②许多企业同时在一个市场上采取这种策略，竞争必然激化，获得市场的机会反而减少。③以一种产品和一套营销组合方案来满足不同层次、不同类型的所有消费者的需求，也是很难做到的，总会有一部分需求尚未满足，这对企业和消费者都是不利的。

正是因为如此，世界上一些曾长期采用这种策略的大企业也不得不改变策略，转而实行差异性营销策略。仍以美国可口可乐公司为例，由于软饮料竞争加剧，特别是“百事可乐”异军突起，打破了“可口可乐”垄断市场的局面，终于使得可口可乐公司放弃无差异性营销策略。

2. 差异性营销策略　这是一种以市场细分为基础的目标市场营销策略。采用这种策略的企业按照对消费者需求差异的调查分析，将总体市场分割为若干分市场，从中选择两个以上乃至全部细分市场作为自己的目标市场，并针对不同的分市场，有选择性地提供不同的商品，制定不同的市场营销组合，分别进行有针对性地营销活动，以满足不同分市场的不同需求。

采用差异性营销策略最大的优点是可以有针对性地满足不同特征顾客群的需求，提高产品的竞争能力。但是，由于产品品种、销售渠道、广告宣传的扩大化与多样化，市场营销费用也会大幅度增加。所以，无差异性营销策略的优势基本上成为差异性营销策略的劣势。同时，该策略在推动成本和销售额上升时，市场效益并不具有保证。因此，企业在市场营销中有时需要进行“反细分”或“扩大顾客的基数”，作为对差异性营销策略的补充和完善。

3. 集中性营销策略　集中性营销，又称“密集性营销”，是指企业在市场细分的基础上，选择一个或几个很相似的细分市场作为目标市场，制订一套营销组合方案，实行专业化经营，进行密集性开发，集中力量争取在这些分市场上占有大量份额，而不是在整个市场上占有一席之地（小份额）。

超级链接

春兰（集团）的营销策略

春兰（集团）公司是集科研、制造、贸易、投资于一体的高科技、多元化国有大型综合企业集团，中国工业企业综合评价500优的五强之一。

春兰突出以市场和消费者为导向的营销运作，首先表现在产品策略上，在初创时的弱小时期，舍“全”保“专”，大刀阔斧地砍去企业的42个产品，重点抓好市场需求旺盛的空调的生产。

为打入市场并适应市场的变化，1988年春兰及时提出了“以优质窗式空调为基础，向大型柜式和小型家电两头发展”的道路。这一思想是“最好的竞争是不竞争”的市场竞争理念的精妙诠释。从而洞开了市场之门，胜利解决了发展之初的生存问题。

在这一过程中，春兰集团实施的是单一市场集中化策略，集中企业的资源，有利于发挥竞争优势。从而实现资本的原始积累。

在单个产品突围市场之后，春兰的整体实力跃上了一个新的平台，步入了成长壮大期。这时，春兰及时实施了由“专”向“全”的产品策略，坚持把开发的方向放在有一定市场潜在需求的产品项目上，向市场推出春兰冰箱、洗衣机、视盘机、摩托车、空调压缩机、冰箱压缩机等产品，并且推出了春兰电脑。集团规模化经营、多元化发展增强了企业的抗风险能力。

20 世纪 90 年代中后期，中国家电市场进入成熟期，春兰进入扩张期，为了让企业在市场竞争中占据主导地位，春兰的产品定位在高科技领域，迅速抢占高科技产品的市场空间，迎接新知识经济时代的全面到来。

资料来源：中国市场营销网 http://www.ecm.com.cn。

集中性营销策略往往适合资源稀少的小企业。这些小企业如果与大企业硬性抗衡，弊多于利，因而必须学会寻找对自己有利的微观生存环境。也就是说，如果小企业能避开大企业竞争激烈的市场，选择一两个能够发挥自己技术、资源优势的小市场，往往容易成功。对于某些财力较弱的中小企业来说，恰当地采用这种策略，既可以在较小的市场上形成经营特色或商品信誉，获得消费者的信任，提高投资收益率，又可以伺机在条件成熟时迅速扩大生产、提高市场占有率。

这一策略的不足是经营者承担风险较大，如果目标市场的需求情况突然发生变化，目标消费者的兴趣突然转移（这种情况多发生于时髦商品），或是市场上出现了更强有力的竞争对手，企业就可能陷入困境。所以，采用这种策略，必须对市场有深刻的了解，必须对可能发生的风险有比较充分的应变准备，避免因选点过窄而孤注一掷。

综上所述，3 种营销策略之间是有明显差别的。无差异性营销策略，是不做市场细分的，实际上是对整体市场只推出一种产品，实行一种统一的市场开发策略。差异性营销策略，是在整体市场已经细分的基础上对少数细分市场乃至全部细分市场有针对性地同时推出数种产品，实行不同的市场开发策略。集中性营销策略，也是在市场细分的基础上，只对局部市场实行重点服务，推出重点产品，实行一种有针对性的市场开发策略。

那么，一个具体企业，究竟采取哪种目标市场营销策略为好呢？这就涉及选择目标市场营销策略的依据问题。

8.2.4 选择目标市场营销策略的依据

一般企业在选择营销策略时，主要以 5 个因素作为综合考虑的依据。

1. 企业实力　这主要是指企业的人力、财力、物力，技术能力，创新能力，竞争力，销售能力，应变能力，公关能力等。如果企业实力雄厚，就可以采用差异性营销策略；反之，宜采用集中性营销策略。

2. 市场的类同性　这主要是指顾客需求和偏好的类似程度。如果顾客的需求相似或偏好大致相同，对促销刺激的反应差别不大，就可以采用无差异性营销策略；否则，宜采用差异性营销策略或集中性营销策略。

3. 产品生命周期　一般来说，企业的新产品在投入市场初期或处于增长期时，宜采用无差异性营销策略，以探测市场需求和潜在顾客情况。当产品进入成熟期以后，竞争者增多时，宜采用差异性营销策略或者集中性营销策略，以维持或延长产品生命周期，占领新的市场份额。

4. 商品差异性　这一般是指商品自然属性的差异和选择性的大小。同质性产品主要表现在一些未经加工的初级产品上。例如，原煤、原油、粮食等初级产品，虽有自然品质的差异，但消费者并不过分挑选，因此，同质性产品的竞争主要体现在价格和提供的服务条件上。对于该类商品，经营者可用无差异性营销策略。而对于家用电器、日用百货、服装、食品、机器设备等异质性需求产品，则根据企业自身实力，宜采用差异性营销策略或集中性营销策略。

5. 竞争者的策略　在市场竞争激烈的情况下，企业究竟采用哪种营销策略，还要看竞争者的策略并权衡其他因素而定，不能一概而论。例如，竞争者实力较强并实行无差异性营销策略时，本企业可反其道而行之，实行差异性营销策略或集中性营销策略与其抗衡，反而能获得良好效果。假若竞争者已采取差异性营销策略，则可实行更为有效的市场细分，去争夺更为有利的分市场，或者，当竞争者实力较弱时，也可以采取无差异性营销策略，在整体市场或大面积市场中夺取优势。

总之，企业条件和市场条件是复杂的，竞争各方的情况也是多变的。因而，企业的决策者就要善于在分析对比和预计经济效益的基础上，作出目标市场营销策略的选择。

8.3　市场定位

8.3.1　市场定位的概念

在企业选定的目标市场上，往往会有其他企业的同种产品出现。也就是说，竞争者已在这目标市场上捷足先登，甚至已占据了有利地位。因此，企业为了出奇制胜，就必须了解现有竞争者的实力、经营特色和市场地位等，从而确定本企业的产品或市场营销组合进入目标市场的相应的市场定位。

市场定位，也被称为产品定位或竞争性定位，是指根据竞争者现有产品在细分市场上所处的地位和顾客对产品某些属性的重视程度，塑造出本企业产品与众不同的鲜明个性或形象并传递给目标顾客，使该产品在细分市场上占有强有力的竞争位置。例如，佳洁士牙膏总是宣传它的防龋齿功能；奔驰汽车总是宣传自己良好的发动机性能。每种品牌都应突出一种属性，并使自己成为该属性方面的“第1位”。

购买者容易记住领先产品的信息，尤其是在信息爆炸的社会。那么哪些“第1位”的属性值得宣传呢？主要的有“最好的质量”、“最佳的服务”、“最低的价格”、“最高的价值”和“最先进的技术”等。如果公司能在其中某一属性上击败竞争者，并能令人信服地宣传这一优势，公司就会非常出名。

市场定位是以产品为出发点的，是针对一种商品、一项服务、一家公司、一所机构、甚至一个人的……但定位的对象不是产品，而是针对潜在顾客的思想。就是说，要为产品在潜在顾客的大脑中确定一个合适的位置。具体讲，就是企业从各方面为产品创造特定的市场形象，使之与竞争对手的产品显示出不同的特色，以求在目标顾客心目中形成一种特殊的偏爱。这种产品形象和特色，可以从产品实质和产品形式上表现出来，如产品的性能、成分、形状、构造等；也可以从消费者心理和消费时尚方面表现出来，如豪华、朴素、典雅、时髦、舒适等；或者两方面共同作用而表现出来，如技术先进、物美价廉、服务周到等。企业所树立的产品形象、市场位置是否恰当，要通过与竞争对手的产品相比较，与市场上现有产品相比较来决定。在通常情况下，现有产品在顾客心中都有一定的位置。例如，人们认为赫兹（Hertz）是世界上最大的汽车出租公司，可口可乐是世界上最大的饮料公司，波舍是世界上最好的赛车之一。这些品牌拥有自己的地位，竞争对手很难取代它们。可见，市场定位的实质是取得目标市场的竞争优势，确定产品在顾客心目中的适当位置并留下深刻的印象，以便吸引更多的潜在顾客。因此，市场定位是企业目标市场营销战略体系中的重要组成部分，它对于树立企业及其产品的鲜明特色，满足消费者的需求偏好，从而提高企业竞争实力具有重要意义。

8.3.2 市场定位的依据

每一种产品都需要一种定位策略，以期与目标市场进行沟通。市场定位的依据主要有以下几种：

1. 根据产品属性和利益定位　产品本身的属性以及由此而获得的利益能使消费者体会到它的定位。如大众汽车的“豪华气派”，丰田汽车的“经济可靠”，沃尔沃汽车的“耐用”。有些情况下，新产品应强调一种属性，而这种属性往往是竞争对手没有顾及到的，这种定位方法比较容易收效。

2. 根据产品价格和质量定位　对于那些消费者对质量和价格比较关心的产品来说，选择在质量和价格上的定位也是突出本企业形象的好方法。按照这种方法，企业可以采用“优质高价”定位和“优质低价”定位。例如，在“彩电大战”、“空调大战”如火如荼的时候，海尔始终坚持不降价，保持较高的价位，这是“优质高价”的典型表现。

3. 根据产品用途定位　例如，“金嗓子喉宝”专门用来保护嗓子；“地奥”心血康专门用来治疗心脏疾病。为老产品找到一种新用途，是为该产品创造定位的好方法。尼龙从军用到民用，便是一个最好的用途定位例证。

4. 根据使用者定位　企业常常试图把某些产品指引给适当的使用者或某个分市场，以便根据那个分市场的特点创建起恰当的形象。如各种品牌的香水，是针对各个不同分市场的，有的定位于雅致的、富有的、时髦的妇女；有的定位于生活方式活跃的年轻人。

5. 根据产品档次定位　产品档次包括低档、中档和高档，企业可根据自己的实际情况任选其一。例如，著名的丹东手表工业公司在国内大多数企业角逐中低档手表市场的时候，通过对市场的调研分析发现了高档市场的潜在需求。于是，企业大胆地进行技术攻关，果断地率先进入高档手表的生产领域，成功地将其拳头产品“孔雀”手表推入市场，并以高档优质的独特形象赢得了国内消费者的青睐。

6. 根据竞争地位定位　产品可定位于与竞争直接有关的不同属性或利益。例如，无铅松花蛋，将其定为不含铅，间接地暗示普通腌制的皮蛋含有铅，对消费者健康不利。这种定位方式关键是要突出企业的优势。如企业技术可靠性程度高，售后服务方便、迅速，以及其他对目标顾客有吸引力的因素，从而千方百计地在竞争者中突出自己的形象。

7. 多重因素定位　这种方式是将产品定位在几个层次上，或者依据多重因素对产品进行定位，使产品给消费者的感觉是产品的特征很多，具有多重作用或效能。如一些名牌饮品分别以天然原料（质量定位），饮用、佐餐均相宜（用途定位），适用于儿童、少年及成年人（使用者定位）等综合方法来进行产品定位。采用这种方式，要求产品本身一定要有充分的内容，其“全”恰好就是它的竞争优势，是其他竞争者一时无法达到的。但是，要注意的是，如果需要描述的产品特性过多，那反而冲淡了产品的形象，使产品显得过于平常，对消费者吸引力不大，因而难以留下深刻印象。

8.3.3 市场定位的步骤

市场定位通过识别潜在竞争优势、企业核心竞争优势定位和制定发挥核心竞争优势的战略 3 个步骤实现。

1. 识别潜在竞争优势　识别潜在竞争优势是市场定位的基础。通常企业的竞争优势表现在两方面，成本优势和产品差别化优势。成本优势是指企业能够以比竞争者低廉的价格销售相同质量的产品，或以相同的价格水平销售更高一级质量水平的产品。产品差别化优势是指产品独具特色的功能和利益与顾客需求相适应的优势，即企业能向市场提供在质量、功能、品种、规格、外观等方面比竞争者更好的产品。为实现此目标，首先必须进行规范的市场研究，切实了解目标市场需求特点以及这些需求被满足的程度。这是能否取得竞争优势，实现产品差别化的关键。其次，要研究主要竞争者的优势和劣势，可以从 3 个方面评估竞争者：①竞争者的业务经营情况，如近 3 年的销售额、利润率、市场份额、投资收益率等。②竞争者核心营销能力，主要包括产品质量和服务质量的水平等。③竞争者的财务能力，包括获利能力、资金周转能力、偿还债务能力等。

2. 企业核心竞争优势定位　核心竞争优势是指与主要竞争对手相比，企业在产品开发、服务质量、销售渠道、品牌知名度等方面所具有的可获取明显差别利益的优势。应把企业的全部营销活动加以分类，并将主要环节与竞争者相应环节进行比较分析，以识别和形成核心竞争优势。

3. 制定发挥核心竞争优势的战略　企业在市场营销方面的核心能力与优势，不会自动地在市场上得到充分的表现，必须制定明确的市场战略来加以体现。比如，通过广告传导核心优势战略定位，逐渐形成一种鲜明的市场概念。这种市场概念能否成功，取决于它是否与顾客的需求和追求的利益相吻合。

8.3.4　市场定位策略

市场定位策略主要有避强定位策略、迎强定位策略和重新定位策略。企业使用上述基本策略时，应考虑企业自身资源，竞争对手的可能反应、市场的需求特征等因素。

1. 避强定位　这是一种避开强有力的竞争对手进行市场定位的模式，企业不与对手直接对抗，将自己置于某个市场“空隙”。当企业对竞争者的位置、消费者的实际需求和自己的产品属性等进行评估分析后，发现现有市场存在缝隙或者空白，这一缝隙或者空白有足够的消费者而作为一个潜在的区域而存在；并且企业发现自身的产品难以正面匹敌，或者发现这一潜在区域比老区域更有潜力，在这种情况下可以发展目前市场上的特色产品，开拓新的市场领域。

这种定位的优点是，能够迅速在市场上站稳脚跟，并在消费者心中尽快树立起一定形象。由于这种定位方式市场风险较小，成功率较高，常常为多数企业所采用。例如，美国的 Aims 牌牙膏专门对准儿童市场这个空隙，因而能在 Crest（克蕾丝，“宝洁”公司出品）和 Colgate（高露洁）两大品牌统霸的世界牙膏市场上占有 10%的市场份额。

2. 迎强定位　这是一种与在市场上居支配地位的竞争对手“对着干”的定位方式，即企业选择与竞争对手重合的市场位置，争取同样的目标顾客，彼此在产品、价格、分销、供给等方面少有差别。采用这一战略定位，企业必须比竞争对手具有明显的优势，应该了解自己是否拥有比竞争者更多的资源和能力，必须提供优于对方的产品，使大多数消费者乐于接受本企业的产品，而不愿意接受竞争对手的产品。

在世界饮料市场上，作为后起的“百事可乐”进入市场时，就采用过这种方式，“你是可乐，我也是可乐”，与可口可乐展开面对面的较量。实行迎头定位，企业必须做到知己知彼，力争比竞争对手做得更好。否则，迎头定位可能会成为一种非常危险的战术，将企业引入歧途。

3. 重新定位　重新定位通常是指对那些销路少、市场反应差的产品进行二次定位。初次定位后，随着时间的推移，新的竞争者进入市场，选择与本企业相近的市场位置，致使本企业原来的市场占有率下降；或者，由于顾客需求偏好发生转移，原来喜欢本企业产品的人转而喜欢其他企业的产品，因而市场对本企业产品的需求减少。在这些情况下，企业就需要对其产品进行重新定位，所以，一般来讲，重新定位是企业为了摆脱经营困境，寻求重新获得竞争力和增长的手段。不过，重新定位也可作为一种战术策略，并不一定是因为陷入了困境，相反，可能是由于发现新的产品市场范围引起的。例如，某些专门为青年人设计的产品在中老年人中也开始流行后，这种产品就需要重新定位。

8.3.5 市场定位应注意的问题

市场定位是企业营销管理者之间智慧的较量。一个产品可以有多种定位，如“低价定位”、“优质定位”、“服务定位”，等，如何将这些定位信息迅速传递给消费者就依赖于正确的产品定位策略来实现。企业运用产品定位时应避免以下两种偏差：

1. 定位过低 消费者认为某种产品是低档产品，不符合产品使用的环境和质量属性，因而对之不屑一顾。如果某高科技或技术含量较高的产品，定位过低，则可能失去市场。

2. 定位过高 产品定位过高，会失去一部分有能力购买而被过高定位“吓跑”的消费者。如某种玻璃器皿，价格从1000元以上到50元左右的都有，但大多数消费者认为该品牌的玻璃器皿产品都在1000元以上，从而影响了低价位潜在消费者的消费。

超级链接

保健品的定位取决于目标消费群体

产品在上市之初首先必须明确目标消费对象，是要卖给穷人还是富人，中年人还是老年人，男人还是女人，城市人还是农村人，抑或是所有人群通吃等。只有选择好目标消费群体才能对产品进行定位。而产品的定位最终决定产品的卖点，因为在保健品的营销中，最终决定消费者购买的只是那一个或为数不多的几个卖点而已。

保健品的卖点首先要清晰。如果宣传产品的价位低是卖点，那么你必须清楚地告诉消费者你的产品价格是多少，日均价是多少，比同类产品低多少，优惠幅度有多大。比如，浙江民生药业的21金维他就是定位于大众消费的低价维生素产品，其在广告中就明确打出“每天只需2角钱”的广告语，这对于普通老百姓来说吸引力是比较大的。如果产品的卖点是显效快，那么一定要告诉消费者产品在多长时间内才显效，服用1天、3天会怎么样，5天、1周、2周之后会有什么样的感受。

其次是卖点一定要准确无误，不能让消费者产生误解。例如，通便产品润通养生宝的卖点有3个：不含大黄等泻药，无副作用；以润致通，以通为补，通补结合；显效快，便秘越重，效果越好。

最后是卖点要集中。如果只有一个卖点，那么就要在此卖点上下足功夫，集中宣传卖点才能让消费者轻松接受产品的信息。否则会让人“迷糊”。

如果说卖点是产品的魂，那么产品的理论支点就是魂。纵观成功的医药保健品，不仅有好的卖点，同样也有好的理论支点。治病机理、保健机理必须能自圆其说，要能经得起消费者的推敲与质疑。

同时，理论支点要与卖点紧密结合，不能出现偏差。理论是为卖点服务的，所以理论时刻都不能脱离卖点。

资料来源：中国市场营销网 http：//www. ecm. com. cn。

3. 定位混乱　定位混乱、不清晰，则消费者难以识别清楚。如对克莱斯勒汽车，消费者认为是名牌轿车、制作精良，而有人则认为它是平民驾驶车，粗制滥造。而奔驰轿车的定位则清晰得多，人们会一致认为它品质高贵、制作精良，是高档名牌轿车。

8.4　市场营销组合

8.4.1　市场营销组合的概念

市场营销组合是现代市场营销学中一个十分重要的概念。这个术语是 1964 年由美国哈佛大学教授尼尔·恩·博登最先提出的。他认为，一个企业运用系统工程的方法进行营销管理，管理者应当针对不同的内外环境，把各种市场营销手段，包括产品定价、分销渠道、人员推销、广告宣传和其他促销手段等，进行最佳的组合，使它们互相配合起来，综合地发挥作用。基于这种认识，他提出了市场营销组合这个新概念。

市场营销组合，是指企业为了满足目标市场的需要，有计划地综合运用企业可以控制的各种市场营销手段，以达到销售产品并取得最佳经济效益的策略组合。也可以认为是一种市场营销策略的“配方”或综合运用。

市场营销组合这个概念与现代市场营销观念是一脉相承的，它强调从市场的整体营销出发，以目标市场的现实需求与潜在需求为中心，运用系统工程的方法，把影响市场营销的各种因素与开拓市场的各种手段进行恰当的组合，使之最佳地发挥综合作用。所以，企业的市场营销管理者，就应当承担起协调企业内部各部门市场营销分工，以及调节各种市场营销手段的责任，充分发挥市场营销“组合者”、“决策者”或“设计师”的作用。

8.4.2　市场营销组合的内容

由于影响企业市场营销的因素非常复杂，市场营销手段又多种多样，因此市场营销组合的内容也很庞杂。为了便于分析和运用，人们曾提出各种分类方法，应用比较广泛是麦卡锡方案。

尤金·麦卡锡是美国营销学家，他把市场营销组合因素概括为 4 个基本变量或策略系统：产品（Product）、价格（Price）、分销渠道（Place）、促进销售（Promotion），每个词的英文字头均为 P，再加上策略（Strategy），所以简称 4P's。市场营销组合，就是 4P's 的组合。目前大多数市场营销学教科书都采用 4P's 的分类法。

1. 产品　这是指企业提供给目标市场的商品和劳务的集合体，它包括产品的效用、质量、外观、式样、品牌、包装、规格、服务和保证等。

2. 价格　这是指企业出售商品和劳务的经济回报，包括价目表所列的价格、折扣、折让、支付方式、支付期限和信用条件等。

3. 分销渠道　这是指企业使其产品进入和达到目标市场所进行的各种活动，包括商品流通的途径、环节、场所、仓储和运输等。

4. 促进销售　这是指企业利用各种信息载体与目标市场进行沟通的多元活动，它包括广告、人员推销、营业推广、公共关系与宣传报道。

市场营销组合是系统观念在市场营销活动中的具体体现和运用，它涉及企业对市场营销活动的手段和方法的基本知识。在竞争激烈的市场条件下，企业要满足顾客需要，完成经营目标，赢得市场竞争的胜利，不能依靠某种单一的营销手段和策略，必须从目标市场的需要和市场环境的特点出发，根据企业资源条件和优势，综合运用各种营销手段，形成统一的、配套的营销策略，通过企业上下各部门的协调努力、密切配合才能实现。

8.4.3　市场营销组合理论的演变

在以顾客为中心的营销观念指导下，企业的整体营销主要是指企业的市场营销组合的应用。其基本内容是，如果企业生产出适当的产品，制定出适当的价格，利用适当的分销渠道，并辅之以适当的促销活动，那么，该企业就会获得成功。然而，资料表明，按照此程序生产出来的产品及开展的销售活动却不尽如人意。究其原因，主要还是市场环境变化太大所致。因此，为了使企业适应现代市场发展的需要，不断拓展企业的营销手段已成为一种必然。美国著名市场营销学家菲利普·科特勒，针对现代世界经济迈向区域化和全球化，企业之间的竞争范围早已超越了本疆本土，形成了无国界竞争的态势，提出了"大市场营销"概念。他认为，企业在传统市场营销 4P's 组合的基础上，还应增加两种营销手段：政治权力（Political Power）和公共关系（Public Relation），将 4P's 组合发展为 6P's 组合。营销学者劳特朋针对当前买卖双方难解的矛盾，提出了以消费者欲望和需求（Consumer wants and needs）、消费者欲望与需求的满足成本（Cost to satisfy the wants and needs）、购买的便利性（Convenience to buy）和沟通（Communication）为 4 个营销组合因素的新构想，新的"4C"理论认为：①企业应重新把消费者置于核心地位，研究他们的欲望和需要。因为消费者是企业产品的选择者和购买者，只有满足他们的欲望和需要的商品，才能得到他们的认可。②厂商要了解产品的消费欲望与需求的满足成本。主要指生产成本、消费者到商店购物的时间成本、精力成本等。③由于现代化的邮购服务、电话、电脑、信用卡等工具的普及，使消费者更注重考虑购买的便利性。④企业要从购买者入手，加强买卖双方的对话与交流，及时了解顾客的需要并迅速提供优质的产品与服务。

4C 理论是以消费者为中心的营销理念，与 4P's 理论相比，有了很大的进步和发展，但仍有不足。例如，4C 理论以顾客需求为导向，但对于顾客的需求是否合理则无法加以分析。又如，4C 理论没有充分体现既赢得顾客，又长期拥有顾客的关系营销理念。针对 4C 理论的不足，近年来，美国的 Don E. Schultz（唐·E·舒尔茨）提出了 4R（关联、反应、关系、回报）营销新理论，阐述了一个全新的营销 4 要素组合（见图 8-5）。

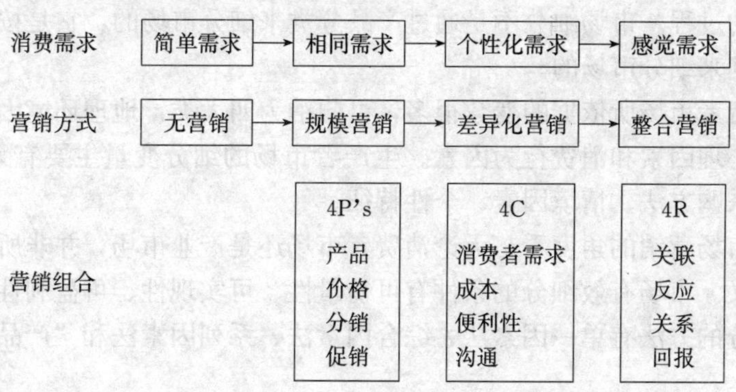

图 8-5　市场营销组合的发展框架图

4R 理论中的关联（Related）是指与顾客建立关联；反应（Reaction）是指提高市场反应速度；关系（Relation）是指关系营销越来越重要了，在企业与客户的关系发生了本质性变化的营销环境中，抢占市场的关键已转变为与顾客建立长期而稳固的关系；回报（Return）是指企业要注意在营销活动中的回报（盈利能力）。4R 理论实质是一种以竞争为导向的理论，不仅着眼于企业与顾客之间的互动双赢，而且强调在满足顾客需求的同时使企业盈利，通过关联、反应、关系等形式与顾客建立起稳定和互相依赖的关系，从而使企业获得竞争优势。

从 4P's 组合理论到 4R 组合理论的演变，反映了企业经营目标从短期转向了长期，长期重复多次性的交易实现，要求在短期一次交易实现的条件基础上还必须增加一些条件，这就要求市场营销组合扩展新的内容来提供新的功能满足这些新增的条件。因此确切的说，营销组合不是从 4P's 演变到 4R，而是从 4P's 演变为"4P's+4R"，4P's 与 4R 两者并存于企业的市场营销组合。

本章小结

目标市场营销战略就是企业在市场调查的基础上，识别不同消费群体的差别，有选择地确认若干个消费群体作为自己的目标市场，发挥自身优势，满足其需要。目标市场营销包括 3 个内容：市场细分（Segmenting）、目标市场选择（Targeting）、市场定位（Positioning），所以又被称为 STP 战略。

市场细分是 20 世纪 50 年代中期美国市场营销学家温德尔·斯密斯（Wendell R. Smith）在总结西方企业市场营销实践经验的基础上提出的。主要有以下两个理论依据：①顾客需求的异质性。②企业有限的资源和为了进行有效的市场竞争。

所谓市场细分就是以顾客需求的某些特征或变量为依据，区分具有不同需求的顾客群体的过程。市场细分不是通过产品分类来细分市场的，它是按照顾客需求爱好的差别来细分市场的。

细分消费者市场所依据的变数很多，可归纳为四大类：地理环境因素、人口因素、消费心理因素和消费行为因素。生产者市场的细分变量主要有人文变量、经营变量、采购方法、情境因素、个性特征。

从企业市场营销的角度看，无论消费者市场还是产业市场，并非所有的细分市场都有意义。市场有效细分的条件有可衡量性、可实现性、可盈利性和可区分性。市场细分的方法有单一因素法、综合因素法、系列因素法和“产品—市场方格图”法。

市场细分是为了选择目标市场，企业为了选择目标市场，必须对各细分市场进行评估，判断细分市场是否具备目标市场的基本条件有：①适当的市场规模和增长潜力。②有足够的市场吸引力。③符合企业的目标和资源。企业通过评估细分市场，将决定进入哪些细分市场，即选择目标市场。企业在选择目标市场时有 5 种可供参考的市场模式：市场集中化、选择专业化、产品专业化、市场专业化和市场全面化。

目标市场营销策略主要有 3 种：差异性目标市场营销策略、无差异性目标市场营销策略和集中性目标市场营销策略。一般企业在选择营销策略时，主要有以下 5 个因素可作为综合考虑的依据。企业选择不同的目标市场营销策略的主要依据是：①企业实力。②市场的类同性。③产品生命周期。④商品差异性。⑤竞争者的策略。

市场定位，也被称为产品定位或竞争性定位，是指根据竞争者现有产品在细分市场上所处的地位和顾客对产品某些属性的重视程度，塑造出本企业产品与众不同的鲜明个性或形象并传递给目标顾客，使该产品在细分市场上占有强有力的竞争位置。

市场定位的依据主要有根据产品属性和利益定位、根据产品价格和质量定位、根据产品用途定位、根据使用者定位、根据产品档次定位、根据竞争地位定位和多重因素定位等 7 种。市场定位通过识别潜在竞争优势、企业核心竞争优势定位和制定发挥核心竞争优势的战略 3 个步骤实现。市场定位策略主要有避强定位策略、迎强定位策略和重新定位策略。企业使用上述基本策略时，应考虑企业自身资源，竞争对手的可能反应、市场的需求特征等因素。企业在运用市场定位策略时要避免定位过低、定位过高和定位混乱 3 种偏差。

市场营销组合是现代市场营销学中一个十分重要的概念。从 4P's 组合理论到 4R 组合理论的演变，反映了企业经营目标从短期转向了长期，长期重复多次性的交易实现，要求在短期一次交易实现的条件基础上还必须增加一些条件，这就要求市场营销组合扩展新的内容来提供新的功能满足这些新增的条件。因此确切的说，营销组合不是从 4P's 演变到 4R，而是从 4P's 演变为“4P's＋4R”，4P's与 4R 两者并存于企业的市场营销组合。

思 考 题

1. 什么是市场细分？为什么说市场细分战略是现代市场营销观念的产物？
2. 细分消费者市场依据哪些主要变量？
3. 细分产业市场依据哪些主要变量？
4. 目标市场策略有哪几种类型？企业应该怎样选择目标市场？
5. 什么是市场定位？企业应怎样进行市场定位？
6. 市场营销组合有何特点？有什么作用？

案 例 分 析

“肠清茶”火有火的奥秘

2003 年，南北方多数市场上几乎同一时间内出现了御生堂肠清茶这个产品，它一改脑白金之后保健品行业多年的低迷状况，短短时间内迅速崛起，成为当年该行业的一道营销分水岭。而推出御生堂肠清茶的“御生堂企业集团”，以前并不被业界所知，却依靠肠清茶异军突起，一鸣惊人！凭的是什么？

一、抓住时机，迅速切入

2000 年，排毒养颜胶囊以“便秘”、“排毒”诉求精耕细作多年，占据着这类产品全国销量的半壁江山。一品堂的芦荟排毒胶囊以“排毒肠动力，美颜新主张”的全新营销思维，也在全国攻城掠地，乐此不疲。深圳的“洗肠小护士”以

“洗肠”概念和美容行业推崇的“肠道水疗法”，也是风声水起。

2003年，排毒养颜胶囊在营销方面后续乏力，市场急剧缩水。同时纵观全国润肠通便市场，一直没有一个专业通便的大品牌出现，只有一些区域品牌在各地不温不火的运作。而便秘市场之大，也并非常人可以想象，60%的女性有便秘，80%的老年人常年便秘。当年的三株口服液主要功能就是调节肠胃，润肠通便；脑白金、昂立一号其主要功能也是如此。可见通便市场大有可为，肠清茶在此时切入市场，足见御生堂敏锐的市场洞察力，非同一般。

御生堂在运作肠清茶之前，还全国代理运作丁氏润通茶，其他成员也在不同的区域市场操作过润通养生宝、常润茶等通便产品，这为肠清茶的推广积累了宝贵经验和教训。而金百合口服液和清华清茶的炒作手法也给肠清茶很多有益的营销启示。

这样，“肠清茶模式”在2003年已经形成。

二、“霸权”网络，“霸气”销量

比许多同类产品精明的是，御生堂肠清茶选择的都是当地市场最强势的经销商。最强的经销商是指不但资金实力要雄厚，营销网络还必须健全，且有较强的企划力，还包括一支经验丰富的零售店促销员队伍。对于一个新上市的产品来说，具备了同类产品所不具备的先天因素，肠清茶还没上市就拥有了一个“皇家”身份。

而御生堂企业高层也曾透露，在肠清茶推广前，御生堂企业集团已与各区区域市场经销商经过多年的合作磨合，早已形成了较强的利益共同体。尤其是在东北、华北、京津、西北、江浙沪等大部分区域已经形成密不可分的营销联盟，根本不用招商，马上即可上市。

有了这些营销联盟的网络保证，其势头已经非一般企业可比。如果用金钱来衡量的话，盛市团队认为，至少需要几千万以上的资金打造方能换来这样一个“雏形”。从心理上，就给同类产品投下一个大大的不可逾越的阴影，并且“笼罩”到市场的各个层面。

举例来讲，在L省，该省经销商有200个左右的促销员，终端关系经过近十年的软硬建设，可以在3天内完成有效终端60%以上的铺货，这是一般经销商做不到的。

在H省，总经销商已经有两个强势品牌把该省的渠道疏通的很顺畅。在每个地级市场都有至少4个A级专柜，掌控来自消费者的各种信息，以便及时分析、调整营销策略，同时在产品搞突发促销时也可在很短的时期内应对。

因此，我们认为网络健全是肠清茶成功的第一火力。肠清茶模式在网络方面给保健品营销的启示是，市场仅有发起者的霸气是不够的，只有“霸权”网络才能保证霸气销量。

三、整版模式，开疆辟土

业内专家曾总结道，中国医药保健品的媒介传播经历了3个时代：①早期的广播讲座时代，始创者为蒙派元老许彦华的505神功元气袋。②哈慈集团的哈慈五行针和V26减肥沙琪晶的电视媒体垃圾广告时段时代。③报媒整版时代，其始创者正是御生堂肠清茶。

肠清茶将报媒广告的运用发挥到极致，成为2003年、2004年广告产品主流传播模式。肠清茶以整版广告快速切入市场，一上市便霸气十足，不仅为竞争对手制造了市场壁垒，防止其跟进，同时也因整版的信息容量大，刺激消费者并与其形成良好的沟通，使广告作用发挥到最大化，避免广告资源的浪费。

在很多区域，肠清茶一上市每月就投入近百万广告费用，销量也直线上升，有的终端甚至出现断货，个别市场需要空运货物。

以上海为例，肠清茶上海代理商为一个强势经销商，拥有较雄厚的资金实力和健全的销售渠道。这保证了“肠清茶整版模式”的气势下避免广告资源的浪费。因而肠清茶一上市就显示出了其霸气，整版报纸软文启动市场，以“宿便的女人老得快”、“给肠子洗澡，咱也疯狂一把”等软文主打“清宿便”概念，迅速确立了上海市通便市场霸主地位。

因此有人总结说，肠清茶广告模式，就是“哈六”电视广告模式的平面版，看来也并不为过。

肠清茶之后，医药保健品的营销战一步步升级，而报媒广告则由整版而跃至联版、四开四版，翻开各大报媒，整篇整篇的整版硬广告刺激着读者的眼球，当年脑白金小版面软文广告操作方式早已成昨日黄花，曾经的葵花宝典现如今已经毫无杀伤力。

也正是整版广告的出现，让人们逐渐意识到小版面广告丧失了效力，也就出现了1/4版没人看，打个半版才有点动静，整版砸下去才有所收效的中国保健品之怪现状。

肠清茶在媒体运作方面给我们的启示是，2004年，是中国保健品营销的一道分水岭，中国的保健品营销已经真正的进入了拼资金、拼版面、拼实力的时代。弱肉强食，适者生存，一些小资本企业、代理商已经无力通过巨额广告来炒作产品，强强联合，通吃、独占市场已是大势所趋。

四、买二赠一，一招致敌

肠清茶自上市之日起，就大胆得一反常态，自始至终执行“买二赠一”的促销承诺，这又和保健品营销惯用的促销策略大不相同。

而按照保健品的常规营销模式，都是广告发布至少半个月后才进行促销活动；或者是上市就免费试用，接着买赠促销，然后促销力度逐渐增大。但随着消费者逐渐理性和保健品竞争的白热化，这样的促销在很多时候并不能引起消费者注意，达不到促销设计者的目的。我们认为原因的关键在于促销设计不能和消费者形成良好的互动沟通，未能打动消费者。

肠清茶的买二赠一促销成功，策略能在全国范围内得到贯彻执行是关键，让消费者感觉到无论在国内的任何一个城市购买，都是同样的买赠力度—感觉实惠。不像有些采取降价策略（又称砍刀战术）的产品，全国范围内降价时间不同，今天在北京降到50元，在天津却还是70元，让消费者有一种上当受骗的感觉，最后产品失去市场。

直至现在，肠清茶依然坚持这样的促销活动。业界对肠清茶的买二赠一方式褒贬不一，有人认为肠清茶这样做对自身品牌的杀伤力也很大，将会缩短肠清茶的生命周期，毕竟买赠促销也是变向的降价销售。但肠清茶如此操作，导致了其他产品不得不纷纷跟进效仿，说明还是很有效的。而我们近期观察肠清茶个别区域市场，为保证销量不下滑，经销商已经开始加大买赠力度，对消费者进行掠夺式开发，这势必会对肠清茶品牌造成不利影响，同时也将缩短肠清茶的生命周期。

五、诸侯并起，八方围攻

肠清茶成功的同时引起了众多产品的跟风，本是意料之中的事，但是肠清茶不佳的市场反应和竞争对手的恶性竞争，却值得我们去深思。

金汉方畅清茶、御×堂肠清茶、××润肠通便茶、肠清松等不下十余种产品，在各地市场上假肠清茶，或假称御生堂之名，或包装相似，或品名相同，有的甚至照搬肠清茶的文案，致肠清茶以重创。而御生堂肠清茶在遭到竞争对手阻击时明显反应迟钝，有的市场甚至根本就未作出任何有效反击，导致市场急剧缩水。同时，肠清茶也暴露了在终端管控方面的不足，造成很多销量被竞品无情拦截，肠清茶整版广告在狠砸市场，很多其他产品却在轻轻松松的靠终端拦截赚钱，这也说明了肠清茶的成功中有很多不足之处。

六、十年一剑，厚积薄发

肠清茶带给我们的还不仅如此，肠清茶成功的同时也成就了“御生堂”这个企业品牌，树立了御生堂在保健品界的行业地位。

“没有肠清茶，就没有御生堂!”御生堂企业集团的高层曾这样动情的说，可见肠清茶对其企业发展的重要意义。

无论是业界人士，还是普通百姓，无不是通过肠清茶而知晓“御生堂”。在此之前，御生堂名不见经传，正是肠清茶的“疯”行全国才让人们不得不审视御生堂。之前毫无名气，甚至不被人知的企业如何借肠清茶而在保健品界一鸣惊人，是偶然？是必然？还是营销奇迹？

其实，在我们看来，肠清茶的成功绝非偶然，御生堂企业集团骨干成员均来自市场一线，且具备多年运作医药保健品成功的经验和失败的教训。而当媒体、业界的朋友因肠清茶而对御生堂另眼相看时，才发现，热销全国已达 5 年之久的旗人减肥套盒也出自该旗下，此时大家不禁感叹，看来肠清茶的成功也在意料之中，能将一个减肥品做到 5 年之久，可见其企业内功确实不浅。

多年市场的沉淀，资源的整合，终究造就了肠清茶的成功，可谓十年一剑，厚积薄发。

资料来源：中国市场营销网 http：//www. ecm. com. cn

案例思考

1. “御生堂”肠清茶的市场定位是什么？其市场营销组合有哪些？
2. 试分析“御生堂”肠清茶营销策略的成功与不足之处。

第9章　竞争性市场营销战略

学习目标　通过本章学习，了解市场竞争的含义、层次；了解确定竞争对手的方法，了解市场竞争的主要形式；理解竞争者分析所包括的内容；掌握竞争对手的反应模式；掌握3个一般性竞争战略；掌握市场领先者战略、市场挑战者战略、市场追随者战略和市场补缺者战略。

优胜劣汰是大自然生存的法则，在市场经济环境下，这条法则同样适用。由于激烈的竞争，使得企业得到了发展，人们的各种需要得到了满足，从而引领着社会经济不断在竞争中得以进步。

美国哈佛大学教授迈克尔·E·波特先生曾经指出："增长是企业生存的关键，企业的定位就是要找到一个位置，一来不容易受到新老对手的正面攻击，二来也不容易受到来自购买者、供应商和替代产品的侵蚀。可以采取加强与有相关利益顾客的关系，通过营销在数量或心理上使产品差异化、前向或后向整合、建立技术主导地位等多种形式来实现目标定位，确立企业的优势竞争地位。"

所以，任何一个企业都无法回避竞争，仅仅了解顾客是不够的，必须了解竞争者，对于市场上每一个参与者必须作详细的研究和分析，作出攻防选择。

9.1　竞争分析概述

1. 市场竞争的含义　市场竞争是商品生产者之间，为了各自的经济利益，在市场活动中进行争夺的一种经济关系，是与商品经济同生同灭的范畴，是商品经济的特征。只要有商品生产和商品交换，就必然有竞争。

竞争者一般是指那些生产经营与本企业提供的产品相似的，或可以互相替代的同规格、同品种、同类产品和服务产品，以同一类顾客为目标市场的其他企业。

超级链接

中国移动通信把中国联通、中国电信、中国网通等通信运营商当作主要竞争者；诺基亚知道摩托罗拉是其主要竞争者；索尼知道松下是它的主要竞争者。

利益是驱动竞争的原动力，商品经济的出现使人们的经济利益关系集中体现在商品交换关系上，劳动产品要作为商品进行交换。商品的价值首先表现为两种使用价值相互交换的量的比例。一个商品使用价值的大小，它自身无法衡量，只能通过交换由另一种使用价值表现出来，它的使用价值也只有通过交换才能成为具有实际社会效用的使用价值。商品交换中的这一商品价值必须依赖于另一个商品的使用价值来表现的矛盾关系，本身就孕育着竞争。货币出现以后，商品使用价值和价值的对立进一步表现为商品和货币的对立。在交换中每个商品所有者作为卖者都力图把自己有限的商品换成尽可能多的货币，每一个货币所有着作为买者都努力用自己有限的商品换成尽可能多的商品。市场竞争由此而发生。可见，市场竞争不过是商品自身使用价值和价值矛盾运动的产物。

2. 市场竞争的层次　概括地说，竞争包含非常广泛的含义，我们可以把竞争关系分为 4 个层次：

1）最为广泛的，所有为争取某一部分顾客消耗其购买力的市场营销者之间都存在竞争。例如，由于某一顾客本月购买了房子，因此不能再购买摩托车。生产摩托车的哈雷公司可以把房地产公司看作是竞争者。

2）稍窄一点范围，提供部分或全部替代性功能产品的企业是竞争者。在此意义上，哈雷公司可以将通用、福特、丰田等汽车厂商看作是竞争者。替代性越全面，竞争性越强。

3）再窄一点范围，提供相同或类似产品的企业是竞争者，如哈雷公司与本田、川崎、雅马哈、宝马公司都是竞争者关系。这个层次的竞争关系是我们在谈及竞争时最普遍的含义。

4）最后，从战略的观点，最为直接的竞争对手是采用相同的战略而竞争能力又非常接近的竞争者。

所以，根据产品替代观念，我们可以区分以下 4 种层次的竞争者：

1）品牌竞争。当其他公司以相似的价格向相同的顾客提供类似产品与服务时，公司将其视为竞争者。例如，被别克公司视为主要竞争者的是福特、本田、雷诺和其他中档价格的汽车制造商。但它并不把梅塞德斯汽车看成是自己的竞争对手。

2）行业竞争。公司可把制造同样或同类产品的公司都广义地视作竞争者。例如，别克公司认为自己在与所有别家汽车制造商竞争。

3）形式竞争。公司可以更广泛地把所有制造能提供相同服务的产品的公司都作为竞争者。例如，别克公司认为自己不仅与汽车制造商竞争，还与摩托车、自行车和卡车的制造商在竞争。

4）一般竞争。公司还可进一步把所有争取同一消费者的人都看作竞争者。例如，别克公司认为自己在与所有的主要耐用消费品、国外度假、新房产和房屋修理的公司竞争。

3. 确定竞争对手的方法　竞争者分析应当循着从广泛到具体的程序，逐步理清竞争关系，最重要的是要确定影响企业生死存亡的竞争对手。

1）描绘细分市场轮廓。

2）列出在为细分市场和准备为细分市场提供产品和服务的所有竞争者。考察这些竞争者的战略目标、战略途径、战略手段以及战略优势来源等战略要素，勾划出战略群（组）的差别。

4. 市场竞争的主要形式　经济学家根据行业内企业是否对供给数量和供给定价有决定力量，将行业竞争结构划分为完全竞争、完全垄断、寡头垄断和垄断竞争 4 种类型。这对我们认识行业竞争很有借鉴意义。

（1）完全竞争：完全竞争是经济学家最早识别的一种竞争类型。虽然市场中很少出现这种类型的竞争，但是它在某种程度上反映了市场环境的特点，是分析中非常有用的一个概念。通常只有具有以下特点的行业或局部市场，才可以称为完全竞争：①大量相对很小的竞争者。②竞争者相互之间的战略差别很小或没有差别。③新的竞争者可以自由进入该行业或市场。大量的小型竞争者，意味着一家企业的行为不会被其他竞争者所注意。由于竞争者之间的战略差别很小，价格、产品、经销方式和促销方法通常是相似的。因此，良好的地理位置和营业时间的长短成为吸引用户的重要因素。在竞争环境下，能够随意进入，意味着新的竞争者可以不断进入该市场，而且老的企业可以不断退出该行业。这意味着除非一家资金力量非常雄厚的竞争者进入这一市场，而且改变了竞争环境，否则市场是毫无组织的，甚至是支离破碎的。应明白企业所在区域范围内的用户数目和竞争者的数目决定了企业的利润和战略。

（2）垄断竞争：在垄断竞争的市场上，各类不同企业的战略开始出现明显的区别。虽然市场上依然具有许多竞争者，而且相对来说，进入市场比较容易，但是每一个企业都努力以某种方式让自已与竞争对手有所差别。市场上的产品、价格、经销方式和促销活动会出现较多的差异；或者竞争者在营销组合中的 2 个或 3 个变量上具有相似性，而在其他的变量上则会出现差异性，例如，促销活动。在这种竞争环境中，每个竞争者能够更好地控制营销组合变量，因此可能出现战略多样化。

（3）寡头竞争：在寡头竞争中，竞争者的数目减少，并且市场进入的难度增加。市场上存在着少数几个相对较大的竞争者，也可能还存在着少数几个较小的企业。可以清楚地识别市场上竞争者行动的特点，可以清楚地发现其他竞争者对竞争性措施的报复行动。在这种环境中，战略依然具有差异性，然而产品价格很可能没有差别。如果一家企业采用了价格竞争，并且顾客乐意用这家企业的服务代替其他企业的服务，其他企业必然会对这一情况作出反应，也会展开价格竞争。如果一家企业能够为其他企业设立价格标准，那么它就具备了价格领导地位。

（4）垄断：垄断是指市场中只有一家卖主。如果是自然垄断（电话公司、电力公用事业公司等），那么通常法律会对进入该市场作出各种限制。自然垄断通常是由政府在价格和经销方面进行管制。如果能够成功地建立非自然垄断，由于该市场上潜在的巨额回报，则通常会吸引其竞争者克服种种障碍，进入该市场，因此一般很少存在非自然的垄断。

9.2 竞争者分析

1. 识别竞争者　企业在开展市场营销活动和制定竞争战略时，仅仅了解其顾客是远远不够的，还必须了解自身所处的环境，即行业结构和竞争者。知己知彼（竞争者），才能取得竞争优势，在商战中获胜。根据迈克尔·波特（Michael Porter）的观点，影响一个产业内部竞争激烈程度的力量有 5 种，即新参加竞争的厂商、替代产品的威胁、买方的讨价还价能力、供应方的讨价还价能力以及行业现有竞争者之间的抗衡（见图 9-1）。竞争者主要是指那些与本企业提供的产品或服务相似，并且所服务的目标顾客也相似的其他企业。例如，美国可口可乐公司把百事可乐公司作为主要竞争者；通用汽车公司把福特汽车公司作为主要竞争者。识别竞争者的关键是，从行业和市场两个方面结合起来，综合考虑。

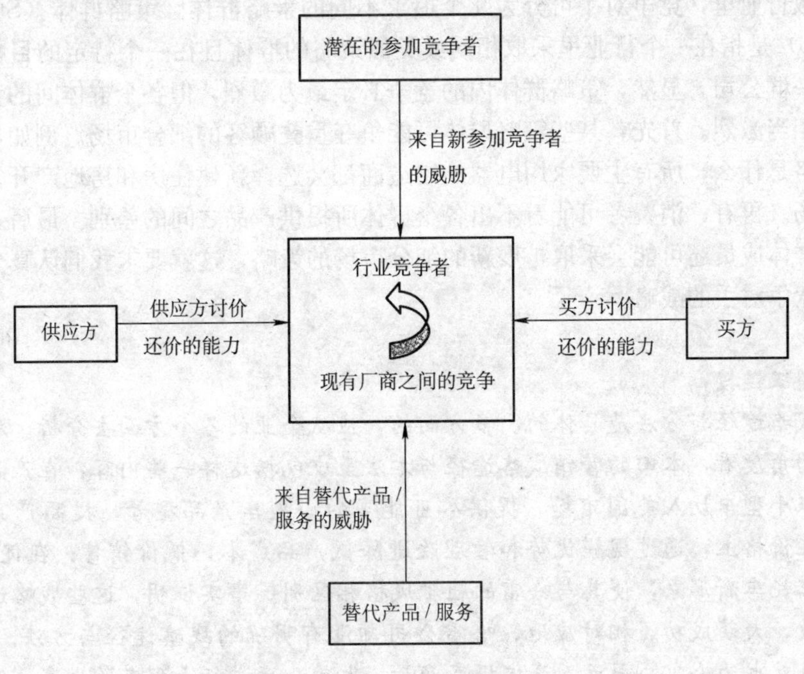

图 9-1　5 种竞争力模型

生产相同或类似产品的企业不一定就是竞争对手。广义地说，判断谁是竞争对手，取决于两个企业是否争夺同一个用户群，或者说用户在选购产品时，是否在两者之间作选择。比如，“可口可乐”的竞争对手除了“百事可乐”和其他可乐类产品外，软饮料、矿泉水、果汁、啤酒、牛奶等都是其竞争对手。

2. 确定竞争对手的经营目标　确定了主要竞争对手之后，就要确定对手的经营目标。我们可以这样假设，所有竞争者都只是为了追求利润最大化，从而采取适当的行动。但是这种做法会出现很大偏差，因为各公司对短期利润和长期利润的重视程度各不相同。有的竞争者可能倾向于市场份额的最大化，而不是利润的极大化，甚至是“满意”的利润。

因此，市场营销决策者还必须考虑竞争者利润目标以外的其他事情。每个竞争者均有目标组合，其中每一个目标有不同的重要性。公司要知道竞争对手对其目前的“位置”是否满意，包括目前的利润水平、市场份额、技术领先程度等。另外，公司还需监视它的竞争者对不同产品市场细分的目标。如果公司得知，竞争者发现了一个新的细分市场，这就可能是一个机会，如果得知对手计划进入本公司所服务的细分市场，应做好充分的准备。

3. 确定竞争者的策略　公司间的策略越相似，它们间的竞争就会越激烈，在多数行业里，竞争对手可分为几个追求不同的策略群体。策略群体（Strategy Group）是指在一个行业里采取相同或类似策略的群体且在一个特定的目标市场上的一群公司。显然，策略群体内的竞争必定最为激烈，但各个群体间的竞争有时也相当激烈。首先，某些策略群体可能争夺重叠顾客的细分市场。例如，不论其策略是什么，所有主要家用电器的制造商都会选择新建住房和房地产开发商细分市场。再有，消费者可能看不出各个群体所提供产品之间的差别。最后，一个策略群体成员还可能会采取扩展新的细分市场的策略，这就要求我们认真分析以确定竞争对手的战略。

超级链接

战略途径与方法是具体的、多方面的，应从企业的各个方面去分析。从营销战略的角度看，本田的营销战略途径与方法至少包括这样一些内容：在产品策略上，以小型车切入美国市场，提供尽可能多的小型车产品型号，提高产品吸引力；在价格上，通过规模优势和管理改进降低产品成本，低价销售；在促销上，建立摩托车新形象，使其与哈雷的粗犷风格相区别。事实证明，这些战略途径行之有效，大获成功。相对应地，哈雷公司却没有明确的战略途径与方法。AMF公司虽然也为哈雷公司注入资本提高产量，也曾一度进行小型车的生产，结果由于多方面因素的不协同而以失败告终。

4. 确定竞争者优势与劣势 公司要充分评估每个竞争者的优势与劣势，公司可收集有关对手过去几年关键资料，包括销量、市场份额、利润率、现金流量及技术领先水平等。当然，有些信息可能不易获得。公司一般通过二手资料来了解有关竞争者的优势与劣势。可以通过与顾客、供应者和经销商合作进行原始的市场营销研究。当前，越来越多公司采用优胜基准的方法在产品和工序方面与竞争对手相对比，以便找出改变劣势的方法。

超级链接

标杆超越是怎样改进竞争绩效的

标杆超越（benchmarking）是一门艺术。它寻找某些公司怎么样和为什么在执行任务时比其他公司做得更出色。

执行标杆超越的公司的目标是模仿其他公司的最好的做法并改进它。日本人在第二次世界大战以后，勤奋不懈地贯彻标杆超越，并模仿美国产品和生产方法。施乐公司 1979 年在美国率先执行标杆超越。施乐想要学习日本竞争者产品性能可靠和成本更低的能力。施乐买进日本复印机，并通过“逆向工程”分析它，施乐在这两方面有了较大的改进。但施乐并不满足，它提出了进一步的问题：施乐的科学家与工程师在他们各自的专业上是最杰出的吗？施乐的生产者、销售员及其活动在全世界是最优秀的吗？这些问题要求他们识别世界级的“最佳实践”公司，并向它们学习。虽然优胜基准起源于学习竞争者的产品和服务，但它的视野已扩展至工作全过程、员工功能、组织绩效和全部的价值提供过程。

另一个优胜基准的早期是福特公司。福特的销售落后于日本和欧洲汽车商。当时福特的总裁唐·彼得森指示他的工程师和设计师，根据客户认为的最重要的 400 个特征组合成新汽车。萨巴的座位最好，福特就复制座位，如此等等。彼得森进一步要求：他的工程师要成为“比最好的还要好”的人。当新汽车完成时，彼得森声称：他的工程师已经改进（而不是复制）竞争者汽车的大部分最佳特征。

在其他方面，福特发现它要雇佣 500 人管理付款账单，而日本同行马自达完成同样任务只要 10 个人。学习了马自达的体制结构后，福特开始了“无票据系统”和减少员工至 200 多人，并还在不断地改进。

今天，诸如美国电话电报公司、国际商用机器公司、柯达、杜邦和摩托罗拉等许多公司都把标杆超越作为它们的标准工具。有些公司在本行业中寻找最佳竞争者。而另一些公司则寻找全世界“最佳实践者”。这意味着，标杆超越已超越“标准竞争分析”。例如，摩托罗拉把优胜基准定位于寻找世界上“成长最佳者”。其负责人表示：“我们比竞争对手跑得越远，我们越高兴。我们寻求成为竞争的优胜者，而不是与竞争者平起平坐。”

为了寻找“成长最佳者”，施乐公司的优胜基准专家罗伯特·C·坎普飞至缅因州弗里伯特，去参观L·L·比恩公司，一家“产外”品目销售公司，它的仓库工人整理工作比施乐快3倍。由于两者不是竞争对手，比恩公司很高兴介绍经验，施乐最后重新设计了它的仓库管理软件系统。后来，施乐向美国捷运学习账单处理技术，向卡明斯工程公司学习生产计划技术。

标杆超越的步骤如下：①确定标杆超越的基准项目。②确定衡量关键绩效的变量。③确定最佳级别的竞争者。④衡量最佳级别对手的绩效。⑤衡量公司绩效。⑥规定缩小差距的计划和行动。⑦执行和监测结果。

当一个公司决定实行标杆超越时，它可以在每一项活动中都执行标杆基准。它可以建立该执行部门以促进活动开展和在技术上训练部门员工。要有时间和成本的紧迫感。一个公司首先要解决的关键任务是影响顾客满意度的深入程序、公司的成本和在实质上的更好的绩效。

一个公司怎样确定“实践最好”的其他公司呢？第一步是问客户、供应商和分销商，请他们对最好的工作进行排队。另外接触咨询公司，他们有“实践最好”的公司的档案。另一重要之点是标杆超越活动不应去求助工业间谍。

在“实践最好”公司被确定之后，公司需要收集衡量绩效的诸如成本、时间和质量等方面的标准。

5. 确定竞争对手的反应模式　仅仅知道竞争对手的经营目标和优势劣势是远远不够的，关键是要通过各种渠道来获知对手可能采取的行动，如削价、加强促销或推出新产品等。

另外，还需充分考虑分析主要竞争对手的企业文化，包括经营哲学、经营理念等。企业文化将直接影响其在市场营销中的经营策略，这对分析预测竞争对手的行为将有重要的参考价值。

每个竞争者对事情的反应各不相同。但概括起来，竞争对手的反应不外乎3种：①不采取行动。②防御型。③进攻型。这主要取决于竞争对手自己的战略意图及所具有的战略能力，竞争对手是否对自己目前的形势满意，以及受到威胁的程度。另外还取决于竞争对手的实力和信心，即他是否有足够的信心依靠现有的条件打败对手的威胁。具体地说可分为5种反应模式。

（1）从容不迫型：某些竞争者对某一特定竞争者的行动没有迅速反应或反应不强烈，而只是坐观事变。他们可能认为某顾客群是忠诚于他们的，也可能是由于他们没有做出反应所需的资金，还可能认为还未到“出击”的时机。公司一定要先弄清楚他们“镇静”的原因，以防止他们的突然袭击。

（2）全面防守型：这类竞争者对外在的威胁和挑战做出全面反应，确保其现有地位不被侵犯。但会使战线拉得过长，若资源不雄厚，会被其他竞争对手拖垮。

(3) 选择型：竞争者可能只对某些类型的攻击做出反应，而对其他类型的攻击视而不见。例如，竞争者会对削价做出积极反应，防止自己市场份额减少（我国目前家电市场上就是这种情况，对于价格极为敏感，只要有一家降价，其他竞争对手都会不约而同做出反应）。他们可能对对手大幅增加广告费不予理睬，认为这并不能构成实质性威胁。为此，应了解这种类型的竞争者的敏感部位，避免与其发生不必要的正面冲突至关重要。

(4) 强烈反击型：这一类型的公司对其所占据的所有领域发动的任何进攻都会做出迅速强烈的反应。例如，宝洁公司（P&G）决不会允许一种新洗涤剂轻易投放市场。这种类型的公司一般都是实力较强大的公司，占有的市场份额具有绝对优势，否则没有实力对任何外在威胁采取行动。

(5) 随机型：这类竞争者并不表露自己将要采取的行动。这一类型的竞争者在任何特定情况下可能做出也可能不做出反击，而且根本无法预测他会采取的行动。

6. 选择竞争对手　在进行以上分析后，公司应能够意识到市场上可与谁进行有效的竞争。公司必须决定与哪个竞争者进行最有力的竞争，以便把注意力集中在这一竞争对手上。

(1) 强大或弱小的竞争对手：大部分公司愿意选择比较弱小的公司作为其攻击的对手。因为这样做比选择强大公司作为竞争对手所需资金和精力都将会小得多。但从长远来看，这样做公司很难提高自身的能力，易于造成盲目乐观的心理。为此，从理论上讲，公司还应选择较强大的竞争者竞争，以便使他们有压力，来磨练本身的能力。在选择强大公司竞争时，关键是要努力发现强大公司的潜在及现在的弱点（即使再强大的公司也有弱点），并对其弱点采取有效行动，以便取得更多的回报。

评估竞争对手强弱的一种有用工具是顾客价值分析（见参考文献［9］）。在分析时，公司首先要识别顾客的重要属性和顾客将这些属性排名的重要性。其次，要评估公司和竞争者在有价值属性上的业绩。如果通过比较发现，公司在所有的重要属性方面均超过竞争对手，就可以通过制定高价策略获得更多的利润，或者在同样价格的条件下占有更多的市场份额。如果主要属性表现不如竞争对手，则必须想方设法加强这些属性，并且再挖掘其他能够领先竞争者的主要属性。

(2) 靠近或疏远竞争对手：大部分公司会与那些与自己实力接近的公司竞争。同时，公司还要尽量避免“摧毁”实力接近的竞争对手，否则会促使其与其他公司联合起来组成更强大的公司，成为自己更难对付的竞争者。相反，公司要与那些强大的对手保持一定距离。

(3) 区分“品行良好”与“品行低劣”的竞争对手：每个行业中都包括“品行良好”和“品行低劣”的竞争者。一个公司应积极支持前者而攻击后者。从某种意义上讲，公司能够受益于竞争对手。例如，他们可以增加总需求；导致更多的差别；分担市场开发及产品开发成本，并协助推出新技术等。

超级链接

有的时候，公司也会发现有些竞争者是“品质低劣”的，他们破坏规则，企图“购买”市场份额而不是通过自己的产品或优质服务。他们喜欢蛮干，在生产能力严重过剩时，仍然继续投资。如美国航空公司发现德尔塔（Delta）和联合航空公司是品行良好的竞争对手，而环球航空公司（TWA）、大陆航空公司（Continental）和美国西部航空公司（America，West）为“品行低劣”公司，因为它们不断通过很大的价格折扣和过激的促销计划使航空业呈现不稳定状态。

因此，公司应注意分辨哪些属于“品行良好”的公司，哪些属于“品行恶劣”的公司。在授予特许权时，更应谨慎，以防授给“品质恶劣”公司，而使整个行业受损。

9.3 竞争战略的一般形式

竞争战略的核心是企业如何战胜竞争对手，获取稳定的竞争优势。取得市场竞争优势的战略主要有差异化战略、成本领先战略和目标集中战略，如图 9-2 所示。

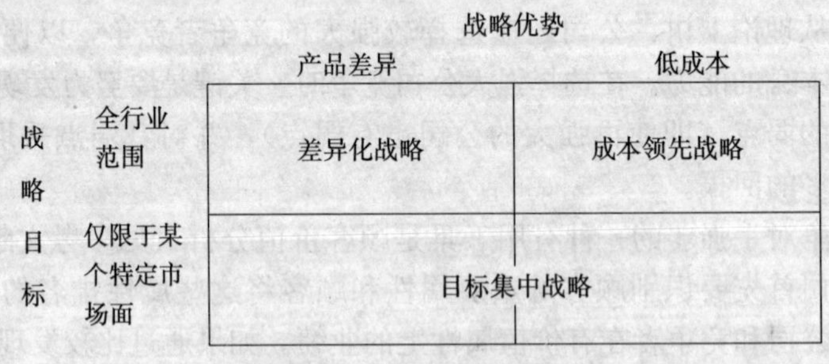

图 9-2　3 种一般性竞争战略

1. 差异化战略　所谓差异化战略，是指为使企业产品与竞争对手的产品有明显的区别，形成与众不同的特点而采取的战略。例如，瑞典的沃尔沃汽车侧重于安全特性，这就是其差异化战略。

企业实施差异化战略的关键在于向顾客提供独特的价值，而这些独特的价值来自企业价值链的构成中。企业实现差异化战略有设计品牌形象、技术特点、外观特点、客户服务及经销网络等。企业最理想的差异化战略是在以上几个方面与同行企业相比都具有独特性。在这里应强调一点，差异化战略并不意味着企业可以忽视成本的控制，但此时成本已不是企业的首要战略目标。

差异化战略有以下几种：

1）产品质量的差异化战略是指企业向市场提供比竞争对手质量水平更高的产品。产品质量优异，可以高价出售，获得比对手更高的利润。例如，奔驰汽车，依靠其高质量的差异特点，售价比一般轿车高出近一倍，为公司创造了很高的投资收益。

2）产品可靠性的差异化战略是指企业产品具有绝对的可靠性，甚至出现意外故障也不会丧失使用价值。例如，美国坦德姆计算机公司开发了一种多部系列使用的电子计算机系统，当某一计算机发生故障，其余计算机即可替代工作。这种独特的可靠性能，为企业提供了巨大的竞争优势，特别适合金融机构等计算机客户。

3）产品创新的差异化战略是指公司通过研发提供新颖、适用、可靠和高效的新产品。生产计算机芯片的英特尔公司，就是通过不断推出新型快速的中央处理器而在市场上长期保持其竞争优势。

4）产品特性的差异化战略是指公司提供满足客户需要的、其他产品不具备的某些特性的产品，使公司具有与众不同的形象。例如，在世界汽车市场上，奔驰轿车是豪华、地位和高价格的象征。

实施差异化战略的优点是，利用了顾客对其特色产品的偏爱和忠诚，可以降低对产品价格的敏感性，使企业避开价格竞争，在特定领域形成独家经营的市场，保持领先地位；并且由于顾客对企业的忠诚度，增加了其他企业进入该市场的困难。

产品差异化战略的缺点是，保持产品的差异化往往以高成本为代价，因为企业要进行广泛的研究开发、产品设计和争取顾客支持等工作。而且并非所有的顾客都愿意或能够支付产品差异所形成的较高价格。同时，买主对差异化所支付的额外费用是有一定支付极限的，若超过这一极限，低成本低价格的企业与高价格差异化产品的企业相比就显示出竞争优势。此外，企业有时要放弃获得较高市场占有率的目标，因为排他性与高市场占有率是矛盾的。

2. 成本领先战略　成本领先战略是指通过有效途径，使企业的全部成本低于竞争对手的成本，以获得同行业平均水平以上的利润。在 20 世纪 70 年代，随着“经验曲线概念”的普及，这种战略逐步成为企业共同采用的战略。实现成本领先战略需要在成本控制上进行大量的管理工作。成本领先战略的形式有 3 种。

1）简化产品，即将产品或服务中添加的花样全部取消。例如，日本东芝公司在美国市场上推出一种计算机化的 CT 扫描仪，由于省去了一些非顾客必需的且造价昂贵的功能，使该产品售价比通用电气公司同类产品便宜 40%以上，牢固地占领了美国同类产品市场。

2）通过改进设计，使用更便宜的原材料代替昂贵原料，或者改进产品结构，来降低产品成本。

3）通过降低和节约原材料投入、人工投入成本来降低总成本。降低成本的通常途径是大规模化生产。

成本领先战略的优点是，只要成本低，企业尽管面临强大的竞争力量，仍可以在本行业中获得竞争优势。成本领先战略的缺点是，投资较大，企业必须具备先进的生产设备，才能高效率地进行生产，以保持较高的生产率。并且技术变革会导致生产过程工艺和技术的进步，使企业过去大量投资和由此产生的高效率一下子丧失优势，并给竞争对手造成以更低成本进入的机会。此外，将过多的注意力集中在生产成本上，可能导致企业忽视顾客需求特性和需求趋势的变化，忽视顾客对产品差异的兴趣。

当条件具备时，采用成本领先战略会更有成效，即市场需求具有较大的价格弹性；所处行业的企业大多生产标准化产品，价格竞争决定企业的市场地位；实现产品差异化的途径很少；多数客户以相同的方式使用产品；用户购物从一个销售商改变为另一个销售商时，不会发生转换成本，因而特别倾向于购买价格最优惠的产品。

3. 目标集中战略　它指的是通过集中企业所有力量，为由某一个或某几个细分市场组成的目标市场提供有效的产品或服务，充分满足目标市场消费者的特殊需要，来争取局部竞争优势的市场竞争战略。企业的目标集中战略在目标市场上既可以着眼于成本领先战略，也可以着眼于差异化战略，来满足目标市场消费者的特殊需要而获得局部竞争优势。目标集中战略的形式有 3 种。

1）产品线目标集中。像汽车、飞机制造行业，产品开发和工艺设备成本很高，通常以产品线的某一部分作为经营重点。

2）客户目标集中。这是指将经营重心放在某一特定顾客群体上。例如，劳力士手表以产品高质高价为基础，对准高收入、高消费的顾客群。

3）地区目标集中。这是指公司集中生产满足特定地区需要的产品。

目标集中战略的优点是，经营目标集中，可以集中企业所有资源于某一特定战略目标上；熟悉产品的市场、用户及同行业竞争情况，可以全面把握市场，争取竞争优势。这种战略尤其适用于中小企业。

目标集中战略的风险是，面对这个细分市场的潜在竞争者的威胁，企业要在产品及市场营销方面保持和加大其差异性。产品的差异性越大，目标集中战略的维持费用越高；需求者差异性越大，集中战略的维持费用也越高。此外，出于社会政治、经济、法律、文化等环境的变化，技术的突破和创新等多方面原因引起替代品出现，或消费者偏好发生变化，导致市场结构性变化，此时目标集中战略的优势也将随之消失。

要成功地实行以上 3 种竞争战略，需要不同的资源和技巧；需要不同的组织安排和控制程序；需要不同的研究开发系统。因此，企业必须考虑自己的优势和劣势，根据经营能力选择可行的战略。

9.4 竞争地位与竞争策略

企业对自己在本行业中所处竞争地位的分析，是企业制定经营战略和策略的基础。企业竞争地位分析与行业发展有着密切的联系。在行业处于高速发展时期，由于每个企业都可以随着行业的发展而获得一定程度的发展，并在发展中获得收益，因而企业对竞争者的研究就相对少一些。在行业发展缓慢时，就导致了竞争的加剧，企业就特别注重对竞争对手的研究，并经常向竞争者的弱点发起攻击，以改变企业的竞争地位。

根据各企业在行业中所处的地位，美国著名市场营销学教授菲利普·科特勒把它们分成 4 类，即市场领先者、市场挑战者、市场追随者和市场补缺者。这种分类方法被世界许多国家所接受，见表 9-1。

表 9-1 行业中所处地位分类

地　　位	市场领先者	市场挑战者	市场追随者	市场补缺者
市场份额(%)	40	30	20	10

在表 9-1 中，市场领先者掌握了 40%的市场，拥有最大的市场份额。市场挑战者掌握了 30%的市场，名列第 2，而且该类企业正在为获得更大的市场份额而努力。市场追随者掌握了 20%的市场，该类企业只图维持现有市场份额，并不希望打破现有的市场结构。市场补缺者掌握了剩余的 10%的市场，这部分市场是大企业所不感兴趣的小细分市场。

9.4.1 市场领导者竞争战略

市场领导者是指在相关产品的市场上占有率最高的企业。一般来说，大多数行业都有一家企业被认为是市场领导者，它在价格波动、新产品开发、分销渠道的宽度和促销力量等方面处于主宰地位，为同行业者所公认。它是市场竞争的先导者，也是其他企业效仿或回避的对象，如美国汽车市场的通用汽车公司、电脑软件市场的微软公司、照相机行业的尼康公司、推土机行业的卡特彼勒公司、软饮料市场的可口可乐公司、剃须刀行业的吉列公司，以及快餐市场的麦当劳公司等。这种领导者几乎各行各业都有，它们的地位是在竞争中自然形成的，但不是固定不变的。市场领导者所具备的优势包括消费者对品牌的忠诚度高，营销渠道的建立及高效运行，营销经验的迅速积累等。

占据着市场领导者地位的公司常常成为众矢之的，要击退其他公司的挑战，保持第 1 的优势，必须从 3 个方面努力：①扩大市场需求总量。②保护现有市场份额。③扩大市场份额。

1. 扩大市场需求总量　当一种产品的市场需求总量扩大时，受益最大的是处于领先地位的企业。扩大总需求的途径有开发产品的新用户；寻找产品的新用途和增加顾客使用量。

（1）开发产品的新用户：开发产品新用户有 3 种方法：①说服那些尚未使用本行业产品的人开始使用，把潜在顾客变成现实顾客。比如，有人担心电淋浴器使用不安全而不愿购买，企业可大力宣传它装有多重安全保护装置，绝对不会发生意外，将这部分潜在购买者变成现实购买者。②进入新的细分市场。“新的细分市场”是指该细分市场的顾客使用本行业产品，但是不使用其他细分市场的产品和品牌。企业应设法进入这些新的细分市场。例如，女性上班或上街总是随身携带时髦挎包放物品并作为装饰，男性出门大多不带包，必要时也只带拎包。女性挎包生产企业可以宣传男性携带挎包的方便实用之处，使自身进入男性市场。③寻找尚未使用本产品的地区，开发新的地理市场。

（2）寻找产品的新用途：这是指企业应设法找出产品的新用途或新用法以增加销量。

（3）增加顾客使用量：可以通过提高使用频率、增加每次使用量、增加使用场所等方法增加顾客使用量。例如，果汁营销人员应该说服人们不仅在待客时才饮用果汁，平时也要饮用果汁以增加维生素。

2. 保护现有市场份额　处于市场领先地位的企业，必须时刻防备竞争者的挑战，保卫自己的市场阵地。例如，可口可乐公司要防备百事可乐公司，柯达公司要提防富士公司，丰田公司要小心日产公司等。这些挑战者都是很有实力的，领导者稍不注意就可能被取而代之。

市场领导者任何时候也不能满足于现状，必须在产品的创新、服务水平的提高、分销渠道的畅通和降低成本等方面，真正处于行业的领先地位。领导者也应该在不断提高服务质量的同时，抓住对手的弱点主动出击，因为“进攻是最好的防御”。

市场领导者不可能防守他在整个市场上的所有阵地，应当集中使用防御战略。有 6 种防御战略可供市场领导者选择。

（1）阵地防御（Position Defense）：这是指围绕企业目前的主要产品和业务建立牢固的防线，根据竞争者在产品、技术、价格、渠道和促销方面可能采取的进攻策略制定自己的防御性营销策略，并在竞争者发起进攻时坚守原有的产品和业务阵地。这是一种静态的防御，是防御的基本形式。但是，它不能作为惟一的形式，对企业来说，单纯采用静态防御，只保护自己目前的市场和产品，是一种“市场营销近视症”。例如，当年福特公司对它的 T 型车的近视症就造成了严重的后果，使得福特公司从年盈利 10 亿美元的顶峰跌到了濒临破产的边缘。企业更重要的任务是技术更新、新产品开发和扩展业务领域。海尔集团没有局限于赖以起家的冰箱市场，而是积极从事多元化经营，开发了空调、彩电、洗衣机、电脑、微波炉、干衣机等一系列产品，成为我国电器行业最著名的品牌之一。

(2) 侧翼防御 (Flanking Defense)：侧翼防御是指市场领导者除保卫自己的主阵地外，还建立某些辅助性的基地作为防御阵地，必要时作为反攻基地。例如，超市在食品和日用品市场中占据统治地位，但是在食品方面受到快餐业的蚕食，在日用品领域受到廉价折扣店的攻击。为此，超市提供广泛的、货源充足的冷冻食品和速食品以抵御快餐业的蚕食；推广廉价的无品牌日用品，结合在城郊和居民区开新店，来击退折扣店的攻击。

(3) 以攻为守 (Preemptive Defense)：这是一种“先发制人”式的防御，即在竞争者尚未进攻之前，先主动攻击。这种战略可达到事半功倍的效果。其具体做法是，当竞争者的市场占有率达到某一危险的高度时，就对它发动攻击，或者对市场上的所有竞争者全面攻击，使人人自危。例如，日本精工表把它的2000多种款式的手表分销到世界各地，造成对竞争者全方位的威胁。

(4) 反击防御 (Counteroffensive Defense)：这是指市场领导者受到竞争者攻击后采取反击措施。要注意选择反击的时机，可以迅速反击，也可以延迟反击。如果竞争者的攻击行动并未造成本公司市场份额迅速下降，可采取延迟反击，弄清竞争者发动攻击的意图、战略、效果和其薄弱环节后再实施反击，不打无把握之仗。

当市场领导者遭到对手发动降价或促销攻势时，不能只是被动应战，应主动反攻进攻者的主要市场阵地。可实行正面反攻、侧翼反攻、钳形攻势、退却反击、“围魏救赵”等方法。例如，当康佳电视机在四川市场向长虹电视机发动攻势时，长虹电视机也进攻广东市场，还以颜色。又如，当竞争者对电冰箱削价竞销时，本公司不仅电冰箱降价，洗衣机也降价，同时还推出新产品，从多条战线发起反攻。

(5) 运动防御 (Mobile Defense)：这种战略是指不仅防御目前的阵地，而且还要扩展到新的市场阵地，作为未来防御和进攻的中心。市场扩展一般通过两种方式实现。

① 市场拓展。就是企业将其注意力从现行产品转到有关该产品的基本需要上，并全面研究与开发与该项需要有关的科学技术。例如，把“石油”公司变成“能源”公司就意味着市场范围扩大了，不是仅限于一种能源——石油，而是要覆盖整个能源市场。但是市场拓展必须有一个适当的限度，否则将发生“市场营销远视症”，超出企业发展所能承受的度。

② 市场多样化。即进入不相关的行业，实行多元化经营。例如，美国的烟草公司由于社会对吸烟的限制日益增多，纷纷转向其他产业，如酒类、软饮料和

冷冻食品等。

(6) 收缩防御 (Contraction Defense): 这是指企业主动从实力较弱的领域撤出，将力量集中于实力较强的领域。当企业无法坚守所有的市场领域，并且由于力量过于分散而降低资源效益的时候，可采取这种策略。其优点是在关键领域集中优势力量，增强竞争力。

3. 扩大市场份额　市场领导者要设法扩大市场份额或提高市场占有率，这是增加收益、保持领先地位的一个重要途径。一般而言，如果单位产品价格不降低而且经营成本不增加，企业利润会随着市场份额的扩大而提高。市场占有率高于40%的企业，其平均投资收益率相当于市场占有率低于10%的企业的3倍。因此，许多企业要求市场占有率为第1或第2，否则便撤出该市场。但是，并不是市场份额提高就一定会增加企业的利润，还应考虑以下3个因素：

(1) 为扩大市场份额所付出的成本：当市场份额已达到一定水平时，再要进一步的提高就要付出很大代价，结果可能得不偿失。美国的一项研究表明，企业的最佳市场份额是50%。因此，有时为了保持市场领先地位，甚至要在较疲软的市场上主动放弃一些份额。

(2) 争夺市场份额时所采用的市场营销组合战略：如果企业实行了错误的营销组合战略，例如，过分降低商品价格，过高地支出公关费、广告费、渠道拓展费、销售员和营业员的奖金等促销费，承诺过多的服务项目导致服务费大增等，都可能出现市场份额提高而利润下降的局面。

(3) 违反反垄断法的可能性：许多国家有反垄断法，当企业的市场份额超过一定限度时，就有可能受到指控和制裁。西方许多著名的公司都曾经因为触犯了反垄断法而被分解。如果占据市场领导者地位的公司不想被分解，就要在自己的市场份额接近临界点时主动加以控制。

总之，市场领导者必须善于扩大市场需求总量，保卫自己的市场阵地，防御挑战者的进攻，并在保证利润增加的前提下，扩大市场份额。这样，才能持久地占据市场领先地位。

9.4.2 市场挑战者竞争战略

市场挑战者是指那些在市场上处于次要地位（如第2）的企业。例如，汽车行业的福特汽车公司、软饮料行业的百事可乐公司等。这些亚军公司如欲争取市场领先地位，向竞争者挑战，即市场挑战者。市场挑战者首先必须确定自己的战略目标和挑战对象，然后还要选择适当的进攻战略。

1. 确定战略目标和挑战对象　战略目标和挑战对象密切相关，对不同的对象有不同的目标和战略。大多数市场挑战者的目标是增加自己的市场份额和利润，减少对手的市场份额。一般来说，挑战者可在下列3种情况中选择：

(1) 攻击市场领导者：这种策略风险大，潜在利益也大。挑战者需仔细研究领先企业有哪些未满足顾客的需要等弱点，从而确定自己的进攻目标或开发出超过领先企业的新产品，以夺取市场的领先地位。例如，施乐公司用干式复印代替湿式复印，从3M公司手中夺去了复印机市场。后来，佳能公司通过开发台式复印机，又夺去了施乐公司的一大块市场。

(2) 攻击与自己实力相当者：挑战者对一些与自己实力相当的企业，可选择其中经营不善而发生亏损者作为进攻对象，设法夺取它们的市场阵地。

(3) 攻击区域性小企业：对于一些规模小、经营不善、资金缺乏的公司，许多实力雄厚的、管理有方的公司一进入市场，就对这些小企业进行攻击。这种现象在我国比较普遍，尤其是加入WTO以来，外国独资或合资公司常常击败本土资金不足、管理混乱的弱小企业，通过蚕食小块市场达到自身发展的目的。

总之，战略目标决定于进攻对象。如果以领导者为进攻对象，其目标可能是夺取某些市场份额；如果以小企业为对象，其目标可能是将它们逐出市场。但无论在何种情况下，如果要发动攻势，进行挑战，都必须遵守一条“军事原则”，即每次行动都必须指向一个明确的、肯定的和可能达到的目标。

2. 选择进攻战略　在确定了战略目标和进攻对象之后，挑战者还需要考虑采取怎样的进攻战略。主要有5种战略可供选择。

(1) 正面进攻：就是集中全力向对手的主要市场阵地发动进攻，打击的目标是对手的强项而不是弱项。在这种情况下，进攻者必须在产品、广告、价格等主要方面大大超过对手，才有可能成功，否则不可采取这种进攻战略。

进攻者如果不采取完全正面的进攻策略，也可采取一种变通形式，即通过在研究开发方面大量投资，降低生产成本，从而在低价格上向竞争对手发动进攻。这是持续实行正面进攻策略最可靠的基础之一。

(2) 侧翼进攻：就是集中优势力量攻击对手的弱点，有时可采取“声东击西”的战略，佯攻正面，实际攻击侧翼或背面。侧翼进攻寻找对手弱点的主要方法是，分析对手在各类产品和各个细分市场上的实力和绩效，把对手实力薄弱，或绩效不佳，或尚未覆盖而有潜力的产品和市场作为攻击点和突破口。侧翼进攻使各自公司的业务更加完整地覆盖了各细分市场，进攻者较易收到成效，并且避免了攻守双方为争夺同一市场而造成的两败俱伤局面。

(3) 包抄进攻：这是一种全方位、大规模的进攻战略。挑战者拥有优于对手的资源，并确信借助围堵计划足以打垮对手时，可采用这种战略。例如，近年来日本精工手表公司已经在各个主要手表市场的销售中取得了成功，并且以其品种繁多、不断更新款式使竞争者无法抗衡。该公司在美国市场上提供了约400种流行款式，其营销目标是在全球制造并销售大约2300种手表。

(4) 迂回进攻：这是一种间接的进攻战略，完全避开对手的现有阵地而迂回进攻。其具体办法有3种：①发展无关的产品，实行产品多元化。②以现有产品进入新地区市场，实行市场多元化。③发展新技术、新产品，取代现有产品。

在高科技领域实现技术飞跃是最有效的迂回进攻战略，可以避免单纯地模仿竞争者的产品和正面进攻造成的重大损失。公司应致力于开发新一代的技术，时机成熟后向竞争者发动攻击，把战场转移到自己已经占有优势的领域中去。

(5) 游击进攻：这种战略主要适用于规模较小、力量较弱的企业。因为小企业无力发动正面进攻或有效的侧翼进攻，只有向较大对手市场的某些角落发动游击攻势，才能逐渐削弱对手的实力。主要方法是在某一局部市场上有选择地降价、开展短促的密集促销、向对方采取相应的法律行动等。游击进攻能够有效地骚扰对手、消耗对手、牵制对手、误导对手、瓦解对手的士气、打乱对手的战略部署，而进攻方不冒太大的风险。其适用条件是对方的损耗将不成比例地大于进攻方。

市场挑战者的进攻战略是多样的，一个挑战者不可能同时运用所有这些战略，但也很难单靠某一种战略取得成功。通常是设计出一套战略组合即整体战略，借以改善自己的市场地位。例如，美国百事可乐公司对可口可乐公司是一个举世瞩目的典型挑战者，它在 1950～1960 年的 10 年间，发动了多样化的巨大攻势，并取得很大成功，销售量增长了 4 倍。但是，并非所有居于次要地位的企业都可充当挑战者，如果没有充分把握，不应贸然进攻市场领导者，最好是跟随而不是挑战。

9.4.3 市场跟随者战略

市场跟随者是指那些在产品、技术、价格、渠道和促销等大多数营销策略上模仿或跟随市场领导者的公司。大多数公司喜欢跟随战略而不是市场领导者或挑战者战略，这是因为：①让市场领导者和挑战者承担新产品开发、信息收集和市场开发所需的大量经费，自己坐享其成，减少支出和风险。②可以避免承受向市场领导者挑战可能带来的重大损失。

美国市场学学者西奥多·李维特教授认为，有时产品模仿（Product Imitation）像产品创新（Product Innovation）一样有利。因为一种新产品的开发者要花费大量投资才能取得成功，并获得市场领先地位，而其他企业（市场跟随者）从事仿造或改良这种产品，虽然不能取代市场领导者，但因不需大量投资，也可获得很高的利润，其盈利率甚至可能超过全行业的平均水平。

市场跟随者与挑战者不同，它不是向市场领导者发动进攻并图谋取而代之，而是跟随在领导者之后并伺机选择不致引起竞争性报复的发展道路。市场跟随者的主要战略有 3 类。

1. 寄生　这是指在各个细分市场和产品、价格、广告等营销组合策略方面模仿市场领导者，完全不进行任何创新，只是寄生性地利用市场领导者的投资而生存的公司。有些寄生者甚至发展成为仿制者，复制领导者的产品和包装，在黑市上销售或卖给名誉不好的经销商。在国际市场上名牌货的伪造或仿制对许多国际驰名的大公司是一个巨大的威胁。众所周知，许多唱片公司和名牌服装已被仿造成灾。

2. 模仿 模仿者在某些基本方面模仿领导者，但在包装、广告、价格等方面又有所不同。如果模仿者不进攻领导者，领导者也并不介意模仿者的存在。

3. 改进 改进者接受领先的产品，并改变或改进它们。改进者可选择销售给其他不同市场，而后成长为将来的挑战者。日本的许多公司通常是改进领导者的产品并在别处发展。

总的来说，虽然市场跟随战略不冒风险，但是也存在明显的缺陷。研究表明，市场份额处于第1、第3位和以后位次的公司，与第1位的公司在投资回报率方面还是有较大差距的。

超级链接

荣冠可乐的没落

在可口可乐与百事可乐争夺霸权的过程中，原来在20世纪30年代曾居第2位的荣冠可乐（Rc Cola）却逐渐没落。

荣冠可乐的规模太小，无法采取任何攻击性行动，它应该固守地区（如美国南部），打游击战。事实上，在20世纪60年代，荣冠可乐有机会翻身，但却没能抓住机会。

20世纪60年代初期，荣冠可乐推出“减肥莱特可乐”，发动一场有力的突击行为，对两大品牌造成相当大的震撼。3年之后，可口可乐才推出“大牌”可乐，而百事可乐则推出“保健百事可乐”对抗。到了20世纪60年代末期，“减肥莱特可乐”成为最畅销的减肥碳酸饮料，光是这项产品就几乎占了荣冠可乐盈利的一半。

但是荣冠公司没有乘胜追击，集中兵力于减肥莱特可乐上。他们兵分两路，企图让荣冠可乐与减肥莱特可乐在两个战场上从事战争，结果减肥莱特可乐逐渐衰退，最终微不足道。一个曾经主宰过减肥可乐市场的品牌，如今市场占有率却低于4%。

这是一场不公平的战争。两大可乐公司运用来自可口可乐和百事可乐的利润支持各自的减肥可乐品牌，而荣冠公司则运用来自减肥莱特可乐的利润对可口可乐与百事可乐发动无效的攻击。没有集中兵力、缩小战线是荣冠可乐落败的原因。

9.4.4 市场拾遗补缺者战略

在现代市场经济条件下，几乎每个行业都有些小企业，它们关注市场上被大企业忽略的某些细小部分，在这些小市场上通过专业化经营来获取最大限度的收益，也就是在大企业的夹缝中求得生存和发展。这种有利的市场位置在西方称之为“Niche”，即“补缺基点”或“利基”（有利的市场位置）。占据这种位置的企业就被称为“市场利基者”或“市场拾遗补缺者”。例如，在亚洲的啤酒市场上，真正领先的是本地的企业，如菲律宾的生力公司、新加坡的虎啤公司和韩国的东方公司等。由于这一市场日趋繁荣和复杂，外国啤酒公司只得寻求适合自己的补缺市场。

这种市场位置（补缺基点）不仅对于小企业有意义，而且对某些大企业中的较小部门也有意义，它们也常常设法寻找一个或几个这种既安全又有利的补缺基点。

1. 理想的利基市场具备的特征　它有足够的市场潜能和购买力；利润有增长的潜力；强大的公司对此市场不感兴趣；企业具有向这一市场提供优质产品和服务的资源及能力；企业既有的信誉足以对抗竞争者。

超级链接

市场拾遗补缺者的专业化选择

(1) 最终用户专业化公司：专门为某类最终用户服务。如计算机行业有些小企业专门针对某一类用户（如诊疗所、银行等）提供服务。

(2) 垂直层面专业化公司：致力于分销渠道中的某些层面，如制铝厂专门生产铝锭、铝制品或铝质零部件。

(3) 顾客规模专业化公司：专门为某一规模（大、中、小）的客户服务。如有些小企业专门为那些被大企业忽略的小客户服务。

(4) 特定顾客专业化公司：专门向一个或少数几个大客户销售产品。有许多小公司就只向一家大企业提供其全部产品。

(5) 地理区域专业化公司：专为国内外某一地区或地点服务。

(6) 产品或产品线专业化公司：只生产一种产品线或产品。如美国的绿箭公司专门生产口香糖这一种产品，现已发展成为一家世界著名的跨国公司。

(7) 产品特征专业化公司：专门生产某一种类型的产品或特征产品。例如，罗丽多尔公司在日本经销 27 个不同种类的家庭自制甜点——都是小批量生产，并且按照阿米什的配方与当地风味特点相结合来做。

(8) 质量和价格专业化公司：专门生产经营某一种质量和价格的产品。例如，惠普公司专门生产优质高价的微型电脑。

(9) 加工专业化公司：只为订购客户生产特制的产品。

(10) 服务项目专业化公司：专门提供某一种或几种其他企业没有的服务项目。例如，美国有一家银行专门承办电话贷款业务，并为客户送款上门。

(11) 分销渠道专业化公司：专门服务于某一类分销渠道。例如，某家软饮料公司只向加油站提供一种大容器包装的软饮料。

2. 市场拾遗补缺者的战略角色　一个企业取得补缺基点的主要战略是专业化市场营销，即在市场、顾客、产品或渠道等方面实行专业化。市场拾遗补缺者是弱小者，面临的主要风险是当竞争者入侵或目标市场的消费习惯变化时有可能陷入绝境。

作为市场拾遗补缺者要完成 3 个任务：创造利基市场、扩大利基市场、保护利基市场。例如，著名的运动鞋生产商耐克公司，不断开发适合不同运动项目的特殊运动鞋，如登山鞋、旅游鞋、自行车鞋、冲浪鞋等，这样就开辟了无数的补缺市场。每当开辟出这样的特殊市场后，耐克公司就继续为这种鞋开发出不同的款式和品牌，以扩大市场占有率。如果有新的竞争者闻声而来的话，耐克公司还要全力以赴保住其在该市场的领先地位。

选择市场补缺基点时，多重补缺基点比单一补缺基点更能减少风险，增加保险系数。因此，企业通常应选择两个或两个以上的补缺基点，以确保企业的生存和发展。

总之，在市场营销的竞争战略选择中，企业不能单纯强调以竞争者为中心，企业在密切关注竞争者的同时不应忽视对顾客的关注，以顾客为中心是重中之重。因此，企业在现代市场营销的战略制定过程中，既要注意竞争者，也要注意顾客。

本章小结

市场竞争是商品生产者之间，为了各自的经济利益，在市场活动中进行争夺的一种经济关系，是与商品经济同生同灭的范畴，是商品经济的特征。只要有商品生产和商品交换，就必然有竞争。

根据产品替代观念，我们可以区分以下 4 种层次的竞争者：品牌竞争、行业竞争、形式竞争和一般竞争。

竞争者分析包括：①识别竞争者。②确定竞争对手的目标。③确定竞争者的策略。④确定竞争者优势与劣势。⑤确定竞争对手的反应模式。⑥选择竞争对手。

在确定竞争对手的反应模式时，每个竞争者对事情的反应各不相同。这主要取决于竞争对手自已的战略意图及所具有的战略能力，竞争对手是否对自己目前的形势满意，竞争对手受到威胁的程度。另外还取决于竞争对手的实力和信心，即他是否有足够的信心依靠现有的条件打败对手对其的威胁。具体地说可分为 5 种反应模式：①从容不迫型。②全面防守型。③选择型。④强烈反击型。⑤随机型。

企业取得市场竞争优势的战略主要有以下几种：差异化战略、成本领先战略和目标集中战略。

企业在市场中的地位不同，其竞争战略也各不相同。企业处于市场领导者地位，通常设法扩大整个市场需求，采取有效的防守与攻击战略；企业处于市场挑战者地位，可采用向市场领导者挑战或跟随的战略；企业处于市场跟随者地位，可跟随在领导者之后并伺机选择不致引起竞争性报复的发展道路；企业处于市场拾遗补缺者地位，主要采用专业化战略。

思 考 题

1. 竞争者分析包括哪些内容？
2. 竞争者的一般竞争战略有哪几种？
3. 什么是市场领导者？它主要采用哪些市场竞争战略？
4. 什么是市场挑战者？其主要进攻战略有哪些？
5. 市场跟随者可分为哪些类型？
6. 理想的利基市场具备哪些特征？

案 例 分 析

别克中国营销案例

从 1999 年市场占有率 3%，排名第 7，发展到 2003 年市场占有率超过 10%，成为仅次于上海大众、一汽大众之后的第 3 轿车生产集团，上海通用每年都以 100%的速度超常规发展。目前，上海通用已经拥有三大系列车型，分别为别克系列、多功能商务车和赛欧系列。

通用刚进入中国走的是高端路线。在当时的中国轿车市场上，桑塔纳、捷达和富康已经占据中档车的主要市场，经济型轿车的竞争也比较激烈，只有中高档轿车市场还是以进口车为主，市场存在较大的空间。于是通用把旗下成熟的别克车型引进中国市场，上市的第 1 年就推出了 3 款轿车：别克新世纪、GLX 和 GL，成为当时中国市场上的最高档车型，几乎领先更高档的奥迪 A6 半年多时间，从而在市场上处于主动地位。

随着别克在中国的成功，一汽大众和广州本田也先后从德国大众和日本本田引进了与别克同一级的奥迪 A6 和本田雅阁，其中奥迪 A6 占据国产顶级轿车的翘楚，本田雅阁则是最畅销的车型之一。接下来，上海大众又从德国大众引进更先进的帕萨特 B5，也是一款在国际上屡次获得大奖的车型。这样一来，在 25～45 万元这一级的市场上就出现了奥迪 A6、别克系列、本田雅阁和帕萨特四大品牌的竞争。高档车市场竞争开始白热化，别克系列轿车受到来自一汽大众、上海大众和广州本田的挑战，市场受到一定挤压。

为了寻求突破，上海通用把眼睛盯向了经济型轿车市场，向低端市场延伸。应该说，经过了两三年的市场运作和品牌传播，别克轿车在中国已经有了很高的知名度和认知度，凭借着别克的品牌号召力完全可以进行品牌延伸。在2000年以前的经济型轿车市场上，还没有一款完全意义上的进口轿车，国产车虽然价格便宜，但给消费者的印象却是低质低价，缺乏一种具有竞争力的车型。这时，上海通用将在海外市场上的一款欧宝车引进中国，取名赛欧，俗称小别克。

别克赛欧推出后，在中国轿车市场引起很大轰动，凭借着别克的品牌效应和10万元轿车的概念，别克赛欧在中国轿车市场取得了成功。接下来，上海通用又针对中国家庭市场推出了赛欧的家庭版——赛欧SRV，将全新的汽车消费观引入中国普通的消费者中。

在短短的几年内，上海通用跻身中国三大轿车集团行列，完成了一次飞跃。上海通用的发展过程中，成功的产品战略是保证其快速发展的基础，它总是能够根据中国市场的变化适时地推出相应的新产品，填补国内某个市场的空白，并保持每年推出一款新车的新产品策略。在短短的三四年内，产品线从30多万元覆盖到10万元左右的各个级别，同时还在多功能商务车市场上占据绝对优势。

案例思考

根据材料详细分析别克的及时补缺、迅速占位的竞争战略。

第10章　产品策略

学习目标　通过本章学习，了解产品的整体概念和产品的种类；理解产品组合的相关概念及其策略；掌握产品生命周期理论及其策略应用；了解新产品的开发程序。

产品是市场营销组合中最重要也是最基本的因素。企业在制定营销组合策略时，首先必须决定发展什么样的产品来满足目标市场需求。同时，产品策略还直接或间接地影响到其他营销组合因素的管理。从这个意义上说，产品策略是整个营销组合策略的基石。

10.1　产品概念与分类

10.1.1　产品概念

在现代市场营销学中，产品概念具有极其宽广的外延和深刻的内涵。产品是指能够通过交换满足消费者或用户某一需求和欲望的任何有形物品和无形的服务。

菲利普·科特勒等营销学者认为，5个层次的表述方式能够更深刻和更准确地表述产品整体概念的含义。

1. 核心产品（核心利益，core benefit）　核心产品又称为实质产品，是指向顾客提供的产品的基本效用或利益，从根本上说，每一种产品实质上都是为解决问题而提供的服务。比如，人们购买空调机不是为了获取装有某些电器零部件的物体，而是为了在炎热的夏季，满足凉爽舒适的需求。又如，在旅馆，夜宿旅客真正购买的是“休息与睡眠”。任何产品都必须具有反映顾客核心需求的基本效用或利益。

2. 形式产品（基础产品，basic product）　形式产品是指核心产品借以实现的形式，如一个旅馆的房间应包括床、浴巾、毛巾、桌子、衣橱、卫生间等。形式产品由5个特征构成，即品质、式样、特征、商标及包装。即使是纯粹的服务产品，也具有与此类似的5个特征。产品的基本效用必须通过特定形式才能实现，市场营销人员应努力寻求更加完善的外在形式以满足顾客的需要。

3. 期望产品（expected product）　这是指购买者在购买该产品时期望得到的与产品密切相关的一整套属性和条件。例如，旅客在寻找一旅馆时期望干净的床、新的毛巾、台灯和相对安静的环境。由于大多数旅馆能满足这最低的期望，所以，旅客通常没有什么偏好并且找最方便的旅馆留宿。

4. 附加产品（augmented product） 这是指顾客购买产品时所获得的全部附加利益与服务，包括安装、送货、保证、提供信贷、售后服务等。例如，旅馆能增加它的产品，包括电视机、洗发香波、鲜花、结账快捷、美味晚餐和良好房间服务等。如今的竞争主要发生在附加产品的层次上，这正如美国学者西奥多·莱维特指出的："现代竞争的关键，并不在于各家公司在其工厂中生产什么，而在于它们能为其产品增加些什么内容。"

5. 潜在产品（potential product） 潜在产品是指最终可能实现的全部附加部分和新转换部分，或者说是指与现有产品相关的未来可发展的潜在性产品。潜在产品指出了产品可能的演变趋势和前景，如彩色电视机可发展为录放影机、电脑终端机等。

许多最成功的公司在它们的产品和服务中增加了额外的优惠和好处，使得不仅让顾客满意（satisfy），而且令顾客愉悦（delight）。愉悦是指对提供物表现出出乎意料的惊喜。如旅馆客人在枕下发现了糖果，或发现了一束花，或因特网服务。

以上5个层次，就构成了营销学中的产品整体概念的基本内容。

10.1.2 产品分类

在现代营销观念中，产品分类的思维方式是每一个产品类型都有与之相适应的市场营销组合策略。

1. 非耐用品、耐用品和服务 产品可以根据其耐用性和是否有形而分为3类。

(1) 非耐用品（nondurable goods）：非耐用品一般是有一种或多种消费用途的低值易耗品，例如，啤酒、肥皂和盐等。售价中的加成要低，还应加强广告以吸引顾客试用并形成偏好。

(2) 耐用品（durable goods）：耐用品一般是指使用年限较长、价值较高的有形产品。例如，冰箱、彩电、机械设备等。耐用品需要较多的人员推销和服务。

(3) 服务（services）：服务是为出售而提供的活动、利益或满意度，例如，理发和修理。服务的特点是无形、不可分、异质性和不可储存。一般来说，它需要更多的质量控制、供应商信用以及适用性。

2. 消费品分类 消费品可以根据消费的特点区分为便利品、选购品、特殊品和非渴求物品4种类型。

(1) 便利品（convenience goods）：这是指顾客频繁购买或随时购买的产品，例如，烟草制品、肥皂和报纸等。便利品可以进一步分成常用品、冲动品以及救急品。常用品（staples）是顾客经常购买的产品。例如，某顾客也许经常要购买"可口可乐"、"佳洁士"牙膏。冲动品（impulse goods）是顾客没有经过计划或搜寻而顺便购买的产品。救急品（emergency goods）是当顾客的需求十分紧迫时购买的产品。救急品的地点效用很重要，一旦顾客需要能够迅速实现购买。

(2) 选购品（shopping goods)：这是指顾客对适用性、质量、价格和式样等基本方面要作认真权衡比较的产品，例如，家具、服装、汽车和大的器械等。选购品可以划分为同质品和异质品。购买者认为同质选购品的质量相似，但价格却明显不同，所以有选购的必要，销售者必须与购买者“商谈价格”。但对顾客来说，在选购服装、家具和其他异质选购品时，产品特色通常比价格更重要。经营异质选购品的经营者必须备有大量的品种花色，以满足不同的爱好；还必须有受过良好训练的推销人员，为顾客提供信息和咨询。

(3) 特殊品（specialty goods)：这是指具备独有特征和（或）品牌标记，购买者愿意作出特殊购买努力的产品，例如，特殊品牌和特殊式样的花色商品、小汽车、立体声音响、摄影器材以及男式西服。

(4) 非渴求品（unsought goods)：这是指消费者不了解或即便了解也不想购买的产品。传统的非渴求品有人寿保险、墓地、基碑以及百科全书等。对非渴求品要付出广告和人员推销等大量营销努力。

3. 产业用品分类　各类产业组织需要购买各种各样的产品和服务。可以把产业用品分成3类：材料和部件、资本项目以及供应品与服务。

(1) 材料和部件（materials and parts)：这是指完全转化为制造商产成品的一类产品，包括原材料、半制成品和部件，如农产品、构成材料（铁、棉纱）和构成部件（马达、轮胎)。上述产品的销售方式有所差异。农产品需进行集中、分级、储存、运输和销售服务，其有易腐性和季节性的特点，决定了要采取特殊的营销措施。构成材料与构成部件通常具有标准化的性质，意味着价格和供应商的可信性是影响购买的最重要因素。

(2) 资本项目（capital items)：这是指部分进入产成品中的商品（资本)。包括两个部分：装备和附属设备。装备包括建筑物（如厂房）与固定设备（如发电机、电梯)。该产品的销售特点是售前需要经过长时期的谈判；制造商需使用一流的销售队伍；设计各种规格的产品和提供售后服务。附属设备包括轻型制造设备和工具以及办公设备，这种设备不会成为最终产品的组成部分，它们在生产过程中仅仅起辅助作用。资本项目市场的地理位置分散、用户众多、订购数量少。质量、特色、价格和服务是用户选择资本项目时所要考虑的主要因素。促销时人员推销比广告重要得多。

(3) 供应品与服务（supplies and business services)：这是指不构成最终产品的那类项目，比如，打字纸、铅笔等。供应品相当于工业领域内的方便品，顾客人数众多、区域分散且产品单价低，一般都是通过中间商销售。由于供应品的标准化，顾客对它无强烈的品牌偏爱，价格因素和服务就成了影响购买的重要因素。商业服务包括维修或修理服务和商业咨询服务，维修或修理服务通常以签订合同的形式提供。

上述关于产品分类的方法，说明产品特性对营销策略是有很大影响的。针对不同的产品特征来制定不同的市场营销策略是企业不容忽视的一个重要方面。

10.2 产品组合及其组合策略

10.2.1 产品组合及其相关概念

企业为了进行正确的产品决策，除了要用“产品整体”概念研究产品外，还要对企业生产营销的全部产品的组合情况进行分析和选择。

1. 产品组合、产品线及产品项目　产品组合是指企业全部产品线和产品项目的组合或结构，即企业的业务经营范围。产品线是指产品组合中的某一产品大类，是一组密切相关的产品。比如，以类似的方式发挥功能，售给相同的顾客群，通过同一的销售渠道出售，属于同一的价格范畴等。产品项目是衡量产品组合各种变量的一个基本单位，是指产品线内不同的品种以及同一品种不同的品牌。例如，某商场经营家电、百货、鞋帽、文教用品等，这就是产品组合；而其中“家电”或“鞋帽”等大类就是产品线；每一大类里包括的具体品牌、品种为产品项目。

2. 产品组合的宽度、长度、深度和关联度　产品组合包括 4 个衡量变量：宽度、长度、深度和关联度。

1）产品组合的宽度是指产品组合中所拥有的产品线数目。产品组合的宽度越大，说明企业的产品线越多；反之，宽度越窄，则产品线越少。

2）产品组合的长度是指产品组合中产品项目的总数。以产品项目总数除以产品线数目即可得到产品线的平均长度。

3）产品组合的深度指产品项目中每一品牌所含不同花色、规格、质量的产品数目的多少。如“佳洁士”牌牙膏有 3 种规格和两种配方（普通味和薄荷味），其深度就是 6。通过统计，每一品牌的不同花色、规格、质量的产品的总数目除以品牌总数，即为企业产品组合的平均深度。产品组合的深度越大，企业产品的规格、品种就越多；反之，深度越浅，则产品就越少。

实际上，一般公司的产品组合总长度要长得多，深度也要深得多。例如，童帽作为一个品种，可以有几个、十几个品牌，其中一个品牌不同花色、规格、质量的产品可以有几十个甚至几百个，因此，有的公司经营的产品如按花色、规格、质量统计可达几万种以至几十万种。

4）产品组合的关联度是指各条产品线在最终用途、生产条件，分配渠道，或其他方面相互关联的程度。例如，某家用电器公司拥有电视机、收录机等多条产品线，但每条产品线都与电有关，这一产品组合具有较强的相关度。产品组合的深度越浅，宽度越窄，则产品组合的关联度越大；反之，则关联度越小。

产品组合的宽度、深度和关联度对企业的营销活动会产生重大影响。通常，增加产品组合的宽度，即增加产品线的数目、扩大经营范围，可以使企业获得新的发展机会，更充分的利用企业的各种资源，分散企业的投资风险；增加产品组合的深度，会使各条产品线具有更多规格、花色、型号的产品，更好的满足消费者的不同需要和偏好，增强企业的竞争力；增加产品组合的关联度，可以发挥企业在其擅长领域的资源优势，避免进入不熟悉的领域可能带来的风险。因此，企业根据市场需求、竞争态势和企业自身能力，对产品组合的宽度、深度和关联度进行选择是非常必要的。

超级链接

海尔集团的产品组合

海尔集团现有家用电器、信息产品、家居集成、工业制造、生物制药和其他6条产品线，表明产品组合的宽度为6。产品组合的长度是企业所有产品线中产品项目的总和。根据标准不同，长度的计算方法也不同。如海尔现有15100种不同类别、型号的具体产品，表明产品组合的长度是15100。产品组合的深度是指产品线中每一产品有多少品种。如海尔集团的彩电产品线下有宝德龙系列等17个系列的产品，而在宝德龙系列下，又有29F8D－PY、29F9D－P等16种不同型号的产品，这表明海尔彩电的深度是17，而海尔宝德龙系列彩电的深度是16。产品组合的关联度是各产品线在最终用途、生产条件、分销渠道和其他方面相互关联的程度。如海尔集团所生产的产品都是消费品，而且都是通过相同的销售渠道，就产品的最终使用和分销渠道而言，这家公司产品组合的关联度较大。但是，海尔集团的产品对消费者来说有各自不同的功能，就这一点来说，其产品组合的关联度小。

资料来源：中国市场营销网 http://www.ecm.com.cn。

10.2.2 产品组合策略

根据产品组合的4种尺度，企业可以采取4种方法发展业务组合，即开拓产品组合的宽度，扩展企业的经营领域，实行多样化经营，分散企业投资风险。增加产品组合的长度，使产品线丰满充裕，成为更全面的产品线公司；加强产品组合的深度，占领同类产品的更多细分市场，满足更广泛的市场需求，增强行业竞争力；加强产品组合的关联度，使企业在某一特定的市场领域内加强竞争和赢得良好的声誉。

1. 扩大产品组合　它包括开拓产品组合的宽度和加强产品组合的深度。前者是指在原产品组合中增加产品线，扩大经营范围，例如，某企业在家电类产品的基础上开始生产通信类产品手机；后者是指在原有产品线内增加新的产品项目。当企业预测现有产品线的销售额和盈利率在未来可能下降时，就应当考虑在现有产品组合中增加新的产品线，或加强其中有发展潜力的产品线，例如，某家电企业推出智能型的新款洗衣机。

2. 缩减产品组合　市场繁荣时期，较长较宽的产品组合会为企业带来更多的盈利机会。但是在市场不景气或原料、能源供应紧张时期，缩减产品线反而能使总利润上升，因为剔除那些获利小甚至亏损的产品线或产品项目，企业可集中力量发展获利多的产品线和产品项目。

3. 产品线延伸策略　每一企业的产品都有特定的市场定位，如美国的“林肯”牌汽车定位在高档市场，“雪佛莱”牌定位在中档汽车市场，而“斑马”则定位于低档车市场。产品线延伸策略是指全部或部分地改变原有产品的市场定位，具体有向下延伸、向上延伸和双向延伸 3 种实现方式。

（1）向下延伸：有些生产经营高档产品的企业渐次增加一些较低档的产品项目，称为向下延伸。这种策略通常适合于下列几种情况：①利用高档名牌产品的声誉，吸引购买力水平较低的顾客慕名购买此产品线中的低档廉价产品。②高档产品的销售增长速度下降。③企业最初进入高档产品市场的目的是建立品牌信誉，树立高级的企业形象，然后再进人中、低档产品市场，以扩大销售增长率和市场份额。④补充企业的产品线空间，以防止新的竞争者涉足。

但是，实行这种策略会使企业面临一些风险：①推出较低档的产品可能会使原有高档产品的市场更加缩小。②如果处理不慎，可能影响企业原有产品的市场形象及名牌产品的市场声誉。③可能迫使竞争者转向高档产品的开发。④经销商可能不愿意经营低档货。同时，采用这种策略必须辅之以一套相应的营销策略，如对销售系统的重新设置等，所有这些将大大增加企业的营销费用开支。

（2）向上延伸：有些企业原来生产经营低档产品，渐次增加高档产品，称为向上延伸。这种策略通常适合于下列几种情况：①高档产品市场具有较高的销售增长率和毛利率。②企业的技术设备和营销能力已具备进入高档产品市场的条件。③为了追求高、中、低档齐备的完整的产品线。④以较高级的产品项目来提高整条产品线的地位。

实行这种策略的企业也要承担一定的风险：①发展高档产品可能促使原来生产经营高档产品的企业采取向下延伸策略，从而增加了竞争压力。②顾客可能对该企业生产经营高档产品的能力缺乏信任（要改变产品在顾客心目中的地位是相当困难的)。③原有的销售人员和经销商可能没有推销高档产品的经验和技能。

（3）双向延伸：有些生产经营中档产品的企业，掌握了市场优势以后，逐渐向高档和低档两个方向延伸，称为双向延伸。

产品延伸有利有弊。比如，可以满足更多消费者的需求，迎合消费者求异求变的心理、适应不同层次价格的需求，以及可以减少企业开发新产品的风险等。但其负面作用是，降低品牌忠诚度、产品的不同项目难以区分、引起成本增加等。因此，把握好延伸的度至关重要，企业经营应当及时关注产品利润率的情况，集中生产利润较高的产品，削减那些利润低或者亏损的品种；当需求紧缩时，缩短产品线，当需求旺盛时，延伸产品大类。

4. 产品线现代化决策　产品线现代化决策是强调把现代科学技术应用于生产经营过程，并不断改进产品线使之符合现代顾客需求的发展潮流。如果产品组合的广度、深度和长度都很适宜，但是，生产方式已经落后，或者产品跟不上现代顾客需求的潮流，就会影响企业生产和市场营销效率，就必须实施产品线现代化决策。比如，我国一些纺织企业为了迎接 WTO 给国内纺织企业带来的国际市场机会，在设备更新改造方面进行了大量的投资，从而增强了我国纺织企业在国际纺织品市场的竞争能力，大大增强了纺织品的出口创汇水平。

当企业决定实施产品线现代化决策时，面临的主要问题是，如何以渐进方式还是以快速方式实现产品线的技术改造？逐步实现产品线现代化可以节省资金，但也容易被竞争者发现和模仿；快速实现产品线现代化，可以快速产生市场效果，并对竞争者形成威胁，但需要在较短的时间内投入大量的资金。

5. 产品线号召决策　有的企业在产品线中选择一个或少数几个产品项目进行精心打造，使之成为颇具特色的号召性产品去吸引顾客。有时候，企业以产品线上低档产品型号进行特别号召，使之充当开拓销路的廉价品。

10.3　产品生命周期理论与策略

10.3.1　产品生命周期阶段

任何产品在市场营销过程中，都有一个发生、发展到被淘汰的过程，就像任何生物都有其出生、成长到衰亡的生命过程一样。在市场上，同一种用途的新产品问世并取代了旧产品以后，旧产品的市场生命也就结束了。一般来说，新产品一旦投入市场，就开始了它的市场生命。

1. 产品生命周期的概念　所谓产品生命周期，就是指产品从进入市场销售到最后被淘汰的全过程，也就是产品的市场生命周期。产品进入市场销售，其市场生命周期开始，产品退出市场，其市场生命周期结束。产品生命周期是现代营销管理中的一个重要概念。为加深对这一概念的理解，应明确以下 4 点：

1）产品生命周期，是指产品的市场寿命，而不是产品的使用寿命。产品的使用寿命是指一种产品从进入消费领域被使用，到失去其使用价值的时间间隔；而产品的市场寿命是指一种产品从进入市场时兴起来，到被淘汰退出市场的时间间隔。因此，有些产品品种的使用寿命很短，而市场寿命却很长，如火柴、食品等。而有些产品品种的使用寿命较长，而市场寿命却很短，如服装、电器、计算机等更新换代很快的产品。

2）产品生命周期，是指产品品种的市场生命过程，而不是指产品种类的市场寿命。相对而言，只有产品中的某一个特定品种，才会有市场生命周期问题，如车辆、船舶、某种服装、某种食品，才有不同的市场生命周期。

3）产品生命周期不能等同于产品在流通领域内停留的时间。许多产品在市场销售中已被淘汰，但这些产品由于没有最终进入消费领域，仍然停留在流通领域中。因此，观察某种产品生命周期的最后阶段，不能以流通领域中是否存在此产品为标准，而应观察其销售情况和其他因素。

4）产品生命周期的曲线图与正态分布曲线相类似，但这只是理论上的概括，实际上许多产品生命周期的曲线变异较大，这是由多种因素影响所致。

2. 产品生命周期的 4 个阶段　典型的产品生命周期一般可分为 4 个阶段：介绍期（又称引入期）、成长期、成熟期和衰退期（见图 10-1）。

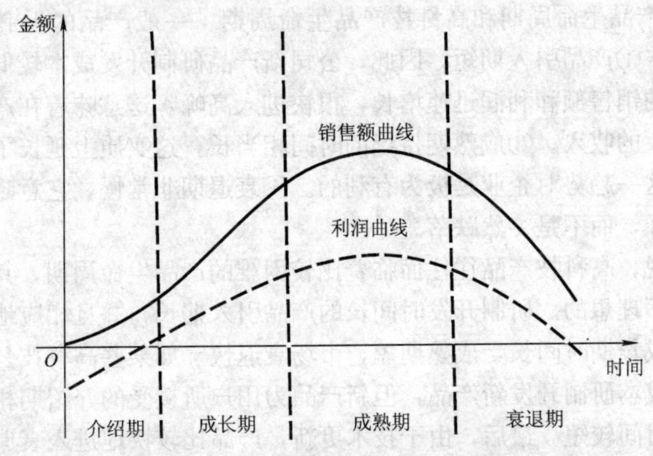

图 10-1　产品生命周期与销售利润曲线

（1）介绍（引入）期：介绍期是指某种产品刚刚投入市场的试销阶段。在此阶段，产品销售呈缓慢增长状态，销售量有限。企业由于投入大量的新产品研制开发费用和产品促销费用，几乎无利可赚。

（2）成长期：成长期是指某种产品在市场上已打开销路后的销售增长阶段。在此阶段，产品在市场上已被消费者所接受，销售额迅速上升，成本大幅度下降，企业利润得到明显的改善。

（3）成熟期：成熟期是指某种产品在市场上普遍销售以后的饱和阶段。在此阶段，大多数购买者已经拥有这种产品，市场销售额从显著上升逐步趋于缓慢下降的阶段。

（4）衰退期：衰退期是指某种产品在市场上已经滞销而被迫退出市场的衰亡阶段。

3. 产品生命周期的其他形态　产品生命周期是一种理论抽象，在现实经济生活中，并不是所有产品的生命历程都完全符合这种理论形态。除上述正态分布曲线，还有以下几种形态：

(1) 再循环形态：这是指产品销售进入衰退期后，由于种种因素的作用而进入第 2 个成长阶段。这种再循环型生命周期是市场需求变化，或厂商投入更多的促销费用的结果。

(2) 多循环形态：也称“扇形”运动曲线，或波浪型循环形态，是在产品进入成熟期以后，厂商通过制定和实施正确的营销策略，使产品销售量不断达到新的高潮。

(3) 非连续循环形态：大多数时髦商品呈非连续循环，这些产品一上市即热销，而后很快在市场上销声匿迹。厂商既无必要也不愿意作延长其成熟期的任何努力，而是等待下一周期的来临。

4. 一般产品生命周期和高科技产品生命周期　一般产品的生命周期形态具有以下特征：①产品引入期短，因此，公司新产品研制开发成本较低。②成长期短，新产品的销售额和利润迅速增长，很快进入高峰，这意味着在产品生命初期即可获得最大的收入。③成熟期持续的时间相当长，这实质上延长了获利时间和利润数量，这一趋势对企业是极为有利的。④衰退期非常慢，它意味着销售额和利润缓慢下降，而不是突然跌落。

一般来说，高科技产品往往面临着比较困难的产品生命周期，其产品生命周期曲线是最不理想的。研制开发时间长的产品引入期长，并且相应地要付出高成本；引入、成长期时间长，成熟期短，市场衰退快。如某些高科技公司投入了大量的时间和成本研制开发新产品，但新产品为用户所接受的介绍期相当长，在市场上持续的时间较短。最后，由于技术更新，产品比较快地进入衰退期。

超级链接

微软的产品生命周期和产品组合策略

成立于 1975 年的微软公司经过 20 多年的发展，在全球 50 多个国家和地区设有分公司，共有员工 44000 多人，其董事长比尔·盖茨在 2000 年前后荣登世界首富的宝座，并造就了 3000 多个百万富翁。微软的成功，在很大程度上取决于其产品策略。

新产品策略　软件产品的生命周期符合摩尔定律，软件的生命周期中，投入期、成长期较长，而其产品成熟期较短，产品一旦步入衰退期，现有产品在极短时间内就会被市场淘汰。面对激烈的竞争市场，微软应用了快速的新产品策略，每年投入约 50 亿美元用于基础研究和产品开发，平均 2～3 年就推出新的产品。就操作系统而言，从 WINDOWS3.2 到 WINDOWS95 花了 5 年的时间、从

WINDOWS95 到 WINDOWS98 花了不到 3 年的时间，从 WINDOWS98 到 WINDOWS2000 花了 2 年的时间，而从 WINDOWS2000 到 WINDOWSXP 花了 1 年的时间。

产品组合策略　微软在采取新产品策略的同时，还综合采用了各种产品组合策略，在中国的产品类型主要有商用软件、操作系统平台、开发工具、Internet 技术、硬件产品系列、Macitach 产品系列和家用游戏产品系列等。不但其产品涉及的面广，而且其同一类型的产品考虑了不同人的需要。此外，微软还有通过与信息高科技产品相配套的其他相关产品系列，强化其市场地位，获得较高利润，增加资本积累。

资料来源：中国市场营销网 http://www.ecm.com.cn

10.3.2　产品生命周期各阶段的特点与营销策略

1. 介绍期的市场特点与营销策略

（1）介绍期的市场营销特点

1）消费者对该产品不了解，大部分顾客不愿放弃或改变自己以往的消费行为，因此，产品的销售量小，而单位产品成本相应较高。

2）尚未建立理想的营销渠道和高效率的分配模式。

3）价格决策难以确立，高价可能限制购买，低价则可能难以收回成本。

4）广告费用和其他营销费用开支较大。

5）产品的技术、性能还不够完善。

6）利润较少，甚至出现经营亏损，企业承担的市场风险最大。但这个阶段市场竞争者较少，企业若建立有效的营销系统，即可以将新产品快速推进，进入市场发展阶段。

（2）介绍期的市场营销策略：介绍期的市场营销策略主要包括：

1）快速撇取策略。即以高价格和高促销费用推出新产品。实行高价格是为了在每一单位销售额中获取最大的利润，高促销费用是为了引起目标市场的注意，加快市场渗透。成功地实施这一策略，可以赚取较大的利润，尽快收回新产品开发的投资。实施该策略的市场条件是，市场上有较大的需求潜力；目标顾客具有求新心理，急于购买新产品，并愿意为此付出高价；企业面临潜在竞争者的威胁，需要及早树立名牌。

2）缓慢撇取策略。即以高价格、低促销费用将新产品推入市场。高价格和低促销费用结合可以使企业获得更多利润。实施该策略的市场条件是，市场规模相对较小，竞争威胁不大；市场上大多数用户对该产品没有过多疑虑；适当的高价能被市场接受。

3）快速渗透策略。即以低价格和高促销费用推出新产品。目的在于先发制人，以最快的速度打入市场。该策略可以给企业带来最快的市场渗透率和最高的市场占有率。实施这一策略的条件是，产品市场容量很大；潜在消费者对产品不了解，且对价格十分敏感；潜在竞争比较激烈；产品的单位制造成本可随生产规模和销售量的扩大迅速下降。

4）缓慢渗透策略。即企业以低价格和低促销费用推出新产品。低价是为了促使市场迅速地接受新产品，低促销费用则可以实现更多的净利。企业坚信该市场需求价格弹性较高，而促销弹性较小。实施这一策略的基本条件是，市场容量较大；潜在顾客易于或已经了解此项新产品且对价格十分敏感；有相当的潜在竞争者准备加入竞争行列。

2. 成长期的特点与营销策略

（1）成长期的市场营销特点

1）消费者对新产品已经熟悉，销售量增长很快。

2）大批竞争者加入，市场竞争加剧。

3）产品已定型，技术工艺比较成熟。

4）建立了比较理想的营销渠道。

5）市场价格趋于下降。

6）为了适应竞争和市场扩张的需要，企业的促销费用水平基本稳定或略有提高，但占销售额的比率下降。

7）由于促销费用分摊到更多销量上，单位生产成本迅速下降，企业利润迅速上升。

（2）成长期的营销策略：企业营销策略的核心是尽可能地延长产品的成长期。具体来说，可以采取以下营销策略：

1）根据用户需求和其他市场信息，不断提高产品质量，努力发展产品的新款式、新型号，增加产品的新用途。

2）加强促销环节，树立强有力的产品形象。促销策略的重心应从建立产品知名度转移到树立产品形象。主要目标是建立品牌偏好，争取新的顾客。

3）重新评价渠道、选择决策，巩固原有渠道，增加新的销售渠道，开拓新的市场。

4）选择适当的时机调整价格，以争取更多顾客。

企业采用上述部分或全部市场扩张策略，会加强产品的竞争能力，但也会相应地加大营销成本。因此，在成长阶段，面临着“高市场占有率”或“高利润率”的选择。一般来说，实施市场扩张策略会减少眼前利润，但加强了企业的市场地位和竞争能力，有利于维持和扩大企业的市场占有率，从长期利润观点看，更有利于企业发展。

3. 成熟期的特点与营销策略

（1）成熟期的市场营销特点

1）产品的销售量增长缓慢，逐步达到最高峰，然后缓慢下降。

2）市场竞争十分激烈，竞争者之间的产品价格趋向一致。

3）各种品牌、各种款式的同类产品不断出现。

4）在成熟期的后段，消费者的兴趣已开始转移，企业利润开始下降。

（2）成熟期的营销策略：对许多产品来说，成熟期持续时间最长。对成熟期的产品，企业宜采取主动出击策略，使成熟期延长，或使产品生命周期出现再循环，为此，可以采取以下3种策略：

1）市场改良策略。也称市场多元化策略。这种策略不需要改变产品本身，只要开发新市场，寻求新用户。这通常有3种形式：①寻找新的细分市场，使产品进入尚未试用过的市场。②刺激现有顾客，增加使用率。③重新树立产品形象，寻找新的买主。

2）产品改良策略。也称为“产品再推出”。这是指改进产品的品质或服务后再投放市场。这种策略是通过产品本身的改变来满足消费者的不同需要。产品整体概念的任何一个层次的改良都可视为产品再推出，包括提高产品质量、改变产品的款式和特色，为顾客提供新的服务等。

3）营销组合改良策略。即通过改变定价、分销渠道及促销方式来延长产品的成熟期。营销策略是营销因素组合的巧妙运用，可以通过改变一个因素，或改变几个因素的搭配关系来刺激和扩大消费者购买。例如，产品质量不变，降低价格就可以扩大销售；也可以采取增加分销渠道，增加销售网点等办法来促进销售。

4. 衰退期的特点与营销策略

（1）衰退期的特点

1）销售量由缓慢下降变为迅速下降，消费者对该产品已不感兴趣。

2）价格降到最低点。

3）多数企业无利可图，纷纷退出市场。

4）留在市场上的企业，通常采取削减促销费用、简化分销渠道、调低价格、处理存货等措施，以维持微利或保本经营。

（2）衰退期的营销策略：判断一种产品是否已进入衰退期，企业需要进行认真的研究分析，然后决定是继续留在市场还是退出市场。在衰退期可采取的营销策略主要有：

1）集中策略。即企业把资源集中使用在最有利的细分市场、最有效的销售渠道和最易销售的品种、款式上。概言之，缩短战线，以缩短产品退出市场的时间，以最有利的市场获得尽可能多的利润。

2）维持策略。即保持原有的细分市场和营销组合策略，仍然保持原来的细分市场，使用相同的分销渠道、定价和促销方式，把销售维持在一个低水平上。

待到适当时机，便停止该产品的经营，退出市场。

3）榨取策略。即大幅度降低销售费用，如广告费用削减为零、大幅度精简推销人员等，这样可能导致产品在市场上的衰退加速，但可以争取产品被淘汰前的最后一部分利润。

4）转移策略。这种策略一般有两种方式：①立即转移。企业停止生产经营衰退期的产品，出卖、转让产品商标及存货，处理好善后事宜，将企业的资源转向新的经营项目。②逐步转移。企业及早开发出新产品，对处于衰退期的产品逐步停产，有序地完成新老产品的更替，以尽量减少停产、转产给企业带来的损失。

如果企业决定停止经营衰退期的产品，应在立即停产还是逐步停产问题上慎重决策，并应处理好善后事宜，使企业有秩序地转向新产品经营。

10.4 新产品开发

科技进步日新月异，文明发展一日千里，各种新知识、新产品、新技术不断产生，一些传统旧观念、方法和技术，不是被淘汰，就是被大幅度地改进。产品生命周期迅速缩短，已成为当代企业不可回避的现实。正是这种现实迫使每个企业不得不把开发新产品，作为关系企业生存兴亡的战略重点。如日本索尼公司为不断扩大自己在国际市场的竞争实力，每年向市场推出 1000 种新产品。又如，创建于 1902 年的美国明尼苏达采矿制造公司，从生产砂纸开始，逐步发展到卫生保健、电力、运输、航空、航天、通信、建筑、教育、娱乐与商业。在它 100 多年的发展中，始终保持着锐意创新的精神，它比其他公司更快更多地开发出新产品。它曾气度非凡地推出一份引人注目的产品目录，从不干胶贴纸到心肺治疗仪器，竟达 6 万多种。据统计，该公司年度销售额的 30%左右来自近五年内开发出的新产品。正因为如此，明尼苏达公司在美国 500 家大企业中位居第 28 位，销售额 140 多亿美元，利润达到 12 亿美元。

10.4.1 新产品的概念及种类

市场营销学中所使用和讨论的新产品概念与因科学技术在某一领域的重大发展所推出的新产品，在概念上有所不同。产品只要在功能或形态上得到改进或与原有产品产生差异，并为顾客带来新的利益，即视为新产品。具体地说，新产品可分为 6 种基本类型。

1）全新产品，即运用新一代科学技术革命创造的整体更新产品。

2）新产品线，即使企业首次进入一个新市场的产品。

3）现有产品线的增补产品。

4）现有产品的改进或更新，对现有产品性能进行改进或注入较多的新价值。

5）再定位，进入新的目标市场或改变原有产品市场定位而推出的新产品。

6）成本减少，以较低成本推出同样性能的新产品。

总之，企业新产品开发的实质是推出上述不同内涵与外延的新产品。对大多数公司来说，新产品开发的真正意义是改进现有产品，而非创造全新产品。

10.4.2 新产品开发的组织

1. 新产品开发的组织形式

(1) 产品线经理：有些实力雄厚、产品线丰富的大公司，将产品开发的主要职责委派给产品线经理负责。但产品线经理更多地强调对现有产品线的管理，往往缺乏开发新产品的专业知识与技能。

(2) 新产品经理：在国外，有些大公司设有隶属于产品线经理领导的新产品开发经理。比如，美国强生公司这被认为是一个比较成功的模式，一是能使新产品开发的功能专业化；二是使新产品经理能集中投入更多的时间与精力。

(3) 新产品开发管理委员会：对于那些全球化公司来说，新产品开发战略关系到公司与其他全球竞争者的力量对比和在全球竞争中的地位，因此，他们设置一个最高层次的新产品开发管理委员会，负责新产品开发的计划、审核、组织及管理。

(4) 新产品部：设立新产品开发专职部门，直接受公司最高管理层领导。

(5) 新产品开发小组：由公司内各部门智囊人员组成，制订新产品开发预算、工作任务、期限和市场投放策略并组织实施。

2. 团队导向的“同时型产品开发”组织　在传统的产品开发组织模式中，虽然每个开发环节的管理责任分明，但彼此之间缺乏有组织的团队工作精神，使得“序列化的产品开发”引发了某些难以避免的问题。比如，试制车间经常把设计方案退还设计室，理由是不能按照预计的成本试制出样品，设计人员必须重新设计；由于产品研发期过长，顾客的要求在不断地变化，加之激烈的竞争因素，使新产品不得不以低于预定的价格出售，在此情形下，销售部门对研究开发部门感到不满，而研究开发部门则指责销售部门无能。

在新产品开发中，应引入团队导向的“同时型产品开发”组织体制。“同时型产品开发”是相对于“序列化的产品开发”而言的，即在整个开发过程中，研究部门、设计部门、技术部门、生产部门、采购部门、市场营销部门和财务部门自始至终地通力合作，各种职能的交叉管理应始终贯穿于产品开发全过程。

3. 新产品开发与经营管理体制　一些公司，特别是那些全球化公司，其经营管理体制在很大程度上决定新产品开发的组织体制。可以以多母国营销公司与全球营销公司的产品开发作一比较（见超级链接）。

超级链接

新产品开发的组织体制比较

荷兰飞利浦是一家典型的多母国营销公司，20 世纪 60 年代遇到了三菱等日本公司的挑战。这些日本公司采取的是全球营销战略，与飞利浦公司存在很大差异。表现在电视接收器产品上，三菱提供给欧洲消费者的是单一品种底座基础上的两种模式接收器，而飞利浦由于在各主要欧洲国家中的子公司高度自主，都自行设计接收器，体现出更多技术设计上的不同，提供给欧洲各国消费者是建立在4种底座基础上的7种模式的接收器。但遗憾的是，多种模式的产品并非针对顾客的需要，欧洲人想要的是质量、性能、外形、价格等方面的价值。顾客从三菱的全球营销战略中获得的比从飞利浦的多母国营销战略中获得的更多。三菱集中资源创造顾客所需要的价值，而飞利浦则把资源浪费在一些重复的活动上，导致增加的成本没有给顾客带来相应的价值。由于三菱战略的成功，飞利浦失去了很多市场份额，迫使飞利浦最终从多母国营销战略转变为全球营销战略。

资料来源：中国营销传播网 http://www.emkt.com.cn

10.4.3 新产品开发的程序

为了提高新产品开发的成功率，必须建立科学的新产品开发管理程序。不同行业的生产条件与产品项目不同，管理程序也有所差异。一般企业研制新产品的管理有以下几个程序：

1. 新产品构思　构思是为满足一种新需求而提出的设想。在新产品构思阶段，营销部门的主要责任是，寻找，积极地在不同环境中寻找好的产品构思；激励，积极地鼓励公司内外人员发展产品构思；提高，将所汇集的产品构思转送公司内部有关部门，征求修正意见，使其内容更加充实。营销人员寻找和收集新产品构思的主要方法有如下几种：

(1) 产品属性排列法：将现有产品的属性一一排列出来，然后探讨、尝试改良每一种属性的方法，在此基础上形成新的产品创意。

(2) 强行关系法：先列举若干不同的产品，然后把某一产品与另一产品或几种产品强行结合起来，产生一种新的构思。比如，组合家具的最初构想就是把衣柜、写字台、装饰柜的不同特点及不同用途相结合，设计出既美观又较实用的组合型家具。

(3) 多角分析法：这种方法首先将产品的重要因素抽象出来，然后具体地分析每一种特性，再形成新的创意。例如，洗衣粉最重要的属性是其溶解的水温、使用方法和包装，根据这3个因素所提供的不同标准，便可以提出不同的新产品创意。

(4) 聚会激励创新法：将若干名有见解的专业人员或发明家集合在一起（一般以不超过10人为宜），开讨论会前提出若干问题并给予时间准备，会上畅所欲言，彼此激励，相互启发，提出种种设想和建议，经分析归纳，即用“头脑风暴法”，形成新产品构思。

(5) 征集意见法：这是指产品设计人员通过问卷调查、召开座谈会等方式了解消费者的需求，征求科技人员的意见，询问技术发明人、专利代理人、大学或企业的实验室、广告代理商等的意见，并且坚持经常进行，形成制度。

2. 筛选　取得足够的新产品构思之后，要对这些构思加以评估，研究其可行性，并挑选出可行性较强的构思，这就是筛选。筛选的主要目的是选出那些符合本企业发展目标和长远利益，并与企业资源相协调的产品构思，摒弃那些可行性小或获利较少的产品构思。新产品构思筛选应遵循如下标准：

(1) 市场成功的条件：包括产品的潜在市场成长率、竞争程度及前景，企业能否获得较高的收益。

(2) 企业内部条件：主要衡量企业的人、财、物资源，企业的技术条件及管理水平是否适合生产这种产品。

(3) 销售条件：企业现有的销售结构是否适合销售这种产品。

(4) 利润收益条件：产品是否符合企业的营销目标，其获利水平及新产品对企业原有产品销售的影响。

筛选阶段的任务是剔除那些明显不适当的产品构思。在筛选过程中除了要综合考虑以上因素外，还要尽量避免两种错误，即“漏选”与“错选”。漏选是指未能认识到某项好的创意的开发价值而轻率舍弃；错选则是把没有发展前途的创意仓促投产。这两种错误都会给企业造成损失，在筛选阶段应特别注意。

3. 新产品概念的形成与测试　经过筛选后保留下来的新产品构思还要进一步发展成更具体、更明确的产品概念。

这里，应当明确产品构思、产品概念和产品形象之间的区别。所谓产品构思，是企业从自己的角度考虑能够向市场提供的可能产品的构想。所谓产品概念，是指企业从消费者的角度对这种构思所做的详尽的描述。所谓产品形象，是指已经成型的产品构思，即用文字、图像、模型等予以清晰阐述，使之在顾客心目中形成一种潜在的产品形象。一个产品构思能够转化为若干个产品概念，而产品形象，则是消费者对某种现实产品或潜在产品所形成的特定形象。企业必须根据消费者的要求把产品构思发展为产品概念。企业在确定最佳产品概念，进行产品和品牌的市场定位后，就应当对产品概念进行检验。所谓产品概念试验，就是用文字、图像描述，或者用实物将产品概念展示于一群顾客面前，观察他们的反应。

每一个产品概念都要进行定位，以了解同类产品的竞争状况，优选最佳的产品概念。选择的依据是未来市场的潜在容量、投资收益率、销售成长率、生产能力以及对企业设备、资源的充分利用等。可采取问卷方式将产品概念提交目标市场有代表性的消费者群进行测试、评估，如下列的“产品概念”案例中3种产品概念的问卷可以包括以下问题：你认为这种饮品与一般奶制品相比有什么优点？

该产品是否能够满足你的需求？与同类产品比较，你是否偏好此产品？你能否对产品属性提供某些改进的建议？你认为价格是否合理？产品投入市场，你是否会购买（肯定买、可能买、可能不买、肯定不买）？问卷调查可帮助企业更加明确吸引力最强的产品概念。

超级链接

产品概念

一家食品厂打算生产一种口味鲜美的营养奶制品，这种产品既有较高的营养价值，又具有特殊的鲜美的味道，食用简单方便，只需加开水冲饮。这是一种奶制品构思，为了形成鲜明的产品形象，则需要转化为产品概念。为此，企业在产品概念中应回答以下问题：

(1) 目标市场消费者是儿童、成人、病人还是老人？

(2) 使用者从产品中得到的主要益处是营养、方便、美味、提神还是健身？

(3) 适合在早餐、午餐、晚餐还是夜宵饮用？

根据这些问题，企业就可以形成这样几个明确的产品概念：概念一，为中小学生提供的一种快速早餐饮料，提供充分的蛋白质、维生素等营养价值；概念二，一种可口的快餐饮料，供成年人中午饮用提神；概念三，一种康复饮品，适用于老年人夜间就寝时饮用。

资料来源：菲利普·科特勒著，营销管理——分析、计划和控制，梅汝和译。

4. 初拟营销规划　企业选择了最佳的产品概念之后，必须制订把这种产品引入市场的初步市场营销计划，并在未来的发展阶段中不断完善。初拟的营销计划包括以下 3 个部分：

1）描述目标市场的规模、结构、消费者的购买行为、产品的市场定位以及短期（如 3 个月）的销售量、市场占有率、利润率预期等。

2）概述产品预期价格、分配渠道以及第 1 年的市场营销预算。

3）分别阐述较长期（如 3～5 年）的销售额和投资收益率，以及不同时期的市场营销组合等。

5. 商业分析　即从经济效益分析新产品概念是否符合企业目标。这包括两个具体步骤，即预测销售额和推算成本与利润。

预测新产品销售额可参照市场上类似产品的销售发展历史，并考虑各种竞争因素，分析新产品的市场地位、市场占有率等。

6. 新产品研制　主要是将通过商业分析后的新产品概念交送研究开发部门，或技术工艺部门试制成为产品模型或样品，同时进行包装的研制和品牌的设计，这是新产品开发的一个重要步骤。只有通过产品试制，投入资金、设备和劳力，才能使产品概念实体化，发现不足与问题，改进设计，也可进一步证明这种产品概念在技术、商业上的可行性如何。应当强调，新产品研制必须使模型或样品具有产品概念所规定的所有特征。

7. 市场试销　如果企业的高层管理者对新产品开发试验结果感到满意，就着手用品牌名称、包装和初步市场营销方案把这种新产品装扮起来，把产品推上市场进行试销。其目的在于了解消费者和经销商对于经营、使用和购买这种新产品的实际情况以及市场的大小，然后再酌情采取适当对策。

新产品试销应对以下问题做出决策：

(1) 试销的地区范围：试销市场应是企业目标市场的缩影。

(2) 试销时间：试销时间的长短一般应根据该产品的平均重复购买率决定，再购率高的新产品，试销的时间应当长一些，因为只有重复购买才能真正说明消费者喜欢新产品。

(3) 试销中所要取得的资料：一般应了解首次购买情况（试用率）和重复购买情况（再购率）。

(4) 试销所需要的费用开支。

(5) 试销的营销策略及试销成功后应进一步采取的战略行动。

8. 商业性投放　新产品试销成功后，就可以正式批量生产，全面推向市场。这时，企业要支付大量费用，而新产品投放市场的初期往往利润微小，甚至亏损，因此，企业在此阶段应对产品投放市场的时机、区域、目标市场的选择和最初的营销组合等方面做出慎重决策。

本章小结

在现代市场营销学中，产品概念具有极其宽广的外延和深刻的内涵。产品是指能够通过交换满足消费者，或用户某一需求和欲望的任何有形物品和无形的服务。

菲利普·科特勒等营销学者认为，5个层次的表述方式能够更深刻和更准确地表述产品整体概念的含义。这5个层次是，核心产品、形式产品、期望产品、附加产品和潜在产品。

消费品可以根据消费的特点区分为便利品、选购品、特殊品和非渴求物品4种类型。各类产业组织需要购买各种各样的产品和服务，可以把产业用品分成3类：材料和部件、资本项目以及供应品与服务。本章介绍了产品组合及其相关概念、产品组合策略、产品生命周期阶段、产品生命周期各阶段的特点与营销策略。

市场营销学中所使用和讨论的新产品概念与因科学技术在某一领域的重大发展所推出的新产品，在概念上有所不同。产品只要在功能或形态上得到改进或与原有产品产生差异，并为顾客带来新的利益，即视为新产品。

为了提高新产品开发的成功率，必须建立科学的新产品开发管理程序。不同行业的生产条件与产品项目不同，管理程序也有所差异，一般企业研制新产品的管理有以下几个程序：①新产品构思。②筛选。③产品概念的形成与测试。④初拟营销规划。⑤商业分析。⑥新产品研制。⑦市场试销。⑧商业性投放。

思 考 题

1. 结合实例，分析产品整体概念包括哪几个层次？
2. 什么是产品组合？产品组合策略有哪些？
3. 试述成长期和成熟期的市场特征和营销策略。
4. 简述新产品开发的程序。

案 例 分 析

——养生堂公司的市场演进策略

随着科学技术的飞速发展和消费需要的多样化、差异化，每年市场上都有许多新产品出现，但每种新产品能否获得成功及其成功的程度却是各不相同。有的新产品一上市，就以惊人的魔力迅速占领市场；有的新产品上市初期销路尚好，但随着时间的推移，销售下滑；有的新产品上市初期，并没有很多消费者乐于接受，但慢慢的其销路不断扩大；有的新产品根本打不开销路，很快在市场上销声匿迹。

而养生堂公司的主要产品龟鳖丸、朵而胶囊、农夫山泉和清嘴含片，尽管分属不同行业（保健品、饮用水和休闲食品行业），但几乎每个产品都比较成功地进入了市场，而且还能够长时间地维持稳定的市场份额。可以说，养生堂公司的过人之处，就在于清醒地意识到，面对快速更新的市场，如果不能保持产品和品牌的长期活力，将会被市场无情淘汰。所以，必须根据产品在市场上所经历的不同生命周期，通过一系列的营销组合，不时地出现新鲜的信息来增强产品和品牌的竞争力。而在众多的营销组合中，养生堂公司运用得最多、也最为得心应手的就是明确独特的品牌定位，富有创意的广告和灵活恰当的公益活动上。

一、龟鳖丸

1993 年，海南养生堂药业有限公司投产时，国内保健品行业已经硝烟弥漫。在保健品市场，充斥着铺天盖地的广告、遍地开花的促销刺激，由于各类产品泛滥、宣传夸大失实，整个行业面临着信誉危机。

面对如此不利的境地，养生堂公司采取了完全不同的战略，致力于培育市场和树立品牌。养生堂的开堂元勋产品无疑是龟鳖丸，1993 年 10 月当龟鳖丸产品刚进入市场时，公司将营销的重点放在传播概念、传递知识上。养生堂针对龟鳖制品过多、过滥、声誉不佳的情况，强调其产品的差异性，首先，养生堂龟鳖丸的原料来自海南的野生龟鳖；其次，运用科学的超低温冷冻粉碎工艺制成，充分利用龟鳖的药用价值；第三，全龟全鳖合用，龟鳖同食更补。一方面，利用中国传统的“药食同源”、“医食同药”观念，将龟鳖丸比作即时靓汤、健康美味和随身炖品。同时进一步将传统吃甲鱼与服用龟鳖丸作一比较，强调“早晚一粒龟鳖丸，胜过天天吃甲鱼”。同时，策划了一系列的公益活动，比如，“寻找十大类千名病友”免费试用龟鳖丸的义诊活动，“100％野生龟鳖海南寻真”抽奖大行动等。

很快，龟鳖丸的功用开始为消费者所熟知，开始进入成长期。由于这一产品所适用的对象比较广泛，因而养生堂公司便快速顺应市场的变化，及时调整品牌定位，适时地扩大细分市场。从刚开始采取健康定位：“养生堂，为生命灿烂”，还未体现出明确的市场指向；接着便逐渐转向亲情定位，即龟鳖丸广告的父女篇、父子篇和生日篇，并配合开展“父亲的生日”征文活动，力图以“养育之恩，何以为报”来引起正在求学或已经开始工作的子女们的共鸣。同时配合一些大事件，及时作出反应：“清晨六粒龟鳖丸，看球工作不耽误”，便是巧借 1998 年世界杯盛典的应时之作。而 1998 年 4 月，养生堂又发起的“雄鹰计划”，将其设计成“助学、奖学、勤工俭学”一个系统化的操作程序，针对备受关注的高考学生，具有持续的影响力。

至今，养生堂龟鳖丸已进入市场 8 个年头，产品正在逐步进入成熟期。从近期的广告宣传上来看，养生堂公司也正在进一步调整产品的定位，由于消费者已对龟鳖丸产品比较熟悉，因此在营销策划上着重重申其优良品质“百分百野生品牌”。

二、朵而胶囊

继龟鳖丸产品创出品牌后，养生堂公司又乘胜追击，于 1995 年推出了养生堂朵而胶囊。“朵而”的最大特点在于其“以内养外”的原理，这是对传统美容理念的一场变革。于是在朵而胶囊产品的介绍期，养生堂公司将重点放在对这种美容理念的传递上，让消费者先认同观念，再接受产品。于是，各种媒体广告中便出现了一位身着白衣的美丽女子，就像是一个循循善诱的美育教师，向人们娓娓道来：“朵而胶囊，以内养外，补血养颜，使肌肤细腻红润有光泽”，传达“美丽由内而外”。

相对龟鳖丸而言，朵而胶囊的适用对象就比较明确，即成年女性，特别是城市中青年女性。于是，养生堂公司便紧紧针对这一细分市场，进行了一系列的营销策划。随着，“以内养外”的观念深入人心，朵而产品开始步入成长期。公司从“养生”的角度出发，以灵活的多层次、多阶段的品牌策略传送“美丽”。首先以“美丽”为诉求在各大媒体上接二连三提出朵而设问“女人什么时候最美?”，引导人们对美进行讨论、产生遐想；继而斥巨资独家赞助轰动羊城的选美活动“美在城”的评比，之后又在全国范围内开展“朵而女性新主持人大赛”；接着在世纪之交又推出“一千颗钻石送给一千个美丽的女人”活动；之后，又开展了“在你最美丽的时候，遇见谁”的征文活动。

养生堂把一个个声势浩大的公关活动巧妙地与“美丽”挂上钩，赋予每个活动“美”的内涵，将“朵而”美的概念深植在人们的心中，使消费者在日后接触“美丽”二字时，便可能会有养生堂朵而胶囊的品牌联想。

三、农夫山泉

1997年，养生堂又开始以农夫山泉产品进入水市。当时经过十余年的发展，生产包装饮用水的企业已近千家。从1995年开始，娃哈哈、乐百氏等企业先后打进水市，并逐步确立了领导者的位置。两者最初都是由儿童食品发展到纯净水产品上来的，儿童乳酸奶制品和以青年时尚为指向的纯净水成为其两大主力。然而，由于这两类产品的定位和目标市场差异明显，因而娃哈哈和乐百氏都面临着一个尴尬的局面，无论哪一类产品的市场份额要进一步发展，都必须要解决将来势必无法共享一个品牌的矛盾。而“养生”本身就有关乎生命健康的含义，使得这一品牌有较大的延伸空间，养生堂公司在原来的保健品行业所具有的品牌效应，可以部分地延伸到饮用水行业上。同时，“农夫”二字给人以淳朴，敦厚、实在的感觉，“农”相对于“工”，远离了工业污染，“山泉”则给人以回归自然的感觉。农夫山泉可以靠其淳朴自然和养生堂的健康形象打天下，比起以小儿用品起家的娃哈哈、乐百氏更有些优势。

农夫山泉的市场介绍期，便实施了差异化战略，强调其产品的类别、水源、设备、包装、价格、口感和市场定位与同行其他企业的差别。

农夫山泉是取自千岛湖水面下70m无污染活性水为原料，并经先进工艺进行净化而成。在这一水源差异上，以“千岛湖的源头活水”来强调其水源的优良。同时，千岛湖作为华东著名的山水旅游景区和国家一级水资源的保护区拥有极高的公众认同度，这使农夫山泉形成了一个独占的良好品牌形象，“好水喝出健康来”。同时，在农夫山泉上市不久所策划的“千岛湖寻源”的大型活动，更是让消费者能够到其生产基地亲自探根寻源。

在包装差异上，先是1997年在国内首先推出了4L包装，1998年初又推出运动瓶盖。农夫山泉并不是第一个采用了运动瓶盖，1998年3月份，上海老牌饮料正广和率先推出运动瓶盖。但值得注意的是，农夫山泉显然比正广和棋高一招，正广和在其宣传中只是生硬理解了运动盖的运动性，方便性，并在广告中选择了一些运动场景；而农夫山泉则把运动盖解释为一种独特的带有动作特点和声音特点的时尚情趣，选择中小学生这一消费群作为一个切入点，“课堂篇”广告中：“哗扑”一声和那句“上课时不要发出这种声音”，让人心领神会、忍俊不禁，使得农夫山泉在时尚性方面远远超出了其他品牌。

而在市场定位上，“这水，有我小时候喝过的味道”以一个中年人对幼年回忆的情景交融来衬托产品的文化内涵，以历史的纵深感勾连起人们浓重的情感认同，也符合都市人返璞归真的心理需求。用“农夫山泉有点甜”来说明水的甘甜清洌，采取口感定位就“一点甜”，便占据了消费者巨大的心理空间。十足地有当年七喜推出“非可乐”的味道，一下子就区别于乐百氏经典的“27 层过滤”品质定位，以及娃哈哈“我的眼里只有你”所营造的浪漫气息。

养生堂生产的农夫山泉瓶装水以一种清新、自然的特性进入瓶装水市场，打破了瓶装水娃哈哈和乐百氏二分天下的局面，在瓶装水市场上取得了一席之地。从 1997 年 4 月养生堂生产出第一瓶纯净水，到 1998 年养生堂的纯净水市场占有率已在全国排到第三位。仅次于娃哈哈和乐百氏，一举冲入纯净水市场的三甲行列。

在农夫山泉产品逐步进入成熟阶段后，养生堂公司开始寻求新的产品定位。一方面，农夫山泉运动瓶盖的独特设计容易让消费者产生与运动相关的联想，值得将之作为一大卖点来推广。再者，饮料企业与运动的联姻由来已久，可口可乐和百事可乐便是借助竞技体育这一载体向中国饮料市场进行渗透的。于是，农夫山泉便开始贯彻其与体育事业相结合的策略，但它并不单纯靠搭体育之便车来推广产品，也着力传播善待生命、关注健康、重视运动的理念和品牌形象。从 1998 年赞助世界杯足球赛中央五套的演播室；1999 年成为中国乒乓球队惟一指定用水；到 2000 年被国家体育总局选为第 27 届奥运会中国体育代表团惟一饮用水赞助商，成为 2001～2004 年中国奥委会的长期合作伙伴和荣誉赞助商。当时，农夫山泉推出了“奥运军团喝什么水”的竞猜，广告打着“关心金牌从关心运动员开始”的旗帜，建议“为中国体育健儿选择一种天然、健康、安全的好水”，在关心运动健儿的同时，也在传达和引导着一种健康的时尚。

四、清嘴含片

2000 年 5 月，养生堂公司又开发了一种健康休闲小食品清嘴含片，经常食用可以保持口腔清新、卫生，不上火，还清热解毒。

当清嘴产品刚上市时，配合了一则媒体广告：“你想知道清嘴的味道吗?”一位甜甜女生用少女特有的清脆音调对旁边的男生说，男生的脸上马上有了丰富的表情，“亲嘴”? 这是怎么一回事呢? “你想到哪里去了”。从播出后的反响来看，这不失为一则定位准确的广告。针对以少男少女为主的细分市场，广告中清新诙谐的氛围以及“你想知道清嘴的味道吗?”的提问，都容易引起这一群体的兴趣和好奇心，尝试一下新产品。

纵观养生堂公司针对其不同产品在不同阶段所采取的营销组合，可以归纳出其中的一些成功经验：在新产品的市场介绍期，着重概念、观念的传播，实施差异化策略，确立品牌特质；当产品进入成长期后，配合广告宣传和公关活动，进一步明确产品定位和细分市场，扩大市场份额；而步入成熟期后，巩固原有的消费群体，借助广告和促销活动重申和强化产品的优良品质。

资料来源：中国市场营销网 http://www.ecm.com.cn

案例思考

1. 为什么养生堂不同行业的产品都可以长时间地维持稳定的市场份额?
2. 试分析农夫山泉产品生命周期中所运用的不同的营销策略。

第 11 章　品牌与包装策略

学习目标　通过本章学习，理解并掌握品牌的概念及整体含义；熟悉品牌的重要作用；理解并掌握品牌策略及应用；了解包装的概念及作用；熟悉并掌握包装策略。

11.1　品牌策略

11.1.1　品牌的概念

品牌是指用以识别某个销售者或某群销售者的产品或服务，并使之与竞争对手的产品或服务区别开来的商业名称及标志。通常由文字、标记、符号、图案和颜色等要素，或这些要素的组合构成。

1. 品牌是一个总名词　品牌是一个包括许多名词的总名词，具有广泛的含义。它包括品牌名称、品牌标志、商标等内容。

(1) 品牌名称：这是指品牌中可以用语言称呼的部分，例如“蒙牛”、“春兰”、“福特”等。

(2) 品牌标志：这是指品牌中可以被识别或认知，但难以用语言称呼的部分。品牌标志常常为某种符号、象征、图案、设计、颜色或印字。如奥迪轿车的四环标志，美国米高梅电影公司的狮子形象等。

(3) 商标：这是指用文字、图形、符号或其他组合来标明一种商品，或用来区别其他商品的独特标志或记号。商标经工商部门登记注册之后，受到法律的保护，称为“注册商标”，如麦当劳的黄色的 M，IBM 的蓝色字母，小天鹅公司的天鹅图案等。商标是品牌的很重要组成部分。

品牌和商标既有联系又有区别，品牌与商标是总体与部分的关系，所有商标都是品牌，但品牌不一定都是商标。一个企业可以使用多种品牌，也可以使用多种商标，用以展示商品的特性，区别同类产品。不同的是，品牌是一个商业名称，其主要作用是宣传商品；商标也可以宣传商品，但它是一个法律名称，受法律保护。可以说，商标是品牌的法律用语，即商标是受法律保护的品牌。品牌的全部或部分作为商标经注册后，这一品牌便具有法律效力。总之，品牌是一个复杂的符号，它实质上代表卖者对交付给消费者的产品特性、利益和服务的一贯性的承诺。

2. 品牌的整体含义　品牌的整体含义可分为 6 个层次。

(1) 属性：品牌首先使人想到某种属性，多年来，奔驰轿车的广告一直强调它是“世界上工艺最佳的汽车”，而沃尔沃汽车则使人联想到安全。

（2）利益：对于顾客，他们购买的是利益。属性需要转化为功能性或情感性的利益。如汽车的耐久属性可以转化为功能性的利益，“多年内我不需要再买一辆新车”。制作精良的属性可经转化为功能性和情感性利益，“一旦出事时我很安全”。

（3）价值：品牌表明生产者倡导的某些价值观或消费观。如“奔驰”代表着高效、安全、声望及其他东西。

（4）文化：品牌可能代表着一种文化。“奔驰”汽车代表着德国文化，即组织严密、高效率和高质量。

（5）个性：品牌反映着一定的个性。“奔驰”代表了一种王者的个性。

（6）用户：品牌暗示了购买或使用产品的消费者的类型。我们总是认为“奔驰”的用户都是一个成功者。

如果生产者在品牌规划和品牌推广上作出努力后，能让目标消费者从以上的6个方面整体识别品牌，说明企业的品牌战略是成功的，它创出了“深度品牌”。否则，它也只是一个“肤浅品牌”而已。还应该注意的是，在品牌的整体含义的6个方面要素中，最持久的是品牌的价值、文化和个性要素。

11.1.2 品牌在市场营销中的作用

品牌是企业重要的无形资产，在营销活动中发挥着重要的作用。现从消费者、营销者和社会3个方面分别分析品牌的益处。

1. 对消费者的益处

1）便于识别和选购。品牌代表产品一定的质量和特色，便于消费者选购，提高购物效率。

2）维护购买者的利益。品牌可保护消费者的利益，便于有关部门对产品质量进行监督，质量出了问题也便于追查责任。

2. 品牌对营销者的作用

1）品牌便于营销者进行营销管理。如在做广告宣传和签订买卖合同时，都需要品牌信用做保障，以简化交易手续。

2）保护所有者的合法权益。注册商标受法律保护，具有排他性。

3）促进产品销售。品牌可建立稳定的顾客群，吸引那些具有品牌忠诚度的消费者，使企业的销售额保持稳定。

4）品牌有助于市场细分和定位。企业可按不同细分市场的要求，建立不同的品牌，以不同的品牌分别投入不同的细分市场。

5）良好的品牌有助于树立良好的企业形象，使企业获得长久地、稳定地、可持续地发展。

3. 对整个社会的益处

1）品牌可促进产品质量的不断提高。由于消费者认牌购货，生产者不能不关心品牌的声誉，加强质量管理，从而使市场上的产品质量普遍提高。

2）品牌可加强社会的创新精神，鼓励生产者在竞争中不断创新，从而使市场上的产品丰富多彩，日新月异。

3）商标专用权可保护企业间的公平竞争，使商品流通有秩序地进行，促使整个社会经济健康发展。

11.1.3 品牌命名

一个好的品牌首先要有好的名称。品牌的命名，应该坚持以下原则：

1. 易读、易记原则　这个原则要求在品牌的命名选择中，要符合简洁、独具特色、新颖、响亮、富有内涵等要求，让消费者过目不忘。例如，娃哈哈读起来朗朗上口，与脍炙人口新疆民歌《娃哈哈》同名，所以很容易让消费者记住并感兴趣。

2. 达到暗示产品特性的原则　品牌名称表示着这一品牌产品的属性、利益及价值。成功的品牌应该尽可能体现产品特性。比如，“永久”、“奔驰”、“宝马”等品牌就暗示了商品本身的特性。

3. 触发消费者品牌联想原则　让消费者看到、读到该名称时，就引起良好的、愉快的联想。

4. 适应跨文化环境的原则　名称应符合不同地区、不同国家的风土文化，便于国际化推广。

5. 受法律保护的原则　即名称必须是法律许可的，违背法律要求的名称不能注册，没有注册的名称，不受法律保护。

11.1.4 品牌策略

1. 品牌化策略及其重要意义　品牌化策略是企业品牌从定位、确认、推广过程的一整套营销方法、技术及应用。在现代市场竞争中品牌竞争是提高企业核心竞争力的重要手段。品牌化策略是企业产品营销策略的重要组成部分，也是培育名牌的根本途径。

树立知名品牌形象的企业实施品牌化策略具有十分重要的意义。它可以使卖主易于管理订货；可使企业的产品特色得到法律保护，防止别人模仿、抄袭；品牌化使卖主有可能吸引更多的品牌忠诚者；品牌化有助于企业细分市场；良好的品牌有助于树立良好的企业形象。

2. 品牌策略及应用

（1）统一品牌策略：所谓统一品牌策略，是指企业原有的品牌在某一市场取得成功，获得消费者认可后，企业在开发的所有新品进入新市场或老品进入新的市场时均采用原品牌。如娃哈哈在成功推出儿童营养液后，又用相同的品牌推出饮料、服装等多种产品。企业通过这种策略，可以节省宣传介绍新产品的费用，使新产品能迅速、顺利地打入市场。类似的例子有很多，如韩国三星电子公司生产的电视机、影碟机都使用“三星”品牌；日本索尼公司的所有产品都使用“Sony”这个品牌名称。

统一品牌延伸策略的优势是，为企业节省了巨额市场开拓费用。由于既有的品牌已为消费者认知度较高，因此，新品推出后或进入新行业后仍延用原品牌名更易为消费者接受，从而省去市场推广“提高知名度”所需的广告费。

品牌延伸策略的劣势是，如企业原有品牌知名度较低或消费者美誉度较差情况下，利用品牌延伸策略效果不明显。同时，如果企业的产品线较宽，产品品类多的话，万一其中一种产品市场开拓失败，易对统一品牌形成负面效应，从而伤及其他产品线。

因此，企业在考虑品牌延伸策略时应在既有品牌知名度、美誉度较高，且新的市场和原有市场有较高的关联度的情况下实施。

（2）多品多牌策略：所谓多品多牌策略，是指企业对所开发的新品或新进入的市场产品进行单独命名和推广的策略。

宝洁公司就是典型的多品多牌策略，宝洁公司所有行业的所有产品均为单独命名。如宝洁公司洗发液品牌有“海飞丝”、“飘柔”、“潘婷”、“沙宣”等；洗衣粉品牌有“汰渍”、“碧浪”等（见图 11-1）。

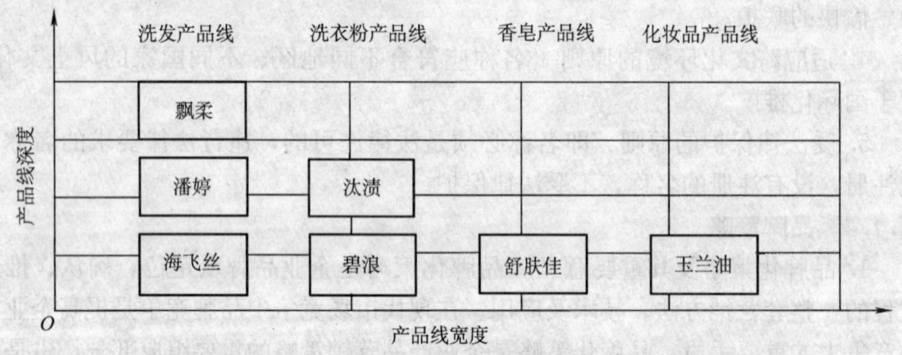

图 11-1　多品多牌策略

企业采取多品牌策略的优势是：

1）多种不同的品牌只要被零售商店接受，就可占用更大的货架面积，而竞争者所占用的货架面积当然会相应减小。

2）多种不同的品牌可吸引更多顾客，提高市场占有率，即使单个品牌市场失败，也不会对其他品牌造成影响。

3）发展多种不同的品牌可使企业将业务延伸到不同的细分市场或其他行业的市场。当某一领域细分市场过多，而企业的原有品牌“内涵”不宜作无限制延伸时，利用新品牌可以占有较多的细分市场。

4）发展多种不同的品牌有助于在企业内部各个产品部门、产品经理之间开展竞争，提高效率。

多品多牌的劣势是，市场开拓成本较高，不利于在消费者心目中形成统一的品牌形象，除非新市场利润较高，市场开拓成本完全可以抵消。

因此，实施单独品牌策略应在行业内细分市场多，利润丰厚，企业原品牌定位及属性不宜延伸的情况下进行。

（3）分类品牌策略：所谓分类品牌策略，是指企业经营的各项产品市场占有率虽然相对较稳定，但是产品品类差别较大或是跨行业时，原有品牌定位及属性不宜作延伸时，企业往往把经营的产品按类别、属性分为几个大的类别，然后冠之以几个不同的品牌。如日本松下公司，其音像制品的品牌是“Panasonic”；家用电器的品牌是“National”；立体音响的品牌则是“Technics”。

分类品牌策略的优势是，避免了产品线过宽使用统一品牌而带来的品牌属性及概念的模糊，且避免了一品一牌策略带来的品牌过多，营销及传播费用无法整合的缺点。

分类品牌策略无明显的劣势，但是相对统一品牌策略而言，如果目标市场利润低，企业营销成本又高的话，分类统一品牌策略略显营销传播费用分散，无法起到整合的效果。因此，如果企业要实施分类品牌策略，应考虑行业差别较大，现有品牌不宜延伸的领域。

（4）贴牌策略：所谓贴牌策略，是指某企业生产的产品冠之以其他企业的产品品牌。贴牌策略本质上一种资源整合，优势互补。如体育用品业第一品牌耐克，所有产品均为贴牌产品，耐克公司只负责营销。全国家电连锁国美电器也贴牌“国美”小家电。国内家电业巨头海信原来并无冰箱产品，海信公司利用自身的品牌优势延伸至冰箱业，但投资冰箱生产线动辄几千万，成本过高，短期内无法收益。因此，海信集团根据市场情况，向各个专业厂家如科龙定向采购，统一冠之以“海信”之名。

贴牌策略的最大优势是贴牌企业（采购方）省去了生产、制造和技术研发的成本。对被贴牌企业（被采购方）则省去了营销、传播、运输、仓储成本。这种策略应是双赢的结果。

贴牌策略的劣势是贴牌的双方一般是竞争对手，如果同一产品在同一渠道出现，双方不可避免的产生竞争。因此，实施贴牌策略的双方，最好避免在同一渠道出现，同时，双方的品牌定位应避免是同一消费层级，这样，双方或可减轻直接冲突的可能。

（5）本土化品牌策略：本土化品牌策略是指企业开拓新的区域市场或国际市场时，迫于当地环境压力（如商标被抢注，现有品牌不适合当地文化，广东话“九”与“狗”谐音，伊斯兰教奉猪为神明等），不得以改品牌以适应本地文化的行为。如国药第一品牌“同仁堂”在很多国家被抢注，所以“同仁堂”药业要想进军海外市场，必须得另起新名。可口可乐进入中国市场，为了适应中国文化也起了一个非常中国化的名字“可口可乐”和原英文商标同时使用，业界认为可口可乐这一中文译名音形义俱佳，为可口可乐开拓中国市场立下了汗马功劳。

本土化品牌策略优势是，由于新品牌名能融入本地文化，所以易于为当地消费者接受；劣势是有时是，放弃了原品牌的号召力，重塑造一个新品牌。

因此，本土化品牌策略作为非常规手段不宜常用，除非面临较大的文化差异等不可抗拒因素。最好的办法还是“国际化品牌，本土化沟通”。

(6) 无品牌策略：无品牌策略是指企业对自身生产的产品不使用任何品牌名。我们所熟知的杜邦公司就是一例。杜邦公司在能源、化工方面一直是高技术的拥有者，同时更是著名品牌如可口可乐公司、阿迪达斯体育商的原材料供应者。杜邦公司在这些原材料上均隐去企业名，更无商品名。

无品牌策略主要优势主要是可以减少经营管理费用；劣势是因为不为消费者所知，产品推广时渠道阻力较大，渠道公关成本可能较高。

因此，无品牌策略的产品主要见于一些原材料生产商或是生产技术简单，消费者选购时重质量轻品牌的小商品生产企业。

创建一个品牌，往往要花很长时间，一些产品可能需要历经四五十年甚至更长的时间才将自己的品牌形象植入消费者心中，如宝洁系列中的汰渍有 50 年历史，佳洁士有 40 年历史，可口可乐更是百年老店。在现代市场竞争中品牌竞争是提高企业核心竞争力的重要手段。品牌策略是企业产品营销策略的重要组成部分，也是培育名牌的根本途径。

11.2 包装策略

11.2.1 包装的概念

包装（package）是商品实体的重要组成部分，通常是指产品的容器或包装物及其设计装潢。在传统经济条件下，人们对包装的认识仅限于保护商品和便于运输储存，认为产品包装就是指产品包扎或存放于包装物内或容器内。现代经济条件下，人们对包装有了系统的认识，产品包装不仅是产品的容器、包扎物或外观装饰，更是整体产品的一个重要组成部分。产品包装对市场营销有者重要的影响，它既可以充当产品广告的媒体，又可以提高产品的档次和形象，增加产品的附加值；产品包装的不同档次和规格，又是产品差异化和特色的重要体现。

产品包装一般分为 3 个层次。

1. 内包装　这是指产品的直接容器或包装物，如饮料瓶子，香烟纸盒等。

2. 中层包装　这是指保护内包装的包装物，因此又称为间接包装，如酒瓶外的包装纸盒、每条香烟的包装盒等。

3. 储存运输包装　这是指为了便于储存、运输以及识别在中层包装外的包装，如装运香烟的纸箱、整箱汽水的包装纸盒等。

11.2.2 包装的作用

目前，包装已成为强有力的营销手段。设计良好的包装能为消费者创造方便价值，为生产者创造促销价值。多种多样的因素会促进包装化作为一种营销手段在应用方面的进一步发展。由于越来越多的产品在超级市场上和折扣商店里以自助的形式出售。现在，包装必须执行许多推销任务；包装具有多方面的意义。包装的作用表现在 3 个方面，即保护商品，便于运输和携带，美化产品和促进销售。

1. 保护商品　这是产品包装首要的基本的功能。它是指保护被包装的商品，防止风险和损坏，诸如渗漏、浪费、偷盗、损耗、散落、掺杂、收缩和变色等。产品从生产出来到使用之前这段时间，保护措施是很重要的，包装如不能保护好里面的物品，这种包装则是一种失败。有效的产品包装可以起到防潮、防热、防冷、防挥发、防污染、保鲜、防易碎、防变形等系列保护产品的作用。因此，在产品包装时，要注意对产品包装材料的选择以及包装的技术控制。

2. 便于运输和携带　制造者、营销者及顾客要把产品从一个地方搬到另一个地方，因此要便于运输和携带。例如，牙膏或钉子放在纸盒内可以很容易在库房里搬动；酱菜和洗衣粉放在塑料袋内则不容易渗漏和散落。不同的产品往往对包装提出不同的要求。产品包装既要能起到保护商品的作用，也要方便运输和携带。特别是液态、颗粒或粉末状产品对包装要求更加严格。不方便运输或携带的包装，正逐渐被现在的小包装所取代，这也使得消费者采购和携带更加方便。

3. 美化产品和促进销售　消费者对一种产品的印象，是在购买与使用过程中形成的，其中很大程度上受包装特征的影响。因此，包装是形成产品差异从而提高产品竞争力的重要工具。好的包装可以美化产品，烘托产品的特性，兼具广告与推销的功能，是无声的推销员。在自选商店里，美观大方的产品包装吸引着顾客的注意力，并能把他的注意力转化为兴趣。良好的包装能够提高新产品的吸引力，同时，包装本身的价值也能引起消费者购买某项产品的动机。此外，提高包装的吸引力要比提高产品单位售价的代价要低。

根据跨国公司的调查数据显示，在消费终端，有 63%的消费者是根据商品的包装和装潢进行商品决策的；而到超级市场购买的家庭主妇，由于精美的包装和装潢的吸引，其消费量往往超过她们原先预计 45%。由此可见，有商品的“第一印象”之称的包装是在市场实战中越来越发挥不可忽视的作用。所以，将包装（Package）称为与市场营销 4P’s 组合平行的第 5 个 P，使之合称为新市场营销的 5P’s 理论也不为过。

消费者愿意为良好包装带来的方便、美观、可靠性和声望多付些钱。公司已意识到设计良好包装的巨大作用，它有助于消费者迅即辨认出哪家公司或哪一品牌。例如，每一位胶卷购买者可以立刻识别出为人熟知的黄颜色包装的“柯达”胶卷。

包装还能提供创新的机会。包装化的创新能够给消费者带来巨大的好处，也给生产者带来了利润。例如，一些公司首先把软饮料放在拉盖式的罐头内，或把液态喷雾剂放在按钮式罐头内，以此吸引许多新顾客，创造公司的品牌形象。

超级链接

几个包装小故事

苏州生产的檀香扇，历史悠久，闻名海内外。但是因为其包装简单，貌不惊人，最好的扇子，在香港的售价也不过 65 元。当生产者意识到包装的重要作用后，采用成本 5 元的锦盒包装后，售价高达 165 元。销售量也有大幅度增长。

贵州茅台号称国酒，可以说是白酒中的国王，在茅台改进包装前，国际市场上的售价仅为 20 美元，改进包装后，一下飙升升到 125 美元。

下面是几个不重视包装或包装不善而吃亏的例子：

1. 榨菜　原产四川的榨菜，大坛装运，获利甚微；上海人买入，改为中坛，获利渐涨；香港人买之，小坛出售，获利又倍之；日本人买入，破坛，切丝，装铝铂小袋中，获利又倍之。这与四川大坛获利，翻番又翻番矣。

2. 乌龙茶　福建名产乌龙茶，日本人尤喜，几乎家家必备。我国连年出口皆以木桶储藏，抵香港后，日本人运输到加工厂，拆而熬制成乌龙茶水，装入易拉罐中，风靡全国，年销售量达 6 亿美元。

3. 中华礼品唐三彩　一日，某人拜访一位重要客人，送唐三彩一套，当面开启，抽出纸条若干，堆于桌上，又抽出纸条若干，堆于桌上，“彩”始露面，抚而视之，马尾已断，主客皆尴尬。

11.2.3　产品包装设计的原则

1. 适用原则　包装的主要目的是保护商品。因此，首先要根据产品的不同性质和特点，合理地选用包装材料和包装技术，确保产品不损坏、不变质、不变形。材料应尽量使用符合环保标准的包装材料；其次，要合理设计包装，便于运输；再次，包装应与商品的价值或质量相适应，应能显示商品的特点或独特风格，同时方便消费者购买、携带和使用。

2. 美观原则　包装具有美化商品的作用，因此在设计上要求外形新颖、大方、美观，具有较强的艺术性。但值得注意的是，包装装潢上的文字、图案、色彩等不能和目标市场的风俗习惯、宗教信仰发生抵触。

3. 经济原则　在符合营销策略的前提下，应尽量降低包装成本。要防止目前流行于市场上的产品“过度包装”问题。“过度包装”不但浪费资源，违反节约原则，而且会造成环境污染。

11.2.4　包装策略

包装设计中包装要素的不同使用与组合，形成了不同的包装策略。归纳起来，大致有以下 6 种：统一包装、配套包装、再使用包装、附赠品包装、改进包装、等级包装。

1. 统一包装策略　企业对其生产的各种不同产品，在包装上采用相同的图案、色彩或其他共同特征，使顾客很容易发现是同一家企业的产品。便于顾客识别出本企业产品。特别是对于有一定知名度的企业，采用类似包装策略对产品的宣传有一定的作用，而且节省包装的设计费用，还可以消除和减少消费者对新产品的不信任感，为新产品迅速打开市场创造条件。

值得注意的是，类似包装策略只适宜于质量相同的产品，对于品种差异大、质量水平悬殊的产品则不宜采用。

2. 配套包装策略　即企业为了促销，按各地消费者的消费习惯，将数种有关联的产品配套包装在一起成套供应。这种包装形式，一般以一种商品为主，然后配以相关联的产品。例如，将旅游用的牙刷、牙膏、刮脸刀等装配在一起；强生婴儿护肤品组成系列套装等。配套包装策略便于消费者购买、使用和携带，同时还可扩大产品的销售。在配套产品中如加进某种新产品，还可使消费者不知不觉地习惯使用新产品，有利于新产品上市和普及。

3. 再使用包装策略　这种策略又称为双重包装策略，即原包装的商品用完之后，空的包装容器可移做其他用途。如各种形状的香水瓶可作装饰物，精美的食品盒也可被再利用等。这种包装策略可使消费者感到一物多用而激发起其兴趣与购买欲望，而且包装物的重复使用也起到了对产品的广告宣传作用。需要说明的是，在使用这种包装策略时，要尽量谨慎，以避免因成本加大引起商品价格过高而影响产品的销售。

4. 附赠品包装策略　附赠品包装策略也称为万花筒包装策略，是现代包装的重要促销策略之一。这种策略即在包装物内附有赠券、物品或用包装本身可换礼品等，借以刺激消费者的购买或重复购买，从而扩大销售。如儿童玩具、糖果中的连环画、识字卡片；食品附带的小玩具等。我国出口的“芭蕾珍珠膏”，每个包装盒就附赠珍珠别针一枚，顾客购至 50 盒即可得到 1 串美丽的珍珠项链。这使珍珠膏在国际市场十分畅销。

5. 改进包装策略　改进包装策略是指用改进商品包装的办法来达到扩大销售的目的。当某种商品由于包装不善影响销路，商品的装潢设计缺乏吸引力，或已显陈旧，往往通过改换新包装来扩大销路。由于包装技术、包装材料的不断更新，消费者的偏好不断变化，采用新的包装可以以弥补原包装的不足，吸引消费者购买。值得注意的是，企业在改变包装的同时必须配合好宣传工作，以消除消费者以为产品质量下降或其他的误解。可以说，这种包装上的改进也是产品改进的一个重要手段。如美国一种干邑白兰地酒，原来销量居世界第 7 位，改变产品包装后，在广为宣传的基础上，销量跃居世界第 1。

6. 等级包装策略　为适应消费者不同的购买力水平和不同的购买目的，同一产品可以采用不同档次的包装，或者是将不同品质的产品分为若干等级，对高档优质产品采用优质包装，一般产品采用一般包装。如上海冠生园生产的大白兔奶糖，既有盒装，又有袋装，还有散装，形式多样，满足不同顾客的需要。

总的来说，包装设计必须遵循保护商品、便于识别、便于使用、便于促销、增加利润、节省成本和维护社会公共利益等原则，选用现代化的包装材料、容器和科学的包装技术。在包装设计上体现社会性市场营销观念，不但要考虑企业利益，还要考虑社会的公共利益。例如，要执行有关的法规，要遵守包装道德，要保护环境等。

本章小结

品牌是指是用以识别某个销售者或某群销售者的产品或服务，并使之与竞争对手的产品或服务区别开来的商业名称及标志。通常由文字、标记、符号、图案和颜色等要素，或这些要素的组合构成。它包括属性、利益、价值、文化、个性、用户六大要素。在现代市场竞争中品牌竞争是提高企业核心竞争力的重要手段。品牌策略是企业产品营销策略的重要组成部分，也是培育名牌的根本途径。常见的品牌策略有统一品牌策略、多品多牌策略、分类品牌策略、贴牌策略、本土品牌策略及无品牌策略等。

产品包装不仅是产品的容器、包扎物或外观装饰，更是整体产品的一个重要组成部分。产品包装对市场营销有着重要的影响，它既可以充当产品广告的媒体，又可以提高产品的档次和形象，增加产品的附加值；产品包装的不同档次和规格，又是产品差异化和特色的重要体现。产品包装一般分为 3 个层次：内包装、中层包装、储存运输包装。包装的作用表现在 3 个方面，即保护商品、方便运输和促进销售。包装设计中包装要素的不同使用与组合，形成了不同的包装策略。归纳起来，大致有以下 6 种：统一包装、配套包装、再使用包装、附赠品包装、改进包装、等级包装。

思考题

1. 品牌的定义及其整体含义是什么？
2. 举例说明品牌的重要作用。
3. 分析统一品牌与多品多牌策略各自的优势与劣势。
4. 试就一个你熟悉的产品的品牌和包装进行分析和评价。
5. 举例说明包装在产品营销中的重要作用。

案 例 分 析

自从1886年亚特兰大药剂师约翰·潘伯顿发明神奇的可口可乐配方以来，可口可乐在全球开拓市场可谓无往不胜。1985年4月23日，为了迎战百事可乐，可口可乐在纽约宣布更改其行销99年的饮料配方，此事被《纽约时报》称为美国商界100年来最重大的失误之一。

在20世纪80年代，可口可乐在饮料市场的领导者地位受到了挑战，其可口可乐在市场上的增长速度从每年递增13%下降到只有2%。

在巨人踌躇不前之际，百事可乐却创造着令人注目的奇迹。它首先提出"百事可乐新一代"的口号。这一广告活动抓住了那些富于幻想的青年人的心理。这一充满朝气与活力的广告，极大地提高了百事可乐的形象，并牢固地建立了它与软饮料市场上最大部分的消费者之间的关系。在第一轮广告攻势大获成功之后，百事可乐公司仍紧紧盯着年轻人不放，继续强调百事可乐的"青春形象"，又展开了号称"百事挑战"的第二轮广告攻势，在这轮攻势中，百事可乐公司大胆地对顾客口感试验进行了现场直播，即在不告知参与者在拍广告的情况下，请他们品尝各种没有品牌标志的饮料，然后说出那一种口感最好，试验过程全部直播。百事可乐公司的这次冒险成功了，几乎每一次试验后，品尝者都认为百事可乐更好喝，"百事挑战"系列广告使百事可乐在美国的饮料市场份额从6%猛升至14%。

可口可乐公司不相信这一事实，也立即组织了口感测试，结果与"百事挑战"中的一样，人们更喜爱百事可乐的口味。市场调查部的研究也表明，可口可乐独霸饮料市场的格局正在转变为可口可乐与百事可乐分庭抗礼。20世纪70年代18%饮料消费者只认可可口可乐这一品牌，认同百事可乐的只有4%，到了20世纪80年代只有12%的消费者忠于可口可乐，而只喝百事可乐的消费者则上升到11%与可口可乐持平的水平。而在此期间，无论是广告费用的支出还是销售网站，可口可乐公司都比百事可乐公司高得多。它拥有2倍于百事的自动售货机、优质的矿泉水、更多的货架空间以及更具竞争力的价格。但是它为什么仍然失去了原属自己的市场份额呢?

面对百事可乐的挑战，1980年5月，可口可乐董事会接受了奥斯丁和伍德拉夫的推荐，任命戈伊祖艾塔为总经理。在戈伊祖艾塔于1981年3月成为公司的董事长之后，唐纳德·基奥接任总经理。

不久，戈伊祖艾塔召开了一次全体经理人员大会，他宣布，对公司来说，没有什么是神圣不可侵犯的，改革已迫在眉睫，人们必须接受它。于是，公司开始将注意力转移到调查研究产品本身的问题上来，证据日益明显地表明，味道是导致可口可乐衰落的惟一重要的因素，已经使用了99年的配方，似乎已经合不上今天消费者的口感要求了。在这种情况下，公司开始实施堪萨斯计划——改变可口可乐的口味。

可口可乐公司在研制新可乐之前，秘密进行了代号“堪萨斯工程”的市场调查行动，它出动了2000名市场调查员在10个主要城市调查顾客是否接受一种全新的可口可乐，问题包括：可口可乐配方中将增加一种新成分使它喝得更柔和，你愿意吗？假如可口可乐将与百事可乐口味相仿你会感到不安吗？你想试试一种新饮料吗？调查结果表明只有10%～12%的顾客对新口味的可口可乐表示不安，而且其中一半表示会适应新的可口可乐，这表明顾客们愿意尝试新口味的可口可乐。但是另外一些测试却提供了一些相反情况，大小不同的消费者团体分别表明了强烈的赞成和不赞成的情绪。

1984年9月，可口可乐公司技术部门决定开发出一种全新口感、更惬意的可口可乐，并且最终拿出了样品。这种“新可乐”比可口可乐更甜、汽泡更少，因为它采用了比蔗糖含糖量更多的谷物糖浆，是一种带有柔和的刺激味的新饮料。公司立即对它进行了无标记味道测试，测试的结果令可口可乐公司兴奋不已，顾客对新可乐的满意度超过了百事可乐，市场调查人员认为这种新配方的可乐至少可以将可口可乐的市场占有率推高1%～2%，这就意味着多增加2～4亿元的销售额。

为了确保万无一失，在采用新口味之前，可口可乐公司投入400万美元，进行前所未有的大规模口味测试。在13个城市中约19.1万人被邀请参加了无标记的不同配方的可口可乐的比较。55%的参加者更喜欢新可乐，这表明可口可乐击败了百事可乐。调查研究的结果似乎证明，支持新配方是不容置疑的了。

新可乐投产之前，一系列辅助性的决定必须相应地实施。例如，必须考虑是在产品大类中加入新口味的可乐还是用它来替代老可乐。在反复考虑以后，公司的高级经理们一致同意改变可口可乐的味道，并把旧可乐撤出市场。

1985年4月23日，可口可乐公司董事长戈伊祖艾塔宣布经过99年的发展，可口可乐公司决定放弃它一成不变的传统配方，原因是现在的消费者更偏好口味更甜的软饮料，为了迎合这一需要，可口可乐公司决定更改配方调整口味，推出新一代可口可乐。为了介绍新可乐，戈伊祖艾塔和基奥在纽约城的林肯中心举行了一次记者招待会。请柬被送往全国各地的新闻媒介机构，大约有200家的报纸、杂志和电视台的记者出席了记者招待会，但他们大多数人并未信服新可口可乐的优点，他们的报道一般都持否定态度。新闻媒介的这种怀疑态度，在以后的日子里，更加剧了公众拒绝接受新可口可乐的心理。

消息迅速地传播开来。

81%的美国人在24h内知道了这种转变，这一数字超过了1969年7月知道尼尔·阿姆斯特朗在月球上行走的人数。

1.5亿人试用了新可口可乐，这也超过了以往任何一种新产品的试用记录，大多数的评论持赞同态度，瓶装商的需求量达到5年来的最高点。决策的正确性看来是无可怀疑了，但这一切都是昙花一现。

在新可乐上市4h之内，接到抗议更改可乐口味的电话达650个；到5月中旬，批评电话每天多达5000个；6月份这个数字上升为8000多个。由于宣传媒介的煽动，怒气迅速扩展到全国。对一种具有99年历史的饮料配方的改变，本来是无足轻重的，可如今却变成了对人们爱国心的侮辱。堪萨斯大学社会学家罗伯特·安东尼奥论述道："有些人感到一种神圣的象征被粗暴地践踏了。"甚至戈伊祖艾塔的父亲也从一开始就反对这种改变。他告诫他的儿子说这种改变是失败的前奏，并开玩笑地威胁说要与儿子脱离关系。公司的领导们开始担心消费者联合起来，抵制其产品。

他们看到的是灾难性的上市效果："我感到十分悲伤，因为我知道不仅我自己不能再享用可口可乐，我的子孙们也都喝不到了……我想他们只能从我这里听说这一名词了。"人们纷纷指责可口可乐作为美国的一个象征和一个老朋友，突然之间就背叛了他们。有些人威胁说以后不喝可口可乐而代之以茶或白开水。下面是这些反应中的几个例子："它简直糟透了！你应该耻于把可口可乐的标签贴在上面……这个新东西的味道比百事可乐还要糟糕。""很高兴地结识了你，你是我33年来的老朋友了，昨天我第一次喝了新可乐，说实话，如果我想喝可乐，我要订的将是百事可乐而不是可口可乐。"

在那个春季和夏季里，可口可乐公司收到的这样的信件超过了4万封。在西雅图，一些激进的忠诚者（他们称自己为美国喝可口可乐的人）成立"美国老可口可乐饮用者"组织来威胁可口可乐公司，如果不按老配方生产，就要提出控告。在美国各地，人们开始囤积已停产的老可口可乐，导致这一"紧俏饮料"的价格一涨再涨。当7月份的销售额没有像公司预料的那样得到增长以后，瓶装商们要求供应老可乐。

公司的调查也证实了一股正在增长的消极情绪的存在。新可乐面市后的3个月，其销量仍不见起色，而公众的抗议却愈演愈烈，最终可口可乐公司决定恢复传统配方的生产。这一消息立刻使美国上下一片沸腾，当天即有18000个感激电话打入公司免费热线。当月，可口可乐的销量同比增长了8%，股价攀升到12年来的最高点每股2.37美元。但是可口可乐公司已经在这次的行动中遭受了巨额的损失。

案例思考

1. 你如何评价可口可乐公司对于消费者所做的关于新可乐的意愿测试和口感测试。

2. 堪萨斯计划失误在哪里？对于像可口可乐这样的传统品牌在进行产品创新时应注意什么？

第 12 章 定 价 策 略

学习目标 了解影响企业定价的主要因素；理解企业的定价目标；掌握企业的定价方法和定价策略；了解价格变动与企业对策。

价格是市场营销组合中最活跃的因素，也是企业可控因素中最难以确定的因素。价格的变化，直接影响着消费者的购买行为，也关系到生产经营者盈利目标的实现。因此，价格成为市场问题的核心。在市场营销环境不断变化的条件下，迫使企业必须重视定价策略。

12.1 影响企业定价的主要因素

12.1.1 影响企业定价的内部因素

影响企业定价的内部因素包括定价目标、产品成本、产品差异性和企业的销售能力。

1. 定价目标　定价目标是指企业在对其生产或经营的产品制定价格时，有意识地要求达到的目的和标准。它是指导企业进行价格决策的依据。企业的定价目标规定了其定价的水平和目的。某一个产品的定价目标最终取决于企业的经营目标。一般来说，企业定价目标越清晰，价格越容易确定。而价格的设定，又都影响到利润、销售收入以及市场占有率的实现。因此，确定定价目标，是制定价格的前提。

不同行业的企业，同一行业的不同企业，以及同一企业在不同的时期、不同的市场条件下，都可能有不同的定价目标。企业应根据自身的性质和特点，权衡各种定价目标的利弊而加以取舍。

（1）以获取利润为目标：获取利润是企业从事生产经营活动的最终目标，具体可通过产品定价来实现。获取利润目标一般分为以下 3 种：

1）以获取投资收益为定价目标。投资收益定价目标是指使企业实现在一定时期内能够收回投资并能获取预期的投资报酬的一种定价目标。采用这种定价目标的企业，一般是根据投资额规定的收益率，计算出单位产品的利润额，加上产品成本作为销售价格。但必须注意两个问题：①要确定适度的投资收益率。一般来说，投资收益率应该高于同期的银行存款利息率。但不可过高，否则消费者难以接受。②企业生产经营的必须是畅销产品。与竞争对手相比，产品具有明显的优势。不然，产品卖不出去，预期的投资收益也就不能实现。

2）以获取合理利润为定价目标。合理利润定价目标是指企业为避免不必要的价格竞争，以适中、稳定的价格获得长期利润的一种定价目标。采用这种定价目标的企业，往往是为了减少风险，保护自己，或限于力量不足，只能在补偿正常情况下的平均成本的基础上，加上适度利润作为产品价格。条件是企业必须拥有充分的后备资源，并打算长期经营。临时性的企业一般不宜采用这种定价目标。

3）以获取最大利润为定价目标。最大利润定价目标是指企业追求在一定时期内获得最高利润额的一种定价目标。利润额最大化取决于合理价格所推动的销售规模，因而追求最大利润的定价目标并不意味着企业要制定最高单价。

最大利润有长期和短期之分，又有企业全部产品和单个产品之别。有远见的企业经营者，都着眼于追求长期利润的最大化。当然并不排除在某种特定时期及情况下，对其产品制定高价以获取短期最大利润。还有一些多品种经营的企业，经常使用组合定价策略，即有些产品的价格定得比较低，有时甚至低于成本以招徕顾客，借以带动其他产品的销售，从而使企业利润最大化。

（2）以提高市场占有率为目标：市场占有率是一个企业经营状况和企业产品在市场上竞争能力的直接反映，关系到企业的兴衰存亡。较高的市场占有率，可以保证企业产品的销路，巩固企业的市场地位，从而使企业稳步增长。

以提高市场占有率为目标定价，企业通常有两种做法，即定价由低到高和由高到低。定价由低到高，就是在保证产品质量和降低成本的前提下，企业入市产品的定价低于市场上主要竞争者的价格，以低价争取消费者，打开产品销路，挤占市场，从而提高企业产品的市场占有率。待占领市场后，企业再通过增加产品的某些功能，或提高产品的质量等措施来逐步提高产品的价格，旨在维持一定市场占有率的同时获取更多的利润。定价由高到低，就是企业对一些竞争尚未激烈的产品，入市时定价可高于竞争者的价格，利用消费者的求新心理，在短期内获取较高利润。待竞争激烈时，企业可适当调低价格，赢得主动，扩大销量，提高市场占有率。

（3）以应付和防止竞争为目标：企业对竞争者的行为都十分敏感，尤其是对价格的变动更甚。事实上，在市场竞争日趋激烈的形势下，更要广泛收集资料，仔细研究竞争对手的产品和价格情况，然后有意识地通过自己的定价目标去对付竞争对手。根据企业的不同条件，一般有以下 4 种决策可选择：

1）实力较弱的企业，应采用与竞争者相同或略低的价格出售产品。

2）实力较强的企业，同时又想扩大市场占有率，可采用低于竞争者的价格出售产品。

3）实力雄厚并拥有特殊技术，或产品品质优良，或能为消费者提供更多服务的企业，可采用高于竞争者的价格出售产品。

4）为了防止其他竞争者加入同类产品的竞争行列，在一定条件下，往往采用低价入市的方法，迫使弱小企业无利可图而退出市场或阻止竞争对手进入市场。

(4) 以树立和维护企业形象为目标：良好的企业形象是企业的无形资产和宝贵财富，也是企业经过长期努力后，在消费者中具有一定声望和地位的结果。因此，企业对此不可小视。企业形象同样也体现在定价决策中。以树立和维护企业形象为定价目标，首先，要考虑价格水平能否被目标消费者群所接受，是否有利于企业整体策略的有效实施。其次，产品价格要使人感到质价相称，货真价实。从定价整体而言，应具有一定特色，或以价廉物美著称，或以价格稳定见长。还有，企业定价要依照社会和职业道德规范，不能贪图企业一时的蝇头小利而损害消费者的利益，自损信誉，自毁形象。另外，企业定价还要符合国家宏观经济发展目标，自觉遵守政策指导和法律约束。

2. 产品成本　成本核算是定价行为的基础。企业要保证生产经营活动，就必须通过市场销售收回成本，并在此基础上形成盈利。产品成本是企业制定价格时的最低界限，即所谓成本价格。低于成本出售产品，企业不可避免地要产生亏损，时间一长，企业的营销就难以为继。在市场竞争中，产品成本低的企业拥有制定价格和调整价格的主动权和较好的经济效益；反之，就会在市场竞争中处于不利地位。

3. 产品差异性　所谓产品差异性是指产品具有独特的个性，拥有竞争者不具备的特殊优点，从而与竞争者形成差异。产品差异性不仅指实物本身，而且包括产品设计、商标品牌、款式和销售服务方式等。拥有差异性的产品，其定价灵活性较大，可以使企业在行业中获得较高的利润。这是因为：一方面，产品差异性容易培养重视的顾客（客户），使顾客（客户）产生对品牌的偏爱，而接受企业定价；另一方面，产品差异性可抗衡替代品的冲击，从而保持企业的有利地位，使价格敏感性相对减弱。

4. 企业的销售能力　可以从两方面来衡量企业的销售力量对定价的影响。一方面，企业销售能力差，对中间商依赖程度大，那么企业最终价格决定权所受的约束就大；另一方面，企业独立开展促销活动的能力强，对中间商依赖程度小，那么企业对最终价格的决定所受约束就小。

12.1.2 影响企业定价的外部因素

影响企业定价的外部因素主要包括消费者需求、政府力量和竞争者力量。

1. 消费者需求　消费者需求对企业产品定价的影响可以从以下 3 个方面反映出来：①需求能力（即实际支付能力）。企业的产品定价应充分考虑消费者愿意并且能够支付的价格水平，它决定企业产品在市场中的价格上限。②需求强度。这是指消费者想获取某种商品的欲望程度。消费者对某一产品的需求强度大，则其价格的敏感差，反之亦然。③需求层次。不同需求层次的消费者对同产品的需求强度不一样，因而对其价格的敏感也有不同，一般来讲，高需求层次的消费者对价格的敏感差，反之亦然。而对于高需求层次的市场定位，则应采取高价格政策与之相适应。

2. 政府力量　在当今市场经济舞台上，政府扮演着越来越重要的角色。作为国家与消费者利益的维护者和代表者，政府力量渗透到企业市场行为的每一个角落。在企业定价方面的政府干预，表现为一系列的经济法规，如西方国家的《反托拉斯法》、《反倾销法》等，在不同方面和不同程度上制约着企业的定价行为。这种制约具体地表现在企业的定价种类、价格水平等几个方面。因此，企业的价格政策必须遵循政府的经济法规。

3. 竞争者力量　企业的定价无疑要考虑竞争者的价格水平。在市场经济中，企业间的竞争日趋激烈，竞争方式多种多样。其中最原始、最残酷的就是价格竞争，即价格大战。竞争的结果可能是整个行业平均利润率的降低。尽管如此，处于竞争优势的企业往往拥有较大的定价自由，而对于竞争劣势的企业则更多地采用追随性价格政策。所以，企业产品的定价无时不受到其竞争者定价行为的影响和约束。

超级链接

英特尔（Intel）公司的定价策略

一个分析师曾这样形容英特尔公司的定价政策：“这个集成电路巨人每十二个月就要推出一种新的、具有更高盈利的微处理器，并把旧的微处理器的价格定在更低的价位上以满足需求。”当英特尔公司推出一种新的计算机集成电路时，它的定价是1000美元，这个价格使它刚好能占有市场的一定份额。这些新的集成电路能够增加高级个人电脑和服务器的性能。如果顾客等不及，他们就会在价格较高时去购买。随着销售额的下降及竞争对手推出相似的集成电路对其构成威胁时，英特尔公司就会降低其产品的价格来吸引下一层次对价格敏感的顾客。最终价格跌落到最低水平，每个集成电路仅售200美元，使该集成电路成为一个面向大众市场的处理器。

通过这种方式，英特尔公司从各个不同的市场中获取了最大量的收入。

资料来源：改编自（美）菲利普·科特勒著，《营销管理》。

12.2　定价方法

定价方法是指企业在特定的定价目标指导下，依据对影响价格形成各因素的具体研究，运用价格决策理论，对产品价格进行测算的具体方法。定价方法的选择和确定是否合理，关系到企业定价目标能否实现和定价决策的最终成效。

制定价格应综合考虑成本、供求和竞争3个基本因素。但在实际定价时，往往又侧重于某一因素，于是便形成了成本导向定价法、需求导向定价法和竞争导向定价法 3 种类型的基本方法。

1. 成本导向定价法　成本导向定价法是指以企业的生产或经营成本作为制定价格依据的一种基本定价方法。按照成本定价的性质不同，又可分为以下几种：

(1) 完全成本定价法：完全成本定价法是指以产品的全部生产成本为基础，加上一定数额或比率的利润和税金制定价格的方法。生产企业的完全成本是单位产品生产成本与销售费用之和；经营企业的完全成本则是进价与流通费用之和。

价格中的利润一般以利润率计算。利润率有以成本和销价为基数计算的两种方法，因而销售价格也有外加法和内扣法两种计算方法。

1) 外加法。其计算公式为

$$产品价格=\frac{完全成本\times(1+成本利润率)}{1-税率} \tag{12-1}$$

2) 内扣法。其计算公式为

$$产品价格=\frac{完全成本}{1-销售利润率-税率} \tag{12-2}$$

完全成本定价法具有计算简便，具有能保证企业生产经营的产品成本得到补偿，并取得了合理利润的优点。主要适用于正常生产、合理经营的企业以及供求大体平衡、成本相对稳定的产品。但这种定价方法缺乏对市场竞争和供求变化的适应能力，同时还有成本和利税重复计算、定价的主观随意性较大等缺点。

(2) 目标成本定价法：目标成本定价法是指以期望达到的目标成本为依据，加上一定的目标利润和应纳税金来制定价格的方法。

目标成本是企业在充分考虑到未来生产经营主客观条件变化的基础上，为实现企业定价目标，谋求长远和总体利益而拟定的一种“预期成本”，一般都低于定价时的实际成本。目标成本定价法适用于经济实力雄厚，生产和经营有发展前途的企业，尤其适应于新产品的定价。其计算公式为

$$产品价格=\frac{目标成本\times(1+目标成本利润率)}{1-税率} \tag{12-3}$$

$$目标成本=\frac{固定成本}{目标产量}+单位产品变动成本 \tag{12-4}$$

$$目标成本利润率=\frac{要求提供的总利润}{目标成本\times目标产量}\times100 \tag{12-5}$$

目标成本作为一种“预期成本”，虽然不是定价时的实际成本，但也不是人们臆造出来的，它是建立在对“量、本、利”关系的科学测算的基础上，利用盈亏平衡分析的原理加以确定的。企业通过市场预测，在确定一种产品的可销价格以后，根据固定成本总额和单位产品平均变动成本，可以先测定保本量，即在销

售量动态曲线上，价格减去单位产品平均变动成本和税金后的销售收入与产量的乘积余额，正好补偿固定成本总额时的某一点。这个点称为盈亏平衡点（见图 12-1）。

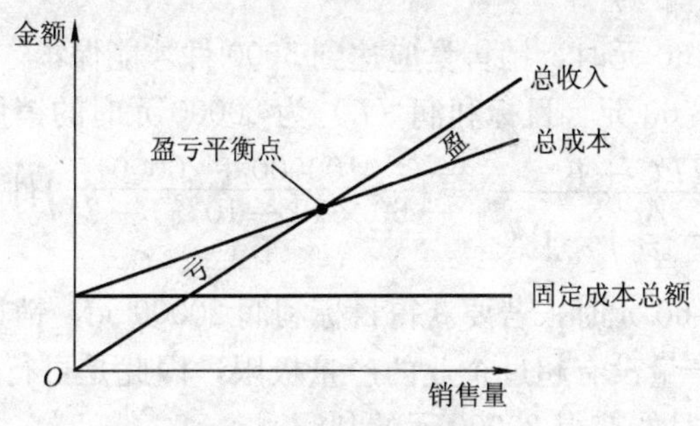

图 12-1 盈亏平衡原理图

盈亏平衡点上的产量可以通过下列公式求得

$$Q=\frac{TFC}{P\left(1-\frac{At}{P}\right)-AVC} \tag{12-6}$$

式中 Q——盈亏平衡点上的产量（销售量）；

P——单位产品价格；

AVC——单位产品平均变动成本；

At——单位产品税金；

TFC——固定成本总额；

$\frac{At}{P}$——单位产品税率。

据此，目标成本所依据的目标产量的取值区域就是盈亏平衡点上的产量<目标产量≤产量极限

例 某企业一种产品的月生产能力为 6000 件，分摊的固定成本为 100000 元，单位产品变动成本为 34 元，产品税率为 10%。问：①若销量为 2500 件时，价格应为多少，企业才不亏损？②若价格为每件 60 元时，应达到多大的销售量，企业才能保本？③当价格为每件 60 元时，企业若要每月达到 20000 元的利润（目标利润），其销量应为多少？

解：① 目标产量为 2500 件时的保本价格

$$目标成本=\frac{固定成本}{目标产量}+单位产品变动成本=\left(\frac{100000}{2500}+34\right)元=74\ 元$$

$$产品价格=\frac{目标成本}{1-产品税率}=\frac{74}{1-10\%}元=82.22\ 元$$

即销售量为 2500 件时，保本价格为 82.22 元。

② 价格为每件 60 元时的保本量

$$Q=\frac{TFC}{P\left(1-\frac{At}{P}\right)-AVC}=\left(\frac{100000}{60\times(1-10\%)-34}\right)\text{件}=5000\text{ 件}$$

即价格为每件 60 元时，销售量应达到 5000 件才能保本。

③ 价格为每件 60 元，目标利润（L）为 20000 元时的销量

$$Q=\frac{TFC+L}{P\left(1-\frac{At}{P}\right)-AVC}=\left(\frac{100000+20000}{60\times(1-10\%)-34}\right)\text{件}=6000\text{ 件}$$

即价格为每件 60 元时，若要获得目标利润 20000 元，销量应为 6000 件。由于每月 6000 件的产量没有超过企业的产量极限，因此是可行的。只要销量也同步实现，则企业每月能获得 20000 元的利润。

采用目标成本定价法，能保证企业按期收回投资，并能获得预期利润，计算也较方便。但产品价格根据预计产量推算，并非一定能保证销量也同步达到预期目标。因此，企业必须结合自身实力、产品特点和市场供求等方面的因素加以调整。

（3）变动成本定价法：变动成本定价法，又称边际贡献定价法，在单位变动成本的基础上，加上预期的边际贡献计算价格的定价方法。其计算公式为

$$\text{价格}=\text{单位变动成本}+\text{边际贡献} \tag{12-7}$$

所谓边际贡献，就是销售收入减去变动成本后的余额。单位产品的销售收入在补偿其变动成本之后，首先用于补偿固定成本费用。在盈亏平衡点之前，所有产品的累积贡献均体现为对固定成本费用的补偿，企业无盈利可言。在到达盈亏平衡点之后，产品销售收入中的累积贡献才是现实的盈利。所有产品销售收入中扣除其变动成本后的余额，不论能否真正成为企业盈利，都可视为是对企业的贡献，它既可以反映为企业盈利的增加，也可以反映为企业亏损的减少。从短期决策来看，企业增加生产只要能获得边际贡献，就是有经济效益的，即所增加的那部分边际产量对提高企业经济效益是有贡献的，产量可一直增加到边际贡献等于零为止。

变动成本定价法通常适用于以下两种情况：①当市场上产品供过于求，企业产品滞销积压时，如坚持以总成本为基础定价出售，就难以为市场所接受，其结果不仅不能偿还固定成本，连变动成本也无法收回，此时，用变动成本为基础定价，可大大降低售价，对付短期价格竞争。②当订货不足，企业生产能力过剩时，与其让厂房和机器设备闲置，不如利用低于总成本高于变动成本的低价来扩大销售，维持生存，同时也能减少固定成本的亏损。

2. 需求导向定价法　需求导向定价法是指以消费者对产品价格的接受能力和需求程度为依据制定价格的方法。它不以企业的生产成本为定价的依据，而是在预计市场能够容纳目标产销量的需求价格限度内，确定消费者价格、经营者价

格和生产者价格。具体可分为以下几种方法：

（1）可销价格倒推法：可销价格倒推法又称反向定价法是指企业根据产品的市场需求状况，通过价格预测和试销、评估，先确定消费者可以接受和理解的零售价格，然后倒推批发价格和出厂价格的定价方法。其计算公式为

$$出厂价格 = 市场可销零售价格 \times (1 - 批零差价率) \times (1 - 销进差率) \quad (12\text{-}8)$$

采用可销价格倒推法的关键在于如何正确测定市场可销零售价格水平。测定的标准主要有产品的市场供求情况及其变动趋势；产品的需求函数和需求价格弹性；消费者愿意接受的价格水平；与同类产品的比价关系。测定的方法有：①主观评估法。由企业内部有关人员参考市场上的同类产品，比质比价，结合考虑市场供求趋势，对产品的市场销售价格进行评估确定。②客观评估法。由企业外部的有关部门和消费者代表，对产品的性能、效用、寿命等方面进行评议、鉴定和估价。③实销评估法。以一种或几种不同价格在不同消费对象或区域进行实地销售，并采用上门征询、问卷调查、举行座谈会等形式，全面征求消费者的意见，然后判明试销价格的可行性。

按可销价格倒推法定价，具有促进技术进步，节约原料消耗，强化市场导向意识，提高竞争能力等优点，符合按社会需要组织生产的客观要求。

（2）理解价值定价法：所谓理解价值，即消费者对各产品价值的主观评判，它与产品的实际价值往往会发生一定的偏离。理解价值定价法是指企业以消费者对产品价值的理解为定价依据，运用各种营销策略和手段，影响消费者对产品价值的认知，形成对企业有利的价值观念，再根据产品在消费者心目中的价值地位来制定价格的一种方法。

有些营销学家认为，把买方的价值判断与卖方的成本费用相比较，定价时应侧重考虑前者。因为消费者购买产品时，总会在同类产品之间进行比较，选购那些既能满足其消费需要，又符合其支付标准的产品。消费者对产品价值的理解不同，会形成不同的价格限度。如果价格刚好定在这一限度内，就会促进消费者购买。为此，企业定价时应对产品实行市场定位，研究该产品在不同消费者心目中的价格标准，以及在不同价格水平上的销售量，并作出恰当的判断，进而有针对性地运用市场营销组合中的非价格因素影响消费者，使之形成一定的价值观念，提高他们接受价格的限度。然后，企业拟定一个可销价格，并估算在此价格水平下产品的销量、成本和盈利状况，从而确定可行的实际价格。

（3）需求差异定价法：需求差异定价法是指根据消费者对同种产品或劳务的不同需求强度，制定不同的价格和计费的方法。价格之间的差异以消费者需求差异为基础。其主要形式有：①以不同消费群体为基础的差别定价。②以不同产品式样为基础的差别定价。③以不同地域位置为基础的差别定价。④以不同时间为

基础的差别定价。

按需求差异定价法制定的价格，并不与产品成本和质量的差异程度相应成比例，而是以消费者需求的差异为标准。一般应具备以下条件：①市场能够根据需求强度的不同加以细分，需求差异较为明显。②细分后的市场之间无法相互流通，即低价市场的消费者不可能向高价市场的消费者转手倒卖产品或劳务。③在高价市场中用低价竞争的可能性不大，企业能够垄断所生产经营的产品和劳务。④市场细分后所增加的管理费用应小于实行需求差异定价所得到的额外收入。⑤不会因价格差异而引起消费者的反感。

3. 竞争导向定价法　竞争导向定价法是以市场上竞争对手的价格作为制定企业同类产品价格为主要依据的方法。这种方法适宜于市场竞争激烈，供求变化不大的产品。它具有在价格上排斥对手，扩大市场占有率，迫使企业在竞争中努力推广新技术的优点。一般可分为以下几种具体方法：

（1）随行就市定价法：随行就市定价法，即与本行业同类产品价格水平保持一致的定价方法。这种“随大流”的定价方法，主要适用于需求弹性较小或供求基本平衡的产品。在这种情况下，单个企业提高价格，就会失去顾客；而降低价格，需求和利润也不会增加。所以，随行就市成为一种较稳妥的定价方法。它既可避免挑起价格竞争，减少市场风险，又可补偿平均成本相互信任而获得适度利润，而且易为消费者接受。如果企业能降低成本，还可以获得更多的利润。因此，这是一种较为流行的定价方法，尤其为中小企业所普遍采用。

（2）竞争价格定价法：竞争价格定价法，即根据本企业产品的实际情况及与竞争对手的产品差异状况来确定价格。是一种主动竞争的定价方法，一般为实力雄厚或产品独具特色的企业所采用。定价时，首先，将市场上竞争产品价格与企业估算价格进行比较，分为高于、等于、低于3种价格层次；其次，将本企业产品的性能、质量、成本、产量等与竞争企业进行比较，分析造成价格差异的原因；再次，根据以上综合指标确定本企业产品的特色、优势及市场地位，在此基础上，按定价所要达到的目标，确定物品价格；最后，跟踪竞争产品的价格变化，及时分析原因，相应调整本企业的产品价格。

（3）投标定价法：投标定价法，即在投标交易中，投标方根据招标方的规定和要求进行报价的方法。一般有密封投标和公开投标两种形式。主要适用于提供成套设备、承包建筑工程、设计工程项目、开发矿产资源或大宗商品订货等。

企业的投标价格必须是招标单位所愿意接受的价格。在竞争投标的条件下，投标价格的确定，首先要根据企业的主客观条件，正确地估算完成指标任务所需要的成本；其次要对竞争对手的可能报价水平进行分析预测，判断本企业中标的机会，即中标概率。企业中标的可能性或概率大小取决于参与投标竞争企业的报价状况。报价高，中标概率小；报价低，则中标概率大；报价过低，虽概率极大，但利润可能很少甚至亏损，对企业并非有利。因此，如要使报价容易中标且有利可图，企业就要以投标最高期望利润为标准确定报价水平。所谓投标期望利润，就是企业投标报价预期可获得利润与该报价水平中标概率的乘积。例如，某企业准备参加某项工程的招标，在确定投标报价时，企业须根据同行业竞争对手的数量、实力及其可能采取的投标策略，预测分析本企业的报价、成本水平、预期利润、中标概率和期望利润等情况，从而选择最佳报价。

超级链接

太麦克斯韦公司的定价策略

美国太麦克斯韦公司原是一家生产军用信管计时器的小公司，二战后军火生意越来越难做，1950 年开始涉足手表制造业。但是，在当时的手表市场上强手如林，竞争十分激烈，像太麦克斯韦公司这样一个知名度不大的小公司要在竞争激烈的手表市场上站住脚，开辟和扩大自己的市场，的确不是一件容易的事。该公司的策略是，不断地以低价向市场推出自己的新产品。20 世纪 50 年代，它们的男式手表售价仅为 7 美元，比当时一般低档手表的价格要低得多；1963 年，首次生产电子手表，以 30 美元推向市场，仅为当时同类产品价格的一半。20 世纪 50 年代，世界主要手表制造商推出 1000 美元以上的豪华型石英手表，1972 年初，日本、瑞士和其他手表厂的石英手表也以 400 美元或更高价格推出，而该公司 1972 年 4 月上市的石英表，售价才 125 美元。

正确的定价策略，使该公司从 20 世纪 50 年代一个知名度很低的企业，转变成 60 年代站稳脚跟，70 年代世界闻名的公司。公司的年销售额达 2 亿美元。美国市场上每出售 2 块手表，就有 1 块是该公司生产的。

资料来源：云南经贸大学《市场营销学》精品课案例。

12.3　价格策略

12.3.1　价格折让策略

企业为了鼓励顾客及早付清货款、大量购买、淡季购买，可以酌情降低其基本价格。这种价格调整叫做价格折扣和折让。价格折扣和折让有 5 种。

1. 现金折扣　这是企业对按约定日期付款或提前付款的顾客给予一定的折扣。例如，顾客在 30 天必须付清货款，如果 10 天内付清货款，则给以 2%的折扣。

2. 数量折扣　这种折扣是企业给那些大量购买某种产品的顾客一种减价，以鼓励顾客购买更多的货物。因为大量购买能使企业降低生产、销售、储运、记账等环节的成本费用。例如，顾客购买某种商品 100 单位以下，每单位 10 元；购买 100 单位以上，每单位 9 元。这就是数量折扣。数量折扣可按每次购买量计算，也可按一定时间的累计购买量计算。在我国通常称为“批量差价”。

3. 功能折扣　这种价格折扣又叫贸易折扣。功能折扣是制造商给某些批发商或零售商的一种额外折扣，促使他们愿意执行某种市场营销功能（如推销、储存、服务）。

4. 季节折扣　也称季节差价。制造商为保持均衡生产、加速资金周转和节省费用，鼓励客户淡季购买。例如，雪橇制造商在春夏季给零售商以季节折扣，以鼓励零售商提前订货；旅馆、航空公司等在营业下降时给旅客以季节折扣。

5. 折让　这是另一种类型的减价。例如，一辆小汽车标价为 4000 元，顾客以旧车折价 500 元购买，只须付给 3500 元。这叫做以旧换新折让。如果经销商同意参加制造商的促销活动，则制造商卖给经销商的货物可以打折。这叫做促销折让。

12.3.2　心理定价策略

1. 声望定价　所谓声望定价是指企业利用消费者仰慕名牌商品或名店的心理来制定商品的价格，故意把价格定成整数或高价。质量不易鉴别的商品的定价最适宜采用此法，因为消费者有崇尚名牌的心理，往往以价格判断质量，认为高价代表高质量。但也不能高得离谱，使消费者不能接受。有报道称，在美国市场上，手工做的鞋很受欢迎。但质量好、价格低的中国货却竞争不过质量相对差、价格却高的韩国货，其原因是由于在美国人眼里，低价就意味着低档次。现在人们提到领带，人们都会想到金利来；提到旅游鞋，人们会想到阿迪达斯、耐克、双星；而提到服装，人们又会想到皮尔·卡丹。这些名牌产品不仅以质优高档而闻名于世，更以其价格昂贵而引人注目。

2. 尾数定价　定价时保留小数点后的尾数，使消费者产生价格较廉的感觉，还能使消费者留下定价认真的印象。从而使消费者对定价产生信任感。这种方法多用于需求弹性较大的中低档商品，如 9.95 元，而不是 10 元。

3. 招徕定价　利用部分顾客求廉的心理，特意将某几种商品的价格定得较低以吸引顾客。某些商店随机推出降价商品，每天、每时都有 1～2 种商品降价出售，吸引顾客经常来采购廉价商品，也因此推动正常价格商品的销售。

12.3.3　差别定价策略

所谓差别定价，就是根据交易对象、交易时间、地点等方面的不同，定出两种或多种不同价格，以适应顾客的不同需要，从而扩大销售，增加收益。但这种价格上的差异并非以成本的差别为基础。差别定价有 4 种形式。

1. 按不同顾客差别定价　即企业按照不同的价格把同一种产品或劳务卖给不同的顾客群。例如，某汽车经销商按照价目表价格把某种型号汽车卖给顾客 A，同时按照较低价格把同一种型号汽车卖给顾客 B。这种差别定价在有些国家要受到法律限制，即限制“价格歧视”。

2. 按产品不同形式差别定价　即企业对不同型号或形式的产品分别制定不同的价格，但是，不同型号或形式产品的价格之间的差额和成本费用之间的差额并不成比例。

3. 按产品不同部位差别定价　即企业对于处在不同位置的产品或服务分别制定不同的价格，即使这种产品或服务的成本费用没有任何差异。例如，剧院，虽然不同座位的成本费用都一样，但是不同座位的票价有所不同；火车卧铺的上下铺票价不同等。

4. 按不同销售时间差别定价　即企业对于不同季节、不同时期甚至不同钟点的产品或服务也分别制定不同的价格。例如，旅游经营者在淡季和旺季分别制定不同的价格；长途电话在不同时间收费不等。企业采取需求差别的定价必须具备以下条件：①市场必须是可以细分的，而且各个市场部分须表现出不同的需求程度。②以较低价格购买某种产品的顾客没有可能以较高价格把这种产品倒卖给别人。③竞争者没有可能在企业以较高价格销售产品的市场上以低价竞销。④细分市场和控制市场的成本费用不得超过因实行价格差别所得额外收入，这就是说，不能得不偿失。⑤价格差别不会引起顾客反感，放弃购买，影响销售。⑥采取的价格差别形式不能违法。

超级链接

打1折的销售

商家打折大拍卖是常有的事，人们决不会大惊小怪。但有人能从中创意出“打1折”的营销策略。实在是高明的、枯木抽新芽的创意。

日本东京有个银座绅士西装店。这里就是首创“打1折”销售的商店，曾经轰动了东京。当时销售的商品是“日本GOOD”。

具体的操作是这样的，先定出打折销售的时间，第1天打9折，第2天打8折，第3天、第4天打7折，第5天、第6天打6折，第7天、第8天打5折，第9天、第10天打4折，第11天、第12天打3折，第13天、第14天打2折，最后两天打1折。

商家的预测是，由于是让人吃惊的销售策略，所以，前期的舆论宣传效果会很好。抱着猎奇的心态，顾客们将蜂拥而至。当然，顾客可以在这打折销售期间随意选定购物的日子，如果你想要以最便宜的价钱购物，那么你在最后的那两天去买就行了，但是，你想买的东西不一定会留到最后那两天。

实际情况是，第1天前来的客人并不多，如果前来也只是看看，一会儿就走了，从第3天就开始一群一群地光临，第5天打6折时客人就像洪水般涌来开始抢购，以后就连日客人爆满，当然等不到打1折时，商品就全部买完了。

那么，商家究竟赔本了没有？你想，顾客纷纷急于购买到自己喜爱的商品，就会引起抢购的连锁反应。商家运用独特的创意，把自己的商品在打五六折时就已经全部推销出去。“打1折”只是一种心理战术而已，商家怎么能亏本呢?

资料来源：中国营销传播网 http://www.emkt.com.cn。

12.3.4 新产品定价策略

1. 撇脂定价　即高价策略。它是指在新产品投入市场时，将其价格尽可能定高，以攫取最大利润。企业所以能这样做，是因为有些购买者主观认为某些商品具有很高的价值。从市场营销实践看，在以下条件下企业可以采取撇脂定价：①市场有足够的购买者，他们的需求缺乏弹性，即使把价格定得很高，市场需求也不会大量减少。②产品的质量与高价格相符。③竞争者在短期内不易打入该产品市场。

2. 渗透定价　即低价策略。它与撇脂策略相反，是将投入市场的新产品价格定得尽量低，使新产品迅速为顾客接受，以迅速打开和扩大市场，在价格上取得竞争优势。从市场营销实践看，企业采取渗透定价需具备以下条件：①市场需求显得对价格较为敏感。因此，低价会刺激市场需求迅速增长。②企业的生产成本和经营费用会随着生产经营经验的增加而下降。

12.3.5 产品组合定价策略

当产品只是某一产品组合中的一部分时，企业必须对定价方法进行调整。这时候企业要研究出一系列价格，使整个产品组合的利润实现最大化。因为各种产品之间存在需求和成本的相互联系，而且会带来不同程度的竞争，所以定价有时很困难。

1. 产品线定价　企业通常开发出来的是产品线，而不是单一产品。当企业生产的系列产品存在需求和成本的内在关联性时，为了充分发挥这种内在关联性的积极效应，企业可采用产品线定价策略。在定价时，首先确定某种产品线中的其他产品；其次，确定产品线中某种商品的最高价格，它在产品线中充当品牌质量和收回投资的角色；再者，产品线中的其他产品也分别依据其在产品线中的角色不同而制定不同的价格。例如，松下公司设计出5种不同的彩色立体声摄像机，简单型的只有近2kg复杂型的只有近2.8kg；包括自动聚焦、明暗控制、双速移动目标镜头等。产品线上的摄像机依次增加新功能，以获取高价。管理部门要确定各种摄像机之间的价格差距。制定价格差距时要考虑摄像机之间的成本差额，顾客对不同特征的评价以及竞争对手的价格。如果价格差额很大，顾客就会购买价格低的摄像机。在许多行业，营销者都为产品线中的某一种产品事先确定好价格点，例如，男士服装店可能经营3种价格档次的男士服装，300元、600元和1000元。顾客会从3个价格点上联系到高、中、低3种质量水平的服装，即使这3种价格同时提高，男士们仍然会按照自己喜爱的价格点来购买服装。营销者的任务就是确立认知质量差别，以使价格差别合理化。

2. 非必需附带产品定价　许多企业在提供主要产品的同时，还会提供一些与主要产品密切相关的附带产品。如汽车用户可以订购电子开窗控制器、扫雾器和减光器等。但是，对非必需附带产品的定价却是一件棘手的事。例如，汽车公司就必须考虑把哪些附带产品计入汽车的价格中，哪些另行计价。这就需要根据市场的环境、购买者的偏好等因素认真分析。例如，有的汽车制造商只对较低价位的汽车做广告，以吸引人们来汽车展示厅参观，而将展示厅的大部分空间用于展示昂贵的、特征齐全的汽车；而有些饭店的酒价很高，食品的价格相对较低，食品收入可以弥补食品的成本和其他的饭菜成本，而酒类则可以带来利润。这就是为什么服务人员极力要求顾客买饮料的原因。但有的饭店会将酒价定的较低，而对食品制定高价，来吸引饮酒的消费者。

3. 必需附带产品定价　必需附带产品又称连带产品，是指必须与主要产品一同使用的产品。例如，照相机和胶卷、计算机软件和硬件等都是不可分开的连带产品。生产主要产品（计算机和照相机）的制造商经常为产品制定较低的价格，同时对附属产品制定较高的价格。例如，柯达照相机的价格很低，原来它从销售胶卷上盈利。而那些不生产胶卷的照相机生产商为了获取同样的利润，而不得不对照相机制定高价。但如果附带产品的定价过高，就会出现危机。例如，卡特皮勒公司对其部件和服务制定了高价格，以便在售后市场中获取高额利润。该公司设备的加成率为30％，而部件的加成率有时候到300％，这就给“非法仿制者”带来了机会，他们仿制这些部件，然后销售给那些不老实的负责安装的技师，这些技师仍以原价计算，而不把节省的成本转让给顾客，其结果是，卡特皮勒公司的销售额下降了很多。卡特皮勒公司为了控制这种情况，劝说设备所有者只从被许可的经销商处购买部件，以保证设备的性能。但是，很显然，问题是由于制造商对附带产品定价过高造成的。

4. 分部定价　服务性企业经常收取一笔固定费用，再加上可变的使用费。例如，电话用户每月都要支付一笔最少的使用费，如果使用次数超过规定，还要现交费。游乐园一般先收门票，如果游玩的地方超过规定，就再交费。一般而言，固定收费部分应较低，以推动人们购买，而收益则可以从可变的使用费中获取。

5. 副产品定价　在生产加工肉类、石油产品和其他化工产品的过程中，经常有副产品。如果副产品价值很低，处理费用昂贵，就会影响到主产品定价。制造商确定的主要产品价格必须能够弥补副产品的处理费用。如果副产品对某一顾客群有价值，就应该按其价值定价；如果副产品能带来收入，将有助于公司对主要产品制定较低的价格。

6. 产品群定价　为了促进销售，有时营销者不是销售单一产品，而是将相关联的产品组成一个群体，一并销售。例如，化妆品、计算机、假期旅游公司为顾客提供的一系列购买活动方案，这一组产品的价格低于单独购买其中每一产品的费用总和。

12.3.6 地区定价策略

地区定价策略是指根据买卖双方地理位置的差异，考虑双方分担运输、装卸、仓储、保险等费用而分别制定不同价格的策略。这主要有以下几种形式：

1. 产地交货价格　产地交货价格是卖方按出厂价格交货，或将货物送到买方指定的某种运输工具上交货的价格。在国际贸易术语中，这种价格称为离岸价格或船上交货价格。交货后的产品所有权归买方所有，运输过程中的一切费用和保险费均由买方承担。产地交货价格对卖方来说较为便利，费用最少，风险最小，但对扩大销售有一定影响。

2. 目的地交货价格　目的地交货价格是指由卖方承担从产地到目的地的运费及保险费的价格。在国际贸易术语中，这种价格称为到岸价格或成本加运费和保险费价格。还可分为目的地船上交货价格、目的地码头交货价格以及买方指定地点交货价格。目的地交货价格由出厂价格加上产地至目的地的手续费、运费和保险费等构成，虽然手续较烦琐，卖方承担的费用和风险较大，但有利于扩大产品销售，提高市场占有率。

3. 统一交货价格　统一交货价格，也称送货制价格，即卖方将产品送到买方所在地，不分路途远近，统一制定同样的价格。这种价格类似于到岸价格，其运费按平均运输成本核算，这样，可减轻较远地区顾客的价格负担，还使买方认为运送产品是一项免费的优惠，易于接受。该策略适用于体积小、重量轻、运费低或运费占成本比例较小的产品。

4. 分区运送价格　分区运送价格，也称区域价格是指卖方根据顾客所在地区距离的远近，将产品覆盖的整个市场分成若干个区域，在每个区域内实行统一价格。这种价格介于产地交货价格和统一交货价格之间。实行这种办法，处于同一价格区域内的顾客，就得不到来自卖方的价格优惠；而处于两个价格区域交界地的顾客之间就得承受不同的价格负担。

5. 运费津贴价格　运费津贴价格是指为弥补产地交货价格策略的不足，减轻买方的运费、保险费等负担，由卖方补贴其部分或全部运费。该策略有利于减轻偏远地区顾客的运费负担，使企业保持市场占有率，并不断开拓新市场。

12.4 价格变动与企业对策

由于市场形势和营销环境不断变化，企业常常面临价格变动的问题，有时候需要主动降价或提价，而对竞争者的价格变动又要作出适当的反应。

12.4.1 降低价格

在现代市场经济条件下，产品降价的主要原因有：①企业生产能力过剩，因而需要扩大销售，但又无法通过产品改进和加强销售工作来达到，在这种情况下，企业就须考虑降价。②在强大竞争者的压力之下，产品的市场占有率下降。例如，美国的汽车、电子产品、照相机、钟表等行业，由于日本竞争者的产品质量较高，价格较低，已经丧失了一些市场阵地，在这种情况下，美国一些公司不得不削价竞销。③企业的成本费用比竞争者低，企业通过降价来掌握市场或提高市场占有率，从而扩大生产和销售量，降低成本费用，在这种情况下，企业也往往主动降价。

12.4.2 提高价格

虽然提价会引起消费者、经销商和企业推销人员的不满，但是一个成功的提价措施可以使企业的利润大大增加。引起企业提价的主要原因有：①由于通货膨胀，物价上涨，企业的成本费用提高，因此许多企业不得不提高产品价格。②企业的产品供不应求，不能满足所有顾客的需要。在这种情况下，企业就必须提价。提价方式包括取消价格折扣，在产品大类中增加价格较高的项目，或者全面提价。为了减少顾客不满，企业提价时应向顾客说明提价的原因，并帮助顾客寻找节约途径。

12.4.3 顾客对价格变动的反应

企业对产品的提价或降价，都必然影响购买者、竞争者、经销商和供应商。这里首先分析购买者对企业变价的反应。顾客对于企业的某种产品的降价可能会这样理解：①这种产品的式样老了，将被新型产品所代替。②这种产品有某些缺点，销售不畅。③企业财务困难，难继续经营下去。④价格还要进一步下跌。⑤这种产品的质量下降了。降价本应带来销售量增加，但在上述情况下往往是适得其反。

企业提价通常会影响销售，但是购买者对企业的某种产品提价也可能会这样理解；①这种产品很畅销，不赶快买就买不到了。②这种产品很有价值。③卖主想尽量取得更多利润。一般来说，购买者对于那些价值高、经常购买的产品的价格变动较敏感，而对于那些价值低、不经常购买的小商品，即使单位价格较高，购买者也不大注意。此外，购买者虽然关心产品价格变动，但是通常更为关心购买、使用和维修产品的总费用。因此，如果卖主能使顾客相信某种产品的总费用较低，那么，也就可以把这种产品的价格定得比竞争者高，取得较多的利润。

12.4.4 企业对竞争者价格变动的反应

企业在对竞争者价格变动作出适当反应之前，须调查研究和考虑以下问题：①为什么竞争者变价？②竞争者打算暂时变价还是永久变价？③如果对竞争者的变价置之不理，将对企业的市场占有率和利润有何影响？其他企业是否会作出反应？④竞争者和其他企业对于本企业的每一个可能的反应又会有什么反应？

在现代市场经济条件下，市场领导者往往遭到一些较小的企业进攻。这些较小企业的产品比不上市场领导者的产品，它们往往通过“侵略性的降价”和市场领先者争夺市场阵地，提高市场占有率。在这种情况下，市场领导者有以下几种选择：

1. 维持价格　市场领导者认为如果降价就会使利润减少过多，或保持价格不变，市场占有率不会下降太多，或以后能恢复市场阵地。这样就可以维持价格不变。

2. 非价格手段　保持价格不变，同时改进产品、服务、沟通等，运用非价格手段来反攻，采取这种战略比削价和低价经营更合算。

3. 降价　市场领导者之所以采取这种战略，那是因为他们认为：①降价可以使销售量和产量增加，从而使成本费用下降。②降价就会使市场占有率上升。③降价后，仍能保持产品质量和服务水平，以期“东山再起”。

4. 提价　企业在提价的同时，还要致力于提高产品质量或推出某些新品牌，以便与竞争对手争夺市场。

在价格变动时，花很多时间研究应对措施是不可能的。竞争者可能花了大量时间来准备变价，而企业可能必须在数小时或几天内明确果断地作出适当的反应。缩短价格变动反应决策时间的惟一途径是，预计竞争者的可能的价格变动，并预先准备适当的对策。一些西方企业为了对付竞争者降价，通常拟定一个反应程序，按此程度可及时作出反应，避免临时仓促应对。

本章小结

价格是现代市场营销中的重要策略，应综合考虑市场、消费者、竞争对手、产品成本等诸多因素加以确定。

在为产品考虑定价时，公司首先要认真确定自己的市场营销目标，目标越明确，定价越明晰。市场营销目标可以是为了生存，为了实现当期利润最大化，为了市场份额最大化，或为了产品质量领先地位等。在制定具体价格时，公司应选择一种定价方法，主要有成本加成定价法、目标定价法、认知价值定价法、随行就市定价法和密封投标定价法。公司选定最后价格时，应与其他营销组合要素配合使用，检查其是否与公司的定价政策相一致，确保分销商和经销商、公司销售人员、供应商和政府能接受该价格。

公司要根据市场条件的变化来调整价格：①新产品定价。公司可以采取撇脂定价和渗透定价两种方式。②价格折扣和折让。公司可提供现金折扣、数量折扣、功能折扣、季节折扣和折让。③差别定价。公司针对不同的顾客细分市场、产品类型、品牌形象、地址和时间来制定不同的价格。④产品组合定价。公司可为一种产品大类中的几种产品确定价格范围，也可为选择品、补充品、副产品和产品群定价。⑤心理定价。整数、尾数、奇数、偶数的运用都成为价格影响消费者心理的有效定价技巧。

当公司考虑改变价格时，必须认真分析顾客和竞争对手的反应。当竞争对手发动变价时，公司必须尽力理解对手的意图以及变价延续的可能时间。如果必须作出迅速反应，公司就应事先计划好对付竞争对手各种可能的变价的反应。

思 考 题

1. 为什么企业定价时必须首先明确定价目标？
2. 什么叫“撇脂定价法”？什么叫“渗透定价法”？各自适用于什么情况？
3. 差别定价有几种？各自适用于什么条件？
4. 企业在采取降价策略时，经常遇到的问题与挑战有哪些？面对竞争对手的提价或降价，企业应如何应变？
5. 影响企业定价的因素主要有哪些？
6. 成本导向定价法主要有哪些？各有什么优缺点？

案 例 分 析

长虹彩电“降价风波”

20 世纪 80～90 年代，我国彩电生产能力急剧扩张，加上外商转移到大陆的生产能力，到 90 年代末总生产能力突破 4000 万台/年，但内需加上出口总计不足 3000 万台/年。此外，一些核心技术仍控制在外商手中，并存在着国产彩电严重趋同化等问题。自 1989 年长虹首次发动价格战以来，彩电市场频频爆发价格大战。其中，1996 年 3 月 26 日长虹成功地发动第 5 次价格大战，降价幅度高达 8%～18%。随后 TCL、康佳等加入价格战。这一年国产彩电销售形势大好，总市场占有率一度高达 85%，其中长虹彩电市场占有率首次超过洋品牌而荣登榜首。以后虽然又多次爆发价格大战，但终因缺乏技术和产品创新，国有品牌的总市场占有率不但没有上升反而下滑，洋品牌则又回升至 30%以上。2000 年长虹彩电市场占有率不但没有升至预期的 41%，反而下降到 10%左右，而其新开发的拥有自主知识产权的背投彩电年销售增长率却高达 200%～300%。

案例思考

1. 我国彩电市场为什么会频频爆发价格大战？
2. 彩电降价为什么会有利于扩大销售？在以后的价格大战中，长虹失败的基本原因是什么？
3. 你认为振兴我国彩电产业的出路何在？

第 13 章　分销渠道策略

学习目标　了解分销渠道的含义及职能；掌握分销渠道的基本模式；准确理解与掌握分销渠道设计应考虑的因素；了解分销渠道管理；了解物流与配送的含义及功能。

在当今社会经济活动中，绝大多数制造商都要通过各类渠道成员构筑的流通通道，把产品转移到最终消费者或客户手中。对企业来说，分析、研究分销渠道中的各类成员，科学地进行分销渠道决策，不仅能加快产品流转，提高流通效率，降低流通费用，方便消费者或客户购买，而且有利于取得整体市场营销上的成功。

13.1　分销渠道的含义及职能

分销渠道是指产品由生产者（企业）向最终消费者或产业用户，转移过程中所经过的各种环节的组合，也就是通常意义上的商品流通渠道。在多数情况下，这种产品的转移活动要有中间商的参与。

分销渠道要具备两个要素，一个是销售环节，即从生产方购进商品转而向消费者出售的过程中商品所经过的各个购销网点。一条较长的销售渠道往往由多个销售环节组成，由各销售网点有机结合而形成的路线又称为“商流通道”，它是实现连续不断的商品交易最终进入消费领域的要素。分销渠道的另一个要素是物流通道和栈点，即产品实体从生产领域进入消费领域所经过的途径和路线。在较为完善的市场条件下，商流和物流往往是分离的。除了最后的零售环节，商品的其他交接可以在物流之前通过合同形式进行，然后再将商品通过车船等交通工具经过一定的路线进入市场。商流是物流的前提，物流是商流完成的保障，而且物流通道的宽度和长度是商流宽度和长度的基础。在物流过程中，需要有中间暂存的场所，这就是栈点。栈点虽然使物流中断，但却具有中转和调节的作用。物流通道和栈点也是分销渠道的要素之一。

分销渠道本身包含两大基本性能，有偿性和连续性。因为商品流通是以货币为媒介的交换，商品从生产到消费所经过的每一个环节都必须以货币支付为条件，所以，有偿性是销售渠道的一个基本性能。销售渠道的连续性意味着，无论是商流还是物流，都必须使商品从生产领域连续不断地转移到消费领域才告完成，其中任何一个环节的中断都会使商品在中途滞留下来。所以，从分销渠道的每个横截面来看，各销售环节的下游都处于购买者地位，但从分销渠道的全过程考察，只有最后进行使用的购买者才是消费者。所以，要求商品从生产者连续不断地经过中间环节和通道送达消费者。这是分销渠道的另一个基本性能。

如果详细分析，分销渠道具有3项作用：①集中商品。可以根据市场预测或部门规划，存储较大批量的生产资料和消费品。②平衡供应。可以根据市场供求，随时向市场投入商品，帮助实现市场供求平衡。③扩散商品。可以为用户和零售商提供运输服务，避免商品在生产领域积压，同时也可使零售商节约储存费用。

13.2 分销渠道基本模式

各种社会产品的不同供求关系导致了不同类型的销售环节和通道的组合，这种参与市场营销活动的产、供、销各方所形成的、颇具复杂性的矛盾决定了销售渠道模式的多样化。

13.2.1 消费品销售渠道模式

1. 生产者→消费者　这是最短的销售渠道，也是最直接、最简单销售方式，它包括前面介绍过的人员推销中将产品直接销售给最终用户或消费者的部分，以及生产企业自已开办的试销门市部、销售经理部或零售商店等。

2. 生产者→零售商→消费者　这是最常见的一种销售渠道，在食品、服装、家具及一些半耐用品的销售中被广泛使用。零售商的范围很广，包括较大的百货公司、超级市场、邮购商店，也包括为数众多的小商亭和摊点。

3. 生产者→批发商→零售商→消费者　如果生产企业需要将其产品大批量出售，或需要在较大的范围内通过不同类型的零售商出售，它就有可能不直接与零售商联系，而是通过批发商把产品迅速转移到零售商手中，最后由零售商销售给消费者。

4. 生产者→代理商→零售商→消费者　在某些情况下，许多企业也常常通过代理商、经纪人或其他代理商将产品转移给零售商，再由零售商向消费者出售。

5. 生产者→代理商→批发商→零售商→消费者　这是最长、最复杂、销售环节最多的一种销售渠道，生产企业要通过代理商将产品转移给批发商，由批发商分配给零售商，再出售给消费者。

消费品的销售渠道模式如图13-1所示。

13.2.2 工业品销售渠道模式

因为少了零售商的参与，工业品的销售渠道相对简单一些，通常生产企业采用直接销售或委托经销商、代理商的方式。工业品一般有4种销售渠道。

1. 生产者→最终用户　这种销售渠道是工业品生产企业产品销售的主要选择，尤其是生产大型机器设备的企业，大多直接将产品销售给最终用户。

2. 生产者→经销商→最终用户　通过经销商将产品出售给最终用户的生产者，往往是那些生产普通机器设备及附属设备的企业。

3. 生产者→代理商→最终用户　如果生产企业要开发情况不够熟悉的新市

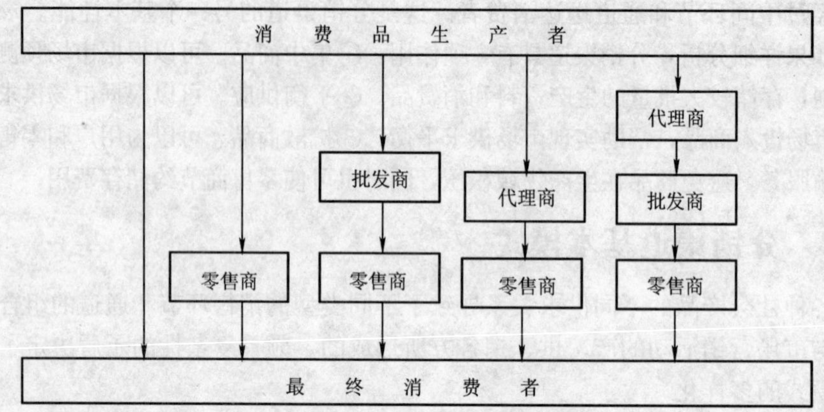

图 13-1 消费品销售渠道模式

场，设置销售机构的费用太高或缺乏销售经验，也许先在当地寻找一个代理商为企业销售产品更为合适。

4. 生产者→代理商→经销商→最终用户　选择这种销售渠道与上一种有相同的前提，如果再加上市场不够均衡，有的地区用户多，有的地区用户少，就有必要利用经销商分散存货。工业品的销售渠道模式如图 13-2 所示。

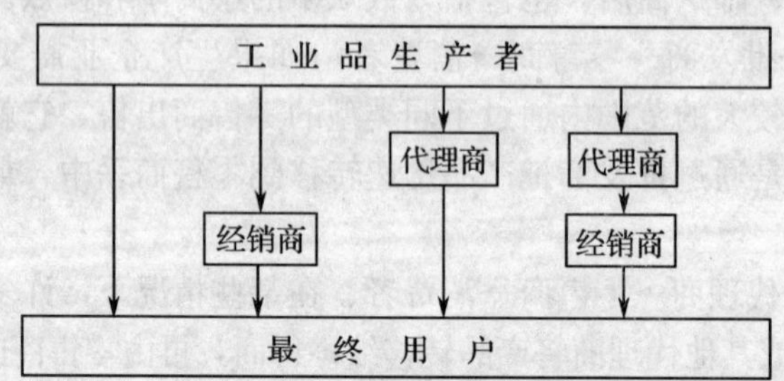

图 13-2 工业品销售渠道模式

13.3 分销渠道结构

使商品从生产领域转移到消费领域所经过的各种环节和通道的有机给组合称为销售渠道结构。如果从这种角度来对销售渠道作更为详细尽的分析，可以加深我们对销售渠道的理解。

13.3.1 根据产销关系分

以产销关系来分，销售渠道可分为 3 种结构。

1. 产销合一结构　即生产者自己担任全部或部分商品销售的职能。其优点是全部销售利润归自己所有，而且可以节约流通费用。但因其通道狭窄，市场覆盖面小，所以只适用于专业性很强的特殊产品。例如，某些食品加工厂就多采用

“前店后场”的产销合一结构。在市场较为发达的社会里，这种销售渠道会越来越多地成为一种补充。

2. 产销分离结构　因在生产者和消费者之间加入了商业中介人转手环节，故又称为间接渠道。这种渠道结构虽然使生产者丧失了一部分销售利润，但由于很多商人都作为“第一购买者”大批量地购进产品去广泛投入市场，为生产者节约了设置销售网点的投资，从而加快了资金周转速度，有利于扩大市场覆盖面和提高市场占有率。因此，这种结构成为当代商品销售渠道的主要形式。

3. 产销结合结构　这种结构是由生产者和代理商组成。其优点是流通费用较低而且结构较稳定，因此可以用低价进行推销。但是推销的成功率仅仅取决于代理商的社会关系及推销能力，既不可靠，覆盖面又不广，而且资金回笼较慢。所以这种结构一般适用于尚未被消费者认识的新产品的销售，或者是为了挤入已被占领的市场。

13.3.2 根据经营环节分

以各个经营环节的职能来分，可分为 2 类结构。

1. 专业性销售渠道结构　这是指只有某种专门用途的商品在销售过程中所经过的渠道，例如，汉堡包快餐店等。

2. 综合性销售渠道结构　这是指具有可以同时转移各类不同用途商品功能的渠道，如百货公司、超级市场等。

一种商品是选择专业性销售渠道结构，还是选择综合性销售渠道结构，取决于该商品的性能、价值大小以及专业市场占有率。对那些性能复杂且需要提供技术服务，或者价值较高的商品，或者像眼镜那样的专业市场占有率较高的商品，选择专业性销售渠道结构不仅流通费用低，而且易受消费者信赖。反之，一些普及性强、消耗性大的商品，则宜选择综合性销售渠道结构。

13.3.3 根据一种商品相继通过的销售环节分

以一种商品在销售过程中相继经过的环节的数量来分，可以分为 2 类结构。

1. 短销售渠道结构　商品在从生产领域向消费领域转移的过程中，没有中间商或只有一个中间商加入的销售渠道称为短销售渠道结构。其优点是中间环节少，流通费用相对较小；缺点是商品销售的地域伸展度较低。

2. 长销售渠道结构　它与短销售渠道结构相对应，如果商品在从生产领域向消费领域转移的过程中，相继有两个及以上的中间商加入，就称为长销售渠道结构。其优点是地域伸展度高，对于产量大而且急于扩大市场面的商品是有利的；缺点是中间环节多，流通费用大。

13.3.4 根据一种商品在同一时间选择的中间商数量分

以一种商品在同一时间选择的中间商数量来分，也可以分为 2 类结构。

1. 窄销售渠道结构　这是指如果生产者销售其产品时，在同一时间内只选择一个中间商所形成的销售渠道结构。其现实表现是独家经销。其优点是产销关系明确，相互协作稳固，流通手续简便，节省费用，若能签订合约还有排斥竞争者通过专门渠道的约束力；缺点是生产者拥有的市场覆盖面及市场占有率依赖于独家经销商的销售网，不但留有较多的剩余市场难以占领，而且存在协作失败，丧失原有市场的危险。所以，这种销售渠道结构仅仅适用于特殊商品。

2. 宽销售渠道结构　生产者在销售一种产品时，同时选择两个及以上的中间商，就形成了较宽的销售渠道结构。其优点是商品流向分布密集，有利于延展市场覆盖面，方便消费者购买。所以，一般商品的销售多采用宽渠道结构。

超级链接

爱普生公司为其产品建立分销队伍

爱普生公司是日本制造打印机的领头羊之一。当公司打算扩大其产品线生产计算机时，对现有的分销商颇为不满，并且也不相信他们对新兴零售商业有推销能力。爱普生美国公司总裁杰克·沃伦决定招募新的分销商以取代现有的分销商。杰克·沃伦雇用了赫根拉特公司（Hergenrather Company），并给予如下指示：

1）寻找在经营褪色商品（如电视机等）和白色商品（如冰箱等）方面有两步分销经验（从工厂到分销商到零售商）的申请者。

2）申请者必须具有领袖风格，他们愿意并有能力建立自己的分销系统。

3）他们每年的薪水是8万美元底薪加奖金，提供37.5万美元帮助其拓展业务，他们每人再出资2.5万美元，并获得相应的股份。

4）他们将只经营爱普生公司的产品，但是可以经销其他公司的软件；同时，每个分销商都配备一名培训经理并经营一个维修中心。

赫根拉特尔公司在寻找合适、干练的申请者时遇到了很大的困难。刊登在《华尔街日报》上的广告（不提及爱普生公司）带来了1700封申请信，但其中绝大多数是不合格者。经筛选后，利用电话本上的黄页找到合格的申请者的名称及电话，接着与他们的第二常务经理联系安排面试，经过大量的工作提交了最具资格的人员名单。杰克·沃伦亲自面试，选出了12名最合格的分销商负责12个分销区。赫根拉特尔公司也由此获得了25万美元的报酬。

最后一步是与现在的分销商终止业务。由于招募是暗中进行的，现有的分销商对事态发展一无所知。杰克·沃伦要求他们在90天内完成移交工作，他们震惊不已，虽然作为爱普生公司最早的分销商，但他们没有合同。杰克·沃伦了解他们缺少经营爱普生计算机生产线和接近目标零售商店的能力，但只能如此。

资料来源：（美）菲利普 科特勒等著，《市场营销管理（亚洲版·下）》，郭国庆译。

13.4 分销渠道策略

13.4.1 分销渠道设计应考虑的因素

制造商在分销渠道选择上采用何种模式为好？是走长渠道还是短渠道？是用宽渠道还是窄渠道？选择什么方式构筑紧密型渠道？这些问题的决策必须系统地、综合地考虑多种因素，才能做出决断。渠道选择决策主要考虑以下几方面因素：

1. 产品因素

（1）产品单价高低：一般来说，产品单价低，其分销渠道就较“长、宽、多”；反之，分销渠道就“短、窄、少”。因为产品的单价低、毛利少，企业就必须大批量生产方能盈利。一些大众化的日用消费品，通常都经过一个以上批发商，由批发商售给零售商，最后由零售商售给消费者，而单价高的产品，一般采用短渠道。

（2）时尚性：对时尚性较强的产品（如时装），消费者的需求容易变迁，要尽量选择短的分销渠道，以免错过市场时机。

（3）体积和重量：体积和重量大的产品（如大型设备），装卸和搬运困难，储运费用高，应选择较短而窄的分销渠道，最好是采用直销形式；反之，可以选择较长而宽的分销渠道，利用中间商推销。

（4）易损易腐性：如果产品容易腐蚀变质（如食品），或者容易破损（如玻璃制品），应尽量采用短渠道，保证产品使用价值，减少商品损耗。

（5）技术性：一般来说，技术性能比较高的产品，需要经常的或特殊的技术服务，生产者常常直接出售给最终用户，或者选择有能力提供较好服务的中间商经营，分销渠道通常是“短而窄”的。

（6）产品市场寿命周期：新产品试销时，许多中间商不愿经销或者不能提供相应的服务，生产企业应选择“短而窄”的分销渠道，或者代销策略，以探索市场需求，尽快打开新产品的销路。当新产品进入成长期和成熟期后，随着产品销量的增加，市场范围的扩大，竞争的加剧，分销渠道也呈“长、宽、多”的发展趋势，此时，采用经销策略也比代销更为有利。企业衰退期，通常采用缩减分销渠道的策略以减少损失。

2. 市场因素

（1）潜在顾客数量：潜在顾客的多少，决定市场的大小。潜在顾客数量越多，市场范围越大，越需要较多中间商转售，生产企业多采用长而宽和多渠道分销策略；反之，就可能直接销售。

（2）目标市场的分布状况：如果某种产品的销售市场相对集中，只是分布在某一或少数几个地区，生产者可以直接销售；反之，如果目标市场分布广泛，分散在全国乃至国外广大地区，则产品须经过一系列中间商方能转售给消费者。

（3）市场需求性质：消费者市场与生产者市场是两类不同需求性质的市场，其分销渠道有着明显的差异。消费者人数众多，分布广泛，购买消费品次数多、批量少，需要较多的中间商参与产品分销，方能满足其需求。产品用户相对较少，分布集中，且购买生产资料次数少，批量较大，产品分销多采用直接销售渠道。

（4）消费者的购买习惯：消费者购买日用品的购买频率较高，又希望就近购买，其分销渠道多为“长、宽、多”；而对于选购品和特殊品，消费者愿花时间和精力去挑选，宜采用短而窄的分销渠道。

（5）市场风险：当生产企业面临市场风险大时，如市场不景气、销售不稳定、新开辟的目标市场情况不明等，则可选择少数几家中间商运用代销策略。

（6）零售市场进货批量：如果某一市场小零售商居多进货批量小，生产者就不得不通过批发环节转卖给众多小零售商，分销渠道就较长而宽；如果某一市场上大零售商居多，这些大零售商进货批量大，生产者就可以不经过批发商，直接把产品卖给零售商，于是分销渠道就较短。

（7）竞争者的分销策略：企业选择分销渠道，应了解竞争对手采用的分销策略。一般来说，企业应尽量避免和竞争者使用相同的分销策略，除非其竞争能力超过竞争对手，或者没有其他更合适的渠道可供选择与开拓。

3. 企业因素

（1）企业的声誉、资金和控制渠道的能力：企业声誉高、资金雄厚，对渠道管理能力强，可以根据需要自由灵活地选择分销渠道，或长或短，或宽或窄，也可以多种渠道并用，甚至建立自己的分销系统。而一些经济实力有限的中小企业则只能依赖中间商销售产品。

（2）企业的销售能力：企业具有较丰富的市场销售知识与经验，有足够的销售力量和储运与销售设施，就可自己组织产品销售，减少或不用中间商；反之，就要通过中间商推销产品。

（3）可能提供的服务：如果生产企业对其产品大做广告或愿意负担中间商的广告费用，能派出维修人员承担中间商技术培训的任务，或能提供各项售后服务，中间商自然乐意经销其产品；反之，难以取得中间商的合作。

（4）企业的产品组合：一般说，生产企业希望销售产品批量大、次数少，而众多中小型零企业进货则需求多品种、小批量，如果生产企业产品组合深度与广度大，则众多零售商可直接进货，不必经过批发环节，可以采取短而宽的分销渠道。否则，只好采取长而宽的分销渠道。

（5）企业的经济效益：每一种分销渠道都有利弊得失，企业选择时，应进行量、本、利分析，综合核算各种分销渠道的耗费和收益的大小，从而作出有利于提高企业经济效益的渠道决策。

4. 营销环境因素 营销环境涉及的因素极其广泛，如一个国家的政治、法律、经济、人口、技术、社会文化等环境因素及其变化，都会不同程度地影响分销渠道的选择。譬如说，国家实行计划控制或专卖的产品，其分销渠道往往是长而单一的。随着市场经济的发展和经济管理体制的改革，原先实行统购统销或计划收购的商品放开经营后，生产企业可以直接销售或多渠道销售。经济形势直接影响分销渠道的选择，如通货紧缩，市场疲软，企业通常会尽量缩减不必要的环节，降低流通费用，以便降低售价。国家有关法令的制定，对分销渠道也会造成影响，如反垄断的法的制定与实施，会限制垄断性分销渠道的发展。科学技术引起售货方式的革新，使某些日用品能够采用短渠道分销。另外，自然资源的分布与变化，交通条件的改善，环境保护的需要，也会引起某种产品的生产与销售规模的改变，从而引起分销渠道长度与宽度的改革。诸如此类，难以胜举。从事国际营销的企业，尤其要注意研究各目标营销环境的特点，方能制定针对性的分销渠道策略。

超级链接

柯达与富士渠道之争

柯达与富士两家公司的产品结构几乎完全一样，双方在中国市场的争夺非常激烈。柯达在中国市场的主要销售渠道：中国设厂——区域分销——零售商。而在渠道宽度上，柯达选择的经销商数量并不多，其特点是经销商专业化，不同类型的产品由不同专业公司代理。在广州，柯达的民用、专业、磁记录和医疗产品分别由相关行业专业性很强的公司代理。柯达在中国的很多城市直接设立办事处，办事处市场部按不同产品设立不同产品部，负责所在区域的产品相关工作。

富士在中国市场的主要销售渠道：日本厂家——中港澳总代理——中国区域代理——主要城市代理——零售商。富士在中国销售的产品，除了少数以外，例如，相片的冲洗液，是在新加坡生产，其他绝大多数产品都从日本原地生产。在经销商选择上，也与柯达不同。富士的中港澳总代理——香港富士摄影器材有限公司，是其在中国、香港、澳门的独家经销，而在中国的区域分销上，除医疗产品等少数产品，因为专业性很强而由专业医疗公司代理，其他产品多数由一家公司经销。

资料来源：商界在线论坛社区。

13.4.2 分销渠道管理

1. 评估 制造厂商选择中间商前要对中间商进行评估。评估的内容主要是中间商经营时间的长短及其成长状况，这关系到中间商的商誉和市场中的形象地位；中间商的经营管理水平，经营开拓能力；中间商决策者的营销观念和人格形象；中间商的信用状况；中间商的区域优势等。当中间商是代理商时，生产企业必须评估其经销的其他产品大类的数量与性质，以及该代理商推销人员的素质与质量。当制造厂打算授予某一零售商独家分销时，生产企业还要评估零售商店的位置和未来发展潜力，以及经常光顾零售商店的顾客类型。

2. 客情关系的建立　客情关系是指制造商与中间商在诚信使用、沟通交流的过程中形成的人际之间情感关系。可口可乐公司将与客户的客情关系定为员工考核指标之一。人情是交往的纽带，是维系分销渠道的成员紧密合作的润滑剂，特别是在我国，自古以来，生意的成败就是和人情关系密不可分的。客情关系在某种程度上决定了分销渠道动作的效率和效益，也在很大程度上影响到双方对分销渠道的控制能力。

3. 建立相互培训机制　相互培训机制是密切渠道成员关系，提高分销效率的重要举措，也是跨国公司构筑分销渠道时惯用的策略。一方面，制造商培训中间商的终端销售人员，使一线人员懂得商品知识、使用方法和相关的技术，提高他们顾问式销售的能力，更好地引导消费，扩大销售；另一方面，中间商也可以给制造商的营销人员、技术人员提供培训，传递市场知识，竞争者信息和消费需求特点，使制造商的产品、促销、售后服务得到改进，提高制造商适应市场的能力。

4. 对中间商成员的考核　制造厂商选择渠道成员之后，还必须定期考核渠道成员的绩效。如果某一渠道成员的绩效过分低于既定标准，则要找出主要原因并考虑可能的补救方法。对于懈怠、懒惰或不合作的渠道成员，制造厂商应要求在一定时期内有所改进，否则，就要取消其资格。

测量中间商的绩效有两种方法。

1）将每一中间商的销售额与上期的绩效进行比较，并以整个群体在某一地区市场的升降百分比作为评价标准。对于低于该群体的平均水平以下的中间商，则进行考核，找出其主要原因。

2）各中间商的绩效与某一地区市场销售潜量分析所设立的配额相比较，即在一年的销售期过后，根据中间商实际销售额与其潜在销售额的比率进行对比分析，将各中间商按先后名次进行排列，对于那些比例极低的中间商，要进行考核，分析其绩效不佳的原因，必要时要予以取消。

5. ABCDE 分类管理　按照销售额的高低和货款回笼的快慢可将中间商分为 ABCDE 5 类。对他们实施不同的经销政策和管理策略，降低企业经营风险，培植企业分销网络的竞争力，见表 13-1。

表 13-1　中间商 ABCDE 分类管理表

分　类	销 售 额	货款回笼	管理策略
A	高	快	给予奖励，扩大授权
B	中等以上	快	支持促销，向 A 转化
C	中等	慢	防范风险，向 A 转化
D	中等以下	快	支持促销，向 B 转化
E	中等以下	慢	逐步减少，最终放弃

6. 对中间商渠道成员的激励　为了更好地与中间商合作，制造厂商必须采取各种措施对中间商给予激励，以此来调动其经营企业产品的积极性。激励中间的方式主要有：

(1) 提供促销费用：特别在新产品刚刚上市之初，制造商为了激励中间商多进货，多销售，在促销上应大力扶植中间商，包括提供广告费用、公关礼品、营销推广费用。

(2) 价格扣率的运用：在制定价格时，充分考虑中间商的利益，满足中间商所提出的要求，并根据市场竞争的需要，将产品价格制定在一个合理的浮动范围，主动让利于中间商。

(3) 年终返利：对中间商完成销售指标后的超额部分按照一定的比例返还利益。

(4) 奖励：对于销售业绩好，真诚合作的中间商成员给予奖励。奖励可以是现金，也可是实物，还可以是价格扣率的加大。

(5) 陈列津贴：商品在展示和陈列期间，给予中间商经济补偿，可以用货铺底，也可给予适当的现金津贴，其目的是降低中间商经销产品的风险。

7. 窜货管理　所谓窜货是指分销成员为了牟取非正常利润，或者获取制造商的返利，超越经销权限向非辖区，或者下级分销渠道低价倾销货物。窜货会扰乱正常的分销渠道关系，引发分销渠道成员之间的冲突和市场区域内的价格混乱，破坏了分销网络政策，分销成员因为窜货而受利益损害，被窜货的销售区域会出现销售下降。

窜货现象的发生主要是由内因和外因共同导致的。内因主要表现在企业在分销渠道设计的缺陷，销售任务的压力导致销售人员窗口货，不规范的销售管理导致区域之间窜货；而外因主要表现在分销成员的利益驱使，分销任务的压力，分销系统的紊乱以及终端缺乏控制等方面。

窜货预防和处理的主要方法有：

1) 事先制定分销网络经营政策，明确分销成员的销售区域和销售权限，明确价格政策。明确界定每个销售区域的商品外包装的条码，便于检查。

2）事先制定窜货处理政策，因窜货对其他分销成员和制造商造成损失由窜货方全权负责，按比例扣除窜货方的年终返利，减少给其的促销费用，降低客户等级和经销权限。

3）制造商成立销售管理小组，派专人负责管理，建立畅通的信息反馈渠道，经常抽查，听取中间商的意见反馈，发现有窜货现象后根据政策规定进行处理，并在考核指标时考虑对被窜货地区的损失，合理增加返利。

13.4.3 中间商类型及选择

1. 中间商的概念和基本作用　中间商是指在生产者与消费者之间，参与商品交易业务，促使买卖行为发生和实现的具有法人资格的组织或个人。中间商是商品生产和流通社会化的必然产物。

中间商在销售渠道中占有特别重要的地位，从某种意义上讲，销售渠道策略所研究的内容，就是如何选择中间商将产品有效地从生产企业转移到消费者和用户手中的问题。

中间商在商品由生产领域到消费领域的转移过程中，起着桥梁和纽带的作用。由于中间商的存在，不仅简化了销售手续，节约了销售费用，而且还扩大了销售范围，提高了销售效率。图 13-3 所示是中间商在销售渠道中重要作用的直观表现。

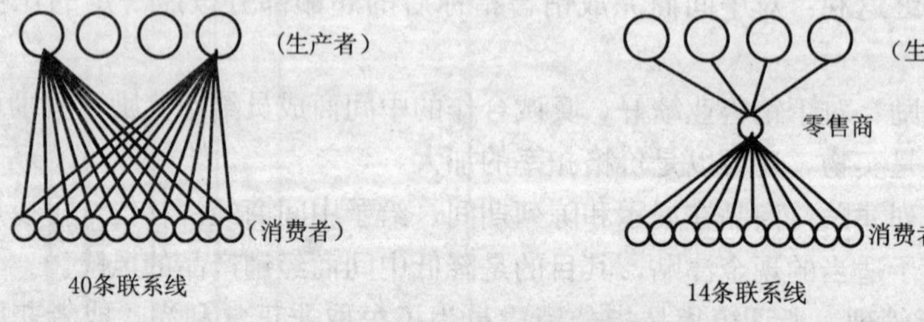

图 13-3　使用中间商提高销售效率

从图 13-3 中我们可以看到，如果有 4 个生产相同类型产品的企业，都要把产品直接卖给 10 个消费者，那就要发生 40 次买卖关系；如果在 4 个企业和 10 个消费者之间加进一个中间商（零售商），只要发生 14 次买卖关系就行了。所以，中间商在存在使交易接洽的次数大大减少，这就是中间商具有节省时间和人力，降低总交易成本费用，提高商品销售效率和社会生产总效率的根本原因。

2. 中间商的类型　广义的中间商不仅包括批发商、零售商、经销商和代理商，还应包括银行、保险公司、仓库和运输、进出口商等对产品不具备所有权，但帮助了销售活动的单位和个人。这里我们着重介绍零售商、批发商、代理商和经销商。

（1）零售商：零售是指直接向最终消费者销售商品和服务的活动。一切向最终消费者直接销售商品和服务，以用做个人及非同业性用途的行为均属零售的范畴，不论从事这些活动的是哪些机构，也不论采用任何方式或在任何地方把商品和服务售出。那些销售业务主要来自零售的商业机构叫零售商。

零售商处在商品流通的最终阶段，他们从生产企业或批发商处购进商品，然后把商品销售给最终消费者。其主要功能是收购、储存、拆零、分装、销售、传递信息、提供销售服务等，在时间、地点、方式等方面方便购买，促进销售。

零售商的类型随着新的组织形式出现而不断增加。按所有制划分，可以分为国营商店、集体商店、合资与合作商店、私营商店和个体商店；按经营规模划分，可分为大型零售商店、中型零售商店和小型零售商店；按经营商品的范围，可分为综合性商店和专业性商店；按营销方式可分为店铺销售商店和无店铺销售商店。在这里，我们只研究店铺销售零售商和无店铺销售零售商。

1）店铺销售零售商。店铺销售零售商是指那些有固定的供顾客选择商品的营业场所的零售商。目前，多数商品是通过店铺零售商销售的。店铺零售商有多种类型，按照服务的水平，可分为完全服务零售商、有限服务零售商、自我挑选零售商和自我服务零售商；按经营特点划分，主要有以下 8 种：

① 百货商店。以经营日用百货、服装鞋帽、食品饮料、文化用品、家庭用品等为主要品种的综合性商店。其特点是经营范围广，服务项目多，顾客去一家商店可以买足所需的大部分商品，并可得到良好服务，因而成为我国许多地方采用的主要销售方式之一。

② 专业商店。以销售某一产品大类或满足某一特定顾客群需求的专业化商店，如钟表店、妇女用品商店等。该商店的特点是经营的产品线较为狭窄，但经营范围内产品的花色品种较为齐全；服务的项目较多，售前、售中、售后均有良好服务。

③ 方便商店。设在居民区附近的小型商店。这类商店的特点是营业时间长，经营的品种主要是周转率高的方便商品。由于这类商店的设施少，所经营的商品不需要特殊的包装和只提供有限服务，因而价格比百货商门略低或相近。

④ 超级市场。经营规模相当大、成本低、利润低、销售量大的自我挑选式零售机构。该零售机构的特点是营业面积大，经营品种多，产品价格低，营业时间长，配套设施全，顾客自己挑选满意的商品。该零售方式深受大批低收入者欢迎。

⑤ 仓储商店。一种没有虚饰、给顾客折扣优待、服务项目少的商店类型。其特点是营业面积大，设施少，地点设在城乡结合部，产品由购买者自行挑选，商品售价低于其他零售店。这种商店对于那些大量购买者有较强的吸引力。

⑥ 折扣商店。一种以较低的价格销售标准商品的商店类型。其特点是远离市中心，房租较低；营业设施少，设备费用低；突出销售全国性品牌，质量有保

证；销售中顾客实行自我服务，销售价格低于传统的商店。这种商店能吸引大批距离较远的顾客前往购买。

⑦ 连锁店。由众多同行业的零售店按照统一的原则形成一体，在同一商业形象下从事经营的一种商店类型。这是一种多家商店联合在一起的零售组织形式，其特点是分布面广，规模大，至少要有 10 家店铺，商品销售价格低；所有的商店实行统一、规范的管理，统一采购，统一配货，统一价格，统一服务标准，统一销售政策；商店设在居民集中的地方，方便了消费者购买。

⑧ 消费合作社。一种由消费者自己拥有的零售商店。这类零售店设在社区的居民区内，主要为本区的居民服务。该商店的特点是销售价格低。

根据商店的产权关系，连锁店又分 3 种具体形式。

a. 正规连锁店。又叫“直营连锁”，是指在同一个资本下建立多个店铺形成的连锁。总部对各连锁店拥有全部的所有权和经营权，实行高度统一的管理，在价格上低于具有同等服务水平的其他商店。这是因为他们大规模经营，进货和运输成本均低；人员素质高，销售效率高；流通环节少，节约了流通费用；统一促销，各店分担的促销费低。

b. 特许连锁店。又叫“契约连锁店”、“加盟连锁店”，是指特许权人以合同的方式，与加盟者联合形成的零售组织。特许连锁店形成的基础是特许权人拥有独特的产品、服务或者生意的独特方式、商标、专利、专有技术等。其特点是所有权分散，经营权集中，并具有正规连锁的优势，深受加盟者和消费者欢迎。

c. 自愿连锁店。这是指由批发商牵头，各商店在自愿的基础上组合而成的独立零售商店集团。其特点是统一采购，分散销售，因而降低了销售价格。

2）无店铺销售零售商。无店铺销售零售商是指那些没有固定的供顾客选择商品的营业场所的零售商。无店铺销售的零售商有直接销售、直复营销和自动售货 3 种类型。

① 直接销售。作为零售商的直接销售有两种类型，一种是制造商在各地设置的销售分公司或专卖店；另一种是传销。外国的传销是多层传销，即用层层发展消费者作为传销人员来扩大商品销售的零售方式。其过程是，传销公司发展购买者作为传销员，由他们通过口头相传的方式传播产品信息，发展新的购买者为传销员，由他们通过口头达到销售目的。传销人员的报酬来自销售商品的一定比例的折扣，并从其发展的其他传销人的业绩中也取得一定比例的奖励。我国的《传销管理办法》只允许采用一层传销。采用传销方式的主要是保健品、化妆品及部分日用品等。

② 直复营销。直复营销是指企业运用一种或多种广告媒体向顾客介绍产品，以求顾客产生积极反应，从而达到交易目的的营销方式。具体做法是，零售商选择可获最大订货时的媒体做广告介绍商品，顾客可用信函、电报、电传或电话订

货，经营者组织送货或邮寄交货。直复营销的具体形式有：

a. 邮寄目录。零售商向选好的顾客邮寄商品目录或备索，顾客用信函或电话订货，零售商把货物送去或寄去。

b. 直接邮购。零售商确定各种潜在顾客的名单后，将邮件广告寄给他们，顾客根据需要订货。

c. 电话营销。利用电话推销商品并接受订单。

d. 电视营销。通过电视广告节目或图文电视向顾客介绍产品，顾客通过电话订购商品。

e. 网络营销。利用计算机网络系统，给广大顾客传递信息，顾客可在自己的网络终端订货，零售商根据用户的要求送货。

③ 自动售货。即使用硬币控制的机器自动销售商品。自动售货的优点是营业时间长，24 小时售货，从而方便了购买；自动服务，不需要售货人员；缺点是售货机的价格昂贵，因而用其销售的商品价格较高。

(2) 批发商：批发商是将产品大批量购进，又以较小批量再销售给企业或其他商业组织的中间商。其经营特征是批量大，与最终消费者不发生直接的购销关系（批发兼零售除外）。批发商按不同的标准可以划分为不同的类型。

1) 按经营商品种类的多少，可分为一般批发商和专业批发商。一般批发商的特点是经营商品种类繁多，如百货批发站；专业批发商则是经营某一类或几类商品，如五金电器批发公司等。

2) 按服务地区范围大小，可分为全国批发商、区域批发商和地方批发商。分别担负全国性的商品批发业务，一个省（市、区）范围的批发业务和某一市、县的批发业务。

3) 按是否拥有商品所有权，可分为经销批发商和代理批发商。前者是指拥有商品所有权的批发商，后者是指不拥有商品所有权的批发商。

4) 按服务的内容，可分为综合服务批发商和专业服务批发商。综合服务批发商的特点是对生产者、零售商或用户提供各种市场服务；专业服务批发商又可分为 3 种。

① 承运批发商。其特点是仅设营业场所，不设仓库，根据零售商用户的订单，从生产企业取得货物后直接运送给购买者。

② 货车贩运批发商。仅负责把从生产企业批发来的商品尽快运送给零售商或用户。

③ 现货自运批发商。其特点是用低档价售货，但商品由购买者自行运输。

批发商的主要作用有 3 项：①通过集中购买，使生产者及时实现商品的价值，提高资金周转率，加速再生产过程。②通过广泛的批量销售，为生产者推销商品，从宏观上反馈市场销售信息，同时为零售商提供多样化的商品，节约进货时间、人力和费用。③通过商品的运转和储存，延展商品的市场，有利于实现均衡消费，并为生产者分担信贷资金和商品销售中的风险。

(3) 代理商：代理商是接受生产者委托从事商品交易业务，对商品有经营权但不具有所有权，按代销额取得一定比率报酬的中间商。代理商既有从事批发业务者，也有从事零售业务者。其特征是本身不发生独立的购销业务，也不承担市场风险。按其与生产企业的业务联系，可以分为 3 种类型。

1) 制造商的代理商。又称为生产代理商，是受生产企业的委托，签订销货协议，负责在一定区域内代销企业产品的中间商。这种代理商类似于生产企业的推销人员，本身可不设仓库，只负责推销产品，由顾客直接向生产企业提货。生产企业可同时委托若干个代理商分别在不同地区推销其产品，本企业也可参与某一地区的直接销售业务。

2) 销售代理商。受生产企业委托负责代销其全部产品，不受地区的限制且有一定的售价决定权。但一个生产企业同时只能委托一家销售代理商，即独家代理，生产企业本身也不能再进行直接的销售活动。因此，销售代理商要对生产企业承担较多的义务，这一般要在代理协议中严格规定。

3) 佣金商。佣金商一般与委托人没有长期关系，主要从事农产品的营销业务。佣金商受托于那些不愿意自己出售产品和不属于农产品生产企业的委托人。佣金商对委托人委托销售的货物通常有较大的经营权，佣金商收到农产品生产企业方运来的货物或自己用卡车将农产品运送到中心市场，有权不经委托人同意，以自己的名义，以当时可能获得的最好价格出售，因为佣金商经营的是蔬菜、水果等易腐商品。扣除佣金和各项开支后，余款汇给委托人。

代理商是生产开拓市场、促进销售的有力助手，可以帮助企业增强竞争力，减少商业风险，保持市场占有率，同时也是为企业收集和传递市场信息的便利渠道。但是，由于通过代理商推销商品时，推销量难以把握出不够稳定，而且推销风险几乎全部由生产企业承担，所以代理商不能替代批发商和零售商的作用。

(4) 经销商：经销商是指从事商品交易，在商品买卖过程中拥有商品所有权的中间商。经销商用自己的资金和信誉进行买卖业务，是为卖而买，承担经营过程的全部风险。生产企业一般采用 3 种方式与经销商合作。

1) 密集性分销。即生产企业尽可能多地联络经销商出售自己的商品。在这种情况下，生产者与经销商之间是简单的买卖关系，双方不需要签订经销协议。

2) 选择性分销。生产企业在某一市场仅仅通过少数几个精心挑选的、最适合的经销商进行合作，通常双方要签订经销协议，并保持良好的、长期的工作关系。

3) 独家分销。即生产企业在某一地区仅选择一家经销商推销其产品，通常双方协商签订独家经销合同，规定双方的权利和义务。

对于生产企业来说，选择独家经销或非独家经销各有利弊，要权衡后决策。

13.5 物流与配送

分销渠道中一个重要的环节是产品的实体移动，即物流。长期以来我国对物流的研究，侧重点放在储运上，而现代市场经济条件下，物流则是一个内容广泛的概念。

1. 物流的基本概念

（1）什么是物流：物流在分销渠道中是指产品实体从供应者向需要者的物理移动，包括运输（配送）、仓储保管、包装、装卸、流通加工及物流信息处理等多项基本活动。物流概念中的“流”，是产品实体的定向移动，既包含期空间移动，又包括其时间延续。“流”实质上是一种经济活动。物流强调产品实体运动过程的系统化、整体化，“重商流，轻物流”会严重影响分销渠道的整体效益。建立合理、高效的物流体系，不仅能保证产品最终实现价值，而且会大大提高社会效益。

（2）物流的三要素：物流包括许多具体活动，人们进行物流的方式也多种多样，但不管用什么样的方式进行物流活动，都需要具备 3 个基本要素。

1）流体。流体即物流中的“物”，分销渠道中的“物”就是产品实体。产品具有自然属性，即物理、化学、生物属性，还有社会属性，即产品实体价值。物流既要保护产品实体自然属性不受损害，又要使其社会属性不受影响。

2）载体。载体是指产品实体借以流动的设施和设备。载体分成两类，一类是指基础设施，如铁路、公路、水路、港口、车站机场等；另一类是指直接盛载实体并运送的设备，如车辆、船舶、飞机、装卸和搬运设备等。物流载体的状况，尤其是物流基础设施的状况直接决定物流的质量、效率和效益。

3）流向。流向是指产品实体从起点到终点的流动方向。流向一般有 3 种。

① 自然流向。这是指根据产销市场供求规律由市场确定的产品流向，这表明一种客观需要产品要从产地流向销地。

② 市场流向。这是指根据市场供求规律由市场确定的产品流向。

③ 实际流向。这是指在物流过程中实际发生的流向。

对某种产品而主，可能会同时存在以上几种流向。如根据市场供求关系确定的产品流向是市场流向，而这流向又反映了产销之间的必然联系，是自然流向；实际发生实体转移时还需根据具体情况来确定运输路线和调运方案，这又是实际流向。在确定物流流向时，理想的状况是产品的自然流向与产品的实际流向一致，但由于市场流向有其存在的前提，还由于载体的原因，导致产品的实际流向经常偏离自然流向。

物流的流体、载体和流向三要素之间有极强的内在联系，进行物流活动时要注意处理好三要素之间的关系。如流体的自然属性决定了载体的类型和规模，流体的社会属性决定了流向，载体对流体有制约作用，载体的状况对流体的自然属性和社会属性均会产生影响。因此，物流活动处理不好三要素之间的关系，就会使物流成本提高、服务降低、效率下降、效益低下。

（3）物流的作用和功能

1）物流的作用。物流的作用表现在3个方面：

① 服务商流。产品购销合同签订的时刻，就要按照需方（购方）的需要将实体由供方（卖方）以适当的方式、途径向需方转移。由此看来，物流是以商流的后续者和服务者的姿态出现的。

② 保障生产。从原材料采购开始，便要求有相应的物流过程，将所采购的原材料到位，否则，整个生产过程便成了“无米之炊”，在生产的各工艺流程之间，也需要原材料、半成品的物流过程，实现生产的流动性。

③ 方便生活。生活的每一个环节，都有物流存在。

2）物流的功能。物流功能分为主体功能和辅助功能。

物流的主体功能有：

① 储存。储存是解决生产与消费或供给与需求之间时间上的矛盾，是物流体系中的静态环节，它在产销之间、供需之间既有缓冲和调节的作用，又能保护产品的自然属性。承担储存功能的设施主要是库房。

② 运输。运输是解决产销、供需之间空间上矛盾，通过运输产品才能由供应地点向需求地点移动。运输工具主要是车、船、飞机、管道等，相应的运输方式也有铁路、公路、航空、水路、管道5种。

③ 配送。配送是物流中的短距离运输，是发生在流通与消费的交汇处、物流体系最末端的延伸功能。

3）物流的辅助功能有：

① 包装。将产品装盛在包扎物内，包装是对整个物流体系功能的保证，同时又保护、美化了产品。

② 装卸搬运。装卸搬运是立体的，动态的产品移动，做到承上启下，保证物流功能的实现。

③ 流通加工。流通加工是直接为销售服务，如商品分级、分档，零部件组合、整理、编配、标识粘贴、价码打印等。

④ 信息处理。信息处理功能是对物流所涉及的各个领域和整个过程所发生的信息进行传递和沟通。

2. 物流系统的决策　物流系统决策是一个选择仓储设施，科学保管养护产品，保持存货水平以及选择合理运输路线和运输工具，适时适量地把产品由产地转移到销地，保证满足消费者需求的整体抉择。长期以来，我国轻视物流系统的基础设施建设，致使不少储运企业的设备老化、陈旧，仓库保管流通加工手段也十分落后，难以适应现代市场经济大生产、大流通的客观需要。为此，我国在物流系统中要大力强化现代的物流方式。

（1）引进及时制：及时制是由日本丰田汽车公司在20世纪60年代实行的一种生产方式。它是指将必要的零件以必要的时间送到生产线，而且只将所需要的零件，只以所需要的数量，只在正好需要的时间送到生产线。这是丰田汽车公司为适应消费需求多样化、个性化而建立的一种生产体系以及为此生产体系服务的物流体系。

及时制近几十年来作为一种物流模式在发达国家物流设计中得到了广泛运用。及时制的核心是削减库存，同时又能使生产过程顺利进行。及时制运用产品实体转移，就是要将正确的产品以正确的数量在正确的时间送到正确的地点。这里的“正确”就是一种理想化的状况。目前，我们运用及时制还有一定的差距，但是，及时制提醒我们，产品实体的移动，应从下游的需求出发，应对下游客户的需求作精确预测，从而合理规划生产，组织好均衡供应，以保证下游客户需要产品的时间、数量和结构。

（2）自动存取系统：自动存取系统是仓库设施的现代化，也叫自动化立体仓库。这是现代物流必不可少的基础设施。自动存取系统根据产品的自然属性可以分为：

1）常温自动存取系统。用于一般日用工具品、生产资料的存取。

2）低温自动存取系统。包括恒温空调、冷藏、冷冻等自动存取系统，用于对温度、湿度有特殊要求的商品存取。

3）防爆危险品自动存取系统。用于易挥发、产生尘爆的化学危险品的存取。

4）无尘自动存取系统。用于计算机芯片、磁带、录像等物品自动存取。

自动存取系统的出入库及库内搬运作业全部实现有计算机控制的自动化，一般拥有几十万个货位的自动存取系统中，每天的作业只需十几人。管理人员主要负责货物存取系统的操作、监控、维护等，只要操作员给系统以出库拣送、入库分拣、包装、组配、储存等作业指令，系统就会调用巷道堆垛机、自动分拣机、自动导向车及其配套的周边搬运设备协同动作，完全自动地完成各种作业。所以，自动存取系统凝结着大量现代的信息技术。

（3）运输决策：产品实体必须借助各种运输工具，实现其空间位置的转移，完成由生产者到消费者的过程。运输决策就是厂商根据产品特征以及市场需求状况，对产品的运输方式，运输路线进行合理的设计，用最省的运费，最短的路程，把产品“迅速、准确、及时、安全”地送到目的地。

产品在运输途中存在的种种意外风险（如翻车、冲撞、雨淋等），所以，运输之前有必要替货物办理有关保险，防患于未然。

3. 配送决策

(1) 配送的概念：配送是由集货、配货和送货 3 个部分有机结合而成的物流过程。配送处于物流系统的终端，是直接面对服务对象的部分，其功能完成的质量和服务水平，直观而具体地实现物流系统对客户需求的满意程度。

配送，实质上是运输，它是面向城市范围内一定区域内短距离小批量的运输。随着现代零售业最新业态，即多种连锁经营的发展，高效统一的商品配送是大幅度降低成本、取得现有规模效益的关键所在。

(2) 配送模式的选择：目前在我国配送模式有 4 种。

1) 企业（集团）内自营配送模式。这种模式是企业（集团）通过独立组建配送中心，实现对内部各部门、厂、店的货物供应，即配送。这种模式在满足企业（集团）内部生产材料供应、产品外销、零售分店供货和区域外市场拓展等企业自身需求方面发挥了重要作用。较典型的企业（集团）内自营型配送模式就是连锁企业配送中心的配送。

2) 单项服务外包型配送模式。这种配送模式是由生产企业租用批发或储运企业的库房、车辆等物流载体，作为存储商品的场所，并将其中的一部分改造成办公场所，设置自己的业务代表机构，并配置内部信息处理系统。通过现场办公方式的决策组织，独立组织配送。提供场所的物流业务经营企业仅收取物流利润的一部分业务服务费。

开展这种模式配送的物流业务经营企业，脑袋长在别人身上，对所承揽的配送业务无控制权，无法合理组织配送，在设备、人员浪费上比较大，这是一种高消耗、低效益的配送模式。

3) 社会化中介型配送模式。这种模式是由从事配送业务的企业，通过与上家（生产、加工企业）建立广泛代理或卖断关系，与下家（零售店铺）形成较稳定的契约关系，从而将生产、加工企业的商品以及信息进行统一组合、处理后，按客户定单的要求、配送到店铺。这种模式的配送，还表现为在用户间交流供应信息，从而起到调节余缺、合理利用资源的作用。

4) 共同配送模式。这是一种配送经营企业间为实现整体的配送合理化，以互利互惠的原则，互相提供便利的配送服务的协作型配送模式。共同配送模式属于一种横向集约联合，联合的方式可分为紧密型（法人型）、半紧密型（合伙型）和松散型（合同型）3 种类型。

以上 4 种配送模式中，社会化中介和共同配送模式将是配送经营的趋势。

(3) 配送中心的管理：配送中心是开展商品配送和相关业务的场所。配送中心通过先进的管理、现代化的信息交流网络，对商品的采购、储存、分拣、加工和配送等业务过程进行科学、统一、规范化的管理，使整个商品运动过程进行科学、统一、规范化的管理，使整个商品运动过程高效、协调、有序，从而减少损失，节省费用，实现最佳的经济效益。对配送中心的管理，要做到：

1）借助计算机网络与中心业务运作相配套的管理系统，真正实现采购→入库→储存管理→订单处理→配货→出库→配送→结算全过程自动化管理，最大限度地排除人工管理的低效、随机性。

2）设计配送中心的业务流程，规范内部业务作业流向，促使配送中心有序、高效运作。

3）设计配送中心岗位操作标准，规范配送作业流程中每一个工种的作业。在我国目前的配送中心建设中，现代化程度还未完全达到计算机化、系统化和自动化的前提下，要严格规范配送中的岗位操作标准，上道工序为下道工种服务，以保证配送的服务水平。

本章小结

销售渠道是指产品由生产者（企业）向最终消费者或产业用户转移过程中所经过的各种环节的组合，也就是通常意义上的商品流通渠道。

销售渠道要具备两个因素，一个是销售环节，即从生产厂购进商品转而向消费者出售的过程中商品所经过的各个购销网点；另一个要素是物流通道和栈点，即产品实体从生产领域进入消费领域所经过的途径和路线。

销售渠道本身包含两大基本性能，有偿性和连续性。销售渠道还具有3方面作用。一是集中商品；二是平衡供应；三是扩散商品。

消费品的销售渠道，概括起来有以下5种模式：生产者→消费者，生产者→零售商→消费者，生产者→批发商→零售商→消费者，生产者→代理商→零售商→消费者，生产者→代理商→批发商→零售商→消费者。工业品一般有两种销售渠道：生产者→最终用户，生产者→经销商→最终用户。

使商品从生产领域转移到消费领域所经过的各种环节和通道的有机组合称为销售渠道结构。以产销关系来分，销售渠道可分为3种结构：产销合一结构、产销分离结构、产销结合结构；以各个经营环节的职能来分，可分为两类结构：专业性销售渠道结构、综合性销售渠道结构；以一种商品在销售过程中相继经过的环节的数量来分，可以分为两类结构：短销售渠道结构、长销售渠道结构；以一种商品在同一时间选择的中间商数量来分，也可以分为两类结构：窄销售渠道结构、宽销售渠道结构。

中间商是指在生产者与消费者之间，参与商品交易业务，促使买卖行为发生和实现的具有法人资格的组织或个人。中间商在商品由生产领域到消费领域的转移过程中，起着桥梁和纽带的作用。广义的中间商不仅包括批发商、零售商、经销商和代理商，还应包括银行、保险公司、仓库和运输、进出口商等对产品不具备所有权，但帮助了销售活动的单位和个人。本章着重研究零售商、批发商、代理商和经销商。

企业在选择使用销售渠道之前，必须对影响销售渠道选择的各种因素进行认真分析。影响企业选择销售渠道的因素主要有 4 个方面：产品因素、市场因素、企业内在因素、政策因素。

所谓最佳的销售渠道，就是销售渠道能够以最快的通过速度、最好的服务质量、最省的流通费用和最大限度的目标市场覆盖面，将产品连续不断地送达最终消费者。选择最佳销售渠道的原则：经济原则、时间原则、竞争原则、应变原则。

对生产企业而言，一般有 3 种销售渠道策略可供选择：广泛分销策略、选择分销策略、独家分销策略。

销售渠道管理主要包括激励渠道成员，指导、协调工商关系，对渠道成员的绩效评估等工作。

在有效的市场营销策略中，实体分销起着重要的作用。实体分销系统可以分为几个主要的组织部分：顾客服务、运输、存货控制、物料处理、订单处理和仓储。各种运输方式有不同的优势和劣势。

思 考 题

1. 什么是分销渠道？你如何理解分销渠道的含义？
2. 分销渠道的类型有哪些？
3. 批发商渠道成员有什么特点？有几种类型？
4. 零售商渠道成员有什么特点？识别各种零售商的经营方式对厂商的意义是什么？
5. 请说明指甲钳、钮扣、手绢等小百货与钢材分销渠道选择有什么不同？
6. 请你为下列生产厂商选择分销渠道提建议：

(1) 名贵手表生产企业。

(2) 生产新型手扶拖拉机企业。

(3) 生产灯芯绒布料为主的纺织企业。

7. 如何选择和激励渠道成员？
8. 什么是物流？物流包括哪三要素？
9. 配送中心有几种模式？如何管理配送中心？

案 例 分 析

可口可乐新渠道营销宝典

消费者需求在不同环境、不同场所上获得满足，将使企业的渠道构建越来越复杂化。竞争的激烈，销售指标的提高，也是销售人员都得面对的事情。所以，现实中开发新渠道成了销售人员抵抗竞争提高销量的主要方式。新渠道开发越来越难，又不得不去开发新渠道，这二者之间的矛盾，使销售人员焦头烂额，叫苦连天，却又没有好的办法。可口可乐公司除了进行渠道深挖之外，不断地开发新渠道的做法，将会给企业进行渠道构建与开发提供有益的启示。

一、可口可乐健怡 Espirit 专卖店

我们不但把可口可乐健怡产品放在高级女装 Espirit 专卖店叫做一条销售渠道，还称为一条很好的推广渠道，虽然更多同仁更喜欢叫它是一种推广方法。但无论如何，它真实地告诉了我们营销人开发新渠道的思路与方法。

很多营销人特喜欢将“定位”一词挂在嘴边，可口可乐公司却能将定位从嘴上从文件上放到市场上去应用。定位应该是惟一的，不可仿冒不可跟进，这会给消费者独到、清晰、过目不忘的感觉与记忆。实际上，新渠道的选择，有利于定位的清晰化。可口可乐健怡产品放到了 Espirit 的专卖店里，将健怡产品的定位呈现得清晰透彻之极致，即收入较高，新潮，品位，注重健康与个性的年轻白领。事实证明，绝大部分在 Espirit 店里看到健怡产品展示的都成了健怡的忠实消费者。

这种新渠道开发的基点，实际上就是，能将产品与消费者市场细分进行对应，市场定位极具针对性，这种地方一定是好渠道！以前没开发出来，现在作为新渠道就顺理成章了！

我们现在许多企业开发新渠道，要么是招商去“套”渠道，要么是“有奶便是娘”，只要进货就是经销商，要么是贪大贪全，“只找大的，不找对的”……如果渠道是不适合企业的产品定位与市场定位，开发的新渠道是不能给企业带来利益反而是不好收场的！

二、可口可乐玻璃瓶装“小红帽”配送

“小红帽”是北京青年报下属的发行站。在北京地区，可口可乐玻璃瓶装已不是主要的销售包装，即饮包装产品逐渐被 500～600mL 的塑胶瓶所取代，但由于玻璃瓶装可口可乐系列产品进入市场较早，还是有一定的消费人群。很少有经销商愿意玻璃瓶装与塑胶瓶装一起销售与配送。可口可乐却还想保留该产品的销售，但又不花费太大的精力去自己做直销或者协销，怎么办？

这个产品的消费者主要是一些消费该包装较早的“老”消费者、非年轻人的“老”消费者（可口可乐将塑胶瓶推广为年轻人主要消费包装）和当场即饮的社区便利型消费者。很明显，这些与可口可乐公司的其他产品的针对消费人群有点差别。那么，渠道肯定不一样，需要重新选取。

据可口可乐公司分析，这些消费群体更多的聚集在一些成熟的“老”社区，他们更多的在这些“老”社区里进行消费，而这些“老”社区中的居民有一个最

大的特点就是通过看报来了解外界信息，而自办的报纸配送体系，能建立消费者与企业产品的沟通和情感的交流！

于是，可口可乐公司通过与《北京青年报》的“小红帽”配送体系建立合作关系，针对玻璃瓶装的主要消费人群，开发了这一独特的销售渠道。

在这里，只要将新渠道当作“出路”，那么，我们就会发现，出路的接口是消费者，所以，从消费者角度出发建设渠道，开发新渠道，这就对了。

三、可口可乐酷儿小学商店

可口可乐酷儿产品上市，承载着“可口可乐公司——全方位饮料公司”头一炮的空前绝后的使命。由于是与可口可乐公司以前产品不同的消费者群体 5～12岁的孩子，所以，新渠道建设摆在了市场人员的面前。而可口可乐公司这次却是要在小学校下功夫，而学校是不能有商业行为的！

怎么办？只要抓住营销渠道建设的这一精髓，营销难题都是可迎刃而解的。可口可乐公司将小学周围几百米都当作“渠道圈”或者流行地说“终端圈”，那么，整个学校的学生也就是酷儿的目标消费群体都被渠道囊括进去了，这也就打破了学校不能进行商品推广与销售的封锁，成就了一条必须要开发的新渠道。于是，可口可乐公司便称这方圆几百米的“渠道圈”为新渠道，从而可进行一切针对性的营销推广与销售了。

四、可口可乐冰露水小卖部

可口可乐冰露水本身并不是可口可乐公司“全方位饮料”公司的直接产物，它更深含战略目的。当竞争需要时，新渠道建设喷薄欲出。

可口可乐公司卖纯净水，看上去是产品多元化的目标，实际上是为了竞争。当竞争对手是以水为主业，但也想在可乐型饮料上夺一杯羹时，可口可乐公司不是采取直接打压对手的办法，而是“杀人不见血”的高招。这一高招就是，低价在对手的主要渠道推出竞争对手的主力产品，从而乱其军心，在应付主力产品的慌乱过程中，将对手的主力产品与可乐型产品都予以痛击，实现一箭双雕的效果。

2001 年末，可口可乐公司就已经在冰露水上开始筹划了。为了打击竞争对手，可口可乐公司采取的都是一些非常规手法。如冬季上市、包装颜色设计不同、销售队伍任务设计与安排重点、故意断货销售、特价审批、考核新方式等。而在这里要讲到的渠道，就是可口可乐公司在新渠道设计上，砍掉所有其他渠道，集中一点在竞争对手的主力渠道，即传统型终端上，集中火力地展开竞争。

五、可口可乐冰露冷藏品批发商

可口可乐冰露水不但专门针对竞争对手开辟小卖部渠道，还为了短时间内突破销量，而在很多城市开辟了“冷藏品批发商”渠道。这些批发商主要销售冰品等，一般有自己的冷库。

在夏天，我们都有这样的印象，很多非室内工作者，都喜欢购买或自备内含“冰柱”的水瓶，这样可在烈日酷暑下仍能长时间保持冰凉。可口可乐公司的业务系统在讨论渠道计划时发现了这是一种应该值得关注的现象，从而最终开展了与许多冷藏品批发商的合作，使销量在夏天急剧上升，在有些区域取得了高于原计划四五倍的可喜成绩。

六、可口可乐全品类网吧

在可口可乐公司原有的渠道体系里，网吧是作为“直营”的一部分，到现在，已经成为可口可乐新兴渠道中的主力军。从一般的直营渠道之一变成新兴的专门渠道，得益于可口可乐公司对合作共建新渠道的认识。

放眼可口可乐公司许多的营销手段、策略与行为，确实是“一流企业标准”的高度体现，无论是在品牌上的联合“可口可乐与雀巢”的 BPW 雀巢茶成为“CROSSOVWR”标准、明星代言上的互助相长相得益彰、渠道系统的“CSS”系统成为行业标准、酷儿产品的新儿童饮料标杆等。而渠道共建，也成了所有企业与企业共建渠道、与渠道共同发展的新的标准。

在渠道商中，除了被外企称为“MT”的现代渠道商，如国际标准超市、大卖场与便利店，渠道商在企业面前更像一个弱者，这源于他们很多不是规范化运作与管理的组织而大部分是个体组织。所以，在开发新渠道过程中，一是新渠道很难自己冒出来让企业选择与利用；二是在竞争社会能用的渠道基本上都已被用到了，很难再发现；三是企业没有耐性去自己培养新渠道而宁愿给现有渠道更多的政策去打价格战……企业浮躁与短视，使新渠道开发很难。

可口可乐公司首先是看到了网络的发展速度与未来，进而是看到了网吧聚集了大量的目标消费者，从而才将网吧在原来的直营渠道中拨出来，并且破天荒地与国内相对而言的“小企业”“九城”进行了合作，开发网吧渠道。在共同培育这个渠道的过程中，可口可乐公司取得了成功的经验，从而大胆地将网吧渠道深入下去。

总之，开发新渠道，问题不在于我们的产品如何好，招商策略如何优惠，渠道模式如何新颖、企业决心如何大以及资金如何雄厚，更多的在于首先亲近消费者，然后发现消费者的消费需求，从而发现以前未发现的、独有的渠道资源，并且企业也要以与渠道共荣、共建、共应竞争为使命，才能使渠道为其所用，渠道资源为其所占有，新渠道也会层出不穷为企业的营销做出贡献。

由此可见，开发新渠道，不在于发现，更多的在于发掘与提升。

资料来源：商界在线论坛社区。

案例思考

请评价可口可乐公司的渠道策略。

第 14 章 促 销 策 略

学习目标 理解并掌握几种常见的促销方式；理解并掌握人员推销的特点、基本形式和步骤；熟悉广告定位的方法；熟悉营业推广的方式及实施过程；理解并掌握公共关系职能和基本方法。

14.1 促销与促销组合

14.1.1 促销的概念

促销（Promotion）是指企业通过人员推销或非人员推销的方式，向目标顾客传递商品或服务及其性能、特征等信息，帮助消费者认识商品或服务所带给购买者的利益，从而引起消费者的兴趣，激发消费者的购买欲望及购买行为的活动。

促销本质上是一种通知、说服和沟通活动。尽管促销表现为多种多样的方式，但促销活动从其本质来分析，是信息在买卖双方间的沟通活动。市场经济条件下，买卖双方之间客观上存在着信息的分离，通过信息沟通，产品的生产和经营者们向消费者传递了产品的性能、特征，同时也获得了消费者反馈的信息。在信息沟通的基础上买卖的认识才能趋于一致并保持良好的关系，才能有助于产品的适销对路，使消费者得到最大限度的满足。

要想有效地与购买者沟通信息，必须通过一定的促销方式进行。促销作为一种沟通活动，其采取的方式一般来说包括两大类：①单向传递，即一方发出消息，另一方接受信息，如商业广告、橱窗陈列等。我们称之为非人员推销。②双向沟通，即买卖双方互相交流信息，如推销人员通过上门推销、现场推销等方式将产品直接介绍给消费者，同时消费者也将自己的需要与意见反馈给推销人员，我们把这种方式称之为人员推销。

14.1.2 促销的作用

威廉·斯坦顿研究认为："在不完全竞争的条件下，一个公司利用促销来帮助区别其产品、说服其购买者，并把更多的信息引入购买决策过程。用经济学术语来说，促销的基本目的是改变一个公司的产品的需求（收入）曲线的形状。通过运用促销，一个公司有希望在任何一定价格的条件下，增加某种产品的销售量，还希望促销会影响产品的需求弹性。其目的在于，当价格提高时使需求无弹性，当价格降低时使需求有弹性。换言之，企业管理当局希望，当价格上升时，需求数量下降很少，而当价格下降时，销售却大大增加。"

1. 传播与沟通信息　企业通过促销活动，可以及时地将商品和服务的有关信息传递给消费者和用户，引起他们的广泛注意，吸引消费者购买。通过传递和沟通信息，把众多分散的消费者和企业联系起来，扩大企业和产品的知名度。

2. 诱导和激发需求　消费需求具有可诱导性与伸缩性，既可以扩大，也可以缩小；既可以诱发，也可以抑制。有效的促销活动不仅能诱导与激发需求，而且在一定条件下甚至可以创造新的需求。当需求处于潜伏状态时，促销可以起到催化剂的作用；当需求波动时，促销能够力挽狂澜，使需求得到一定程度的恢复。

3. 突出产品特点，提高竞争力　激烈的市场竞争中，许多同类竞争产品之间，只存在着细微的差别，消费者面对琳琅满目的商品，很难作出选择。企业通过促销活动，可以突出展示自己产品的性能和特点，可以突出本企业产品区别于其他同类产品的独特之处，以及带给消费者的特殊利益，使消费者对本企业产品产生偏爱，提高企业的竞争能力。

4. 强化企业形象，巩固市场地位　合适的促销活动可以树立良好的企业形象与产品形象，尤其是通过对名、特、优产品的宣传，更能使消费者和用户对产品和企业产生好感和信任感，培养与提高消费者对企业产品品牌的忠诚度，巩固和扩大企业的市场占有率。

超级链接

几个有趣的促销故事

一、“温情苹果”赢客心

日本有家酱菜店，生意一直很平淡，后来，店主灵机一动，想出了一个与众不同的营销妙招。他预先到水果生产地订购了一大批上等苹果，在成熟之前用标签贴在苹果上，当苹果熟红后，摘下标签，苹果就留下一处空白，他再从客户名录中抄出常来购物订货的客户，把他们的名字用油性水笔写在该空白处，然后送给客户，结果几乎所有收到这份小礼物的客户都异常感动，认为店家能把他们放在心上，把他们真正奉为“上帝”。这份看似不起眼的礼物，一下子拉近了客户的心，产生了巨大的市场效应，客户纷纷上门光顾，店家生意日渐兴隆起来。

启发：为客户服务的很多基础工作、措施好比一条路，这个“温情苹果”好比路标，两者缺一不可。我们知道，电信为客户奉献的很多，各种优惠、服务都很多，用心为客户筑就了优质服务的“坦途”，可经常忘了树立像“温情苹果”这样的“路标”，导致客户感知不深。其实树立这样的“路标”既省力，效果又好，这就是我们营销人员要努力做的。

二、“道”好才能“路”好

有两家相对的小货铺，卖的东西差不多，可人气却大不一样，问题不是出在价格、服务态度上，而在于两家门前的路面上。两家门前都铺上了彩色小方砖很好看，可就是这种小方砖，由于人在上面走动，雨水冲刷，容易出现松动，在雨天，人一脚踏上去，小方砖下会有一股泥水，溅到你的衣裤和鞋子，让你抽脚都来不及。甲店的老板注意到了这一点，每隔几天就对店前的路面进行检查，发现松动不平的立即修整，顾客到他店门，绝对不会有泥水“惊扰”之苦，就这点小事，赢得顾客好感；而相同商品、价格的乙店没做到想顾客之所想，人气不一样就不足为奇了。

启发：电信部门拥有多少通信能力，不是最终目的，将通信能力销售出去，占领市场才是目的。所以赢得客户的心非常重要，然而，如何做呢？精品网络、技术支撑、合理的价格只是赢得客户的必要条件，而做好服务工作的每一个环节、每个细节才是充分条件，正所谓“服务无小事”。

三、一棵葡萄的故事

日本“高岛屋百货”是当地非常有名的一家高档商场，他们的“感动经营”在顾客中赢得了良好的口碑。一位6岁的小女孩患重病住院，她对父亲说想吃葡萄，而此时早已过了产葡萄的季节，女孩的父亲决定到“高岛屋百货”碰碰运气，终于在专卖进口水果的地方找到了装在木盒里的葡萄，售价几万日元，可他口袋里只装了几千元，于是他向售货员说明了情况，请求买几粒，售货员同意了而且为小姑娘剪下一些最大最红的葡萄，事情传开后，“高岛屋百货”名声大噪，许多人因此更加喜欢“高岛屋百货”。

启发：在这个案例中，我们需要借鉴的不是“剪葡萄”，而是“造势”，敏锐的发掘可宣传的“闪光点”，一滴水可以反映太阳的光辉，我们需要这样的“水滴”去反映我们的真实、反映我们对客户的真诚，以突出电信的服务品牌，我们不能像以前那样只埋头“真实的做”，还要善于说出我们的“真实”。

四、美发店开进百货商场

在北京庄胜崇光百货商场内，开了一家“表丝剪艺”的美发店后，生意异常好。原来他们发现，许多女性出门购物的同时，要到美发店做个发型什么的；而夫妻、情侣一道逛商店时，男性的耐性比较差，影响了女性尽情挑选的心情，把美发店开进商场巧妙的解决了这个问题，女性购物、美发两不误，男性在陪伴购物时，可以用等待的时间理个发，加上该美发店比鱼龙混杂的发廊单纯，收费规范，注意艺术品位，很快知名度大增，自然也带动了商场的生意。

启发：客户的需求，就是我们目标，对于企业来说，客户需求的就是合理的，所以我们要发展“小灵通”，尽管有人说它是“落后技术”。同样道理，可以在增值业务上多动脑筋，多开发实用项目，促进电信业务全面发展。

14.1.3 促销方式和组合

1. 促销方式　促销方式是指促销活动所采取的具体方法和手段。市场营销活动过程中，采用的促销方式包括人员促销和非人员促销两大类。具体又可以分为人员推销、广告公共关系和营业推广 4 种方式。除人员推销外，其他 3 种方式属于非人员促销。加强对促销方式研究，对企业制定促销策略，实现企业目标十分重要。

(1) 人员推销：人员推销就是企业利用推销人员推销产品。一种是派出推销人员与消费者或用户直接面谈交易，沟通信息；另一种是企业设立销售门市部由营业员向购买者推销产品，沟通信息。这种方式具有直接、准确与双向沟通的特点。

(2) 广告：广告是指企业通过大众传播媒体向消费者传递信息的宣传方式。采用广告宣传可以使广大消费者对企业及其产品和服务有所认识并产生好感。其特点是可以在推销人员到达之前或不能到达的地方宣传企业产品，传递信息。

(3) 营业推广：这是指人员推销、广告以外的用以增进消费者购买和交易效果的那些促销活动，例如，商品陈列、商品展示会、赠送、免费试用等方式。其特点是用证实的方式有效吸引消费者，并刺激他们的购买欲望，能够起到短期内促进销售的显著效果。

(4) 公共关系：这是指企业为了向公众表示企业的经营方针和经营策略符合公众利益，也为有计划的加强与公众联系，建立和谐关系，树立企业信誉的举行的一系列活动。公共关系的核心是交流信息、促进相互了解，宣传企业，提高企业的知名度和社会声誉，为企业创造良好的外部环境，推动企业不断向前发展。

2. 促销组合　促销组合是指企业在营销沟通过程的各个要素的选择、搭配及其运用。促销组合是一种组织促销活动的策略思路，它主张企业应把广告、公共关系、营业推广、人员推销 4 种基本促销方式组合为一个策略系统，使企业的全部促销活动互相配合、协调一致，最大限度地发挥整体效果，从而顺利实现促销目标。

企业的促销组合主要要素包括人员推销、广告、营业推广、公共关系。每种要素都有其长处和短处，促销的重点在不同时期、不同商品上也各有区别。

如何优化促销组合？如何选择、搭配、有效地运用？这就要根据企业的促销目标、产品性质、产品生命周期、市场性质、促销预算等因素，将几种促销方式有机结合，综合运用。

1) 促销目标。促销的总目标是指通过向消费者宣传，诱导和提示，促进消费者产生购买欲望，影响消费者的购买行为，实现产品由生产领域向消费领域的转移。不同企业在同一市场、同一企业在不同时期及不同市场环境下所进行的特定促销活动，都有其具体的促销目标。促销目标是制约各种促销形式具体组合的重要因素，促销目标不同，促销组合必然有差异。

2) 产品性质。不同性质的产品，需要采用不同的促销组合策略。例如，生活消费品和工业生产资料因其自身性质的不同，采取的组合方式就不同。消费品因为消费者数量众多，可以较多的使用广告和营业推广；而生产资料多为专门用户，则更适合采用人员推销方式。

3）产品生命周期。影响企业促销组合策略的另一个因素是产品在其生命周期中所处的阶段。不同的产品生命周期，促销的重点和促销目标不同，促销组合的方式也有区别。在产品投入期，企业的促销目标是让消费者认识和了解产品，需要进行广泛的宣传以提高产品的知名度。所以广告与营业推广效果最好；在产品成长期，企业的营销目标是进一步激发消费者的兴趣，对产品产生偏爱，因此，广告和营业推广仍需加强；在产品成熟期，企业营销目标是巩固老主顾，开发新客户，提高市场占有率，这时大多数人已了解了产品，如果没什么新特点，只保留提示性广告即可，所以应当削弱广告，同时增加营业推广，开发新客户；进入衰退期，企业营销目标是促成持续的信任和刺激购买，所以应继续以营业推广方式促进购买。

4）市场性质。不同的地理位置、市场类型和顾客群决定了不同的市场性质，也决定了不同的促销组合策略。一般来说，小规模的本地市场应以人员推销为主，若是广泛的全国市场或国际市场，则应以广告宣传为主的促销策略。市场集中、渠道短、销售力强，适合采用人员促销，而产品分散、渠道长而多，产品差异性大，消费趋势明显，则应选择非人员促销；消费者市场因买主多而分散，适合于广告宣传与营业推广，工业用户市场因买主少而集中则通常选用人员推销。

5）促销费用。促销费用多少直接影响促销方式的选择。一般来说，广告宣传的费用较高，人员推销次之，营业推广花费较少，公共关系费用最少，他们的促销效果也不一样。企业在选择促销组合时，要综合考虑促销目标，产品特性，企业财力，市场竞争及状况，在可能的情况下估计必要的促销费用，然后综合分析比较各种促销手段的成本与效果，以尽可能低的促销费用取得尽可能好的促销手段。

14.2 人员推销

人员推销是指企业派出推销人员直接与消费者或客户接触，直接进行产品推荐和介绍工作，目的在于达到销售商品或服务和宣传企业的促销活动。这是自商品交换出现后的一种最古老、最常用、最富技巧性的产品推销方式。在现代市场经济条件下，人员推销在多种推销方法中仍具有十分重要的作用。

14.2.1 人员推销的特点

人员推销与非人员推销相比，具有不可替代的作用。它是促销的各种方式中最普遍、最直接、最有效的促销方式。它的特点突出表现在以下几个方面：

1. 信息传递的双向性 人员推销是一种双向沟通的促销方式。在推销过程中，一方面，推销人员向消费者宣传介绍商品质量、功能用途以及售后服务等，为消费者提供有关产品信息，促进产品销售；另一方面，在推销过程中通过与消费者交谈，了解消费者对企业及产品的态度、意见和要求，不断地收集和反馈顾客对商品的意见、要求等信息，为企业的经营决策提供依据。

2. 推销过程的灵活性　人员推销的灵活性源于推销人员和顾客之间活跃、互动的关系。在人员推销过程中，推销人员与消费者当面洽谈，保持直接的联系，可以随时把握顾客心理，从对方感兴趣的角度介绍商品，吸引注意；还可以及时觉察对方态度的变化，迅速消除顾虑，激发购买欲望，抓住实际，促成交易。

3. 满足需求的多样性　人员推销不同于其他促销方式，可以满足多种多样的需求。如顾客对商品使用价值、商品信息、技术和服务以及心理上、精神上的需求。通过推销人员有针对性的宣传介绍，可以满足顾客对商品信息的需要；通过直接销售的方式，可以满足顾客方便购买的需要；通过为顾客提供售前、售中、售后服务，满足顾客在技术和服务方面的需要；通过推销人员真诚、热情的服务，满足顾客心理上、精神上的需要。

4. 推销目的的双重性　通过买卖双方的沟通，推销人员根据不同情况，灵活掌握，达到既推销商品又联系顾客的双重目的。推销人员直接将产品推给顾客，较具人情味，常能当场成交。同时，还可以把纯粹的买卖关系发展到建立长期合作的关系，从而密切企业与顾客之间的关系。

尽管人员推销有以上优点，但并不意味着在任何情况下都能采取人员推销。由于人员推销开支较大，费用高，当目标市场分散时就不适合采用；同时人员推销对推销人员的素质要求较高，不仅要求了解产品性能、使用、保管、维修等技术问题，而且还要求推销人员不怕吃苦，善于交际等。因此，人员推销有一定的局限性。

14.2.2　人员推销的基本形式

一般来说，人员推销主要有上门推销、柜台推销、会议推销 3 种形式。

1. 上门推销　上门推销是指推销人员携带样品、说明书等走访顾客、推销商品的方式。这是最常见的也是被企业和公众所广泛认可和接受的一种推销方式。

2. 柜台推销　柜台推销是指营业员接待进入商店的顾客，销售商品的方式。各大商场、卖场的营业员为顾客介绍商品、回答问题，促成交易。它与上门推销相比，是一种“等客上门”式的推销方法。

3. 会议推销　会议推销是指利用各种会议的形式介绍和宣传商品，开展推销活动，如推销会、订货会、商品展示会等。这种推销形式方便了生产企业与消费者或用户的沟通，并能为双方提供广泛、深入的接触，具有接触面广、推销集中、成交额大的特点，特别适合于企业用户的商品销售。

14.2.3 人员推销的步骤

1. 寻找或识别顾客　人员推销不仅要提供商品，满足老顾客的需求，更重要的是在市场中寻找机会，挖掘和发现潜在顾客，开拓新的市场，创造新的需求。寻找顾客有很多种办法，可以电话访问、也可以查找电话名录，地毯式访问。

2. 推销准备　为了顺利完成推销任务，推销人员应首先具备一定的产品知识、本企业知识、竞争者知识、消费者心理知识等。推销人员应知道要推销的商品的使用、保管、特点以及技术参数等，还要掌握商品的价格、同类竞争产品价格及特点等；要熟悉自己企业的历史和现状；了解消费者购买过程中的心理特点，及时调整推销策略，实现销售目标。

3. 约见并接近顾客　推销人员应该事先征得顾客同意接见的情况下，访问顾客。一般来说，一般顾客都不大欢迎推销人员来访。因此，推销人员贸然造访可能给双方带来不愉快。接近顾客指的是与潜在顾客初次或刚开始进行沟通。此时推销人员需要完成3个任务：首先给对方留下一个好印象；其次适当的了解顾客情况；最后要为以后的联系作好准备，比如留下自己的名片，索要对方名片。

超级链接

微笑着接近顾客

推销员接近顾客时，一定要信心十足，面带微笑。国外推销人员平时非常注意微笑训练，甚至有人发明了所谓“G字微笑练习法”，即每天早晨起床后对着镜子念英文字母G，以训练笑脸，把微笑变成一件十分自然的事情。

当你微笑着接近顾客时，你已经向前走了一大步了。不管采取什么方法接近，你的目标只有一个，那就是要给对方一个好印象，同时尽可能的引起顾客的注意和兴趣。下面这些方法也许对你有用：

(1) 产品接近法：推销员直接利用推销的产品引起顾客注意，它适用于本身有吸引力、轻巧、质地优良的商品。

(2) 利益接近法：利用商品给顾客可能带来的实惠引起顾客注意和兴趣。

(3) 馈赠接近法：推销人员利用赠品来引起顾客注意和兴趣，以进入面谈。

4. 应付和处理异议　对待商品和服务，有时会出现推销人员与顾客的意见相反，产生异议的情况。推销人员应随时准备应付不同意见。一个有经验的推销员应具有与持不同意见的顾客洽谈的技巧，随时准备好应对异议的措辞和理由。一般来说，常见的导致异议产生的是商品的价格、质量、服务等因素。如何处理异议，最能体现推销人员的水平与技巧。要妥善处理各种异议，必须事先对种种可能的异议作出估计，设计相应的对策。推销过程中，要镇定、冷静，表示出真诚和温和；要善于运用资料和数据来证明，实事求是的解释，消除顾客心中的疑虑，要尽可能为以后的推销留下余地。

超级链接

推销工作黄金法则

推销工作黄金法则是，不与顾客争吵。在面谈中顾客往往会提出各种各样的购买异议，推销员处理异议时应注意语言技巧，但不管如何处理，切记不可与顾客争吵或辩论。即使你是对的，这样的处理方式也不会达到满意的效果。为了有效的防止异议的产生，推销人员应在语言处理上注意足够的技巧。如汽车加油站的职员，与其说“您需要加多少油?”不如说“我为您把油加满吧!”饮食店招待员把“您喝点什么?”改为选择问句“您是喝咖啡，还是甜点心?”这样的问话使顾客感到难以完全拒绝；而“来点甜点心吧”和“来一杯咖啡吧”这样的问句却达不到那样的效果。在推销过程中，语言表达得当，还会带来顾客额外购买某些产品的可能，反之，则会适得其反。例如，很多推销人员会问顾客：“您看一看，想买些什么?”虽然这是表现对顾客的一种热情和关心，但这样的问话毫无意义，很多顾客会不加思索地回答“什么也不买”。

5. 达成交易　推销人员在排除异议后，要抓住适当时机，最后促使买卖双方达成交易。一般来说，接近和成交是推销过程中两个最困难的步骤。在洽谈的过程中，推销人员要随时注意把握成交的机会。一旦发现顾客有购买意愿的表示，应立即抓住时机，适当提供一些优惠条件或馈赠，促成交易。

6. 事后跟踪　事后跟踪是推销人员确保顾客满意并重复购买的重要一环。推销人员应及时交货，为顾客做好安装调试工作。对一些技术含量高的设备、仪器、机械等商品，还要提供技术指导、培训使用人员等。跟踪访问的目的在于了解顾客是否对自己的选择满意，发现可能产生的各种问题，表示推销人员的诚意和关心，促使顾客作出对企业有利的购后行为。

14.3 广告

14.3.1 广告的含义及作用

1. 广告的定义　“广告”二字，从中文字面上理解是“广而告之”，在西方“广告”一词则源于拉丁语（Advertere），作“诱导”、“注意”解。传说，古罗马商人争相做生意，常常雇一些人在街头闹市大喊大叫，请大家到商品陈列处去购买商品。这以后演化成为英语口语中的 Advertising（广告活动）和 Advertisement（广告宣传品或广告物）。作为一种熟悉的事物，人人都可以对它指点评说，可是，又很难把广告的定义本质把握准确，这是广告有趣又复杂之处。

广告是指法人、公民和其他经济组织，为推销商品、服务或观念，以付费的方式，通过各种媒介和形式向公众发布的有关信息的一种促销手段。

2. 广告的作用　有位大公司总裁曾说：“人们是否喜欢广告，这并不是一个问题。广告是我们生活和现实社会政治经济制度中不可缺少的组成部分，他们喜欢不喜欢，都已毫无意义。”话虽偏颇，却道出了广告在现代经济生活中的重要性。它可以从市场、企业、消费者3个层次进行分析。

(1) 从市场看，广告是传播市场商品信息的主要工具：市场的一般定义是指买卖双方相互联系、相互作用的总表现。那么，买卖双方是如何相互联系、相互作用的呢？二者的沟通是通过商品流通来实现的。商品流通由3部分组成：商品交易流通、商品货物流通、商品信息流通。信息流是开拓市场的先锋，可以说没有信息，就成了哑巴，不能沟通，无法交流。那么大量信息是怎样飞到人们哪儿去的呢？靠的是传播。当今世界具有传播商品信息功能的行业或渠道很多，最主要的就是广告信息渠道。

(2) 从企业层看，广告是企业竞争的有力武器：广告主是利用广告这尊大炮轰开市场之门。

1) 利用庞大的广告预算开支，多投入多产出。“没有广告就没有市场，没有广告就没有名牌”已成为企业家的共识。

2) 利用广告策划制作吸引受众，以尽可能少的投入获得尽可能大的产出。有的企业利用广告定位，通过具有针对性的广告策略，“放开大路，占领两厢”，为自己争取一定的市场份额。如七喜汽水面世之初，面临百事可乐、可口可乐两个“超级大国”，夹缝里如何求生存是很大的问题。七喜为自己的汽水精心设计了简短的广告词：“七喜——非可乐”，一下子把饮料市场一分为二，一边是百事可乐、可口可乐等市场所有的可乐型饮料，另一边是刚刚面世的、非可乐的七喜，在众多的可乐饮料市场上为自己“创造”出了一个新的市场。这场非可乐广告宣传的结果是，七喜汽水在第1年的销售量提高了10%，而且以后每年都有所增加 。

利用广告增强企业的竞争力，不仅见诸于大的广告策划，也见于细微的广告文案设计。譬如，牙刷广告词：“一毛不拔”；打字机广告词：“不打不相识”；电话广告词：“以指代步 ”；电风扇广告词：“实不相瞒，××牌电风扇的名气是吹出来的”；摩丝广告词：“青春作伴，从头开始”；鞋子广告词：“千里之行，始于足下”；灭蚊器广告词：“默默无‘蚊’”；咖啡广告词：“味道好极了！”等。易懂，易背，易念，这些广告用语给人留下深刻的印象。

3) 利用广告策略，树立企业文化。当今的广告大战，从本质上可以说是不同的企业文化之间的较量和竞争。西方广告折射的是西方文化风貌。IBM计算机当初面对“苹果机”，“ 王安电脑”等众多强手，广告词自信、果敢、咄咄逼人：“比 IBM 的产品更好，更便宜”，对自己宣战的背后，明明白白显示了超过自己、超过别人的阳刚之气，形成 IBM 公司文化的主流。在洋货洋名大出风头的现今中国市场，不少中国产品广告上夸耀自己洋出身洋伙伴，四川长虹却率先打出民族工业的旗帜：“以产业报国、民族昌盛为已任”，这是明明白白的企业文化，挡不住的民族凝聚力。

（3）从消费层看，广告可以引导消费，刺激消费，甚至创造需求：邱吉尔的一段话从一个侧面反映了广告对消费需求的引导、刺激和创造作用：“广告充实了人类的消费能力，也创造了追求较好生活水平的欲望。它为我们及家人建立了一个改善衣食住行的目标，也促进了个人向上奋发的意志和更努力的生产。广告使这些极丰硕的成果同时实现。没有一种活动能有这样的神奇力量”。

广告也刺激着消费、创造消费需求。因此，有人说：“出售化妆品，实质上出售的是美的希望；出售柑桔，实质上出售的是生命力；出售汽车，实质上出售的是声望；出售衣服，实质上出售的是个性。”

（4）广告还起着美化环境，教育人们的作用：广告也是一种艺术，好的广告能给人以美的享受，能美化市容，美化环境。同时，广告内容设计得当，有利于树立消费者的良好的道德观、人生观及社会风尚。

14.3.2 广告定位

广告定位是美国广告专家大卫·欧吉沛倡导的。他认为广告活动的核心，不在于怎样规划广告，而在于把所广告的产品放在什么位置。广告定位就是指从众多的商品中，寻找宣传商品的有竞争力的特点，具有的独特个性，广告宣传能攻其一点，在消费者心中树立该商品的一定地位。广告定位包括：

1. 确立广告目标　广告目标是指在一个特定时期对特定观众所要完成的特定的传播任务。福特公司把它的汽车定位为“静悄悄的福特”，整个广告活动围绕“静悄悄”做文章，突出福特汽车的安静舒适、不受噪声干扰的特点。

一般来说，广告目标可分为 3 种类型：通知型，说服型，提醒型。

1）通知型广告主要用于一种新产品的入市阶段，目的在于树立品牌，推出新产品。××香波打入市场的广告就是：“还有半个月，一种全新型洗发水将与消费者见面”，然后依次递减天数，“还有 10 天……”，“还有 1 周……”，“还有 1 天……”，然后在预定的那天再打出全面介绍该种品牌香波的广告。

2）说服型广告的目的是培养消费者对某种品牌的需求，从而在同类商品中选择它。“达克宁”药膏通过“不但治标，还能治本”来暗示其同类产品只能治标，不能治本，从而劝说消费者进行选择。

3）提醒型广告在产品进入旺销后十分重要，目的是保护消费者对该种产品的记忆和连续购买，如××饮料的广告词就是：“你今天喝了没有?”

2. 确定广告对象　广告对象是指广告信息的传播对象，即信息接收者，广告对象的策划目的是解决把“什么”向“谁”传达的问题。这是广告活动中极为重要的问题。没有对象，就是无的放矢。但一个广告不可能打动所有的人，而应当找准具有共同消费需求的消费者群。

分析广告对象要从 4 个方面入手。

1）社会职业层。例如，知识分子阶层、工人阶层、农民阶层、学生阶层、国家干部阶层、个体户阶层、企业家阶层等。

2）家庭状况。例如，家庭结构、家庭人口、家庭收入、家庭住址等。家庭是社会职业阶层的组成部分。

3）个人情况。如年龄、性别、职业、文化程度、业余爱好、婚姻状况等。

4）用户关心点分析。各人都有各人所关心的重点，即使在同一商品上，人们也会有不同的追求和企望。

要根据市场调查资料和广告战略，确定具体的广告对象是什么人，掌握广告对象的基本情况，如年龄、性别、阶层、职业、文化程度、家庭状况、购买习惯等，越具体越好，决不能笼统、含糊。这样才能明确广告对象，选择有效的媒介。

3. 确定广告区域　针对广告区域的地方性，区域性，全国性，国际性的不同，选择不同的广告覆盖方法，如全面覆盖，渐进覆盖或轮番覆盖。

4. 确定广告概念　这里所指的广告概念，特指广告所强调的商品特点、信息传递方法、技巧和具体步骤等。

5. 确定广告媒体　选择媒体不一定收费越高越好，要根据商品和媒体的特性。一则飞机公司的广告就很好地利用了电台媒体的听觉效果：（强烈的噪声中）男：“坐飞机这轰鸣声真难受!”（噪声消失）女：“坐这架可安静了!”——“欢迎您乘座××公司的飞机。”

14.3.3　广告媒体的分类和选择

广告所发出的各种信息，必须通过一定的媒体才能传达到消费者。广告所运用的媒体大致有报刊、杂志、广播、电视、电影、户外招贴、广告牌、霓虹灯、传单、商品陈列等。根据媒体各自的特征，可分为以下几类：

（1）印刷品广告：印刷品广告包括报纸广告、杂志广告、电话簿广告、画册广告、火车时刻表广告等。

1）报纸广告。报纸广告的优势是，覆盖面宽，读者稳定，传递灵活迅速，新闻性、可读性、知识性、指导性和纪录性“五性”显著，白纸黑字便于保存，可以多次传播信息，制作成本低廉等。报纸广告的局限是它以新闻为主，广告版面不可能居突出地位，广告有效时间短，日报只有 1 天甚至只有半天的生命力，多半过期作废。广告的设计、制作较为简单粗糙，广告照片，图画运用极少，大多只用不同的字体编排，四周加上花线就算完事，不是“一长条”（一通栏）就是一块“豆腐干”（半通栏或1/3通栏），千人一面，呆板单调。广告用语也模式化，一讲质量就是“国优，部优，省优”，以及“国际金奖”，“国际银奖”；一讲性能总离不开“国内首创”，“领导时代新潮流”，“跨世纪的摩登”；一讲售后服务也只有“实行三包”，翻来覆去就是那么几句话。

2）杂志广告。杂志广告是指利用杂志的封面，封底，内页，插页为媒体刊登的广告。杂志广告的优势是，阅读有效时间长，便于长期保存，内容专业性较强，有独特的、固定的读者群。如妇女杂志，体育杂志，医药保健杂志，电子杂志，汽车摩托车杂志，家用电器杂志等，有利于有的放矢的刊登相对应的商品广告。同时杂志广告也有其局限性，周期较长，不利于快速传播，由于截稿日期比报纸早，杂志广告的时间性、季节性不够鲜明。

(2) 电子媒体广告：这包括电视广告，电影广告，电台广播广告，电子显示大屏幕广告，以及幻灯机广告，扩音机广告等。

1）电视广告。利用电视为媒体传播放映的广告称为电视广告。电视广告可以说是所有广告媒体中的“大哥大”，它起源较晚，但发展迅速。以美国为例，1993年全国广告总收入为1340亿美元，其中仅电视广告就占54%，其他则是，报纸广告占23%，电台广播广告占4%，杂志广告占18.9%；德国1993年全年广告总收入180亿美元，其中电视广告就占34.9%，其他则是，报纸广告占26.4%，杂志广告占31.4%，电台广播广告占7.2%。

电视的优势很明显，它收视率高，插于精彩节目的中间，观众为了收看电视节目愿意接受广告，虽然带有强制性，但观众一般可以接受。电视广告形声兼备，视觉刺激强，给人强烈的感官刺激。而且看电视是我国家庭夜生活的一项主要内容，寓教于乐，寓广告于娱乐，收视效果极佳，其广告效果是其他广告媒体无法相比的。著名广告人大卫·欧格威无不自豪地说：“如果给我1h的时间做电视广告，我可以卖掉世界上所有的商品”，中央电视台广告部市场调查显示，截止2002年9月全国共有电视机5亿台，估计一次开机4亿台，每台收看人数3人，新闻联播的收视率为50.6%，接其后观众继续收看天气预报。因此，新闻联播后至天气预报前的1分钟时段内打广告，其受众人数为4亿×3×50.6%≈6亿，5s钟广告告知了6亿人。所以，中央电视台才引得其间的广告（标王）投标金额达上亿元之巨。它的局限性也很明显，主要是电视广告制作成本高，电视播放收费高，而且瞬间消失，使企业通过电视做广告的费用很高，小型企业无力问津。

超级链接

中国的广告媒体

综合《新京报》和《现代广告》报道，2004年全国广告经营总额为1238.61亿元，其中报纸、广播、电视、杂志广告经营总额为575.5亿元，占广告经营单位经营总额的45.5%。其中报纸230.7亿元，比2003年减少12.2亿元；广播32.9亿元，比2003年增加了7.3亿元，增长28%，北京人民广播电台2004年广播广告收入3.68亿元；电视291.5亿元，比2003年增加36.5亿元，增长14.3%，央视广告总收入达80.0268亿元；杂志20.3亿元，比2003年减少4亿元。2004年全年全国报纸发行总额252.9亿元。

2）广播广告。广播广告是指利用无线电或有线广播为媒体播送传导的广告。由于广播广告传收同步，听众容易收听到最快最新的商品信息，而且它每天重播频率高，收播对象层次广泛，速度快，空间大，广告制作费也低。广播广告的局限性是，只有信息的听觉刺激，而没有视觉刺激，而据估计，人的信息来源60%以上来自于眼睛视觉，而且广播广告的频段频道相对不太固定，需要经常调寻，也妨碍了商品信息的传播。

(3) 户外广告：它主要包括路牌广告（或称广告牌，它是户外广告的主要形式，除在铁皮、木板等耐用材料上绘制、张贴外，还包括广告柱，广告商亭，公路上的拱形广告牌等）、霓虹灯广告和灯箱广告、交通车厢广告、招贴广告（或称海报）、旗帜广告、汽球广告等。

(4) 邮寄广告：邮寄广告是广告主采用邮寄售货的方式，供应给消费者或用户广告中所推销的商品。它包括商品目录、商品说明书、宣传小册子、明信片、挂历广告、以及样本、通知函、征订单、订货卡、定期或不定期的业务通信等。邮寄广告是广告媒体中最灵活的一种，也是最不稳定的一种。

(5) POP广告：这是英文Point of Purchasing Advertising的大写字母缩写，译为售点广告，即售货点和购物场所的广告。世界各国广告业都把POP广告视为一切购物场所的（商场、百货公司、超级市场、零售店、专卖店、专业商店等）场内场外所做广告的总和。

POP广告的种类就外在形式的不同分为立式、悬挂式、墙壁式和柜台式4种；就内在性质的不同分为室内POP广告和室外POP广告两种。室内POP广告是指商店内部的各种广告，如柜台广告、货架陈列广告、模特儿广告、圆柱广告、空中悬转的广告、室内电子广告和灯箱广告。室外POP广告是售货场所门前和周围的POP广告，包括门面装饰、商店招牌、橱窗布置、商品陈列、传单广告、活人广告、招贴画广告，以及广告牌、霓虹灯、灯箱和电子显示广告等。

(6) 其他广告：其他广告是指除以上5种广告以外的媒体广告，如馈赠广告、赞助广告、体育广告，以及包装纸广告、购物袋广告、火柴盒广告、手提包广告等。

14.3.4 广告的创意制作

广告创意是广告设计制作者在酝酿广告时的构想。广告设计制作者根据广告主的要求，在详尽的市场调查后，经过精心思考和策划，最后完成一个商品、劳务、企业形象的综合广告方案。

广告创意就其内容而言可包括两类：①战术型广告创意。这是指在已定的商场上，紧紧盯着目标，将产品的品牌迅速留在顾客心中，并得到有利地位。②战略型广告创意。这是指找出可能的市场，确定广告目标和对象，提出切实可行的促销活动计划。

国际广告协会对创意新颖的广告有5点要求：①能体现愉快的感觉。②能体现创新进步的精神。③能解决某一实际问题。④有明确的承诺。⑤有潜力。

1. 广告创意设计的构思　广告创意设计的构思要真、简、奇、美，攻心为上，杜绝“小和尚念经”式广告创意的构思 。创意设计很艰苦。中国台湾一家广告公司为德国××啤酒打进台湾市场代理广告业务。如何既保持原有品牌的优势，又适合台湾的具体情况呢？该广告制作如下数量众多、精美的备选广告：“刚从欧洲来，国语还不太灵光”，“没办法，害羞是数百年来的家族遗传”，“偶尔也在国宴中露面”，“在欧洲，左派和右派惟一相同的观点”，“小？想想拿破仑吧！”以及“这一杯是我们的最佳代言人”和“不妨先向邻居打听打听”等22条。再如1979年可口可乐集团要求为其代理了24年广告业务的麦伊广告公司重新换个广告主题，该广告公司立即把派驻全球各地机构富有创造力的主管全部召回纽约，经过反复激烈的讨论，最后才浓缩出一个主题，其创意是“喝一口，笑一笑”（Have a coke and a smile）。

2. 广告创意的媒体运用　广告创意不仅是文案设计，还包括广告宣传所使用的媒体设计。如何运用各种媒体的特点来为广告服务，同样显创意功夫。××电风扇的创意设计是利用POP广告媒体，把电风扇放在大商场的橱窗，旁边醒目地写着：“从××年×月×日起昼夜连续运转。请你计算一下，至今已连续运转了多少小时？”独特的构思引起了好奇心，有人甚至半夜三更去检查该电风扇是否仍在转动。

再如“西铁城”手表打入澳大利亚市场的广告创意，也是利用POP广告媒体 ，巧妙地宣传产品的质量。预告消费者某日某时某刻，该公司用飞机在堪培拉广场空投西铁城手表，谁捡到就归谁，届时飞机如期而至，数以万计的手表从天而降……戴着从高空落下 、走时准确又不要钞票的手表，效果怎样？还需嘶声力竭地嚷嚷：“永不磨损，世界名表吗？”还愁在老百姓中没有知名度吗？

3. 广告创意的语言艺术　早在19世纪末，中国最早的报纸广告上，就出现了南洋兄弟烟草公司为其新产品“白金龙香烟”制作的广告词：“饭后一支烟，胜过活神仙”，事实证明，当初的广告词已成为如今瘾君子的座右铭。

同是登在报刊上的香烟广告，国外××香烟的广告语言则是正话反说：“吸烟有害健康，××香烟也不例外!”一正一反，一褒一贬，异曲同工，广告语言艺术的魅力由此可见一斑。

广告创意的语言艺术散见于各种商品广告之中。

理发店的广告语言：“虽是毫末技艺，却是顶上功夫”。

猪饲料的广告语言：“饲宝×××，催猪不吹牛!”。

酸梅汁的广告语言：“ 小别意酸酸，欢聚心甜甜”。

粉刺药品的广告语言：“只要青春不要‘痘’!”。

印刷公司的广告语言：“除了钞票，承印一切!”

汽车的广告语言：“车到山前必有路，有路必有××车”。

棺材铺的广告语言：“开车别太快，我们的生意忙不过来了!”

可口可乐（Coca—Cola）打入中国市场时，拟用 4 个谐音的汉字来称呼这种不含酒精的西方饮料，开始选择的是“蝌蚪嚼蜡”，又是动物又是蜡烛，无味加不干净的印象，使其无人问津，后转用“可口可乐”，美味可口，开心快乐，从此销路大增。

14.3.5 广告费用预算

广告费用预算可有以下 4 种不同的选择方案：

1. 销售百分比法　根据过去经验，按计划销售额的一定百分比确定为广告费用。好处是简便易行，缺点是实际操作中过于呆板，不能适应市场变化。

2. 目标任务法　明确广告目标后，选定广告媒体，再计算出为实现这一广告目标应支出的广告费用。这种方法在实际操作中难度较大，因为，广告目标很难以数字来精确计算。

3. 竞争对抗法　它是根据竞争对手的广告宣传情况，来决定自己的广告费用支出的一种方法。

4. 倾力投掷法　企业在不能测定广告目标和广告效果的情况下，常常采用有多少费用就做多少广告的办法，它的风险比较大。

14.3.6 广告效果评估

广告效果的评估是指运用科学的方法来鉴定所作广告的效益。广告效益包括 3 方面：①广告的经济效益。这是指广告促进商品或服务销售的程度和企业的产值、利税等经济指标增长的程度。②广告的心理效益。这是指消费者对所做广告的心理认同程度和购买意向，购买频率。③广告的社会效益。这是指广告是否符合社会公德，是否寓教于销。

广告效果的测定方法有很多种，可分为广告前测定和广告后测定。

1. 广告前测定　它是广告制作完成以后，在媒体发布以前所进行的广告效果测定和相应分析。具体可通过以下手段进行：

(1) 模拟销售检验：通过人为的办法“选”一个销售环境，以此检验广告的促销功能。譬如，“盲目销售检验”，就是把包装好的产品上的商标拿掉，摆在货柜上，每种商品后面有个说明卡片，上面分别有一则不同的广告，最后看哪种商品销量大，就说明那种卡片上的广告促销功能大。

(2) 消费者试用：把一组同类产品放在消费者面前，其消费者可以是企业内部的职工，也可以是部分有兴趣的市民，各自产品均配以不同的广告，然后检验消费者对广告的反映程度、对相应产品的购买意向和购买结果。这类办法的优点是速度快，检验的是真正的消费者，价格费用不高，能利用完整的广告；局限性在于不是顾客主动地选购，而是被动地回答，购买行为不自然，而且由于消费者表达能力的不同，对其意见想法的回答难以准确。

(3) 邮寄检验：邮寄检验可以通过各种各样的印刷品形式进行，如小册子、信件、说明书和明信片等。把不同的广告缩小地印在明信片上，每张明信片都有一些免费小赠品，所有明信片的赠品都一样，然后把这些明信片寄给大量的、有一定代表性的消费者，根据有复信并已接受赠品者的比例大小，就可以检查出广告有效程度。

(4) 仪器检验：把消费者置于各种仪器前，检测其对广告的反应程度。视力像机的功能是在阅读广告时记录其视力运动情况。测量表明一个人在阅读时，眼睛并不是顺着字行稳定地移动的，不同的人其阅读习惯也不同。通过视力像机获得的资料可以用来确定广告标题的位置，确定某一广告长度的合适与否以及其他广告文案设计问题。再如印象测量器也是一种国外使用的广告效果检测仪，这种机械装置可把被检的广告在被检测人员眼前暴露 3～5 秒钟，然后检验人员可以衡量出每个被检人能够回忆起多少广告内容。

2. 广告后分析　这是广告发布以后，为了分析广告效果，调整广告策略而进行的测量广告效果的方法。具体可通过以下手段进行：

(1) 售后检验：这是最直接、也是用处最多的一种方法。它把广告发布后企业产品的新的销售量和广告发布前的销售额比较，从其中得出广告的促销功能。优点是简便易行，立竿见影，直接和企业销售量挂勾；不足之处是无法把广告促销的效果和同时作用的其他促销办法，如人员促销，公共关系等的效果区分开来。计算公式如下：

$$广告效果=\frac{销售量增加额}{广告费用增加额} \tag{14-1}$$

$$广告效果比率=\frac{销售增长率}{广告费用增长率} \tag{14-2}$$

（2）调查检验：调查消费者，询问顾客，做一些广告并向读者提供一些好处，鼓励他们对广告作出评论。可以把同一则广告发布在不同的媒体上（电视，报纸，广播等），询问哪一种效果好；也可以同是发布在报纸上，准备两则广告，今天刊登一则广告，明天刊登另一则广告，然后询问哪一种广告效果较好，再决定取舍。

（3）回忆检验：一般来说，不给对方任何提醒或暗示，只是在受试者记忆的汪洋大海中检查所做广告深入人心的程度。其优点在于能提供有关广告深入人思想的程度方面的材料，而且还可以检测消费者是否领会了广告制作人员企图表达的广告主题，广告设计意图和受众的接受认同程度是否一致；缺点是费用大，受试者记忆兴趣和记忆程度有差别。

除了根据广告发布前后时间的不同进行划分外，广告效果的测定还可根据操作的具体方法的不同进行划分。这可分为统计法、实验法、历史法、评分法、邮寄法、问答法、机械法、采访法、媒体组合法等。

14.4 营业推广

14.4.1 营业推广的含义和形式

营业推广又称销售促进，是指那些不同于人员推销、广告和公共关系的销售活动，旨在激发消费者购买和促进经销商的效率，诸如陈列，展出、折扣、有奖销售及展览表演等许多非常规的，非经常性的促销方式。

为了实现营业推广目标，企业可以在多种营业推广形式中进行选择，根据市场类型、营业推广对象、竞争形势及各种营业推广形式的成本及效果等因素作出选择。营业推广形式包括：

1. 针对中间商的的营业推广形式　对中间商的销售促进，目的是吸引他们经营本企业产品，维持较高水平的存货，抵制竞争对手的促销影响，获得他们更多的合作和支持。其主要方式有：

（1）销售津贴：销售津贴也称销售回扣，这是最具代表性的销售促进方式。这是为了感谢中间商而给予的一种津贴，如广告津贴、展销津贴、陈列津贴、宣传津贴等。

（2）列名广告：企业在广告中列出经销商的名称和地址，告知消费者前去购买，提高经销商的知名度。

（3）赠品：赠品包括赠送有关设备和广告赠品。前者是向中间商赠送陈列商品、销售商品、储存商品或计量商品所需要的设备，如货柜、冰柜、容器、电子称等。后者是一些日常办公用品和日常生活用品，上面都印有企业的品牌或标志。

（4）销售竞赛：这是为了推动中间商努力完成推销任务的一种促销方式，获胜者可以获得现金或实物奖励。销售竞赛应事先向所有参加者公布获奖条件、获奖内容。这一方式可以极大地提高中间商的推销热情。像获胜者的海外旅游奖励等已被越来越多的企业所采用。

(5) 业务会议和展销会：企业一年举行几次业务会议或展销会，邀请中间商参加，在会上，一方面介绍商品知识；另一方面现场演示操作。

2. 针对消费者的营业推广形式　对消费者市场的营业推广，其目的主要是鼓励老顾客继续使用，促进新顾客使用，动员顾客购买新产品或更新设备；引导顾客改变购买习惯，或培养顾客对本企业的偏爱行为等。其主要方式有：

(1) 赠送样品：企业免费向消费者赠送商品的样品，促使消费者了解商品的性能与特点。样品赠送的方式可以派人上门赠送，也可以通过邮局寄送，可以在购物场所散发，也可以附在其他商品上赠送等。赠送样品是介绍一种新商品最有效的方法，费用也最高。因此，多用于新产品促销。

(2) 有奖销售：这是通过给予购买者以一定奖项的办法来促进购买。奖项可以是实物，也可以是现金。常见的有幸运抽奖，顾客只要购买一定量的产品，即可得到一个抽奖机会，多买多奖。或当场摸奖，或规定日期开奖。也可以采取附赠方式，即对每位购买者另赠纪念品。

(3) 现场示范：利用销售现场进行商品的操作表演，突出商品的优点，显示和证实产品的性能和质量，刺激消费者的购买欲望。这是属于动态展示，效果往往优于静态展示。现场示范特别适合新产品推出，也适用于使用起来比较复杂的商品。

(4) 廉价包装：在产品质量不变的前提下，使用简单、廉价的包装，而售价则有一定削减，这是很受长期使用本产品的消费者欢迎的。

(5) 优惠券：这是可以以低于商品标价购买商品的一种凭证，也可以称为折价券、折扣券。消费者凭此券可以获得购买商品的价格优惠。折价券可以邮寄，或附在其他商品中，或在广告中附送。

3. 针对销售人员的营业推广　其目的在于鼓励推销人员热情推销产品，或处理某些老产品，或促使他们积极开拓新市场。其方式可以采用：

(1) 销售竞赛：在推销人员内发起销售竞赛，奖优罚劣，调动推销人员的积极性。

(2) 销售额提成：根据推销人员完成的销售额货利润等指标，按事先签订的契约从销售额中提成，奖励推销人员。此外，还可以采取免费提供人员培训，技术指导等针对推销人员的营业推广。

14.4.2　营业推广的特点

1. 直观的表现形式　许多营业推广工具具有吸引注意力的性质，可以打破顾客购买某一特殊产品的惰性。营业推广要告诉顾客说：“这是永不再来的一次机会”，这种吸引力，尤其是对于那些精打细算的人是一种很强的吸引力。但这类人往往是对于任何一种品牌的产品都不会永远购买，是品牌转换者，而不是品牌忠诚者。

2. 灵活多样，适应性强　可根据顾客心理和市场营销环境等因素，采取针对性很强的营业推广方法，向消费者提供特殊的购买机会，具有强烈的吸引力和诱惑力，能够唤起顾客的广泛关注，立即促成购买行为，在较大范围内收到立竿见影的功效。

3. 有一定的局限性和副作用　有些方式显现出卖者急于出售的意图，容易造成顾客的逆反心理。如果使用太多，或使用不当，顾客会怀疑此产品的品质及产品的品牌，或产品之价格是否合理，给人以“推销的是水货”的错误感觉。

14.4.3　营业推广的实施过程

一个公司在运用营业推广时，必须确定目标，选择工具，制订方案，实施和控制方案及评价结果。

1. 确定营业推广目标　就消费者而言，目标包括鼓励消费者更多地使用商品和促进大批量购买，争取未使用者试用，吸引竞争者品牌的使用者；就零售商而言，目标包括吸引零售商们经营新的商品品目和维持较高水平的存货，鼓励他们购买落令商品，储存相关品目，抵消各种竞争性的促销影响，建立零售商的品牌忠诚度和获得进入新的零售网点的机会；就销售队伍而言，目标包括鼓励他们支持一种新产品或新型号，激励他们寻找更多的潜在顾客和刺激他们推销落令商品。

2. 选择营业推广方式　可供选择的营业推广方式多种多样，各有特色。在具体选择时，主要从如何实现营业推广的目标来考虑，同时要考虑市场的类型、竞争者的情况、组织的难度和费用的大小等因素。营业推广的形式的选择没有固定的模式，策划者应在借鉴与应验的基础上，充分发挥创造性思维，尽可能使每次营业推广活动有新意、有特色，增加活动的吸引力与刺激强度。一次别出心裁的营业推广活动，往往能收到意想不到的效果。

3. 制订营业推广方案　营业推广方案应该考虑以下几个因素：

（1）营业推广的规模：营业推广的规模并非越大就越好。规模过大过广不仅要增加活动的费用，而且会减弱消费者对营业推广刺激的反应，抵消促销的效果。营业推广规模的大小，所用费用的多少，只有根据目标市场的实际情况适当确定，才能达到预期目的。

（2）营业推广对象的范围：企业在制订营业推广方案时，可以选择目标市场中的一部分消费者作为活动的刺激对象，也可以把全部消费者作为营业推广的对象。不过，无论选择多大范围内的推广对象，都要针对他们不同的消费心理和购买特点，以便有的放矢。

（3）营业推广的分配途径：规模、范围确定了之后，就必须研究采取何种途径和方法把营业推广的刺激物送达推广对象，这对营业推广的实际效果和费用有很大影响。一张兑奖券可以通过包装、商品邮寄广告、现场领取等多种途径发出去，但不同的途径的普及面和费用各不相同。企业应根据自己产品特点、选择的推广方式及销售组织能力等因素综合考虑。

（4）营业推广实施期限：实施期限的长短，直接影响到目标市场消费者的利益。若实施期限过短，不少有希望成为企业产品购买者的潜在顾客不能及时购买；如实施期限过长，消费者可能误认为是商品存在某种缺陷，从而降低营业推广活动的声誉与效果。购买调查表示，最佳的频率是每季有3周的销促活动，最佳持续时间是产品平均购买周期的长度。

（5）营业推广的总预算：进行预算的目的是比较营业推广的成本与效益。营业推广活动的预算可采用两种方法来确定：①分项累计法。即把用于促销刺激的直接营业推广费用加上营业推广的管理费用（包括会议费、其他活动费等），由此测算出营业推广活动所需总预算。②比较分摊法。即按企业年度总的计划费用和习惯比例，大致安排，分摊到每项促销活动上。这两种预算方法各有利弊，实际处理时可结合起来考虑。

4. 方案试验　面向消费者市场的营业推广能较容易地进行测试，可邀请消费者对几种不同的、可能的优惠办法作出评价和分等，也可以在有限的地区进行试用性测试。

5. 实施和控制营业推广方案　实施的期限包括前置时间和销售延续时间。前置时间是从开始实施这种方案前所必须的准备时间。它包括最初的计划工作，设计工作，以及包装修改的批准，或者材料的邮寄，或者分送到家；配合广告的准备工作和销售点材料；通知现场推销人员，为个别的分销店建立地区的配额，购买或印刷特别赠品或包装材料，预期存货的生产，存放到分配中心准备在特定的日期发放。销售延续时间是指从开始实施到大约95％的采取此销促办法的商品已经在消费者手里所经历的时间。

6. 评价营业推广结果　最普通的一种方法是把推广前、推广中、和推广后的销售进行比较，以评价营业推广结果。

14.5 公共关系

14.5.1 公共关系的含义

公共关系（Public Relation）是指某一组织为改善与社会公众的关系，促进公众对组织的认识，理解及支持，达到树立良好组织形象、促进商品销售的目的的一系列促销活动。它本意是工商企业必须与其周围的各种内部、外部公众建立良好的关系。它是一种状态，任何一个企业或个人都处于某种公共关系状态之中；它又是一种活动，当一个工商企业或个人有意识地、自觉地采取措施去改善自己的公共关系状态时，就是在从事公共关系活动。作为促销组合的一部分，公共关系的含义是指这种管理职能，即评估社会公众的态度，确认与公众利益相符合的个人或组织的政策与程序，拟订并执行各种行动方案，以争取社会公众的理解与接受。

14.5.2 公共关系的职能

公共关系的对象很广，包括消费者，新闻媒体，政府，业务伙伴等。公共关系被用来促进品牌、产品人员、地点、构思、活动、各种组织机构甚至国家关系。组织机构利用公共关系去吸引公众的注意力，或者去抵消留在公众头脑里的坏印象。国家使用公共宣传去吸引更多的观光者、外国投资者和取得国际支持。公共关系作为一门经营管理的艺术，其功用、职能主要表现在以下几个方面：

1. 塑造企业和产品的良好形象　企业要赢得公众的支持，必须在公众心目中树立良好的形象。这种形象是企业巨大的无形资产。因此，企业在促销过程中，要追求良好的信誉。公共关系的实质是以公众利益为出发点，在为顾客提供优质产品和服务的同时，提高自身的知名度和赢得顾客的信任，招揽更多的顾客，刺激或诱导顾客的购买欲望，提高市场占有率和经济效益。通过各种形式的公关活动在促销中的应用，诸如公益广告宣传、社会赞助活动等，特别是要善于运用新闻媒介，能够迅速提高企业知名度和美誉度，塑造企业良好的形象。

2. 收集信息，有效沟通　公共关系是企业决策者与公众之间沟通的重要手段，企业通过公共关系活动收集整理与企业形象、声誉有关的信息，了解公众对企业及其产品的反应与评价，检察企业环境，从而作出正确营销决策。诸如不同的公众需求信息，公众对企业的产品、服务、信誉等方面的舆论与意向，社会经济、市场经济状况及变化趋势，企业的经营计划及对社会和公众可能产生的影响等，这些都是企业决策者进行科学的营销决策的主要依据。

公共关系所须收集的信息主要有两大类，即产品形象信息与企业形象信息。产品形象信息包括公众特别是用户对于产品价格、质量、性能、用途等方面的反应，对于该产品优点、缺点的评价以及如何改进等方面的建议；企业形象信息包括公众对本企业组织机构的评价，如机构是否健全，设置是否合理，人员是否精简，运转是否灵活，办事效率如何等；公众对企业管理水平的评价，如经营决策评价、生产管理的评价、市场营销管理的评价、人事管理的评价等；公众对于企业人员素质的评价，如对决策者的战略眼光、决策能力、创新精神等方面的评价；公众对于企业服务质量的评价，包括服务态度、对顾客的责任感 。

3. 开拓产品销路　企业灵活运用公共关系理论与技术，开展各种公共关系活动，沟通企业与公众间的信息联系，对公众施加影响，为推销人员和广告人员创造良好的环境与有利舆论，使他们能更好地发挥推销产品的作用，开拓与扩大产品销路。

4. 化解矛盾，改善关系　公共关系的主要职能之一是正确处理和协调企业内外部公众的关系。企业在公众心目中的信誉是通过人与人的接触和广泛的社会关系网络的联系传播而建立起来的。企业通过举办文娱体育活动，出版企业报刊等方式，加强企业内部各方面的信息交流；企业通过对外联络沟通、接待应酬，以及社会服务和社会赞助等各种形式处理与政府、社区、新闻媒介等社会公众的关系，增进相互间的了解，协调各方面的利益、解决各种矛盾，倡导和形成良好的、积极向上的人际关系，为企业的生存发展创造一个宽松、协调的环境。

超级链接

康泰克 PPA 事件

2000 年 11 月 16 日，中美史克公司接到天津市卫生局传真，要求立即暂停使用含 PPA 成分的药物，康泰克和康得并列政府禁止令榜首。

中美史克公司在接到通知后，立即组织专门负责应对危机事件的危机管理小组，并执行政府暂停令，向政府部门表态，坚决执行政府法令，暂停康泰克和康得的生产和销售；通知经销商和客户立即停止康泰克和康得的销售，取消相关合同；停止广告宣传和市场推广活动。

17 日中午，全体员工大会召开，总经理向员工通报了事情的来龙去脉，表示了公司不会裁员的决心，以《给全体员工的一封信》的书面形式将承诺予以公布给每一位员工。企业的推心置腹、坦诚相见和诚挚果断的决心打动了员工，很多人为之流泪，大会在全体员工高唱《团结就是力量》这首传统歌曲中结束。中美史克公司向员工传递了正确及时的信息，通报了公司举措和进展。以此赢得了员工空前一致的团结精神，在企业内部赢得积极公众。

20 日，中美史克公司在北京召开了新闻媒介恳谈会，总经理回答了记者的提问，做出不停投资和“无论怎样，维护广大群众的健康是中美史克公司自始至终坚持的原则，将在国家药品监督部门得出关于 PPA 的研究论证结果后为广大消费者提供一个满意的解决办法”的表态和决心。同时，面对新闻媒体的不公正宣传，中美史克并没有作过多追究，只是尽力争取媒体的正面宣传以维系企业形象，其总经理频频接受国内知名媒体的专访，争取为中美史克公司说话的机会。

21 日，15 条消费者热线全面开通。为了更好的服务客户和消费者，公司专门培训了数十名专职接线员，负责接听来自客户、消费者的问讯电话，并作出准确专业回答，使之取消疑虑。

一番努力，终于取得了不凡的效果，中美史克并没有因为康泰克和康得的问题影响到其他产品的正常生产和销售。用《天津日报》记者的话说“面对危机，管理正常，生产正常，销售正常，一切都正常”。随着时间的推移，PPA 风波的影响会渐渐远去，中美史克也会逐步走出阴影。

2001 年 9 月，不含 PPA 的新康泰克上市。

14.5.3 公共关系的原则与实施步骤

1. 确定公共关系的原则

(1) 以诚取信的原则：企业要在公众心目中树立良好的形象，关键在于诚实。只有诚实才能获得公众信任的回报。如果企业以欺骗的方法，吹嘘自己，必然失去公众的信任。

(2) 公众利益与企业利益相协调的原则：企业的生存发展不能离开社会的支持，诸如劳动力、资金、生产资料的提供及政府的宏观调控。因此，企业为社会公众提供优质产品、公关活动时必须将公众利益与企业利益结合起来。

2. 公共关系实施的步骤

(1) 调查研究：企业通过调研，一方面了解企业实施政策的有关公众的意见和反应，反馈给高层管理者，促使企业决策有的放矢；另一方面，将企业领导者意图及企业决策传递给公众，使公众加强对企业的认识。

(2) 确定目标：一般来说，企业公关目标是促使公众了解企业形象，改变公众对企业的态度。具体地说，公关目标是通过企业传播信息，转变公众态度，即唤起企业需求。必须注意，不同企业或企业在不同发展时期，其公关具体目标是不同的。

(3) 交流信息：企业通过大众传播媒体及交流信息的方式传播信息。可见，公关过程就是信息交流过程。

3. 评估公共关系结果　评价的指标可以包括：①曝光频率。衡量公共关系效果的最简易的方法是计算出现在媒体上的曝光次数。企业同时希望报上有字，广播有声，电视有影。②反响。分析由公共关系活动而引起公众对产品的知名度、理解、态度方面的变化，调查这些变动前后变化水平。③销售额和利润。销售额和利润的影响是最令人满意的一种衡量方法。

14.5.4 公共关系的主要方法

1. 新闻宣传　企业可通过新闻报道、人物专访、报告文学、记事、特写等形式，利用各种新闻媒介对企业进行宣传。新闻宣传无需付费，而且具有客观性，能取得比广告更好的宣传效果。公共关系的新闻宣传活动还包括对不良舆论的处理。

超级链接

死给你看

公共关系在营销传播中常用的一个手段是利用媒介关系，其中比较有特色的一个做法是利用一些偶发事件和突发事件制造新闻事件，创造轰动效应。但制造的新闻事件一定要以事实为基础，而不是伪造，必须符合新闻传播规律，包含新闻各个要素，有新闻价值；它不是一篇新闻稿，而是一个活动或一个事件。新闻事件只有满足以上要求才能引起新闻界的关注或产生轰动效应。人们常说记者要有灵敏的新闻鼻，要能闻出哪里有新闻，公关人员则要有新闻脑，要能主动地制造新闻，或把有价值的新闻挖掘出来，并通过一个活动展现出来，在这方面公关人员在某种意义上比记者棋高一筹。

制造新闻的思路很多。例如，广州有一家街道化工厂，几年前生产了一种质量很好的灭蟑药笔，他们为这种产品作了不少推销活动，但销售效果并不理想，因为当时市场上各种杀虫产品竞争激烈，这个产品很不起眼。后来这个厂用制造新闻的手段诱发了《羊城晚报》的一篇新闻报道。这一天他们厂派两个宣传人员跑到羊城晚报编辑部，他们先在地板上放了一个纸盒，声称要为记者、编辑们作一个现场表演，只见他们掏出一个粉笔头，在纸盒周围划上一个白圈，然后小心谨慎地打开那个纸盒一抖，只见从纸盒里爬出十几只蟑螂，很快爬到桌子底下、柜子底下去了，这一举动可把记者、编辑们气坏了。但这两个人不慌不忙的给他们解释了事情的原因，并留下了二三十盒带去的灭蟑药笔。第二天，记者、编辑们发现躲起来的那些蟑螂果然都爬出来死掉了。大家一看效果不错，就把厂家带去的灭蟑药笔分光了，用后都反映灭蟑效果很好。记者有感而发，写了一篇名为《死给你看》的新闻，新闻见报后，成千上万的订货单像雪片一样飞到厂家，为该产品打开了销售市场。该厂在巴黎、莫斯科举办的中国轻工产品展览会上也如法炮制，也很快打开了国际市场。这个案例告诉我们，产品可以先不卖，但要让你先知道我、了解我、喜欢我，等需要时你就会想到我。

2. 公共关系广告　企业的公共关系活动也包括利用广告进行宣传，这就是公共关系广告。公共关系广告与商业性广告的区别在于：①以宣传介绍企业的整体形象为内容，而不仅仅是宣传介绍企业的产品或劳务。②以提高企业的知名度和美誉度为目的，而不仅仅是为了扩大销售。③追求一种久远的，战略性的宣传效果，而不是像一般商业广告那样要求取得直接的、可度量的传播效果。

超级链接

香港旅游业的成功

香港旅游业利用公共关系广告作宣传是非常成功的。香港政府旅游协会拍过一部题目叫《在神秘的大幕后面》的旅游宣传片，该片反映了香港的旅游资源、人文特色。西方的观众从片中得到的信息是，香港是一个充满东方神秘色彩的城市，你要领略东方的文化特色，不一定到中国大陆，也不一定到泰国、韩国，你到中国香港就会一览无余。而东方的观众从片中得到的信息是，香港是一个充满了活力的现代化国际大都市，你要领略现代化国际大都市的风采，你不需要到巴黎、纽约，就到香港吧。一部片子成功地向东、西方不同文化背景的游客推销了香港的旅游形象。中国香港政府把这部片子赠送给各国电视台在旅游栏目里播放；每年暑假，香港政府把录像带赠送给留学生，让他们把录像带带到他们留学的国家。据香港旅游协会统计，投入一元港币的旅游宣传费，可以赢得200元港币的旅游综合收入。

3. 企业自我宣传　这是企业运用所有自己能够控制的传播媒介进行宣传的形式。例如，企业通过各种印刷品举办展览会，用实物、图片、录像等向公众介绍企业的发展历程，展示企业的经营成果，以此扩大企业的影响；精心设计或选择一些有象征意义、有收藏价值的公关纪念品，加深公众对企业的记忆。

4. 人际传播　人际传播是指企业不借助传播媒介，而是在人与人之间直接进行交流和沟通的公共关系传播形式。在公共关系活动中，它是一种应用最广泛、最常见的传播手段。通过人际传播，企业可以同社会各界广泛接触、加强合作、改善企业的营销环境。这包括定期走访、经常性的情况通报，或演讲、咨询、调查、游说、各种联谊会，甚至可以组建或参与一些社团组织，以加强人际传播。

利用名流效应是公共关系人际传播里常用的手段。这方面的案例很多，基本的道理就是利用名人的光环效应。应该承认，名流对公众的影响力比一般的传播效果要好，借助名人效应，能够强化信息的影响力。

人际传播要非常注意个性化设计，无论是一个电话、一个信函、一个卡片，都要非常有针对性地设计，这种设计来源于你对传播对象的了解，所以，应当建立公共关系档案，并不断更新，一旦需要时，就可检索个人档案，对其进行针对性设计，会收到非常好的效果。

5. 举行各种会议　企业可以举行产品和技术方面的展览会、研讨会和演讲会，以及各种有奖比赛、纪念会等。这是提高企业和产品知名度的另一种方法。如美国克莱斯勒公司曾举行大规模的演讲会，促进该公司汽车的销售，并刺激了投资者购买该公司的股票。

6. 参与社会活动　企业是社会的一分子，在主要从事生产经营的过程中，也应积极参加广泛的社会活动，以赢得社会公众的爱戴。如参与上级和社会组织的各类文化、娱乐、体育活动；参与免费产品咨询、维修、保养等服务活动；参与赞助办学、扶贫、救灾等公益性的活动等。

超级链接

蒙牛与超级女声

2004年，中国乳品市场的竞争到了白热化程度，要想在残酷的企业竞争中立于不败之地，乳品企业必须迅速打开更多的销售市场。

2005年初，蒙牛及时调整产品结构，从一般意义的液态奶市场向高技术、高利润的乳酸市场进军。而国内此类产品的竞争更是激烈，如何打赢这场乳酸菌饮料战成了蒙牛的一块心病。此时，湖南卫视刚刚推出的“超级女声”进入了蒙牛的眼帘。

“超女”的内在女性底蕴和受众群体与蒙牛酸酸乳以女性和年轻人为消费者的性格正好相符，蒙牛决定与超女联姻。蒙牛大手笔地用 2800 万买断了“超级女声”节目冠名权。并且利用“超女”在国内日益疯狂的影响力，投资近 8000 万元用于公交车、户外灯箱和广告牌、各类媒体广告等。

蒙牛上亿元的“超女”系列广告，为其打开了南方乳品市场。2005 年，“超女”所在的郑州、杭州、长沙、广州和成都 5 个赛区，正是蒙牛所看重的华中、华东、华南、西南四大销售区域。

面对“超女”这个杀手锏带来的市场效益，蒙牛副总裁孙先红认为物有所值，他说：“2005 年蒙牛计划向市场投放 20 亿袋印有‘2005 蒙牛酸酸乳超级女声’的产品，销售额应该在 20 亿元左右，而如今的情况出乎人们意料，现在蒙牛的销售终端已是严重供不应求，到处都断货。”“超女”成功地为蒙牛打开了南方市场大门。

本章小结

促销是通过人员推销或非人员推销的方式，传递商品或服务的存在及其性能、特征等信息，帮助顾客认识商品或服务所能带来的利益，从而达到引起顾客注意和兴趣、唤起需求、实现购买行为的目的。促销活动从其本质来分析，是信息在买卖双方间的沟通活动。

促销的作用包括传播与沟通信息；诱导和激发需求；突出产品特点，提高竞争力；强化企业形象，巩固市场地位。

促销方式包括人员促销和非人员促销两大类。具体又可以分为人员推销、广告、营业推广和公共关系 4 种方式。除人员推销外，其他 3 种方式属于非人员促销。

人员推销是指企业派出推销人员直接与消费者或客户接触，直接进行产品推荐和介绍工作，目的在于达到销售商品或服务和宣传企业的促销活动。人员推销的特点突出表现在信息传递的双向性；推销过程的灵活性；满足需求的多样性；推销目的的双重性。人员推销主要有上门推销、柜台推销、会议推销 3 种形式。人员推销的步骤包括寻找或识别顾客；推销准备；约见并接近顾客；应付和处理异议；达成交易；事后跟踪。

广告是指法人、公民和其他经济组织，为推销商品、服务或观念，以付费的方式，通过各种媒介和形式向公众发布的有关信息的一种促销手段。广告的作用表现在：①从市场看，广告是传播市场商品信息的主要工具。②从企业层看，广告是企业竞争的有力武器。③从消费层看，广告可以引导消费，刺激消费，甚至创造需求。广告定位包括确立广告目标；确定广告对象；确定广告区域；确定广告概念；确定广告媒体。广告媒体的种类包括印刷品广告、电子媒体广告、户外广告、邮寄广告、POP广告等。广告创意是广告设计制作者在酝酿广告时的构想。广告创意就其内容而言可包括两类：①战术型广告创意。②战略型广告创意。广告费用预算的选择方案有销售百分比法；目标任务法；竞争对抗法；倾力投掷法。广告效果的测定方法，可分为广告前测定和广告后测定。

营业推广又称销售促进。营业推广形式包括针对中间商的营业推广形式；针对消费者的营业推广形式；针对销售人员的营业推广。一个公司在运用营业推广时，必须确定目标，选择工具，制订方案，实施和控制方案及评价结果。

公共关系是指某一组织为改善与社会公众的关系，促进公众对组织的认识，理解及支持，达到树立良好组织形象、促进商品销售的目的的一系列促销活动。公共关系作为一门经营管理的艺术，其职能主要表现在塑造企业和产品的良好形象；收集信息，有效沟通；开拓产品销路；化解危矛盾，改善关系。公共关系的原则是以诚取信的原则；公众利益与企业利益相协调的原则。公共关系实施的步骤包括调查研究；确定目标；交流信息。评估公共关系结果的指标有曝光频率；反响；销售额和利润。公共关系的主要方法包括新闻宣传；公共关系广告；企业自我宣传；人际传播；举行各种会议；参与社会活动。

思考题

1. 试比较人员推销、广告、营业推广、公共关系这4种促销方式的特点。
2. 联系实际，说明促销手段在诱导消费方面发挥的作用。
3. 说出你印象最深的广告，并指出其成功之处和问题所在。

案例分析

“海飞丝”、“飘柔”盛典促销

美国宝洁公司迄今已有150多年的历史，目前是世界50个大跨国公司之一，也是世界上最大的消费品生产商之一，在几十个国家设有分公司。1988年，宝洁公司看好中国市场，与香港和记黄埔有限公司、广州肥皂厂及广州经济技术开发区合作建设进出口贸易总公司，共同创建了中美港合资广州宝洁有限公司。一年多后，广州宝洁成功地移植国际名牌Head & Shoulder洗发香波和Rejoice洗发精。其中文名称分别叫做“海飞丝”和“飘柔”。

“海飞丝”和“飘柔”虽然是国际市场的老名牌，在中国大陆却都是新产品，需要宣传推广，让消费者尽快认识和接受。广州宝洁为此策划了几次大型营业推广，取得了不同凡响的效果。

一、海飞丝、飘柔美发亲善大行动

1990年2月，海飞丝、飘柔自投放市场以来，因迎合了中国大陆消费者崇尚洋货的消费心理，曾一度成为抢手俏货。但随着更多的外国洗发护发用品的涌入，海飞丝、飘柔的市场份额逐步下降。广州宝洁与黑马设计事务所认真地分析了市场情况，决定选取广州为突破点，抓住春节期间人们普遍都要洗发换新装的时机，借助发廊的配合，举办美发亲善大行动，让消费者在实际使用中领略宝洁产品的种种优点，提高购买率。

根据调查资料，广州市内有3000多家发廊，以每家发廊每天接待20个顾客计算，一个月的总洗头人数就接近广州市区的总人数。在广州市场洗发水的销售总量中，发廊占了34%左右。因此，公司选取了10家能代表广州市区最好水平的发廊，并且全都位于闹市地段，店铺分布合理。公司还招聘了10多名美丽的亲善小姐，集中起来对她们进行头发生理、洗护常识、礼仪等培训，并给她们配发很有特色的礼仪服装和化妆品，让他们去配合发廊行动。

整个活动要保证让所有的参加者都获得利益。无论是发廊亲善小姐，还是媒介部门和消费者，凡是给活动以支持的都可得到满意的利润。

给消费者的实际利益是不用买任何产品，只需剪下一张广告，就可以换取一张相当于自己一日或两日工资收入的洗发券。公司设计了6388张洗发券。即使是没有工资收入的学生或家庭主妇，也一样有机会到广州市区的高级发廊去享受服务。

公司采用了两种换券方法。第一周采用到广州体育馆换券的方式。由于整个宣传是立体式的，电视、电台、报纸、街头招贴及发廊宣传一齐上，结果前来换票的人空前踊跃，直到换完最后一张洗发券，还有3000多人在排队。第二周考虑到换券者的层面及区域，改成了寄信换券的方式，以后每周都有固定数目的洗发券发出，每周都是先到先得。工作人员每天把信件按区、街道作统计分类，然后有规律地抽选并寄发洗发券。

大行动的宣传以每周五的《羊城晚报》1/4版广告作为高潮，连续进行4周。确定报纸篇幅，确定媒介发布时间，确定每次不同的换券游戏规则。在大行动期间，天河区每周五的晚报往往5点钟就卖完了。这样一来，各种职业、各个区域消费者投稿换券回率就有了很大的提高。大行动的亲善形象，是一个不算特别漂亮但很面熟、亲切的小姐，与10位驻店小姐一起，为顾客解答各种有关头发洗护的常识。为了使大行动能产生立体辐射的影响，在区域上作了两大划分。中心区域在广州市内，主要履行免费洗发的承诺。广州市外及媒介所能影响的范围，另设一项咨询奖，目的是用有限的资金，使广告发挥最大的效力。

这次活动，广州宝洁花了相当于拍5部广告片的费用，但是使海飞丝和飘柔在广州地区的销售额比上年同期增加了3.5倍。在杭州市场也如法炮制，投入仅5万元，结果销量比上年增长了10倍。

二、海飞丝南北笑星、歌星光耀荧屏活动

1990年5月11日、12日、13日，广州宝洁再领风骚，出资赞助广州电视台《屏幕之友》周刊举办了“海飞丝南北歌星、笑星赞助光耀荧屏大型文艺晚会”。晚会上众多明星登台献艺，演出获得极大成功，广州宝洁的换票行动也取得了很大的成效。

广州宝洁送出了1万张门票，每张门票价值20元，任何一位消费者，凭购买海飞丝、飘柔、玉兰油30元以上面额的发票一张，并且30元宝洁产品内一定要有白色飘柔即可换取晚会门票2张。

这次活动与不久前进行的海飞丝、飘柔亲善大行动有异曲同工之妙，它们促进了消费者对宝洁产品的认识和接受，使得1990年度海飞丝、飘柔、玉兰油在广州市场的销售量比上年增加了4.5倍。由此，这两项活得了1990年度美国宝洁公司总部的两项大奖——“最佳消费者创意奖”，“最佳客户创意奖”。

与此同时，宝洁产品也开始向全国辐射，从乌鲁木齐到西双版纳，市场上到处都可以见到宝洁公司产品的踪迹。外销也很有起色，香港、东南亚的客户对宝洁产品反应强烈，成交额不断上升。

三、飘柔之星全国竞耀活动

1994年、1995年，广州宝洁举办了两届飘柔之星全国竞耀活动，目标是在消费者心中形成崇拜，提高品牌的忠诚度，使用飘柔产品成为时尚。

活动分为3个阶段。经过摄影、初选、面试及公众投票后，由各省市精选出一名“飘柔之星”，于指定日期到广州参加总决赛；决赛之前，广州宝洁特别为远道而来的侯选人安排了为期半个月的培训，课程包括健美操、专业模特训练、化妆、头发护理及服装挑选的指导等；此外，还安排侯选人参观宝洁公司，了解跨国公司的生产运作，并往深圳旅游观光。在飘柔之星璀璨的颁奖典礼上，各省的“飘柔之星”参与演出了不同节目，如服装、健美操汇演、问题对答及才艺表演等，从角逐中产生“飘柔之星中星”、“活力之星”、“才艺之星”、“友谊之星”、“风采之星”5项殊荣。

飘柔之星活动对于鼓励年轻人积极进取，抓住机遇，突破自我，开拓更美好的前程，起到了广泛而有力的推动作用，并因此也培养了一大批“飘柔”的品牌忠诚者。

案例思考

1. 宝洁公司营业推广活动的特色表现在哪些方面？
2. 从宝洁公司的活动中你认为一个公司成功开展促销活动应注意哪些问题？

第 15 章 市场营销计划、组织与控制

学习目标 通过本章学习，了解市场营销计划的内容；熟悉市场营销组织的基本类型；掌握营销控制的主要方法；了解市场营销审计的过程和内容。

企业的市场营销活动是涉及众多因素的复杂的系统工程。要保证其目标和任务得以实现和完成，就必须对市场营销的全过程实施有效的管理，即通过计划、组织与控制职能发挥作用，使企业的各个部门、各种资源相互协调，有机配合，适应千变万化的市场环境。

计划、组织与控制的关系是，营销整体战略规划规定了企业的任务和目标，这任务和目标还要被分解为各部门的具体计划；而无论多么好的计划，都需由有效的组织加以贯彻实施；控制的任务则是确保企业营销活动按照计划规定的预期目标运行。

15.1 市场营销计划

市场营销计划是企业总体计划的一个组成部分，它在企业各项计划的制订和执行过程中起着十分重要的作用。制订和实施市场营销计划，是市场营销组织的基本任务。每位营销管理人员都应懂得如何实地制订一项营销计划。

15.1.1 市场营销计划的内容

不同行业、不同类型企业的营销计划有所不同，各企业根据高层管理人员的要求，在营销计划的格式、内容上也会有一定的差异，各部分的内容因具体要求不同，详细程度有所不一。但大多数企业营销计划包含的主要内容基本相同，大致包括以下几个方面：

1. 计划提要 提要是市场营销计划的开端。这里要对主要的市场营销目标和有关建议，简短地给出概述。提要是整个市场营销计划的精神所在，类似于内容提要。

通常，市场营销计划需要提交上级主管或有关人员审核。由于他们不一定有充足的时间阅读全文，因此，可以通过提要，把计划的中心描述出来，便于他们迅速了解、掌握计划的要求。如果上级主管或有关人员需要仔细推敲计划，可查阅计划书中的有关部分。所以在形式上，最好在提要的后面，附列整个计划的目标；同时，在提要的有关内容中，用括号注明在计划书中的相应页码。例如，某企业集团的营销计划概要："本企业计划在新的一年里使销售额与利润额比上年有明显增长，增长率达到 10%。其中，销售收入目标为 151710 万元，税前利润

目标为 14800 万元，净利润 9916 万元。计划采用的主要营销手段包括调低价格，强化广告促销，开设 10 个新的销售网点，为此要求营销预算增加 15%。”

2. 分析当前营销状况　这部分内容主要提供对市场、竞争、产品、分销等各营销因素及宏观环境因素的分析，并对企业当前的营销状况作出明确的分析。这一般由以下内容构成：

（1）市场情况分析：描述市场的基本情况。应说明市场规模、市场占有率、年增长情况、顾客需求和购买行为方面的趋势。

（2）产品情况分析：应说明近几年来各主要产品品种的销量、价格和获利水平等。

（3）竞争情况分析：说明谁是本企业的主要竞争对手，了解竞争对手的规模、产品品质、产品特色、定价、营销组合策略等信息；摸清竞争对手的目标及将要采取的行动，并作出预见性的分析。

（4）分销情况分析：分析各主要分销渠道近期销售额及发展趋势；对比各条渠道的相对重要性及其变化。不仅要说明各个经销商以及他们经营能力的变化，还要分析对他们进行激励所需的投入、费用与交易条件。

（5）外部宏观环境分析：阐述影响该产品（品牌）市场营销的宏观环境有关因素、它们的现状及未来变化的趋势。

3. SWOT 分析　在分析当前营销状况的基础上，计划人员需要找出企业或某一产品面临的主要机会和威胁、优势和劣势，作为下一步采取措施的依据。

1）通过机会和威胁分析，阐述来自外部的能够左右企业未来的因素，以便考虑可以采取的行动。对所有机会和威胁，要列出时间顺序，并分出轻重缓急，使更重要、更紧迫的问题能受到应有的关注。

2）通过优势和弱点分析，说明企业资源、能力方面的基本特征。优势是企业用于开发机会、对付威胁所具备的内部因素，弱点是企业必须改进、完善的某些内部条件。

3）通过问题分析，将机会和威胁、优势和弱点分析的结果，用来确定计划中必须强调、突出的主要方面。在这些方面进行的决策，对这些问题作出的决定，帮助企业形成有关市场营销的目标、战略和策略、战术。

超级链接

某企业集团 SWOT 分析

1. Strength（优势）

1）在北方和南方的局部 A 品牌知名度较高，市场覆盖率较高。

2）产品生产技术、工艺和包装在同行业较为领先。

3）价格较低、口感较好，易被人接受。

4）产品保障体系健全——绿色食品，通过ISO9002认证。

2. Weakness（劣势）

1）铺货率低，市场占有率低。

2）由于地理位置的局限，产品的运输成本加大。

3）营销网络较单一，对市场的动态反馈不灵活，产品的宣传力度较小。

4）产品与需求不适应，影响市场的发展建设。

3. Opportunity（机会）

1）冷饮市场大厂家鼎立的局面已经基本形成，本企业具有一定优势。

2）国外竞争对手尚未完全进入中国市场。

3）冷饮消费及市场已经趋于成熟，对大企业产品的“置信度购买”增强。

4）现使用的包装材料适应消费者对便捷、卫生、保质和安全的要求。

4. Threat（威胁）

1）消费者对产品品质的提高和品种的变化要求不断提高，稍有不慎就会失去市场，丧失良机。

2）品牌众多、地方保护等对市场进入加大难度。

3）大的竞争对手积极在成本、产品结构等方面进行调整，力图统占市场。

4. 拟订营销目标　对机会、威胁、优势、劣势分析的目的是确定营销要解决的主要问题，即拟订营销目标。营销目标是营销计划的核心与制定下一步具体营销策略和行动方案的基础。

营销目标主要是利润率、投资收益率、销售额、市场占有率及有关广告效果、分销网点、定价等方面的具体目标。

5. 制定市场营销策略　每一目标都可以通过多种途径去实现，营销管理者必须做出决策，然后在计划书中简明扼要地列出，内容包括目标市场、市场定位、营销组合策略、研究与开发、市场调研计划等。

6. 提出行动方案　营销策略还要转化为具体的行动，这部分要表明将具体做什么，什么时间做，谁参与做，预计花费多少等，按时间顺序列成表，以形成未来实际行动的计划。

7. 预算方案　根据行动方案还要编制相应的预算方案，此项预算类似盈亏报表。在收入栏列出预计的产品销售量及平均单价，在支出栏列出生产成本、实体分配成本和销售费用，收支的差额为预计的利润或亏损。上级管理部门审查批准后，此预算便成为材料采购、生产进度、人员安排和市场营销工作的依据。

8. 控制措施　市场营销计划的最后一部分是对计划执行过程的检查和控制，主要说明如何对计划的执行过程和进度进行管理。通常将计划规定的目标和预算按季度、月份或更短的时间单位进行分解，以便上级主管及时了解各个阶段的销售实绩，掌握未能完成任务的部门、环节，分析原因，并要求限期作出解释和提出改进措施，以确保营销计划的完成。

超级链接

“7－S”模型的硬件因素：战略、结构和制度

明确战略和制订计划，并非就能保证必然成功。在实施过程中，企业仍可能发生失误。美国学者托马斯·彼得斯和小罗伯特·沃特曼等人，经过对美国杰出企业的管理经验的长期研究，提出了一个反映优秀企业共性的“7－S”模型，即7个帮助企业成功的关键因素，分别是，战略（Strategy）、结构（Structure）、制度（Systems）、作风（Style）、人员（Staff）、技能（Skills）和共同价值观（Shared values）。

企业成功与否，首先取决于环境所提供的机会、经营目标、战略、组织结构和制度等要素之间的协调程度。环境的变动为企业提供了机会，企业通过分析外部环境，敏锐察觉市场机会和威胁，确定自己的经营目标并制订相应的战略和计划。接下来，建立与之适应的组织结构，确立相关制度，以保证计划的有效实施并实现目标。

但现实中，许多企业情况常常并非如此，各要素间缺乏有效的协调。有的企业是在20世纪90年代经营，却执行着80年代甚至更早前制订的战略和目标，或者沿用不合时宜的结构或者制度。各要素间严重脱节，彼此无法适应。有的企业在经营中，采取“逆向”思维，从现有机构、制度出发，然后决定目标和战略，最后分析环境以找寻适合其目标和战略的机会。最终其运营结果无异于守株待兔。因此，企业必须首先对其结构和制度进行检查，以适应执行计划的需要。

“7－S”模型的软件因素：作风、人员、技能和共同价值观

在托马斯等作者的研究过程中，他们发现，作风、人员、技能和共同价值观这4个“软件”因素，在企业中起到的作用某种意义上甚至大于之前所说的“硬件”因素。

（1）作风：企业全体员工要有一致的言行举止。比如在麦当劳快餐店，每位员工都对顾客微笑服务，彬彬有礼。这是麦当劳公司的作风。每个企业都应有其独特的、与其战略适应的文化素养。

（2）人员：企业拥有一批有业务能力的员工，并能知人善任。

（3）技能：企业的员工具有执行计划、贯彻战略的某些特长或技术，比如，计划所需的财务分析、市场营销规划技能。

（4）共同价值观：企业自上而下都有同样的使命感和指导思想。任何善于经营的企业，都有一个能推动全体员工努力工作的共同目标和信念，而且每个员工

对此都很清楚，并以实现这个目标和信念而自豪。

在有些市场营销计划的控制部分，还包括针对意外事件的应急计划。应急计划简明扼要地列举可能发生的各种不利情况，发生的概率和危害程度，应当采取的预防措施和必须准备的善后措施。制订和附列应急计划，目的是事先考虑可能出现的重大危机和可能产生的各种困难，做好准备，防患于未然。

不同的企业，由于组织体制的不同，经营内容的不同，以及营销战略的不同，营销计划的内容也各不相同。有些高度贯彻市场导向观念的企业，营销计划就是企业的全面计划；在另一些企业，它可能只是企业计划的一个组成部分。

15.1.2 营销资源有效分配的理论

当我们了解了营销计划的内容以后，来讨论一下重要的营销工具和概念，用于企业制订营销计划工作，而许多计划工作能够借助专门设计的程序在计算机上进行。在这些程序中，可应用一些利润和销售方程式，并用模型来表现销售和利润如何适应不同的营销组合费用。

1. 利润方程　每种营销组合策略都将导致一定的利润水平。我们可以通过一个利润公式来估算利润的值。计算公式为

$$Z = R - C \tag{15-1}$$

式中　Z——总利润；

R——总收入；

C——总成本。

总收入等于产品的净价（P'）乘以它的销售量（Q），即

$$R = P'Q \tag{15-2}$$

产品净价（P'）等于它的标价（P）减去包括运费成本、佣金和各种折扣的单位折让费（k），即

$$P' = P - k \tag{15-3}$$

产品成本习惯上被分为单位变动非销售成本（c）、固定成本（F）和销售成本（M）。

$$C = cQ + F + M \tag{15-4}$$

把式（15-2）、式（15-3）和式（15-4）代入式（15-1）中，化简可得

$$Z = [(P - k) - c]Q - F - M \tag{15-5}$$

式中　Z——总利润；

P——标价；

k——单位折让费（例如运费折让、佣金、折扣）；

c——生产和分销的变动成本（例如人工成本、运输成本）；

Q——销售量；

F——固定成本（例如工资、租金、电费）；

M——可自由支配的销售成本。

$[(P-k)-c]$是单位贡献毛利，即扣除平均单位的折让费和生产、分销的变动成本后，公司实现的平均单位收益。

$[(P-k)-c]Q$是总贡献毛利，即可得的净收入，包括固定成本、利润和可自由支配的销售费用。

2. 销售效应函数　为了在计划工作中应用利润公式，需要把销售量（Q）的决定因素制成模型。销售量与其决定因素的关系可通过销售效应函数来说明。当我们将销售视为其可控变量的一个函数时，则可用下式描述：

$$Q=f(P,k,c,M) \tag{15-6}$$

销售成本（M）可以花费在若干方面，如广告（A）、促销（S）、销售力量（D）和市场调研（R）。那么，销售效应函数就变为

$$Q=f(P,k,c,A,S,D,R) \tag{15-7}$$

这里，括号中的符号都代表了营销组合要素。

准确地说，销售效应函数是在一个特定的时期内，在假定其他营销组合要素不变的情况下，测定某一种营销组合因素的变化对销售量变化的影响。其中最为人们熟知的一种即需求函数。它表明，在其他因素不变的情况下，价格越低，销售量越高。图 15-1 所示为销售量和销售费用之间可能产生的 4 种函数关系。图 15-1 中函数 A 的情况最不合理，它表示销售不受销售成本水平的影响。函数 B 表示销售量随着销售成本的增加而呈线性增长，这种情况也很少见。C 是一凸型函数，该函数表明销售量增加的比率递减，这适合于人员推销的情况。如某企业在某一地区只派驻一位推销员，他肯定会访问那些最有可能购买的目标顾客，此时的边际效率将最高。而企业向该地区派出的第二位推销员只能访问那些稍次可能购买的目标顾客，边际效率也将稍低。依次类推，继续增派推销员的结果是销售增长速度递减。

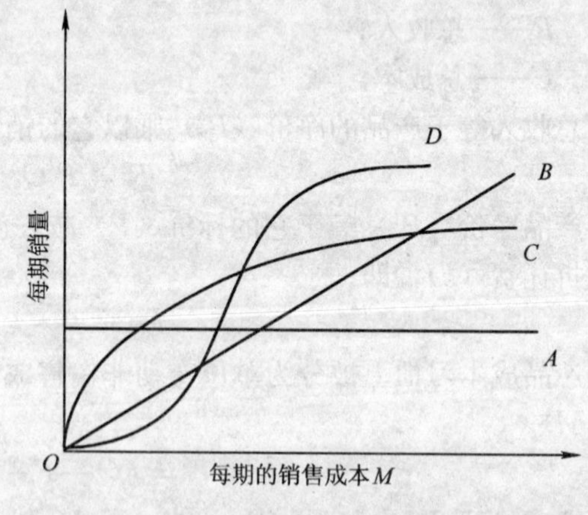

图 15-1　销售效应函数

函数 D 为 S 型，它表示销售量先以递增比率上升，然后按递减比率上升，最后达到一个极限不再上升。这是随着广告费用的增加，销售量随之变化的较合理描述。其理由是，当广告预算很低时，难以刊登足量的广告，无法达到足够的

知名度，销售增长速度较慢；广告预算达到一定水平时，将大大提高品牌知名度并引起消费者购买兴趣，销售也迅速增长；但广告预算很高也未必就能产生更大的购买反应，因为此时目标顾客都早已熟知该产品了。

营销管理者可以通过3种有效的方法估计销售效应函数，并将之应用于他们的企业中去：①统计法。即在收集销售和营销组合变量水平的历史数据基础上，运用统计方法推出未来的销售效应函数。②实验法。即通过在不同地区分配不同的营销预算进行对比实验得出效应函数。③判断法。即请专家对企业销售量与营销预算之间的关系进行判断。统计法对数据的质量要求严格，并受时间外推预测方法所需各种条件的限制。实验法的要求也过于复杂，且成本过高，也不宜广泛采用，而判断法经常是惟一可行和有实用价值的方法。

3. 利润最优化　对销售效应函数作出估计后，下一步是将其用于制订利润最优化的计划。图15-2所示为如何制订利润最优化的计划。

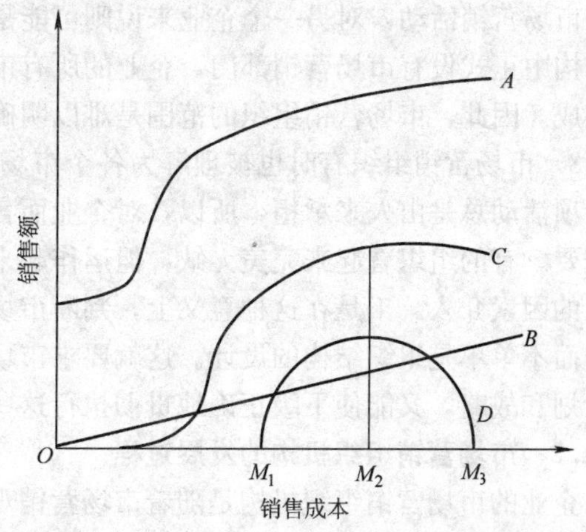

图15-2　销售额、销售成本与利润之间的关系

图15-2中的销售效应函数A是一条S曲线，B为销售费用函数，表示为一条从原点开始的直线。曲线C是扣除所有非销售费用的毛利函数。从毛利中减去销售成本后得到的曲线D就是净利润曲线。D曲线表明销售成本支出在M_1和M_3之间时净利润为正值，而净利润达到最大值（即净利润曲线的顶点）时的销售成本支出水平为M_2。

除了图解法以外，还可以用数值法或代数法求解。特别是在同时考虑一个以上营销组合因素对销售量的影响时，更不能不采用数值法或代数法。从而企业还可设计开发制订长期规划和合理分配营销预算的计算机程序，以便有效地制订出最好的营销计划。

15.2　市场营销组织与实施

无论是制定还是实施市场营销战略，都离不开有效的营销组织，特别是实施战略，它包含达到战略目标的一系列实际活动。没有完善的组织，要顺利完成这些活动是难以想象的。从管理的环节来看，组织职能的目的是通过任务结构和权力关系的设计来达成协调努力，也就是说，组织职能就是把总任务分解成一个个的具体任务，然后再把它们分派到单位或部门，同时把权力分授予每个单位或部门的管理人员。

15.2.1 市场营销组织的含义

市场营销组织是指企业内部涉及市场营销活动的各个职位及其结构。在理解这一定义时，应该注意：

1）市场营销活动是发生在不同的组织岗位上的。比如，在拥有很多产品大类的大公司中，每个产品经理下面都有一支销售队伍，而运输则由一位生产经理集中管辖。不仅如此，有些活动甚至还发生在不同的国家或地区。但它们属于市场营销组织，因为它们都是在从事市场营销活动。

2）对经营管理活动的划分在不同企业是不同的。例如，信贷对某个企业来说是市场营销活动，对另一个企业来说则可能是会计活动。同时，即使企业在组织结构中正式设有市场营销部门，企业的所有市场营销活动也不是全部由该部门来完成。因此，市场营销组织的范围是难以明确界定的。

3）市场营销组织有时也被理解为各个市场营销职位中人的集合。由于企业的各项活动总是由人来承担，所以，对企业而言，人的管理比组织结构的设计更为重要。有的组织看起来完美无缺，但运作起来却不是那么回事，这主要是由于有人的因素介入。正是在这种意义上，判断市场营销组织的好坏主要是指人的素质，而不单单是组织结构的设计。这就要求市场营销经理既能有效地制定市场营销计划和战略，又能使下级正确地贯彻执行这些计划和战略。

15.2.2 市场营销组织机构的发展过程

企业的市场营销组织机构是随着市场营销观念、企业规模和营销业务量及范围的扩大经长期演进而来的。这种长期的发展过程，大致可以分为5个阶段。

1. 简单的销售部门　20世纪30年代以前，西方企业以生产观念作为经营思想，大部分都采用这种形式。这种形式具有财会、生产和销售3项基本职能。财会部门负责筹措与管理资金；生产部门负责产品制造；销售部门通常由一位副总经理负责，管理销售人员，并兼管若干市场营销研究和广告宣传业务，如图15-3a所示。在这个阶段，销售部门的职能仅仅是推销生产部门生产出来的产品，而对产品的种类、规格、数量等问题，几乎没有任何发言权。

2. 兼有营销职能的销售部门　20世纪30年代以后，随着企业规模的扩大，市场竞争日趋激烈。此时营销组织不仅是单纯推销产品，还需要开展营销研究、广告宣传活动以及为顾客提供推销服务和促销活动，并需加强某些营销职能。这时就需要聘请有经验的营销主任来负责这些新职能，营销组织结构调整如图15-3b所示。

3. 独立的市场营销部门　随着企业规模和业务范围的进一步扩大，原来作为附属性工作的市场调研和预测、新产品开发、广告宣传和促销、为顾客服务等市场营销职能的重要性日益增强。于是，市场营销部门成为一个相对独立的职能

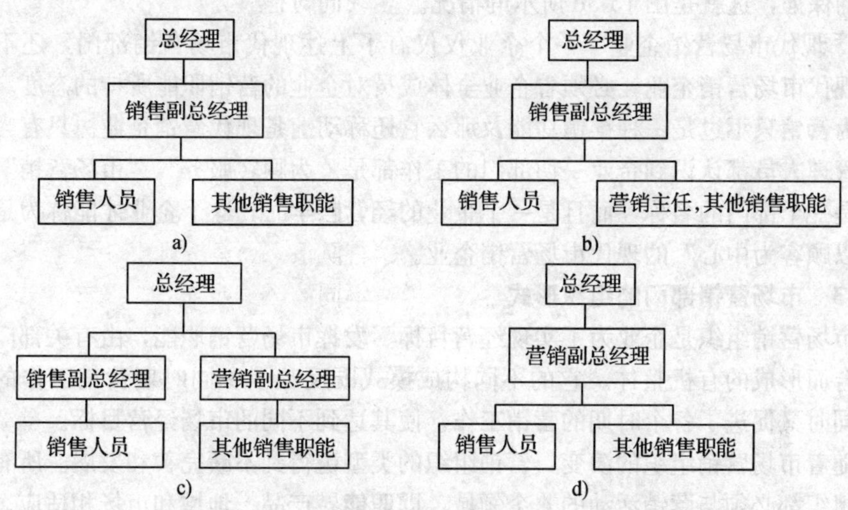

图 15-3　市场营销组织机构

a）第 1 阶段　b）第 2 阶段　c）第 3 阶段　d）第 4 和第 5 阶段

部门，作为市场营销部门负责人的市场营销副总经理同销售副总经理一样直接受总经理的领导，销售和市场营销成为平行的职能部门。但在具体工作上，这两个部门是需要密切配合的。

这种安排常常使用在许多企业中，它向企业总经理提供了一个全面的从各角度分析公司面临的机遇与挑战的机会。例如，销售失败后，总经理问销售经理如何解决，销售经理常常会推荐雇佣更多的业务员，提高销售费用，开展销售竞赛或降低成本，以利于产品销售。而总经理从营销经理那里得到的答案则可能与销售经理大相径庭，营销经理常常从消费者的角度入手进行分析，如公司的市场定位是否正确，与竞争者相比，目标市场消费者怎样看待本公司及其产品，在产品的特点、款式、包装、服务、分销及促销手段等方面是不是有变化，这些变化是否合理，显然这种分析问题的角度比仅从促销的角度分析对解决问题更为有效。这一形式如图 15-3c 所示。

4. 现代市场营销部门　尽管企业中销售和市场营销部门的工作应该目标一致，协调配合，但实际证明，这种平行且相对独立的关系使它们之间经常产生矛盾。如销售部门倾向追求企业短期目标，注重实现眼前的销售任务；而营销部门则比较重视企业的长远目标，致力于从满足消费者长期需求出发来规划和研制最恰当的产品和营销战略。事实上，以消费者为中心的营销观念的产生，使更多的企业认识到推销只是市场营销过程中的一部分。因此，解决这一矛盾的正确办法是加强营销部门，由市场营销经理负责包括销售部门在内的业务管理，并授予相应的职权。这样，形成了现代市场营销部门，使企业市场营销整体活动能得到组织上的保证，这就是图 15-3d 所示的情况。

5. 现代市场营销企业　一个企业仅仅有了上述现代市场营销部门，还不等于是现代市场营销企业，必须看企业全体成员对企业的营销职能所持的态度。如果认为营销只不过是一种推销功能，那么它还称不上是现代营销企业。只有当所有的管理人员都认识到企业一切部门的工作都是“为顾客服务”，“市场营销”不仅仅是一个部门的名称，而且是一个企业的经营哲学时，这个企业才能称为是一个“以顾客为中心”的现代市场营销企业。

15.2.3　市场营销部门的组织形式

市场营销组织是企业为了实现经营目标、发挥市场营销职能，由有关部门协作配合而形成的有机整体。它的不同构成模式既反映了不同时期营销工作的实质，同时又促进了各个时期的营销工作，使其达到不同的市场经营目标。

随着市场营销组织的演变，营销组织的类型也得到不断完善和发展。所有的营销组织都必须与营销活动的 4 个领域，即职能、产品、地域和市场相适应。

1. 职能式组织　这是最普遍的组织模式。依据不同的营销职能划分出若干个不同的小部门，如广告及促销、销售、市场调研、新产品开发、顾客服务、营销规划等。营销副总经理协调各专业职能部门的活动。各专业职能部门的数量多少，根据具体情况而定。如果直接向营销副总经理报告的部门经理太多，可以再分出一个层次，归出几大类部门，大类下面再分小类部门，如图 15-4 所示。

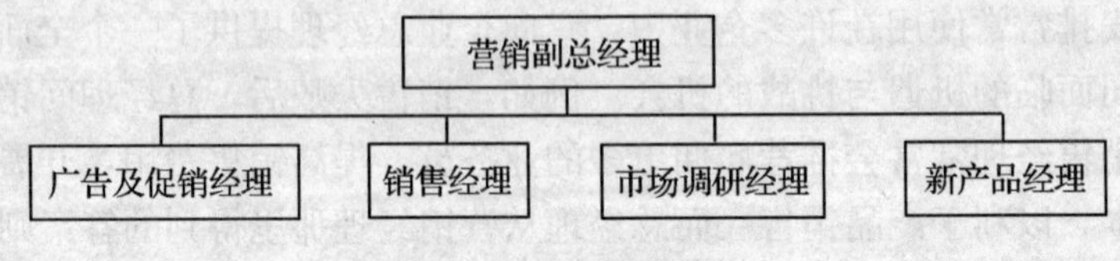

图 15-4　职能式组织

这种组织形式的优点是管理层次少，组织协调方便，比较适合产品品种少或销售地区集中的企业。但是随着公司业务的发展，当产品品种或销售地区较多时，这种组织形式可能会造成某些产品或地区被忽略，或各职能部门都强调本部门的功能作用而使组织协调工作复杂化。

2. 产品式组织　生产多种类、多品牌产品的公司可以按产品、品牌设立营销管理组织。产品式组织由产品经理统一领导，下辖若干个产品种类经理，每个产品种类经理可能又负责管理几个品牌，如图 15-5 所示。

产品式组织的优点是，能对各类产品的市场问题做出灵敏的反应；能统一协调各种营销职能，并能对各种产品进行集中管理。它的缺点是，各类产品组织的负责人容易陷入日常事务中，而忽略产品的规划工作；当产品品种不断增多时，可能会引起管理人员和管理费用的相应增加；生产部门和职能部门之间的职权不容易划清，有争议时也难以协调。

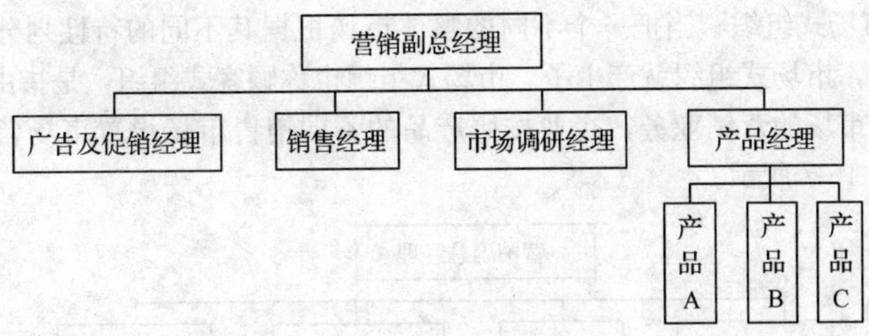

图 15-5 产品式组织

3. 地域式组织 地域式组织就是按照地理位置、区域的不同设置营销机构。如果一家企业的业务活动扩展到全国市场，那么，在一般情况下它会根据地理区域组织推销人员队伍，如图 15-6 所示。该机构设置包括 1 名负责全国推销业务的销售经理，若干名区域销售经理、地区销售经理和地方销售经理，下辖推销人员，从而构成一个销售网络。当推销工作复杂，而推销人员的报酬又很高，其业绩好坏又会对企业利润产生重要影响的情况下，较小的管理幅度可使上层管理者有更充足的时间去关注下层，并从下层那里得到工作保证。

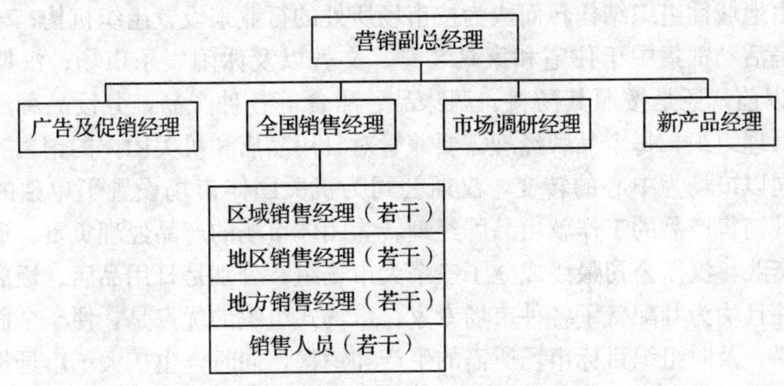

图 15-6 地域式组织

企业除了设置职能部门经理外，还应按照地区范围大小，分层次地设置地区性经理，层层负责。有的企业甚至还在当地聘请营销专家来负责研究有关市场消费需求情况和竞争状况，拟订长期和短期的产品销售计划，为企业发展服务。

这种分层控制组织形式的优点是，各区域销售经理能根据本地区的具体情况，有针对性地开展销售活动，还能协调上下级之间的关系，帮助上级经理做出完善的营销组合决策，最大限度地利用市场机会，扩大企业产品在本地区的销售。同时，也有利于高层管理人员有效地监督下级销售机构完成复杂的销售任务。该组织形式的缺点是，由于管理跨度大，各地区机构设置相对独立，使高层管理人员的控制难度加大。另外，推销人员队伍庞大，使各项费用支出增加。

4. 市场式组织　当把一个不同的整体市场根据其不同的特性划分为若干个子市场时，市场式组织就产生了。市场式组织也称顾客式组织，是指由专人负责管理不同市场的营销业务，企业按照产品的不同销售市场设置市场营销组织机构，如图 15-7 所示。

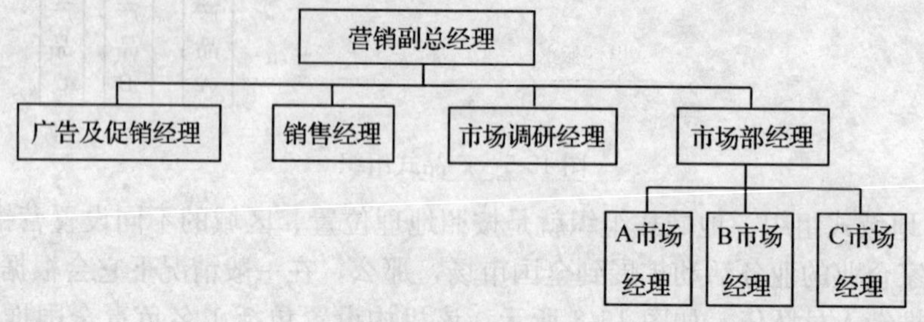

图 15-7　市场式组织

例如，将电脑出售给消费者、工商企业、政府部门；将钢材出售给铁路、建筑和公用事业等行业。该组织形式适合于销售市场种类较多、差异较大的企业。在西方许多发达国家中，越来越多的企业按这种组织形式进行设置。例如，施乐公司已由地域性组织结构转而成为按市场所处的行业来设置组织机构；麦德公司将其营销活动都集中于住宅和家具装修、文教以及休闲娱乐市场；汉斯公司在1964 年以前，还是按照其汤料、调味品、甜食等各种产品，分设品牌经理，采用品牌管理组织，每个品牌经理需要兼管对日用品店和机关团体的销售工作。随着公司向以市场为中心的转变，汉斯公司为机关团体市场设置了单独的营销部门，对其销售产品的工作就由品牌经理转为团体市场的产品经理负责。通过不断摸索和实践，汉斯公司最终成立了三个大市场组，分别是日用品店、饭店和机关团体，并且均为其配备了各种市场专家。市场式组织的优点是，便于全面了解用户的需要，及时组织目标市场所需的生产和销售，同时，也扩大了市场机遇。缺点与产品式组织一样，管理费用较高。

5. 产品和市场式组织　随着企业规模的扩大和多元化经营的实行，公司生产越来越多的产品品种，销往多个市场。因此，营销组织的形式发展为产品和市场式组织，也称矩阵式组织，即将职能管理与专项管理相结合，由纵横两条管理系统交织而成的营销组织形式。例如，杜邦公司就选择了矩阵式组织，如图15-8所示。在纺织纤维部门里，既有为人造丝、醋酸纤维、尼龙、澳纶、涤纶等配备的相互独立的产品经理，又有为男性服装、女性服装、家庭装饰、工业用品市场安排的彼此分离的市场经理。产品经理要制订其所管辖的纺织纤维品种的销售计划和盈利计划，并要努力提高盈利水平，开辟这些产品的新用途。这其中需要有市场经理的协助，提供各个市场上的销售预测，才能够使产品经理制订出切实可行的计划。另一方面，市场经理有责任负责发展杜邦纤维的现有的和潜在的盈利市场。他们以长远的眼光看待市场需求，对适合市场的产品更为关注，而不是注重推出特种纤维。为了准备市场计划，他们要同每个产品经理联系，对计划价格和各种材料的供应量有所了解。市场经理和产品经理的最终销售额的预测总数，应当是相同的。

市场经理

产品经理	男性服装	女性服装	家庭服装	工业用品市场
人造丝				
醋酸纤维				
尼龙				
澳纶				
涤纶				

图 15-8　产品和市场式组织

这种组织形式的优点是，既能发挥职能机构的作用，又能突出专项任务，并以此为中心进行协调，提高了工作效率。其缺点是存在着机构容易重复设置，冲突多、费用大，所有权和经营责任界限不清等问题。绝大多数大企业认为，只有那些相当重要的产品和市场，才需要同时设产品经理和市场经理。也有的企业认为，管理费用高和潜在矛盾并不可怕，这种组织结构所能带来的效益，远远超过需要为它付出的代价。

6. 事业部管理型组织　当从事多角经营的大公司发展到一定规模后，公司常将其较大的产品群建成一个独立的事业部，下面再设置自己的职能部门和服务机构。独立经营、按产品或地区划分的事业部是总公司内一级分权化单位。在这种体制下，企业的营销职能分散到各个事业部。这种组织形式有利于发挥产品或地区事业部的主动性、积极性和创造性，使主管人员迅速成长，有利于经营组织的稳定性，使之能适应激烈的市场竞争和开拓国际市场的需要。例如，宝洁公司就是采用该组织结构来支持其全球性业务，宝洁公司下设各地区事业部，如欧洲部、加拿大部、拉美部、远东部和美国部，在各地区之下，各分部再设职能副经理、产品副经理和地区副经理。

营销职能应该如何在公司总部与事业部之间进行分工，企业通常可从以下几种模式中选取一种：

1）公司总部不设营销部门，营销职能完全由各事业部自己负责。

2）公司总部设一个规模很小的营销部门，只负责极小的营销职能。如为最高管理部门进行总体市场机会评估；应事业部之邀，提供咨询帮助等。

3）公司总部设一个较大规模的营销部门，为事业部提供各种营销服务。如组织全公司的广告、公关活动，提供市场研究、政策资询、人员培训等服务。

4）公司一级设有强大的营销部门，直接参与各事业部的营销规划工作，并控制它们的经营活动。

不同的企业采用这 4 种模式是不一样的。在一般情况下，企业初设事业部时，部内营销力量比较弱，需要企业总部的营销人员向各事业部提供培训和各种服务，以便推动事业部的营销工作。有的企业总部营销部门的人员陆续加入到各事业部，来主持营销部门的工作。当事业部在其营销中实力变得雄厚时，总部营销所能起到的作用就日益减少。

15.2.4 市场营销实施

市场营销实施是一个将营销计划转化为具体行动并达到既定目标的过程。营销战略和营销实施二者密切相关，营销战略指的是营销活动中“什么事”和“为什么”的问题，而营销实施说的是“什么人”、“什么地方”、“什么时候”和“如何进行”的问题。战略是用来指导实施的。例如，当最高管理层作出结束某一处于生命周期中衰退期的产品的战略指示时，随之而来就需要实施诸如削减该产品的营销费用，改变推销人员的推销重点，提高该产品售价，撤消对该产品的广告宣传并把力量投入到其他产品上等一系列工作。另一方面，实施也可以对战略产生影响。比如，充分考虑实施某一战略中可能遇到的风险与阻力，也必然对选择何种战略产生作用。

为有效地实施营销计划，需掌握一些相关的技能。

1. 诊断技能　营销战略和营销实施之间的紧密联系，也并不是十全十美的。如果营销实施并未实现营销战略所确定的目标，就必须发现究竟存在什么问题，然后再对产生问题的原因作出诊断。比如，发现了销售增长率低的现象，那么还需进一步诊断这一问题是因为战略不当，还是因为实施有误造成的。

2. 确定企业存在问题的层次技能　营销实施过程中出现的问题，可能存在于企业 3 个层次中的任何 1 个层次。一个是营销职能层，从事各种营销业务，包括推销、广告、新产品策划、分销等实施工作；另一个是营销规划层，负责使各种营销职能有机地组合成一套完整的活动；第三个是营销政策层，是由管理者发布各种政策，指导营销人员理解本组织应当在营销活动中持何种观点和采取哪些行动，营销政策体现了本组织的营销文化，在 3 个实施层次中居于主导地位。企业必须有显示本组织所确立的社会营销观念的营销政策，才可以有效地指导各级人员如何同客户、分销商、供应商以及其他人打交道。例如，宝洁公司在处理顾客意见、开发新产品等各方面的政策，都渗透到公司各层的活动当中。营销实战表明，营销实施是否有效，营销政策的作用是否最大，营销职能是否到位，都是决定营销规划是否成功的重要因素。

3. 执行计划的技能　在上述分析的企业 3 个层次中，都需要分配、监控、组织和互动这 4 种基本技能，以达到能够有效实施的目的。

(1) 分配技能：这是指市场营销经理在营销职能、规划和政策 3 个层次上分配时间、资金和人员的能力。例如，营销职能层可能会产生需要确定商业展览费用的问题，营销政策层又可能要为对边际产品的质量保证程度伤脑筋，这些都是各种不同分配技能的体现。

(2) 监控技能：监控技能包括建立和管理一个对营销计划实施过程进行有效

监督的控制系统，并具有在发生意外时迅速采取补救措施的能力。监控的方法有4种类型：年度计划控制、收益率控制、效率控制和战略控制。

（3）组织技能：组织技能涉及确定营销人员之间的关系结构，以利于实现企业的各项目标。主要是处理好组织内集权与分权、正规化与非正规组织关系，建立合理制度、协调各部门关系的能力，以使组织效率达到最高。

（4）互动技能：组织的效率除取决于组织的结构、制度、传统、风格等组织因素外，还取决于管理者推动、影响他人努力将事情办好的能力。而且，一位管理者不仅要善于推动组织内的同事努力工作，还应善于影响组织之外的其他企业和个人更有效地工作或减少阻力，以达到企业计划目标。

4. 实施评价技能　由于在战略得当而实施不佳和战略不当而实施出色之间，无法用市场上的业绩来加以区分，所以就不宜用业绩来评价营销实施的情况。但是，可以通过基本工作研究，来评价一个企业营销实施的有效性。例如，如果能对“企业营销功能的细分是否健全？是否对分销、定价和广告等推销功能都进行了有效的管理?”等问题作出肯定的回答，就表明营销实施是有效的。

15.3　市场营销控制

现代营销管理越来越重视营销控制的作用。这是因为在计划执行期间也总会发生这样或那样的意外，这时就需要采取适当措施，以确保企业营销活动获得效率与效益。概括地说，营销控制是企业用于跟踪营销活动过程每一环节，确保其按计划目标运行而实施的一套工作程序或工作制度。

所谓市场营销控制，是指企业经常检查市场营销计划的执行情况，看看计划与实绩是否一致，如果不一致或没有完成计划，就要找出原因所在，并采取适当措施和正确行动，以保证市场营销计划的完成。营销控制的任务就是确保营销战略的实施和企业效率与利润的实现。营销控制实际上并不是一个单一的过程，在表15-1中简要概括了4种类型的营销控制的方法。

表15-1　营销控制类型

控制种类	主要负责人	控制目的	方法
1. 年度计划控制	高层管理部门、中层管理部门	检查计划目标是否实现	销售分析，市场份额分析，销售成本分析，财务分析，顾客态度分析
2. 盈利性控制	营销监查人员	检查公司在哪些地方盈利，哪些地方亏损	检查产品、地区、顾客群、销售渠道、订货多少等盈利情况
3. 效率控制	直线和职能管理部门的营销监查人员	评价和提高经费开支以及营销开支的效果	检查销售队伍、广告、促销和分配等效率
4. 战略控制	高层管理部门的营销审计人员	检查公司是否在市场、产品和渠道等方面正在寻求最佳机会	实行营销有效性评价手段及营销审计

下面分别研究这4种类型的营销控制。

15.3.1 年度计划控制

年度计划控制的目的是确保企业达到年度计划规定的销售额、利润及其他指标。进行年度计划控制的核心是目标管理。

年度计划控制包括 4 个阶段：①制定标准。即确定年度各个季度（或日）的目标，作为评价的出发点。②绩效测量。即将实际成果与预期成果相比较。③因果分析。即研究发生偏差的原因。④改正行动。即采取最佳的改正措施，努力使成果与计划相一致。在计划控制过程中的某些情况下需要改变计划，甚至可能改变目标。企业经理人员在核查计划执行情况的时候，可以使用销售分析、市场份额分析、营销费用/销售额比分析、财务分析以及顾客态度追踪这 5 种方法。

1. 销售分析　销售分析主要用于衡量和评估经理人员所制订的计划销售目标与实际销售之间的关系。这种关系的衡量和评估有两种主要方法。

(1) 销售差异分析：即对销售计划执行过程中造成销售差额的各种因素影响程度进行分析。例如，某企业根据年度计划要求，第一季度销售 4000 件产品，每件 1 元，即销售额 4000 元。在该季结束时，只销售了 3000 件，每件 0.80 元，即实际销售额 2400 元。那么，这个销售绩效差异为 1600 元，或预期销售额的 40%。问题是，绩效的降低有多少归因于价格下降？有多少归因于销售数量的下降？我们可用如下计算来回答：

$$因价格下降的差异 = (1 - 0.80)\ 元 / 件 \times 3000\ 件 = 600\ 元$$

$$600/1600 = 37.5\%$$

$$因数量下降的差异 = 1\ 元 / 件 \times (4000 - 3000)\ 件 = 1000\ 元$$

$$1000/1600 = 62.5\%$$

由此可见，约有 2/3 的销售差异归因于未能实现预期的销售数量。由于销售数量通常较价格容易控制，企业应该仔细检查为什么不能达到预期的销售数量。

(2) 微观销售分析：即考察特定产品、销售地区等未能完成预期销售份额的问题。例如，某企业在 3 个地区销售，其预期销售额分别为 1500 元、500 元和 2000 元，总额 4000 元。实际销售额分别为 1400 元、525 元和 1075 元。就预期销售额而言，第 1 个地区有 7%的未完成额；第 2 个地区有 5%的超出额；第 3 个地区有 46%的未完成额。主要问题显然在第 3 个地区。造成第 3 个地区不良绩效的原因有如下可能：①该地区的销售代表工作不努力或有个人问题。②有主要竞争者进入该地区。③该地区居民收入下降。

2. 市场占有率分析　企业与竞争对手相比，是否做得更加出色，无法通过销售分析得到体现。比如，企业的销售额提高，也许是因为经济条件改善，使所有的企业在这一点上都获得利益，或者也许是因为公司的执行情况与其竞争对手相比有了明显提高。市场占有率分析正是剔除了一般的环境影响来考察企业本身的经营状况。市场占有率是反映企业竞争能力的一项重要指标。如果企业的市场占有率提高，表明它较其竞争对手的情况更好；反之，如果下降，则说明相对于竞争对手其绩效较差。运用市场占有率分析的第 1 步是要确定选取哪种或哪些市场占有率。可供选择的市场占有率有以下 4 种：

（1）总体市场占有率：即普遍意义上的市场占有率，用本企业的销售占整个行业销售的百分比表示。使用这一指标要考虑两个方面的决策：①使用销售量还是使用销售额。以销售量表示的市场占有率的变化，反映了在竞争企业之间销售量的改变；而以销售额表示的市场占有率的变化，则表现出销售量和价格变化的共同作用。②确定行业的界限，即明确本行业所应包括的产品、市场等。如一家生产微型面包车的企业将自己所属行业范围扩大到包括所有的汽车，其市场占有率自然很低。

（2）可达市场占有率：以其自身的销售占企业所服务市场的百分比来表示。所谓可达市场一是企业产品最适合的市场；二是企业市场营销努力所及的市场。例如，某加湿器生产厂家产品的销售量占了北京市场上加湿器销量的 90％。一个企业的可达市场占有率总是比它的总体市场占有率要大。企业可能在它的可达市场上拥有近 100％的份额，但总的市场占有率却相对比较小。一般来说，一个企业首先应当在可达市场上获取尽可能大的市场占有率，然后再通过增加产品线并扩大销售地区来开拓可达市场。

（3）相对市场占有率（相对于 3 个最大竞争者）：这是以企业的销售量对最大的 3 个竞争者总销售量之比。例如，某企业有 30％的市场占有率，其最大的 3 个竞争者的市场占有率分别为 20％、10％、10％，则该企业的相对市场占有率是 75％。如果有 4 家企业，每家企业都占有市场的 25％，那么，每家企业的相对市场占有率都是 33％。实力比较雄厚企业的相对市场占有率一般都在 33％以上。

（4）相对市场占有率（相对于市场领先者）：这是以企业销售量相对于市场领先竞争者的销售量的百分比来表示。相对市场占有率超过 100％，表明该企业是市场领先者；相对市场占有率等于 100％，表明企业与市场领先竞争者同为市场领先者；相对市场占有率的上升表明企业正接近市场领先竞争者。

市场占有率比销售量更能反应企业在市场竞争中的地位，但也要注意有时市场占有率大降并不一定就意味着公司竞争地位下降。如某一新企业加入本行业，行业中每个原有企业的市场占有率都会下降；又如企业有时可能放弃某些不获利，或获利很低的产品以降低成本，增加利润，也会使市场占有率下降。

了解企业市场占有率之后，尚需正确地解释市场占有率变动的情况。企业可以通过观察产品线、顾客类型、销售地区以及其他方面来发现市场占有率的变动情况。

一种分析市场占有率变动的有效方法，是按照下面 4 个因素之间的关系进行计算。其公式如下：

总体市场占有率＝顾客分布度×顾客信任度×顾客选择度×价格选择度 (15-8)

式中 顾客分布度——从该企业购买商品的顾客占所有顾客的百分比；

顾客信任度——顾客从该企业购买的商品量占这些顾客从所有同类产品供应商那儿所购买的商品总量的百分比；

顾客选择度——该企业的顾客平均购买量与一个平均水平企业的顾客平均购买量之比；

价格选择度——该企业的平均价格与所有企业的平均价格之比。

通过在一段时间内对以上因素进行追踪研究，该企业可以诊断出市场占有率变动的突出原因。

3. 营销费用/销售额比分析　年度计划控制也需要检查与销售有关的市场营销费用，以确定企业在达到销售目标时的费用支出。因此，营销费用/销售额比是关键的比率。市场营销人员的工作，就是密切注意这些比率，以发现是否有任何比例失去控制。当一项营销费用/消费额比失去控制时，必须认真查找问题的原因。

假定某企业规定的营销费用/销售额比为20%，即每销售100元货物，营销费用支出20元。又假定总营销费用中推销费用占8元，广告费7元，市场调研开支1元，管理费4元，则它们与销售额之比分别为8%、7%、1%和4%。

不过，各种目标比率会因随机因素的影响产生波动，通常也允许存在一个正常的偏差值，但当波动超过正常范围时就应引起关注。图15-9所示是一个跟踪营销费用/销售额比率波动情况的控制模型。该图显示，从第6期起，费用比呈持续上升状态，而在独立事件影响下，遇到连续6次上升的概率只有1/64，故这种不寻常的情况应尽早引起注意，并采取措施。该图也确实表明到第12期，费用/销售额比超出了正常波动范围。

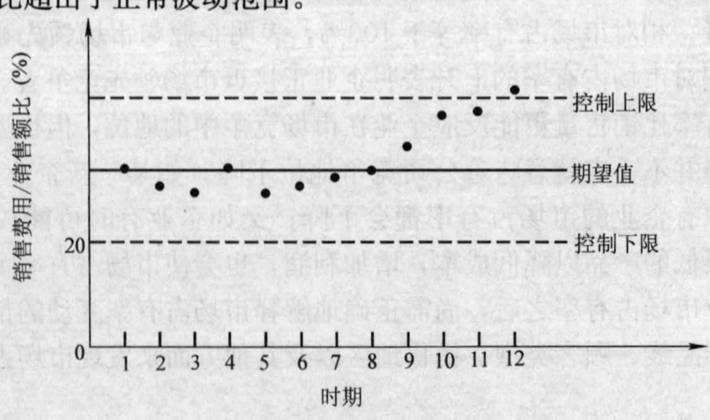

图15-9　营销费用/销售额比控制图

当营销费用与销售额的比率失去控制时，可按不同项目分列费用资料，然后利用营销费用/销售额偏差图进行分析。图 15-10 所示是将不同地区营销费用和销售计划完成情况进行比较的例子。图 15-10 中的横坐标是销售目标完成情况（百分比）；纵坐标是营销费用目标完成情况，也用百分比表达；斜线是一等比例线。显然，位置越靠近斜线，营销费用/销售额比实施情况越符合计划要求；位于斜线左上方的地区，费用开支超出了销售完成情况；位于右下方的地区，则销售完成情况好于费用开支的增长。图 15-10 中，*J* 地区情况最糟，而 *C* 地区情况最好。

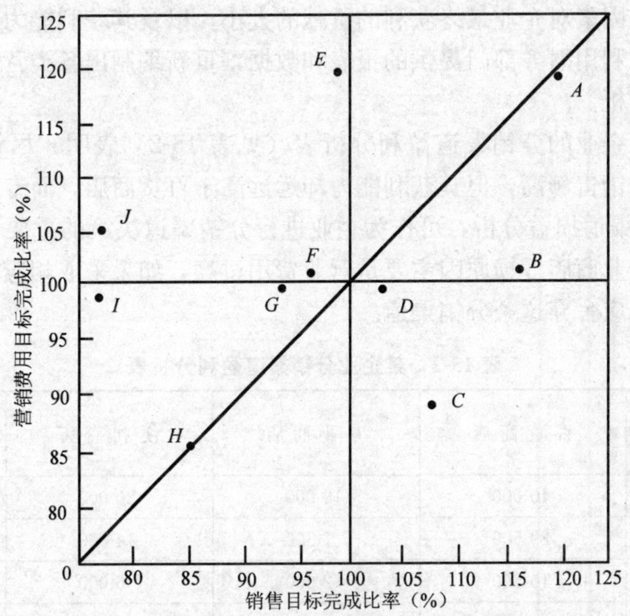

图 15-10　各地区营销费用/销售额偏差的比较图

4. 财务分析　市场营销人员应就不同的营销费用/销售额的比率和其他的比率进行全面的财务分析，以决定企业如何以及在何处展开活动，获得利润。尤其是利用财务分析来判别影响企业资本净值收益率的各种因素。

5. 顾客满意度跟踪　上面都是采用定量分析的控制手段，而定量分析也同样重要，顾客满意度跟踪就是其中一种。顾客满意度跟踪可通过建立以下制度达到：

（1）投诉和建议制度：公司通过设意见簿、建议卡等，鼓励顾客反馈意见，增加顾客反馈意见的途径，了解顾客对本企业产品及服务的反应，并认真给予答复。

（2）典型户调查：公司可与某些顾客建立长期固定的联系制度，定期通过电话或邮寄征求他们的意见和建议。这种方法因访问对象具有连续性，所得资料更完整、更全面。

(3) 随机调查：公司还可定期通过随机抽样方式，了解顾客对企业产品及服务的满意程度。

15.3.2 盈利性控制

企业除了年度计划控制之外，还需分析企业不同产品在不同地区、不同市场、通过不同分销渠道时的实际盈利能力，从而使企业能够决定营销活动哪些应扩大，哪些应缩减甚至放弃。

盈利性控制的主要环节是进行盈利能力分析。盈利能力分析就是通过对有关财务报表和数据的处理，把所获利润分摊到产品、地区、渠道、顾客等方面，从而衡量出每一因素对企业最终获利的贡献的大小，以及其获利能力的高低。营销管理者可考虑利用财务部门提供的报表和数据，重新编制出各类营销损益表，并对各表进行分析。

例如，某企业的分销渠道盈利分析表（见表 15-2）表明，尽管便利商店不如百货商店的销售额高，但其获利能力却远远高于百货商店，而专业商店则亏损 800 元。通过渠道损益分析，可作为企业进行分销渠道决策的重要依据。从表中可知，造成专业商店亏损原因主要是营业费用过高，如果采取相应措施后仍未能扭转亏损，则应舍弃这条分销渠道。

表 15-2　某企业分销渠道盈利分析表　　（单位：元）

项目 ＼ 渠道名称		百货商店	专业商店	便利商店	总额
销售收入		40 000	10 000	20 000	70 000
销售成本		29 500	7 500	14 000	51 000
销售毛利		10 500	2 500	6 000	19 000
营业费用	推销	4 000	1 300	400	5 700
	广告	1 550	620	350	2 520
	物流	3 500	1 380	900	5 780
费用总额		9 050	3 300	1 650	14 000
净利润		1 450	−800	4 350	5 000
销售收益率		3.6%	−12.5%	21.8%	7.1%

15.3.3 效率控制

如果盈利能力分析发现企业在某一产品、地区或市场所得的利润很差，那么紧接着，下一个问题便是有没有高效的方式来管理销售人员、广告、营业推广及分销效率。

1. 销售人员效率　企业各地区的销售经理要经常记录反映本地区内销售人员工作效率的几项主要指标。这些指标包括：①每个销售人员每天平均的销售访问次数。②每次会晤的平均访问时间。③每次销售访问的平均收益。④每次销售访问的平均成本。⑤每次销售访问的招待成本。⑥每百次销售访问获得定单的百分比。⑦每阶段的新增客户数。⑧每阶段丧失的顾客数。⑨营销费用对销售额的百分比。

企业可以从以上分析中发现一些非常重要的问题。例如，销售代表每天的访问次数是否太少，每次访问所花时间是否太多，是否在招待上花费太多，每百次访问中是否签订了足够的订单，是否增加了足够的新顾客并且保留住原有的顾客。当企业开始重视改善销售人员的工作效率后，企业的营销工作通常会取得很多实质性的改进。

2. 广告效率　企业应明确，以每种媒体和工具触及1000人次为标准，广告成本是多少；各种工具引起人们注意、联想和欣喜的程度，受到影响的人在整个受众中所占比重；顾客对广告内容、方法的意见，广告前后对品牌和产品的态度等。这些都是检查广告效率的重要方面。

3. 营业推广效率　为了改善营业推广效率，企业应对每一营业推广成本和对销售的影响做记录，并注意做好以下统计：①由于优惠而销售的百分比。②每一销售额的陈列成本。③赠券收回的百分比。④因示范而引起询问的次数。企业还应观察不同促销手段的效果，并使用最有效的促销手段。

4. 分销效率　主要是对企业存货水准、仓库位置及运输方式进行分析和改进，以达到最佳配置并寻找最佳运输方式和途径。影响分销效率的因素有很多，例如，分销网点的市场覆盖面，销售渠道中各级各类成员——经销商、制造商代表、经纪人和代理商发挥的作用和潜力，分销系统的结构、布局以及改进方案，存货控制、仓库位置和运输方式的效果等。

超级链接

面包的分销效率控制

在美国，面包批发商遭到了来自连锁面包店的激烈竞争，他们在面包的后勤管理方面尤其处境不妙，面包批发商必须作多次停留，而每停留一次只送少量面包。不仅如此，开车司机一般还要将面包送到每家商店的货架上，而连锁面包商则将面包放在连锁店的卸货平台上，然后由商店工作人员将面包陈列到货架上。这种物流方式促使美国面包商协会就“是否可以利用更有效的面包处理程序”问题开展调查。该协会进行了一次系统工程研究，他们以一分钟为单位具体计算面包装上卡车到陈列在货架所需要的时间；通过跟随司机送货和观察送货过程，这些管理人员提出了若干变革措施，使经济效益的获得来自更科学的作业程序。不久，他们在卡车上设置特定面包陈列架，只需司机按动电钮，面包陈列架就会在车子后部自动开卸，这种改进措施既受到了进货商店的欢迎，又提高了分销工作效率。

效率控制的目的在于提高人员推销、广告、营业推广和分销等市场营销活动的效率。企业必须重视其中的若干关键比率，因为这些比率表明上述促销策略在实际执行过程中的实际效果。

15.3.4 战略控制

这是上层经理负责的最重要的控制，也即对市场营销目标、政策和战略的控制。其目的是确保企业营销战略和计划与动态变化的市场营销环境相适应，促进企业协调稳定发展。企业战略控制的主要方法是市场营销审计。

所谓市场营销审计，是对一个企业市场营销环境、目标、战略、组织、方法、程序和业务等进行综合的、系统的、独立的和定期的核查，以便确定困难所在和各项机会，并提出行动计划的建议，以提高企业的营销绩效。营销审计实际上是一种经济监督活动，它在一定时期内对企业全部市场营销业务进行总的效果评价。其主要特点是，不局限于评价某一些问题，而是对全部营销活动进行评价。

营销审计的内容主要包括以下 6 个方面：

1. 市场营销环境审计　这主要分析宏观环境因素和企业任务环境中关键组成部分的趋势。

（1）宏观环境的审计内容

1）人口发展变化。分析居民收入、储蓄、市场价格以及银行信贷的变化给公司带来的影响及其相应措施。

2）公司所需的自然资源、能源技术、环保措施、产品技术、加工技术的改进，以及公司在技术领域内所占的地位。

3）政府政策、法律对公司战略战术的影响，尤其在防治污染、解决就业、安全生产、广告宣传、价格控制等方面，并分析当地政府有哪些规定影响公司的营销。

4）客户对公司产品持何种态度，他们的生活方式、价值观念、审美观念对公司营销带来什么影响。

（2）微观环境的审计内容

1）公司产品的市场规模、成长率、地区销售和盈利方面的变化。公司主要细分市场的特征及其发展变化的趋势。

2）客户对公司声誉、产品质量、服务方式、销售队伍和价格高低的反应，顾客对公司和竞争者作何评价，分析不同顾客有何不同购买决策。

3）公司的主销售渠道状况，分析分销和经销的各种有利和不利条件，以及各种渠道的效率和成长潜力。

4）公司所需关键原材料的来源前景，供应商销售条件的变化趋向，以及其他辅助条件的变化。

5）公司与竞争者的目标与战略特点，分析各自优势和劣势所在。

6）公司各项服务设施，如运输、仓库和装备的成本和更换情况，物流的组织结构和效率。

2. 市场营销战略审计　这是对营销战略方案、营销目标、营销计划、营销策略等进行审计。在制定营销战略后，应对其实现的效益进行评价，作为改进原有决策的依据。

3. 市场营销组织审计　这是评价企业的市场营销组织，在执行市场营销战略方面的组织保证程度和对市场营销环境的应变能力。

（1）正式结构：对那些影响顾客满意度的企业活动，营销副经理是否有足够的权力并承担相应的责任；企业是否按职能、产品、细分市场、最终用户和地区对营销活动进行有效的组织。

（2）职能效率：营销部门和销售部门之间是否保持良好的沟通和工作关系；生产管理系统是否在有效的运作；产品经理能否计划利润水平，还是只能确定一下销售量；是否有营销小组需要进一步的培训、激励、监督或评价。

（3）跨职能效率：营销部门与生产、研发、采购、财务、会计以及法律等部门之间是否存在什么需要注意的问题。

4. 市场营销系统审计　主要是评估企业的营销信息系统、计划系统、实施系统与控制系统之间是否协调一致。

5. 市场营销效率审计　这是对各种市场营销活动的效率进行审计。主要包括审计企业的产品质量、特色、式样、品牌受顾客欢迎的程度；企业定价目标和战略的有效性；市场覆盖率；企业分销商、经销商、代理商、供应商等渠道成员的效率；广告预算、媒体选择及广告效果；销售队伍的规模、素质以及能动性等。

6. 营销职能审计　这是对市场营销组合诸要素，如产品、价格、分销和促销策略实施效果的审查。

营销审计是一项复杂而细致的评估活动。在营销过程中，尤其要注意的是，审计人员不能仅仅向有关部门的领导征询意见，还必须访问顾客、经销商以及外界其他有关人士。在客观公正、实事求是的基础上，提出审计结果和意见。营销审计过程实际上就是企业领导吸收、消化和发展所需营销行动新概念的过程。

本章小结

营销计划包括提要、分析当前营销状况、SWOT 分析、营销目标、营销策略、行动方案、预算方案、控制措施几个部分。营销计划可以由企业中不同的管理层制订。

市场营销组织是指企业内部涉及市场营销活动的各个职位及其结构，其基本类型有以下几种：职能式组织、产品式组织、地域式组织、市场式组织、产品和市场式组织以及事业部管理型组织。

市场营销计划的执行过程会出现许多意外情况，所以营销部门需要不断监督和控制营销计划的执行情况。市场营销控制主要有4种类型，即年度计划控制、盈利性控制、效率控制和战略控制。企业战略控制的主要方法是营销审计。

思 考 题

1. 市场营销计划的内容主要有哪几项?
2. 什么是营销组织? 营销组织机构有怎样的发展过程?
3. 年度计划控制的5种绩效工具是什么? 如何应用?
4. 市场营销控制包括哪几个方面?
5. 市场营销审计的主要内容是什么?

案 例 分 析

金杰酒店营销计划书

现今阶段，酒店业竞争日益激烈，消费者也变得越来越成熟，这就对我们饭店经营者提出了更高的要求。在即将来临的2002年我们计划对我们的营销作出一系列的调整，吸引消费者到我店消费，提高我店经营效益。

一、市场环境分析

1. 我店经营中存在的问题

（1）目标顾客群定位不太准确，过于狭窄：总的看我市酒店业经营状况普遍不好，主要原因是酒店过多，供大于求，而且经营方式雷同，没有自己的特色，或者定位过高，消费者难以接受，另外就是部分酒店服务质量存在一定问题，影响了消费者到酒店消费的信心。

我店在经营中也存在一些问题，去年的经营状况不佳，我们应当反思目标市场的定位。应当充分挖掘自身的优越性，拓宽市场。我酒店目标市场定位不合理，这是导致效益不佳主要原因。我店所在的金桥区是一个消费水平较低的区，居民大部分都是普通职工。而我店是以经营粤菜为主，并经营海鲜，价格相对较高，多数居民的收入水平尚不能接受。但我店的硬件水平和服务质量在本区都是上乘的，我们一贯以中高档酒店定位于市场，面向中高档消费群体，对本区的居民不能构成消费吸引力。

（2）新闻宣传力度不够，没能在市场上引起较大的轰动，市场知名度较小：我店虽然属于金杰集团（金杰集团是我市著名企业），但社会上对我店却不甚了解，我店除在开业时做过短期的新闻宣传外，再也没有做过广告，这导致我酒店的知名度很低。

2. 周围环境分析　尽管我区的整体消费水平不高，但我店的位置有特色，我店位于101国道旁，其位置优越，交通极为方便，比邻商院、理工学院、机电学院等几所高校，所以过往的车辆很多，流动客人是一个潜在的消费群。大学生虽然自己没有收入，但却不是一个低消费群体，仅商院就有万余名学生，如果我们可以提供适合学生的产品，用低价位吸引他们来我店消费，这可谓一个巨大的市场。

3. 竞争对手分析　我店周围没有与我店类似档次的酒店，只有不少的小餐馆，虽然其在经营能力上不具备与我们竞争的实力，但其以低档菜物美价廉吸引了大量的附近居民和学生。总体上看他们的经营情况是不错的。而我们虽然设施和服务都不错，但由于市场定位的错误，实际的经营状况并不理想，在市场中与同档次酒店相比是处于劣势的。

4. 我店优势分析

(1) 我店是隶属于金杰集团的子公司，金杰集团是我市的著名企业，其公司实力雄厚是不容质疑的，因此在细致规划时，也应充分利用我们的品牌效应，充分发掘其品牌的巨大内蕴，让消费者对我们的餐饮产品不产生怀疑，充分相信我们提供的是质高的产品，在我们的规划中应充分注意到这一点来吸引消费者。

(2) 我店硬件设施良好，资金雄厚，而且有自己的停车场和大面积的可用场地。这可以用来吸引过往司机和用来开发一些促销项目以吸引学生。

机会点：①本企业雄厚的实力为我们的发展提供了条件。②便利的交通和巨大的潜在顾客群。③良好的硬件及已有的高素质工作人员为我们的调整和发展提供了广阔的空间。

二、目标市场分析

目标市场即最有希望的消费者组合群体。目标市场的明确既可以避免影响力的浪费，也可以使广告有其针对性。没有目标市场的广告无异于“盲人骑瞎马”。

目标市场应具备以下特点：既是对酒店产品有兴趣、有支付能力消费者，也是酒店能力所及的消费者群。酒店应该尽可能明确地确定目标市场，对目标顾客作详尽的分析，以更好地利用这些信息所代表的机会，以便使顾客更加满意，最终增加销售额。顾客资源已经成为饭店利润的源泉，而且现有顾客消费行为可预测，服务成本较低，对价格也不如新顾客敏感，同时还能提供免费的口碑宣传。维护顾客忠诚度，使得竞争对手无法争夺这部分市场份额，同时还能保持饭店员工队伍的稳定。

根据我们前面的分析结合当前市场状况，我们应该把主要目标顾客定位于大众百姓和附近的大学生，及过往司机，在此基础上再吸引一些中高收入的消费群体。

三、市场营销总策略

1.“百姓的高档酒店” 独特的文化是吸引消费者的法宝，我们要在文化上进行确切定位。虽然我们把饭店定位于面向中低收入的百姓和附近的大学生，但却不意味把酒店的品位和产品质量降低，我们要提供给顾客价廉的优质餐饮产品和优质服务，决不可用低质换取低价，这样也是对顾客的尊重。

2. 提高顾客认识 进行立体化宣传，突出本饭店的特性，让消费者从感性上对金杰酒店有一个认识。让消费者认识到我们提供给他的是一个让他有能力享受生活的地方。可以在报刊上宣传酒店的环境，所处的位置，以吸引消费者的光顾。让顾客从心理上获得一种“尊贵”的满足。

3. 发挥媒体效应 采用强势广告以引起“轰动效应”，推动强势销售，从而吸引大量的消费者注意，建立知名度。

四、2002 年行动计划和执行方案

1. 销售方法的策略

(1) 改变经营的菜系：过去我们以经营粤菜和海鲜为主，本年度我们可以“模糊”菜系的概念，只要顾客喜欢，我们可以做大众菜也可以根据需要制作高档菜，这样表面上看使我们的酒店没有特色菜，其实不然，大众菜并不等同于低档菜，粤菜和海鲜一般价格高，而且并不适合普通百姓的口味，因此消费的潜力不大，我们在编制菜单时，可以在各菜系中择其“精华”，把其代表菜选入，并根据市场和季节的变化作适当调整，有了这些“精华”，我们在加入大量的大众菜。这样我们可以给顾客很大的选择余地，适应了不同口味人的需要。

(2) 降低菜价吸引顾客：菜价在整体上下降，某些高档菜可以价高，大部分菜优质低价，菜价在整体上是低的，但也照顾了高消费顾客的要求。价格策略：①优惠折扣。②抽奖及精品赠送优惠。

(3) 为普通百姓和学生提供低价优质的套餐和快餐：套餐分不同的档次，但主要是根据人数，如 4 人套餐、6 人套餐、8 人套餐，人数越多价格相对越低，这样可以吸引更多的人来消费。其主要目的是以实惠取胜。面向学生推出快餐，价格略高于学生食堂，但品质要高于食堂的大锅菜。把酒店富余的停车场改造成娱乐休闲广场，采用露天形式，四位餐桌（带遮阳伞），以便于学生休闲聊天，提供免费的卡拉 OK、电视，提供各种饮料。

(4) 面向司机提供方便快捷的餐饮，免费停车。

(5) 面向附近居民提供婚宴、寿宴服务。

(6) 在年节开展促销活动。

2. 广告策略 酒店广告是通过购买某种传播媒介的时间、空间或版面来向目标消费者或公众进行宣传或促销的一种手段。酒店广告对酒店的意义在于为酒店或酒店集团及产品树立形象，刺激潜在的消费者产生购买的动机和行为。在影响购买决策方面，消费者的知觉具有十分强大的威力，当营销进入较高层次或产品具有较大同质性时，市场营销并非产品之战，而是知觉之战，酒店市场正是如此。但是人们的知觉并不一定基于真实，广告则是企业校正知觉，引导知觉的一项有利工具。

（1）市场定位：是以明确的概念在消费者心目中占据一个特定的部分，以影响他们的消费意向。广告诉求："让您成为真正的上帝"。

（2）广告的表现原则及重点：①质量来自实力的保证。②先给您惊喜的价格，不行动就会心痛。③在广告中创造一种文化。

（3）诉求重点：①企业形象广告。②商品印象广告。③促销广告。

（4）实施方法：①报纸广告。②宣传海报。③综合海报。④公司名称旗帜，增强公司的形象。⑤现场派发广告礼品。⑥现场进行抽奖活动及精品赠送优惠。

五、营销预算

饭店营销预算（略）。

六、评估控制

1. 年度计划控制　由总经理负责，其目的是检查计划指标是否实现，通过进行销售分析、市场占有率分析、费用百分比分析、客户态度分析及其他比率的分析来衡量计划实现的质量。

2. 获利性控制　由营销控制员负责，通过对产品、销售区、目标市场、销售渠道及预定数等分析以加以控制，检查饭店盈利或亏损情况。

3. 战略性控制　由营销主管及饭店特派员负责，通过核对营销清单来检查饭店是否抓住最佳营销机会，检查产品、市场、销售总体情况及整体营销活动情况。

案例思考

1. 请对金杰酒店营销计划书作出评价。

2. 尝试制订一份详细的营销计划书。

第 16 章　国际市场营销

学习目标　了解进入国际市场的决策方法，并且对进入国际市场的方式进行分析与选择；掌握出口贸易、许可证贸易、特许经营、海外投资、合作经营与战略联盟等国际市场营销的具体形式；能够结合实际情况，制定出相应的国际市场营销组合策略，做出正确的国际市场营销决策。

16.1　进入国际市场的决策

世界经济一体化必将导致企业经营国际化。随着企业的跨国经营，市场的范围已经不仅仅局限在一个国家或地区之内，市场营销活动不仅在国内，而且在国与国之间广泛地展开。国内市场与国际市场成为现代企业开展市场营销活动的两个重要领域。所以，把国内市场营销与全球化、超越国界的国际市场营销结合起来，才构成了完整的市场营销活动，才能把市场国际性真正的体现出来。

超级链接

可口可乐公司是一家分公司遍布世界各地的全球化公司；在过去的五年中通用汽车公司２５％的利润来源于巴西通用汽车公司，这已不是什么新闻；ＩＢＭ、英特尔、耐克和麦当劳的业务已遍及世界各地，这正是国际营销和全球经济的内涵所在。

16.1.1　进入国际市场营销的因素分析

1. 国际市场和国际市场营销

(1) 国际市场：国际市场也被称为世界市场，是国际分工和跨国性商品交易活动的产物，通常是在世界范围内通过国际贸易联系起来的各国市场的整体。在国际市场上，各个国家的社会劳动力因为参与了国际交换而成为了全世界社会劳动力的一部分。

国际市场体系的概念有狭义和广义之分。狭义的国际市场是指各个国家或地区之间的商品交换的场所和通过国际贸易把各个国家的市场联系起来的整体；而广义的国际市场则包括各国之间商品、劳务、金融和投资等经济活动领域，即包括国际商品市场、国际金融市场和国际投资市场等。

(2) 国际市场营销：国际市场营销是国内市场营销的延伸和扩展，是指企业在一国以上的国家或地区从事经营销售等市场营销活动。

超级链接

世界著名的市场营销专家菲利普·科特勒先生在其著作《国际市场营销学》一书中指出："国际市场营销是指对商品和劳务流入一个以上国家的消费者或用户手中的过程进行计划、定价、促销和引导，以便获取利润的活动。"国内营销和国际营销定义的惟一区别在于国际营销活动是在一个以上国家进行的。"在一个以上国家"，表面上看差别很小，却说明了国际营销活动的复杂性和多样性。营销的概念、过程和原则具有普遍性。所以，随着经济全球化的发展，各国企业的经营活动与国际市场联系密切，不但可以跨境提供服务，而且还可以在海外投资建厂，生产和销售产品。

企业在从事国际市场营销活动的过程中，由于面临的国际环境不同，不能简单的照搬国内营销的经验和理论。首先应该注重分析国内外不可控制的环境因素，研究企业开展国际化经营可能遇到的各种机会与威胁，做出是否实行国际化发展战略的决策；其次，根据企业的自身资源、管理模式、目标市场的状况选择适合进入的国际市场，确定合适的进入方式；再次，企业要从国际市场的顾客需求出发，从分析人口、经济、政治法律、社会文化、技术水平及竞争环境等外在不确定性因素着手，善于从产品、价格、分销及促销等企业可控制的因素中识别出哪些仍然适用于国际营销，哪些则需要加以适当调整后再加以使用，合理确定营销组合策略，从而灵活地面对多变的市场环境实现企业的营销目标。

2. 进入国际市场营销的因素　我国加入 WTO 之后，不仅大量的外国企业进入我国市场，同时也把我们的许多企业引向了世界。在竞争日益激烈的国际市场上，积极开发国际市场，提高国际市场营销的能力与水平，具有十分重要的国际意义。

国际营销是企业跨越国界的市场营销活动，是相对于国内营销而言的一个概念。国际营销与国内营销既有联系又有区别。国际营销活动的起点在国内，国际营销是国内营销的扩张和延伸，营销原理同时适用于两者。但它们在营销管理和操作上有较大的差别。

（1）营销环境不同：国内营销的范围局限于本国市场，受国内环境的制约；国际营销则面对复杂得多的市场环境，不仅受到国内环境的影响，而且还要顾及目标国家市场环境。如果企业进入多个国家，适应市场环境的难度就更大。营销环境不同是国际营销与国内营销的最基本的差异，因而产生了其他方面的区别。具体有以下表现：语言不通，法律、风俗习惯不同、贸易障碍多、市场调查不易、了解贸易对手资信情况困难、交易技术困难多、交易接洽不便等。

（2）国际营销比国内营销面临更复杂的需求：由于国际市场的需求千差万别，产品、价格、分销渠道和促销在国际市场上也都有其不同的特点。因此，要取得国际营销的成功，就必须要因地制宜，强调营销国家的特殊性。

(3) 国际营销比国内营销更需要统一的协调和控制：当一个企业与许多国家有营销业务往来的时候，就需要进行统一的协调和控制。只有这样，才能更好地贯彻执行国际营销策略，实现整体效益。

(4) 国际营销特征多样化：国际营销的目标市场在国外，它的产品（或服务）应该满足国外客户的需要。建立良好的信誉往往需要比在国内市场上做出更大的努力；它有比国内市场更远的运输距离和更为复杂的销售渠道；它的交换价值采用国际价值标准，而不是国内价值标准；它的支付手段和结算方式也采用国际标准；它的竞争对手是国际性的，因而比国内市场营销具有更大的风险等。

总之，国际营销的跨国性，与国内营销相比，大大增加了它的复杂性、多变性、不确定性和风险性。

16.1.2 选择进入国际市场的决策过程

满足国际市场的顾客需求是企业国际营销活动的关键。然而，世界上有两百多个国家和地区，不同区域的消费者需求特点差异很大。企业在难以同时满足所有消费者需求的情况下，必须依照一定标准对众多的国家和地区进行划分。企业在进行国际市场细分的基础上，还应对各个细分市场进行深入调研与评价，从中选出企业能满足其消费者需求的细分市场作为目标市场。此后，企业应对进入国际市场的战略进行选择。出口模式、契约模式和直接投资模式3种备选方案各有利弊，企业在进行进入模式选择时，要对目标市场环境及自身实力进行系统、全面的分析，从而制定正确的策略，保证国际市场营销目标的实现。

1. 国际市场细分　国际市场细分是市场细分概念在国际市场营销中的应用。所谓国际市场细分，是指企业按照一定的细分标准，把整个国际市场细分为若干个需要不同的产品和营销组合的子市场，其中，任何一个子市场中的消费者都具有相同或相似的需求特征，企业可以在这些子市场中选择一个或多个作为其国际目标市场。这一过程在国际市场营销学中被称为国际市场细分。它是企业确定国际目标市场和制定国际市场营销策略的必要前提。

2. 国际目标市场的选择

(1) 选择国际目标市场的标准：国际市场细分是企业选择国际目标市场的重要前提和基础。企业在进行国际市场细分后，要从若干个细分市场中选择一个或多个细分市场作为自己的国际目标市场。选择国际目标市场的总体标准是要能充分地利用企业的资源以满足该子市场上消费者的需求。具体地说，有以下4个标准：

1) 可测量性。这是指国际目标市场的销售潜量及购买力的大小能被预测。企业可以通过各种市场调查手段和销售预测方法来预测国际目标市场现在的销售状况和未来的销售趋势。否则，企业不宜轻易地决定选择其作为国际目标市场。

2）需求足量性。这是指企业所选择的国际目标市场，应当有较大的市场潜量，有较强的消费需求、购买力和发展潜力，企业进入这一市场后，有望获得足够的营业额和较好的经济效益。

3）可进入性。企业所选择的国际目标市场未被垄断，企业的资源条件、营销经验以及所提供的产品和服务在所选择的国际目标市场上具有较强的竞争能力。

4）易反应性。这是指企业选择的国际目标市场能使企业有效地制订国际营销计划、战略和策略，并能有效地付诸实施。同时，企业在国际目标市场上还要能便利地调整其营销战略和策略，以应对各种可能的市场变化。

（2）选择国际目标市场的过程。企业选择国际目标市场的过程一般包括以下两个步骤：

1）对所有国家的市场进行筛选。企业在选择国际目标市场时，首先要对各个国家进行初步选择，确认选取哪些国家的市场。其目的主要在于缩小选择的范围，降低进一步评估的成本。在进行初步筛选时，暂时不需要考虑进入模式的选择。

2）评估行业的市场潜力。经过第一阶段的初步筛选，我们已经选择出为数较少的国家或地区。对于这些国家或地区市场，企业需要进一步地对其市场潜力作出较深入的评估。这一评估主要是预测在特定时期特定国家某个行业在未来相当长的时间内行业最大的销售量。在评估行业的市场潜力时，要同时考虑两个方面的情况。一方面是市场的现实规模；另一方面是行业在企业的战略计划期内的增长率。

16.2 进入国外市场方式的分析与选择

选择最合适的进入国际市场的方式，是企业决定进入某个国家或地区市场之后要考虑的重要问题。进入国际市场的方式是指企业对进入外国市场的产品、技术、技能、管理或者其他资源进行系统的规划工作。企业进入国际市场可以有多种方式选择，这些方式包括出口贸易方式、许可证贸易方式、特许经营方式、海外投资方式、合作经营与战略联盟方式。在这几种方式中，海外投资方式获利的可能性最大，但带来的风险、责任和控制程度也最高。对于进行国际市场营销的企业来说，了解各种进入方式的特点有利于进行正确的选择。

16.2.1 出口贸易

长期以来，出口一直被作为企业进入国际市场的重要方式。从宏观角度看，由于出口贸易有利于增加国内就业、增加国家外汇收入、提高本国企业的国际竞争力，因此，出口贸易一直受到各国政府的鼓励。同时，从企业的角度看，为了降低国内竞争所带来的风险和进行自身扩张，各国的企业也都将扩大出口作为进入国际市场的重要方式。出口贸易方式有许多优点：①由于出口贸易面临的政治风险最小，它常被企业作为进入国际市场的初始方式。②当母国的市场潜量未能准确探知时，出口贸易方式可以起到投石问路的作用。③当企业发现目标市场具有吸引力时，可以利用出口为将来直接投资积累经验。④当目标市场的政治、经济状况恶化时，可以以极低的成本终止与这一市场的业务关系，可以把企业在国际市场营销中可能遇到的风险降到最低。出口贸易方式也有一些缺点：①汇率的波动和政府贸易政策的变动会给出口企业的收益带来负面效果。②出口贸易的企业也常常会发现难以对目标市场的变动做出迅速的反应，对营销活动的控制也较差。

16.2.2 许可证贸易

国际市场营销活动的深入发展使得许可证已成为一种被广泛采用的进入模式。在许可证进入模式下，企业在一定时期内向一家外国法人单位（如企业）转让其工业产权。如专利、专有技术、商标、产品配方、公司名称或其他有价值的无形资产的使用权，获得提成费用或其他补偿。许可证合同的核心就是无形资产使用权的转移。根据技术转让的程度和性质，许可证合同可分为独占许可、排他许可、普通许可、从属许可和交叉许可等类型。

许可证进入模式是一种低成本的进入模式。其最明显的好处是绕过了进口壁垒，如避过关税与配额制的困扰。当出口由于关税的上升而不再盈利时或当配额制限制出口数量时，制造商可利用许可证模式；当目标国家货币长期贬值时，制造商可由出口模式转向许可证模式；当企业由于风险过高或者资源方面的限制而不愿在目标市场直接投资时，许可证不失为一种好的替代模式。许可证模式的另一个长处是其政治风险比股权投资小。

许可证模式同时也有许多的不利方面。企业不一定拥有外国客户感兴趣的技术、商标、诀窍及公司名称，因而无法采用此模式。同时，这种模式限制了企业对国际目标市场容量的充分利用；它有可能将接受许可的一方培养成强劲的竞争对手；许可方有可能失去对国际目标市场的营销规划和方案的控制；甚至还有可能因为权利、义务问题陷入纠纷、诉讼。鉴于许可证进入模式存在的这些弊端，企业在签订许可证合同时应明确规定双方的权利和义务条款，以保护自身的利益。

16.2.3 特许经营

特许经营进入模式是指企业（特许方）将商业制度及其他产权诸如专利、商标、包装、产品配方、公司名称、技术诀窍和管理服务等无形资产许可给独立的企业或个人（被特许方）。被特许方用特许方的无形资产投入经营，遵循特许方制定的方针和程序。作为回报，被特许方除向特许方支付初始费用以外，还定期按照销售额一定的比例支付报酬。

特许经营进入模式与许可证进入模式很相似，所不同的是，特许方要给予被特许方以生产和管理方面的帮助，例如，提供设备、帮助培训、融通资金、参与一般管理等。特许进入模式的优点和许可证进入模式很相似。在这种模式下，特许方不需太多的资源支出便可快速进入外国市场并获得可观的收益，而且它对被特许方的经营具有一定的控制权。它有权检查被特许方各方面的经营。如果被特许方未能达到协议标准和销售量或损害其产品形象时，特许方有权终止合同。另外，这种模式风险较小，且可充分发挥被特许方的积极性，因而它是广受欢迎的一种方式。特许合同双方的关联程度较高，特许方往往视被特许方为自己的分支机构或分号，统一经营政策，向顾客提供标准化的高质量的服务。特许进入模式的缺点是特许方的盈利有限；特许方很难保证被特许方按合同所约定的质量来提供产品和服务，这使得特许方很难在各个市场上保证一致的品质形象；把被特许方培养成自己未来强劲的竞争对手。

16.2.4 海外投资

随着经济全球化及各国经济开放的发展，越来越多的企业将海外投资作为进入外国市场的主要模式。海外投资可分为两种形式，即合资经营和独资经营。

1. 合资经营　它是指与目标国家的企业联合投资，共同经营，共同分享股权及管理权，共担风险。联合投资方式可以是外国公司收购当地的部分股权，或当地公司购买外国公司在当地的股权。也可以双方共同出资建立一个新的企业，共享资源，共担风险，按比例分配利润。

合资经营的好处是，投资者可以利用合作伙伴的专门技能和当地的分销网络，从而有利于开拓国际市场；同时还有利于获取当地的市场信息，以对市场变化作出迅速灵活的反应；当地政府易于接受和欢迎这种模式，因为它可以使东道国政府在保持主权的条件下发展经济。但这种模式也存在弊端，例如，双方常会就投资决策、市场营销和财务控制等问题发生争端，不利于跨国公司执行全球统一协调战略。

2. 独资经营　这是指企业独自到目标国家去投资建厂，进行产销活动。独资经营的标准不一定是100％的公司所有权，主要是拥有完全的管理权与控制权，一般只需拥有90％左右的产权便可以。独资经营的方式可以是单纯的装配，也可以是复杂的制造活动。其组建方式可以是收买当地公司，也可以是直接建新厂。

独资经营的好处是，企业可以完全控制整个管理与销售，经营利益完全归其支配；企业可以根据当地市场特点调整营销策略，创造营销优势；可以同当地中间商发生直接联系，争取它们的支持与合作；可降低在目标国家的产品成本，降低产品价格，增加利润。其主要缺陷是，投入资金多，可能遇到较大的政治与经济风险，如货币贬值、外汇管制、政府没收等。

16.2.5 合作经营与战略联盟

1. 合作经营 合作经营是指一国企业和其他经济组织或个人，按照平等互利的原则同另一国的企业或者其他经济组织按照该国有关法律，经该国政府批准，在该国境内设立的，依据共同签订的合作经营合同所规定的合作各方责任、权利和义务（如投资条件、收益分配、债务清偿、风险责任、经营方式等）组成的合作经济组织。

合作经营由目标国合作者提供土地、自然资源，劳动力和现有房屋、设备、设施等；由发起国合作者提供资金和技术、主要设备、材料等。合作双方根据商定的合作条件，确定产品分成、收入分成和利润分成的比例。

合作经营与合资经营的主要区别在于，它不一定用货币计算股权，也不必按股权比例分配收益，而是按协议的投资方式和分配的比例来分配收益。

2. 战略联盟 企业欲在竞争中确保其生存，并积极地开拓市场，最好的途径乃是寻求某种竞争的新模式，以实现共同生存、共同发展的目标。国际上正在崛起的国际战略联盟正是这样一种兼有竞争与合作功能的新型的国际市场营销组织形式。

国际战略联盟又称跨国战略联盟或战略经营同盟，它是指在两个或两个以上国家中的两个或更多的企业，为实现某一战略目标而建立起的合作性的利益共同体。战略联盟与一般合作意义上的联盟相比，有着不同的特定含义，这里要特别强调的是，企业在同竞争对手的实力比较中，要在经营要素上具有独特的优势，诸如产品优势、市场优势、技术优势、管理优势或服务优势，并能运用自身所具有的这些优势来更好地满足消费需求。只有具备了这种独特的优势，才能在相互竞争中显示其真实价值。建立国际战略联盟，旨在增强企业的长期竞争优势，从企业的基本任务和方向中衍生出经营目标，进而赢得长远的相对优势。显然，战略联盟在本质上是与企业的长期规划相一致的，都是为了实现企业的长期目标。

16.2.6 进入国际市场的策略选择

在选择进入国际市场的方式时，企业必须考虑外部因素和内部因素的影响。

1. 外部因素 影响企业进入国际市场方式选择的外部因素包括目标国家的市场因素、目标国家的环境因素、目标国家的生产因素和国内因素 4 个部分。其中，前 3 个部分是国外的外部因素，第 4 个因素是国内的外部因素。

（1）目标国家的市场因素：目标国家的市场因素包括市场规模、市场竞争结构和营销基础设施 3 个方面。从市场规模方面来看，如果目标国家的市场规模较大，或者市场潜力较大，则企业可以考虑以海外投资方式进入；反之则可以考虑以出口贸易方式或许可证贸易方式进入，以保证企业资源的有效使用。从竞争结构方面来看，如果目标国家的市场竞争结构属自由竞争，则以出口贸易方式为宜；如果是垄断竞争或寡头垄断型竞争结构，则应考虑以许可证方式或海外投资方式进入。从营销基础设施方面来看，如果目标国家的营销基础设施较好且较容易获得，则可采用出口贸易方式进入；反之，则应考虑以许可证方式或海外投资方式进入。

（2）目标国家的环境因素：目标国家的环境因素包括政治环境、经济环境、社会文化环境、地理环境 4 个方面。从政治环境方面来看，如果目标国家的政局稳定、法制健全、贸易与投资政策较为宽松，则可以考虑以海外投资方式进入；反之，则以出口贸易方式或许可证方式进入为宜。从经济环境方面来看，如果目标国家的国民生产总值和人均国民收入较高，国际收支保持平衡，汇率稳定，则可以考虑以海外投资方式进入；反之，则以出口贸易方式进入为宜。从社会文化环境方面来看，如果目标国家的社会文化和公司母国的社会文化差异较大，则应对投资持谨慎态度，在开始以出口贸易方式和许可证方式进入为宜；反之则可以考虑海外投资。从地理环境方面来看，如果目标国家和公司所在国家距离遥远，则可以考虑许可证方式或海外投资方式，因为这样可以省去长途运输所带来的高额成本。

（3）目标国家的生产因素：生产因素是指企业组织生产所必需的各项生产要素（如原材料、劳动力、资金、基础设施等）的可获得性和价格。如果企业在母国的生产成本加上运至目标国家市场的运费低于在目标国家生产所需花费的成本，则应采取出口贸易方式，否则应考虑特许经营方式和海外投资方式。

（4）国内因素：国内因素主要包括本国市场竞争结构、生产要素和环境因素 3 个方面。从本国市场竞争结构方面来看，如果本国市场竞争结构属于垄断竞争或寡头垄断，企业可以考虑以许可证方式或海外投资方式进入外国市场；如果本国市场竞争结构属于自由竞争，则企业可以采用出口贸易方式。从生产要素方面来看，如果本国的生产要素价格便宜且容易获得，则企业可以采用先在本国生产然后向国外出口的方式进入外国市场；反之，则应采用许可证方式或海外投资方式进入外国市场。从环境因素方面来看，如果公司母国政府对出口采取鼓励和扶持的政策，或者对企业向境外投资有严格的约束，则可以采用出口贸易方式；反之则可以考虑许可证方式或海外投资方式。

2. 内部因素　影响企业进入外国市场模式选择的内部因素包括产品因素和企业资源及投入因素两个部分。

（1）产品因素：一般来说，如果企业生产的产品价值高，技术复杂，则以出口贸易方式为宜，因为高价值的产品在外国市场上可能需求不足，同时还可能由于当地技术基础无法达标和配套而难以在当地生产。如果企业生产的产品属低值易耗品，如日用化工产品、食品和饮料等，则可以在许多国家建厂生产。另外，如果企业所生产的产品的用户对售后服务要求较高，则一般以许可证方式或海外投资方式为宜，以保证让用户满意。

（2）资源和投入因素：如果企业的资金较为充足，技术较为先进，且积累了较丰富的国际市场营销经验，则可以采用海外投资方式进入外国市场；反之，则以出口贸易方式和许可证方式为宜，待企业实力增强，积累了一定的国际市场营销经验以后再采取海外投资方式。

16.3 国际市场营销方案决策

企业决定进入国际市场之前首先要对纷繁复杂的外国市场环境作出深入的分析。进入国际市场的企业在国际营销策略的制定上可以有两种选择，一种是选择某一标准性营销组合，由几个国外市场制定相同的产品、价格、渠道与促销策略，通过营销组合要素的标准化使营销成本降至最低；另一种选择就是制定适应性营销组合策略。国际企业根据各目标市场国当地的条件，调整其营销组合要素，所以营销成本就会提高，但是同时也可能获得更大的市场分额和利润率。

16.3.1 国际市场营销环境分析

市场营销方式要取决于它所处的环境条件。企业的国际市场营销环境包括微观环境和宏观环境 。微观环境主要包括企业本身的状况、供应者、中间商、竞争者、顾客和各种公众，它们影响着企业的经营水平、经营素质以及为目标市场服务的能力。微观环境要受到宏观环境中各种因素的制约和影响。宏观环境是指那些给企业带来营销机会和环境威胁的主要社会力量和社会条件，包括社会文化环境、经济环境、政治法律环境等。

1. 国际市场营销中的社会文化环境　文化是人类在社会历史发展过程中所创造的物质财富和精神财富的总和，它包括价值观、伦理道德、宗教、美术、艺术、风尚习俗等。人类学家一致认为，每种文化都具有 3 个特征：①文化非遗传之物，而是由人们后天学习获得的。②知识、信念、道德、习惯和其他各种文化要素构成相互联系、大小各异的总体。③文化是由特定社会集团成员具有理智的行为特征所构成。它不仅体现我们自己的行为，而且体现我们对他人行为的要求。

2. 国际市场营销中的商业惯例　国际市场营销者在向外国市场销售产品和服务时，肯定走的是一条布满障碍的道路。因此，了解商业文化、经营态度，以及做生意的方法有助于排除这些障碍。如果不以灵活的态度去接受或容忍诸如洗浴方式、饭菜味道、衣着式样和思维方式等习惯，那么身在异国的商人就很难取得满意的经营成果。

3. 国际市场营销中的经济环境

（1）经济发展水平：一个国家所处的经济发展阶段不同，居民收入高低不同，消费者对产品的需求不同，从而直接或间接地影响到国际市场营销。例如，经济发展水平较高的国家，其分销渠道偏重于大规模的自动零售业，如超级市场，购物中心；而经济发展水平较低的国家，则偏重于家庭式或小规模经营的零售业。因此，对不同经济发展阶段的国家，应采取不同的市场营销策略。

世界各国经济的发展大致可归纳为 5 个阶段：①传统社会。②起飞前夕。③起飞阶段。④趋向成熟阶段。⑤高度消费时期。大致来说，凡属前 3 个阶段的国家可称为发展中国家，而处在后两个阶段的国家则称为发达国家。当然，不是每个国家的经济发展都必须依次经过这 5 个阶段，有的会跳过一两个发展阶段。并且各个国家每一发展阶段持续的时间长短也不尽相同。

（2）人口：人口总量、城乡分布、城市化程度、人口增长速度、年龄结构、人口密度以及生育政策都会影响对各种商品的市场需求。发展中国家人口的不断增长，以及人口持续地从农村向城市地区流动，同时工业化国家不断下降的人口出生率都会对世界经济产生深远的影响。

（3）收入：消费者收入是衡量市场规模及其质量的重要指标。单纯的人口数字本身为市场营销者提供的信息是不充分的。衡量市场潜力需要两个收入指标是，国民收入或国民生产总值和人均收入 。

同时，我们还要注意收入的分布情况。在许多国家，少部分人的收入大大高于全国平均数，而大部分人则低于这个平均数。在这些国家中，人均收入会引起一定的误解。在这种情况下，营销人员就必须作具体分析，而不能过分依赖人均收入这个指标。

国民收入是经济统计中一个衡量经济发展的十分重要的综合性指标。评估国民收入的一个有效方法，就是比较各国的国民生产总值。国民生产总值是衡量一个国家经济实力和购买力的重要指标，从国民生产总值的增长幅度，可以了解一个国家经济发展的状况和速度。一般来说，国民生产总值增长越快，对工业品的需求和购买力就越大。

（4）消费结构：消费者支出模式主要受消费者收入的影响，随着消费者收入的变化，消费者支出模式和消费结构就会发生相应变化。用于考察消费支出和消费收入之间关系的最著名的定律就是恩格尔定律，它指出："随着收入的增加，食物支出在总支出中的比例下降。"

（5）经济体制：各国的经济体制是企业进行国际市场营销时必须了解的一个重要的经济因素。它决定了不同国家经济活动的各个方面。世界上的经济体制大致可以分为两大类，即计划经济体制和市场经济体制。对于国际经济贸易活动的管理以及对本国经济的管理，这两种经济体制有很大的差异，在不同经济体制的国家从事国际市场营销有很大的区别。

（6）基础设施：这是指各个国家为经济发展提供服务的公共设施，包括交通运输、能源状况、邮电通信、商业设施。一国的基础设施越完善，业务量越大，业务水平越高，在该国开展营销活动就越有成效。

(7) 自然条件：自然资源、地理、气候等因素也在不同程度上影响企业的营销决策。自然资源的储藏量、分布状况以及开采程度对进口商品结构和消费结构会产生重大影响。

4. 国际市场营销中的政治法律环境

(1) 国际市场营销的政治环境：政府对环境的影响，是通过政府政策、法令规定，以及其他限制性措施而起作用的。政府对外商的政策和态度，反映出其改善国家利益的根本想法。因此，企业在进入一个国家之前必须尽可能评估该国的政治环境和法律环境。一国的政治环境主要包括政府与政党体制，政府政策，民族主义以及政治风险等。

(2) 国际市场营销的法律环境：法律代表一个国家书面的或正式的政治意愿。在这种意义上，一个国家的政治与法律制度是密切相关的。国际市场营销的法律环境是由企业本国法律（国内法律）、国际法律和东道国法律组合而成的。

1) 国内法律。许多国家为了保护国内市场，增加国内就业机会，以及更好地与国际惯例接轨，都制定了明确的法律规定。其内容大体包括 3 个方面：出口控制、进口控制和外汇管制。

2) 国际经济法律。国际法是调整交往中国家间相互关系，并规定其权利和义务的原则和制度。国际法的主体，即权利和义务的承担者一般是国家而不是个人。其主要依据是国际条约、国际惯例、国际组织的决议，以及有关国际问题的判例等。这些条约或惯例可能适用于两国间的双边关系，也可能适用于许多国家间的多边关系。尽管国际上没有一个相当于各国立法机构的国际法制定机构，也没有一个国际性执行机构实施国际法，也没实际的法官去裁判国际法，国际法依然在国际商业事务中扮演了重要的角色。

目前世界上对于国际市场营销活动影响较大的国际经济法，主要有以下几个方面的立法：保护消费者利益的立法、保护生产制造者和销售者的立法、保护公平竞争的立法和调整国际间经济贸易行为的立法。

3) 东道国法律。影响国际市场营销活动最经常、最直接的因素是目标市场国的法律规范，即东道国有关外国企业在该国活动的法律规范。

16.3.2 标准化的营销组合策略

1. 标准化的产品策略　国际产品的标准化策略是指企业向全世界不同国家或地区的所有市场都提供相同的产品。实施产品标准化策略的前提是市场全球化。自 20 世纪 60 年代以来，社会、经济和技术的发展使得世界各个国家和地区之间的交往日益频繁，相互之间的依赖性日益增强，消费者需求也具有越来越多的共同性，相似的需求已构成了一个统一的世界市场。因此，企业可以生产全球标准化产品以获取规模经济效益。例如，在北美、欧洲及日本 3 个市场上出现了一个新的顾客群，他们具有相似的受教育程度、收入水平、生活方式及休闲追求等，企业可将不同国家相似的细分市场作为一个总的细分市场，向其提供标准化产品或服务。如可口可乐、麦当劳快餐、柯达胶卷、好莱坞电影、索尼随身听等产品的消费者遍及世界各地。

2. 标准化的渠道策略、价格策略和促销策略　标准化的国际市场营销组合策略就是选择某一个标准性营销组合，由几个国外市场制定相同的产品、价格、渠道与促销策略。其优点在于通过营销组合要素的标准化使营销成本降至最低，但是由于缺乏灵活性使标准化的营销组合策略不能满足不同国家不同消费者的不同需求。

（1）标准化的渠道策略：分销渠道就是指产品由生产企业经批发商或代理商至零售商最后到达最终消费者手中的系统。采用标准化的分销渠道策略可以使营销人员易以经验为基础来提高营销效率，实现规模经济。然而事实上即使产品采用标准化策略，但分销渠道策略要采用标准化却更加困难，难以可行。这主要是因为各国分销结构由于历史原因而相异殊多；各国消费者的特点不同，如购买数量、购买习惯、消费偏好、顾客地理分布等方面不可能完全相同；同时国际企业还要考虑自身实力，竞争对手的渠道策略以及其他营销组合因素。所以选择海外市场分销模式绝非国际企业一厢所愿而可为。例如，国外企业在进入日本市场时，普遍对其高度集中与封闭的渠道结构感到无从入手，非得与综合商社、大的制造商或批发商合作，方可将产品推入其渠道系统。

（2）标准化的价格策略：在国际市场上，我们会发现这样一个事实，许多产品由产地卖到另外的国家和地区，其价格会上升很多，这就是所谓的国际价格的升降现象。这通常是由于该种产品在分销过程中渠道延长，被征收关税、需承担运输成本和保险费用以及汇率变动所致。

仔细分析，不难看到影响国际定价的因素远比国内定价为多，除需求因素、成本因素、生产因素以外；还要考虑东道国关税税率、消费税税率、外汇汇率浮动、国外中间商毛利、国外信贷资金成本，即利率情况、运输与保险费用、国外通货膨胀率、母国与东道国政府的干预以及国际协定的约束等。

那么国际企业定价决策应由谁负责？选择只有3个：母公司总部定价、东道国子公司独立定价、总部与子公司共同定价。最常见的方法是第3个选择，如此母公司既可对子公司的定价保持一定的控制，子公司又可有一定的自主权以使价格适应当地市场环境。

所以，标准化定价方法与策略为，国际企业在作价格决策时，其基本方法同国内定价是相同的。即有以成本为导向的定价法，包括成本加成法、边际成本法、目标利润法、损益平衡法；以需求为导向的定价性，包括理解价值法、区分需求法；以竞争为导向定价法，包括随行就市法、密封投标法。

国际企业可选用的国际价格策略也有，用以新产品定价的撇脂法和渗透法；

用以折让策略的数量折扣法、现金折扣法、职能折扣法和季节折扣法；用以地理定价的FOB法、CIF法、区域运送法、补贴运费法；用以心理定价策略的非整数定价法、整数定价法、声望定价法、单位标价法。

(3) 标准化的促销策略：促销的主要任务是要在卖主与买主之间进行信息沟通，国际市场营销的营销促销是企业同国外消费者的一种信息沟通行为，它是企业通过传播媒介帮助消费者认识商品或服务所能带来的利益，从而引起消费者的购买欲望，以实现销售的的活动。同国内的市场促销一样，标准化的国际市场营销促销策略也是通过广告宣传、人员推销、营业推广和公共关系等4种手段，把产品的存在和价值传递给目标消费者。但在国际市场活动中，由于存在着千差万别的市场情况，使得企业的国际促销决策更为复杂，促销策略的具体运用也会发生变化。

16.3.3 特定的营销组合策略

1. 差异化的国际产品策略　国际企业经过市场调研和细分，确定了目标市场，选择了合适的进入方式后，就必须回答这样一个问题，向目标市场提供什么样的产品？答案虽然只有一个，即向海外顾客提供满足其需求的产品。因此，国际产品决策是一个关键性决策，并构成国际市场营销组合策略之一。

国际产品差异化策略是指企业向世界范围内不同国家和地区的市场提供不同的产品，以适应不同国家或地区市场的特殊需求。如果说产品标准化策略是由于国际消费者存在某些共同的消费需求的话，那么产品差异化策略则是为了满足不同国家或地区的消费者由于所处不同的地理、经济、政治、文化及法律等环境，尤其是文化环境的差异而形成的对产品的千差万别的个性需求。

尽管人类存在着某些普通的需求共性，但在国际市场上不同国家或地区消费者的需求差异是主要的。在某些产品领域特别是与社会文化的关联性强的产品领域，国际消费者对产品的需求差异更加突出。企业必须很据国际市场消费者的具体情况改变原有产品的某些方面，以适应不同的消费需求。

2. 差异化的国际渠道策略　对国际市场上分销渠道的决策，首先是选择如何进入某国外市场方式的决策；其次，再进行在该国外市场上选择何种渠道模式的决策。

(1) 国外中间商：在一国外市场销售产品可采用最短的销售渠道，即由国际企业直接将产品卖给最终消费者，而不经过任何中间商。当然，也可借助于中间商来实施分销。通常情况下，由于海外市场环境与国际企业的母国环境差异，大多数产品的分销需要当地中间商的帮助，这就需要了解国外中间商的种类。

国外中间商主要包括代理商、经销商、批发商、零售商四大类。代理商对产品无所有权，与所有者只是委托与被委托关系，它主要有3种形式：经纪人、独家代理商、一般代理商。经销商对产品拥有所有权，自行负责售后服务工作，对顾客索赔需承担责任，最常见的有独家经销商、进口商和工业品经销商3种。批发商是指靠大批量进货、小批量出货，以赚取差价的中间商，它也有3种形式：综合批发商、专业批发商、单一种类商品批发商。零售商是向最终消费者提供产品的中间商。依据其经营品种不同，可分为专业商店、百货商店、超级市场、超超级市场等种类；依据其经营特色不同，可分为便利商店、折扣商店、连锁商店、样本售货商店、仓库商店、无店铺零售等形式。

当今一些发达国家零售业出现了一些新的特点。这就是在大城市的中央商业区，零售商店规模越来越大，许多大型零售商店不仅在本国各地开设分店，形成连锁集团，而且将其业务拓展至海外，零售业国际化趋势日益明显；与此同时在居民区，便利商店、无店铺零售形式相当流行，仓库商店、折扣商店也颇为流行。因此，产品进入这些国家的零售渠道，必须充分考虑这些商店的不同特点与优势，以获得最有效率的零售渠道。

（2）传统渠道与新兴渠道模式：目前世界上流行的渠道模式大体上可分为两类：传统渠道模式和新兴渠道模式。所谓传统渠道模式是指产品由生产企业经批发商或代理商至零售商最后到达最终消费者手中的系统。在这种系统中，每个成员都完全独立，相互缺乏紧密合作与支持。而所谓新兴渠道模式是指渠道成员采取了不同程度的联合经营策略，具体有纵向联合和横向联合两种。纵向联合有3种系统：①公司垂直一体化系统。这主要为大制造商或大零售商牵头建立的控制批发、零售各个层次，直至控制整个销售渠道的系统，它往往集生产、批发、零售业务于一体。②合同垂直一体化系统。它是由不同层次的相互关联的生产单位和销售单位，以契约形式联合起来的系统，它有特许经营系统、批发商自愿连锁系统和零售商合作社3种形式。③管理一体化系统。该系统由制造企业通过与中间商协议，以控制其生产线产品在销售中的供应、促销、定价等工作。横向联合是指由中小批发商组成的自愿连锁系统，它较少涉及渠道结构中的其他层次，主要是中小批发商相互合作支持以抗衡大批发商的一种形式。

（3）国际分销模式的多样化：所谓分销模式标准化是指国际企业在海外市场上采用与母国相同的分销模式；多样化则是指根据各个国家或地区的不同情况，分别采用不同的分销模式。

3. 差异化的国际定价策略　由于国际营销环境复杂多变，这给国际企业对在海外销售的产品定价增加了许多困难，其价格的构成更加复杂，影响其变动的因素也更多。国际企业做定价决策，也要先确定定价目标：是以获取最大利润为目标，还是以获取较高的投资回报为目标；是为了维持或提高市场份额，还是为了应付或防止市场竞争，抑或为了支持价格的稳定。一个有实力的跨国企业在进入一个新兴的富有潜力的海外市场时，大多会以获得较高的市场占有率为目标，因此在短期内，其价格或收益可能不能平衡成本。

所以，国际企业定价策略通常要考虑这样的问题：国际企业对其产品在国际市场上销售，应保持其统一价格，还是针对不同国家市场制定差别价格，这是一个非常值得研究的问题。统一价格显然有助于国际企业及其产品在世界市场上建立统一形象，便于企业总部控制企业全球的营销活动。然而各国的制造成本、竞争价格、税率都不尽相同，消费水平更有差异，要在环境差别明显的各国市场上以统一价格销售产品常常是不切实际的。例如，波音飞机销往全世界各国的价格是统一的，这是因为它在各国市场上的竞争地位一致。而香港是世界性消费城市，各国旅游者可在那里购到许多免税商品，但烟、酒却不在其列，烟、酒制造商不得不将其产品价格定得很高以盈利，因为香港政府对烟、酒课以重税。

无论如何国际企业定价的最终目的还是为了寻求利润的最大化，长期的亏本买卖肯定是不做的。国际企业为了使其整个企业集团利润最大化，还经常采用转移价格策略。这是一种在母公司与各国子公司之间以及子公司相互之间，转移产品和劳务时所采用的价格，定价的出发点是为了避税，避免资金在高通胀率、严外汇管制国家滞留。当然有些国家政府针对国际企业的这一策略，制定了相应的法律、法规，以要求国际企业制定内部转移价格时能遵守公平交易的原则，挽回或保护其正当的国家利益。

4. 差异化的国际促销策略　促销的主要任务是要在卖主与买主之间进行信息沟通，国际促销也不例外，它也是通过广告、营业推广、人员推销和公共关系活动来完成其任务的。

（1）国际广告：国际企业的产品进入国际市场初期，通常广告先导是其惟一特征，它可以帮助产品实现其预期定位，也有助于树立国际企业形象。

然而国际广告要受多方面因素制约：①语言问题。一国制作的广告要在另一国宣传，语言障碍较难逾越，因为广告语言本身简洁明快，喻意较深，同样含义要用另外一种语言以同样方式准确表达实在是一件困难的事。②广告媒介的限制。有些国家政府限制使用某种媒介，如规定电视台每天播放广告的时间，而有些国家大众传媒的普及率太低，如许多非洲国家没有日报。③政府限制。除限制媒介外，政府还会限制一些产品，如香烟不准做广告，有的还对广告信息内容与广告开支进行限制。④社会文化方面的限制。由于价值观与风俗习惯方面的差异，一些广告内容或形式不易在东道国传播。⑤广告代理商的限制。即可能在当地缺乏有资格的广告商的帮助。这些问题需要国际企业统盘考虑，而后才能作出国际广告是采用标准化策略还是当地化策略的选择。

一般来讲，广告标准化可以降低成本，使国际企业总部专业人员得以充分利用，也有助于国际企业及其产品在各国市场上建立统一形象。有利于整体促销目标的制定、实施、控制。然而由于上述各种因素的种种限制，特别是当地顾客的需求同母国顾客会有显著差异，因此采用当地化策略可以增强宣传说服的针对性，当地广告成本虽高，但若能有效促进销售量增长，也可望获得更多利润。

(2) 人员推销：人员推销往往因其选择性强、灵活性高、能传递复杂信息、有效激发顾客购买欲望、及时获取市场反馈等优点，而成为国际营销中不可或缺的促销手段。然而国际营销中使用人员推销往往面临费用高、培训难等问题，所以要有效利用这一促销方式，还需能招募到富有潜力的优秀人才，并加以严格培训。

推销人员不仅可以从母国企业中选拔，也可从第三国招聘，作为海外推销人员。他们在东道国应表现出很强的文化适应能力，包括语言能力、较强的市场调研能力和果断决策的能力。但若面对一个潜力可观、意欲长期占领的市场，国际企业显然应以招募、培训东道国人才作为优秀推销员的最主要来源。

(3) 营业推广：营业推广手段非常丰富，在不同的国家运用有时会受列法律或文化习俗方面的限制。如法国的法律规定，禁止抽奖的做法，免费提供给顾客的商品价值不得高于其购买总价值的5%。当新产品准备上市时，向消费者免费赠送样品的做法在欧美各国非常流行。但这一做法在外企登陆中国之初，却使不少消费者感到“受之有愧”而予拒绝。

在国际营销中，还有几种重要的营业推广形式对一些企业产品进入海外市场颇有助益，如博览会、交易会、巡回展览、贸易代表团等。值得一提的是，这些活动往往因为有政府的参与而增加其促销力量，事实上，许多国家政府或半官方机构以此作为推动本国产品出口、开拓国际市场的重要方式。

(4) 公共关系：公共关系是一项长期性的促销活动，其效果也只有在一个很长的时期内才能得以实际的反应，但不管怎样讲，在国际营销中，它仍是一个不可轻视的促销方式。由于在国际营销中，国际企业面临的海外市场环境会让其感到非常陌生，它不仅要与当地的顾客、供应商、中间商、竞争者打交道，还要与当地政府协调关系，如果在当地设有子公司，则还需积累如何团结与东道国文化背景截然不同的母国员工共创事业的经验。试想，一个国际企业如果不能让其自身为东道国的公众所接受，其产品怎么可能让这些公众所接受呢?

在与东道国的所有公共关系中，与其政府关系可能是最首要的，因为没有它的支持，国际企业很难进入该国市场。它对海外投资、进口产品的态度，特别是对某一特定企业、特定产品的态度，往往直接决定着国际企业在该国市场的前途。

所以国际企业要加强与东道国政府的联系与合作，利用各种媒介加强对企业有利的信息传播，扩大社会交往，不断调整企业行为，以获得当地政府和社会公众的信任与好感，如此国际企业在可望在当地市场站稳脚跟并寻求不断壮大。

16.3.4 国际营销组织形式的决策

国际企业在不同的情况下应建立不同的组织，随着国际企业业务的扩大，企业组织形式也应不断调整。一般来说，企业从事国际市场营销活动的组织形式有3种类型：出口部、国际营销部和世界性公司。

1. 出口部　出口部是企业负责出口商品的部门，当企业初涉及国际市场，只有部分出口业务时，可组成一个适当规模的出口部。如果出口业务较多，出口部内可设调研处、推销处、运输处、单证处和广告宣传处等。

这种组织形式的优点是，出口部专门负责国外市场的经营业务，便于了解国外市场的变化和发展，为出口适销对路产品提供信息。但出口部经理对产品出口没有决策权。

2. 国际营销部　企业外销业务扩大，采取了与国外联营、合营、直接投资等方式从事国际市场经营，原来的出口部就应由国际营销部来取代。国际营销部与出口部主要区别在于出口部的职能只是海外销售，而国际部则要负责几乎所有的管理职能，如生产、营销、财务和人事等。按照这种组织形式，企业的营销业务分为两大部门，一部分是国内营销；另一部分是国际营销。国际部经理有权制定国际营销部的经营目标和预算，发展一切国外业务，并直接向企业的总经理报告工作。

这种组织形式的主要优点是，可以把国际营销活动所需要的具有专业知识和技术的人才集中于一个部门，高效率地搞好国际营销，更好地适应全面开展国际营销活动的需要。其主要缺点是，国际部只是企业各部门中的一个平行部门，如果企业把各部门放在同等位置上考虑，就有可能贻误国际市场上的营销良机。

3. 世界性公司　世界性公司的特点是不分国内业务和国际业务，把国内和国外看成一个统一的市场，公司的一切业务都面向全球的国际市场，其经营思想是国际导向型的、开放型的。公司各部门同时从事国内业务和国际业务的管理工作，公司对生产设施、市场营销和资金流动等进行全球性的统一规划。

这种组织形式的目标在于充分发挥国际化的优势，既重视国内市场，又重视国际市场，哪里的机会更好，就向哪里投入更多的资源。但是，这种形式的潜在缺陷是，公司的各部门的人员不一定都具备从事国际营销业务的经验和技能，难免造成经营失误。

必须指出，上述3种组织形式，究竟采取哪种形式，并不完全取决于企业规模的大小，主要取决于企业的国际营销业务占全部营销业务的比重，也就是取决于企业参与国际营销的程度。

本章小结

世界经济一体化必将导致企业经营国际化。国际市场营销是指对商品和劳务流入一个以上国家的消费者或用户手中的过程进行计划、定价、促销和引导，以便获取利润的活动。

国际市场细分是指企业按照一定的细分标准，把整个国际市场细分为若干个需要不同的产品和营销组合的子市场，它是企业确定国际目标市场和制定国际市场营销策略的必要前提。进行国际市场细分对企业的国际市场营销活动成功有着重要的意义。

选择国际目标市场的标准：①可测量性。②需求足量性。③可进入性。④易反应性。

企业选择国际目标市场的过程一般包括以下两个步骤：①对所有国家的市场进行筛选。②评估行业的市场潜力。

企业进入国际市场可以有多种方式选择，包括出口贸易方式、许可证贸易方式、特许经营方式、海外投资方式、合作经营与战略联盟方式。

国际市场营销环境分析包括那些给企业带来营销机会和环境威胁的主要社会力量和社会条件，包括社会文化环境，经济环境，政治法律环境等。

国际市场营销组合策略有产品策略、渠道策略、定价策略和促销策略。不同的策略有其具体内容，需要企业结合产品性质、目标市场特点、竞争状况等加以选择，并注意各种策略有效配合。

企业从事国际市场营销活动的组织形式一般有 3 种：出口部、国际营销部和世界性公司。

思 考 题

1. 什么是国际市场营销？它有什么特点？
2. 简述国际市场营销的社会文化环境、政治法律环境、经济环境所包含的内容。
3. 国际市场营销有哪些进入方式？
4. 国际市场营销的组织形式有哪些？

案 例 分 析

为拉丁尼亚制定营销策略

美国制药公司的销售额有 30%是在海外实现的。该公司主要生产常规药品，除此之外也生产一些动物保健药品、化妆品和其他专利药品。这些非主要产品的销售额占该公司全部销售额 6 亿美元的 1/4 左右。

公司和 70 多个国家有业务往来，其中大部分国家的市场是通过经销商经营的，公司只在 6 个国家进行生产或联合经营。公司在拉丁美洲的生产基地是在拉丁尼亚，一个仅拥有 3000 万人口的国家。销往拉丁美洲的产品中有一部分就是从这里运出去的。

公司在拉丁尼亚的工厂归药物部管理。该部从事生产常规药品，和公司的其他各部（化妆部、机械部）没有业务上的联系，其他各部也把他们在美国工厂生产出来的制成品出口到拉丁尼亚。拉丁尼亚的工厂拥有雇员 330 人，其中只有两个美国人，一个是总经理霍雷先生，一个是质量管理经理马塞拉斯先生。

公司化妆品生意达 1.2 亿美元，由一个独立的部——化妆品部经营。该部只在公司 70 个市场中的 38 个市场销售，在拉丁尼亚市场较好，销售额一度逾 500 万美元，并且具有较高的市场地位。该部在拉丁尼亚有一个营销子公司主管在拉丁尼亚的生意，经理是吉姆，子公司其他成员均是拉丁尼亚人。

吉姆正被最近来自拉丁尼亚经贸部的消费困扰着。据说为了扭转过去一年半的收支状况，该国对非初级产品征收的关税正在提高。这对美国制药公司的化妆品部来说，意味着它所交的关税将从 20%提高到 50%，吉姆解释说，20%的关税还不至于给化妆品部带来太多的问题，因为该部的产品作为进口产品很有威望，并赢得了消费者的信任，但是，他感到 50%的关税将是一个不可逾越的障碍。

化妆品部在拉丁尼亚的竞争者可以分为两类，一类是地方公司；另一类是来自欧洲和北美洲的公司。吉姆认为，除非外国公司能想出好办法，否则关税的提高将给拥有市场份额 40%的地方公司带来巨大好处。当吉姆得知关税将于 10 月 1 日即一个星期后正式提高时，他召开了一个会议讨论化妆品部下一步的行动。

在这次会议上讨论了好几种的意见。一种是建议付高额关税，继续进口，改变产品定位战略，占领高价优质产品市场；另一种意见是进口原料，在拉丁尼亚生产、组装。由于进口原料的关税在 10%～35%之间，这一建议要求在美国的化妆品部降低运往拉丁尼亚的化妆品价格，这样，受提高关税的影响较小。

资料来源：中国市场营销网 http://www.ecm.com.cn。

案例思考

美国制药公司在进行市场营销的过程中受到了怎样的困扰？

第 17 章　服务市场营销

学习目标　通过本章的学习，了解服务的含义及特征，服务的质量管理，服务市场的营销组合策略。

服务市场是组织和实现服务商品流通的交换体系和销售网络，是服务商品生产、交换和消费的综合体。服务业同样创造价值和使用价值。服务业为社会生产、人们的生活服务；创造了许多新的就业机会；为社会剩余劳动力的转移提供了必要条件，对国民经济的发展起着重要作用。目前，商品经济发达的国家，服务业产值占国内生产总值的比重，以及就业人数在就业人口中所占的比重都在大幅度增长。

17.1　服务的含义及特征

服务的迅速发展，是当代世界经济发展的一个重大趋势。这是因为，随着社会经济的发展，人们的收入日益增长，闲暇时间也日益增加，再加上物质产品越来越丰富，其复杂程度也越来越高，因而对服务的需求必然日益增多，服务经济所占比重越来越大。在未来社会，70％以上的产业将是服务业，人类社会将步入服务经济时代。

17.1.1　服务的含义和分类

1. 服务的含义　服务（service）这一概念在外国和我国的营销学著作中，都有过许多不尽相同的表述，见仁见智、各有千秋。这里，我们仅介绍菲利普·科特勒对服务的定义："服务是一方向另一方提供的基本上是无形的任何活动或利益，并且不导致任何所有权的产生。它的生产可能与某种有形产品密切联系在一起，也可能毫无关联。"

这个定义是指广义的服务，既包含营利性的服务行业所提供的服务，也包含非营利性组织所提供的服务。如政府通过公立学校、医院、警察、消防队、邮政等部门提供的服务，以及教堂、博物馆、慈善团体的公益活动等。

从上述定义可见，服务所提供给顾客的基本上是无形的活动或利益，是一种或一系列行为，如银行、保险、旅游、运输、理发、洗澡、修理、娱乐、信息咨询等。服务组织向买方提供服务时，有些需要有形产品的介入，如运输业必须有运输工具，飞机、汽车等；有些则不需要有形产品的介入，是纯服务如咨询服务、中介服务等。除随服务同时提供的有形产品（如飞机上提供食品等）外，不涉及所有权转移的问题。

2. 服务的分类　服务的类别繁多，不胜枚举，国外学者有许多不同的分类方案，这里不详述。科特勒于1980年对服务从4个方面分类。

1）按提供服务的基础不同，可分为以人力为基础的服务和以设备为基础的服务。前者如各种中介服务、生活服务（理发、按摩等）、咨询服务（法律咨询、保健咨询等）等，主要是以人力为基础，不需要或很少需要物质技术设备。因此，这种服务质量的高低主要取决于服务人员的素质和服务态度。我国特有的许多传统服务业，均属于这种以个人技能为基础的服务，应注意保留和发展，例如，修脚、正骨等。后者是主要以物质技术设备为基础的服务，这种服务虽然与人员素质也密切相关，但更重要的是取决于设备的先进性和效率性，如航空服务是否安全、迅速舒适，首先取决于飞机的性能好坏和舒适程度，其次才取决于服务人员的操作水平。

2）按顾客参与程度的不同，可分为高参与性服务、中参与性服务和低参与性服务。高参与性服务是指顾客参与全部或大部分服务过程，如交通服务、旅游服务、文娱服务、理发洗澡等服务，顾客参与服务过程的始终，因而服务场所的装饰、设备必须使顾客满意。中参与性服务顾客参与部分服务过程，如营销策划、房地产中介、银行、保险等，顾客（客户）只参与部分服务过程，不贯穿始终。低参与性服务是指顾客与提供服务的人员或设备一般不直接接触，如邮电、快递、修理等服务。一般来说，顾客参与程度越高，服务需求的差异性越大，服务营销管理的难度也越大。

3）按服务需求性质的不同，可分为满足生活需求的服务和为满足产业需求的服务。前者包括各种家务服务、生活服务、文娱体育服务、修理汽车、修理家用电器等服务，以及旅店、通信等。后者包括各种为产业部门服务的行业，如银行、保险、广告代理、货运、报关、大型工具租赁等。这其中有些服务兼顾私人需要和产业需要，如银行、保险、保安等。通常对个人的服务和对产业的服务需制订不同的营销方案。

4）按服务的性质和所有权不同，可分为非营利性服务和营利性服务，公立服务和私立服务。前者主要指政府或社会团体开办的服务机构，如邮政、教堂、学校、医院、老人中心等，均属非营利性服务或称公益事业；后者指各种营利性的服务行业。显然，二者需有不同的营销方案。

超级链接

王小姐在商场受到了“礼遇”

王小姐去商场购物，她在商店门口就受到了站立在店门口的礼仪小姐的欢迎。一进商店，一下子来了3位店员为她服务，她走到哪里，店员就像一大批

"随员"前呼后拥为她效劳。王小姐的目光刚落到服装上，马上有人把一套时装取下来向她推荐；王小姐一看化妆品，马上有几位店员拉起她的手，给她试擦多种化妆品……王小姐在大家热情的服务下购买欲一下子没有了。结果她什么也没有买就"逃"出了这家商场。于是，她又进了一家自选商场，心想："可以轻松自在地买点东西了"。结果，正当王小姐在货架间自由选购时，她感到背后总有一道冷冷的光"盯"着她。原来站在货架旁的店员像防"贼"一样地"盯"牢了每一位顾客……王小姐终于什么也没买又离开了这家商场。

资料来源：中国营销传播网 http://www.emkt.com.cn。

17.1.2 服务的特征

1. 无形性　服务是无形的。物质产品在购买之前，是看得见，摸得着的。而服务在购买之前，是看不到，品味不到，听不见也嗅不出的。如美容，人们在购买这种服务之前是看不见成效的；医院的病人是无法预知结果的。

严格地讲，服务产品的存在 2 种形式：①以实物形态存在的物质产品，或者说某些服务的结果体现为商品。如服装店做的衣服，饭馆提供的菜肴，照相馆提供的照片等。它们可以脱离商品的生产者而单独存在，可以投入现实的商品流通。②以"活动"形式提供的无形服务，它是同提供这些服务的人密切结合的，如演员、理发师、教师、旅馆等提供的服务都属于这种服务。这两类服务产品虽然存在形式不同，但都同属"服务"范畴。事实上，真正百分之百无形的服务极少；反之，大多数服务需要有关人员利用有形的实物，才能正式生产，才能真正提供及完成服务程序。例如，理发师只有依靠剪子和吹风机等工具才能真正提供及完成服务程序。而随着企业服务水平的提高，很多消费品或产业用品是与附加服务一起出售的，从产品整体观念出发，服务是产品不可分割的组成部分。

2. 不可分割性　服务产品的生产与消费在时间上具有同一性，即通常服务的生产和消费是同时进行的。这与有形产品的情况不同，有形产品被制造出来后，先储存，通过多重转售者分销，随后消费。如服装生产厂家，其产品生产出来到消费是有一段时间间隔的。如果服务是由人提供的，那么这个人就是服务的一部分。因为当服务正在生产时顾客也在场，提供者和顾客相互作用是服务营销的一个特征，提供者和顾客都对服务的结果有影响，即生产者和消费者直接发生联系，生产过程同时也是消费过程，两者在时间上和空间上往往是不可分割的。而且，消费者必须直接加入到生产过程中来。比如，演唱会的舞台，既是生产地点，又是消费地点，演员（服务生产者）唱完一支歌，听者（服务消费者）也就同时消费了他的服务。虽然，有些服务的生产和消费在空间上可能是分离的。比如，饭馆的服务，饭菜在厨房烹制，顾客在店堂里吃饭，但任何一个饭馆都要按照顾客的要求提供饭菜。因此，这类服务的生产和消费依然可以看成是同时发生的。

3. 易消失性　也就是服务产品的不可储存性。产品市场提供的实物产品，可以被储存、运输、以便经销者的产品在市场上出现。而服务产品则不然，往往提供服务的各种设备，如车、船、旅馆房间等在需求之前准备好，但生产出来的服务如不当时消费掉，就会造成损失。许多旅馆对未能按事前约定的时间前来的顾客仍要收费的原因，就在于服务的价值只存在于顾客前来的这一刻。当需求稳定时，服务的易消失性不成为问题，因为事先安排服务是很容易的。

4. 不稳定性　在产品市场上，大多数实物产品的生产实行机械化和自动化，品质基本是标准的。服务业是以“人”为中心的产业，这就导致服务的构成及其质量水平经常变化，很难统一，它依赖于谁提供服务以及何时何地提供服务。

导致服务产品不稳定性的原因有 2 个方面：①由于服务人员自身因素的影响，即使由同一服务人员提供的服务也可能会因服务人员的情绪等因素影响，出现不同的服务水准。如由高水平医师做的心脏移植手术被认为比一位较缺乏经验的医师做的手术的质量高。但是，高水平医师的技能也随着他每次做手术时所用的精力和心理状态的不同而不同。服务购买者知道这种服务的可变性很大，因此，在选择服务提供者之前要不断地同别人进行探讨。②由于服务产品的消费者和生产者是不可分割的，服务的生产过程与消费过程的一致性，使消费者直接参与服务产品的生产过程和销售过程，因此，消费者本身是因素。如知识水平、兴趣、爱好、口味、态度等也会直接影响服务产品的质量与效果。如同是去听交响音乐会，有的陶醉其中，而有的人感觉索然寡味；同是去旅游，有的人流连忘返，有的人则败兴而归。

5. 复杂性与相互替代性　复杂性体现在服务业是一个门类繁杂的产业群，销售的产品复杂多样，特点各异。其中既有物质产品，也有精神产品。同时，在某些服务产品组合中，各类产品往往又是相互关联、相互制约的。如旅游，人们在购买旅游服务时，需要的就是一个经过组合的综合体，是一整套的服务。因此，在认识服务产品复杂性的同时，还应注意它们之间的相互联系。

服务产品具有很强的替代性。一是服务产品同其他工农业实物产品之间有着很强的相互替代性；二是各类服务产品之间往往可以相互替代。如一个人的自行车修理好以后，就不用再去购新自行车；租赁房子住，暂时就不会去购商品房；VCD 机的热销，影响了电影院的上座率等。再如，各种运输服务方式是可以相互替代的，去香港旅游，可选择乘火车，也可选择乘飞机去。

反过来，服务产品同工农业产品也可相互补充、相互促进。例如，目前电脑的普及，必然会刺激人们对电脑培训的需求，各种各样的电脑培训班应运而生，从而，扩大了与电脑有关的服务业市场。同样，这些服务业的发展，又必然会增加对用这类服务的工具和设备的需求。因此，从总的发展趋势来看，服务业的发展不会阻碍工农业商品市场的发展；工农业实物商品的丰富也不会缩减服务业市场。由于两者的交互作用，只能使两类市场同时拓宽和发展。

6. 缺乏所有权　缺乏所有权是指在服务的生产消费过程中不涉及任何所有权的转移，既然服务是无形的又易消失，服务在交易完成后便消失了。消费者并没有“实质性”地拥有服务。以银行取款为例，通过银行的服务，顾客手里拿到了钱，但并没有因此引起所有权的转移，因为这钱本来就是顾客自己的，只不过让银行保管一段时而已。又如，乘坐飞机之后的旅客只是从一个地方被运送的另一个地方，而此时旅客手里除了握着机票和登机牌之外，他们没再拥有任何东西。缺乏所有权会使消费者在购买服务时感受到较大的风险，如何克服这种消费心理，促进服务销售，是营销管理人员所要面对的问题。目前，服务产业发达的国家里，有很多服务企业逐渐采用“会员制度”的方法维护企业和顾客的关系。当顾客成为企业的会员后，他们可享受某些特殊优惠，让他们从心理上感觉到就某种意义而言他们确实拥有企业所提供的服务。

17.2　服务质量管理

服务质量的好坏，关系到服务企业的生存和发展，因此，服务质量管理是服务营销管理的中心问题。西方营销学家在这方面的著述甚多，这里只扼要地作一些综合介绍。

17.2.1　服务质量的内涵和测定

1. 服务质量的内涵　以制造业的产品来说，有形产品的质量通常可以从性能、使用寿命、安全性、可靠性和经济性等5个方面来衡量和规范。服务产品的质量与有形产品不同，由于服务是无形的，看不见，摸不到，并且许多服务的生产过程同时也就是消费过程，因此，无法制定明确的质量标准，也不可能事先控制生产过程中全面检测服务质量，以保证供给顾客的服务产品符合规定的质量标准。

顾客对服务质量的好坏很难评估，在很大程度上是一种主观经验的感受过程。顾客对服务质量的认知，取决于他们的预期质量与在消费过程中实际感受到的质量的比较。由于参与生产过程，顾客对服务质量的评估不仅要看服务结果如何，而且要看服务过程的好坏，服务质量要由顾客来认可。

顾客对服务质量的认知有两个基本的方面，即技术或产出方面，职能或过程方面。前者指顾客所接受的物质技术服务，如旅馆的房间设备、卫生条件、饮食质量等；后者指顾客如何获得服务，如旅馆的预约订房、前台接待、客房服务等人员的态度好坏，效率高低，给予顾客的感受和印象等，这些都是在顾客接受和参与服务的过程中，在供求或买卖双方相接触的“真实的片刻”产生的，是与服务人员的职能相联系的。

2. 服务质量的评估标准　决定服务质量的因素主要有以下几种，顾客主要是依据这些标准来评估服务质量。

(1) 可获得性：获得服务的时间、地点、方式，是否方便易得以及等待时间的长短。

(2) 沟通能力：服务人员及营销传播，是否能与顾客顺利沟通，包括语言、文字、图表等。

(3) 服务技能：服务人员的专业知识和技能如何。

(4) 文明礼貌：服务人员待客的文明礼貌程度，文化教养程度。

(5) 可信性：提供已承诺的服务的可信赖性和准确性。

(6) 责任心：提供服务和帮助顾客解决问题的自觉性。

(7) 反应性：服务人员是否能对顾客的要求和问题及时主动作出反应，并善解人意，理解顾客，提供有针对性的关怀。

(8) 有形体现：工具、设备等能否体现服务质量。

以上这些方面如果都能充分具备，必定可提高顾客的满意度。

超级链接

TCL“幸福快车”成就专家服务理念

要成为一个国际性的世界级品牌，只靠科学的管理，雄厚的技术实力，丰富的产品线和强大的营销能力是不够的，当今的市场竞争，更多是“技术，产品，服务”三方面综合实力的较量，服务在品牌建设和市场竞争中扮演的角色已经越来越重要。在家电市场，服务却是国内企业最应该补的一课。当众多厂商围绕价格战蜂拥而上；当大量企业盲目扩张渠道网络的时候，却往往忽视了对服务的重视和投入。最终受伤害的，不仅仅是急功近利的企业本身，消费者的利益也无从保障。“买了商品等于买来麻烦”，这已经一度成为中国家电消费者的普遍心态。这种状况是否无法改变？TCL 的答案是否定的。

作为国内最著名的家电企业，TCL 目前已经成为国内家电行业中服务体系最健全的企业之一。1999 年起 TCL 开始在全国范围内建立以“幸福快车”为主体的售后服务网络，几年中 TCL 白家电通过三级服务管理体系迅速构架了可以覆盖全国的维修服务网。目前已形成了 25 个区域级管理中心，下辖近 2000 个白家电客户服务网点。同时，“幸福快车”工程使 TCL 集团内所有产品的服务走上更加专业化的道路，社会化服务网点和自主经营管理的“幸福快车”服务网络起到了很好的互补作用。为更好地实现“快捷、诚信、亲切、专业”的服务承诺，TCL 目前在服务管理资源投入上应用了 MIS 系统并正在推进 Call—Center（呼叫中心），以构成完善的网络服务系统信息平台，提供准确的服务信息，对服务信息查询分析即时实现，进一步推动家电市场服务模式的变革。

随着家电市场竞争的日趋激烈，消费者关注的不仅仅是产品本身的性能和价格，售后服务所体现出来的附加价值更引起了消费者高度的关注。

资料来源：《市场报》(2003 年 11 月 12 日 第 7 版)

3. 服务质量测定模式　服务质量差距（Quality gaps)，是由质量管理不当造成的。西方营销学家帕拉苏曼等人提出了一个系统的服务质量管理模式（见图 17-1)，其要点是对服务提供者提出预期服务质量的主要要求，该模式表明引起服务失败的 5 种差距。

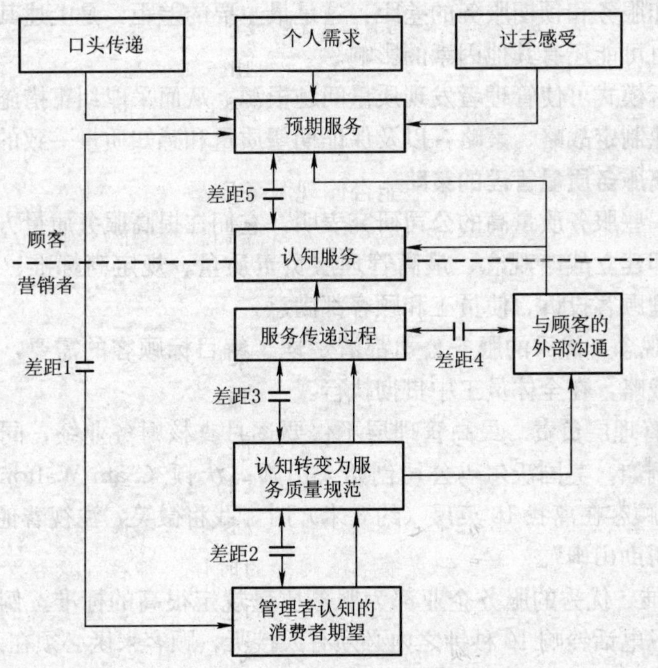

图 17-1　服务质量差距分析模式

(1) 顾客预期与管理者认知之间的差距：企业管理者对顾客需要的认知，并不一定总是正确的。例如，医院管理人员可能认为医院伙食是病人最关心，其实病人最关心的是护士的服务。产生这种差距的原因，主要是对服务需求的调研不够，信息不准确，或是信息传递过程中失真或丢失。这可能与企业的管理体制和组织结构有关，需要调整改革。

(2) 管理者的认知和服务质量规范之间的差距：管理者对顾客的需要认知准确，但没有建立特定服务标准。例如，银行的管理者要柜台服务人员工作准确迅速，但没有具体标准，难以执行和监督。

(3) 服务质量规范和服务提供之间的差距：这是指服务人员所提供的服务达

不到质量规范的要求。产生这种差距原因很多，可能是员工培训不足，能力不够，或过度疲劳，或不愿达到该规范；另外是规范本身有矛盾，缺乏可行性，如既要耐心听取顾客意见，又要高速服务。克服这种差距，应加强内部营销和沟通。

(4) 服务提供与外部沟通之间的差距：实际服务与广告宣传中的承诺不符，即名不副实。例如，一家旅馆在宣传材料中展示的房间十分豪华舒适，而实际上已破旧不堪，顾客抵达后一定会不满意。产生这种差距原因就在于传播失实，误导了顾客的期望。主要措施是改进营销传播，信守承诺，加强与外部沟通。

(5) 感知服务和预期服务的差距：这是最主要的差距，是上述其他差距的结果。当然，也可能还有其他因素的影响。

差距分析模式可使管理者发现质量问题根源，从而采取纠正措施。明确这些差距，是企业制定战略、策略，以及保证期望质量和感知质量一致的理论基础。

17.2.2 提高服务质量管理的策略

对国外一些服务质量高的公司研究表明，它们在提高服务质量方面有一些共同的措施，即建立战略观念、最高管理层负责质量、规定高标准、实行监督制度、及时处理顾客投诉、使员工和顾客都满意。

1. 战略观念　优秀的服务公司都清楚地了解目标顾客的需要，并据此制定明确的服务战略，在全体员工中贯彻执行。

2. 最高管理层负责　最高管理层不仅要逐月查核财务业绩，同时也要检查服务质量。例如，美国沃尔玛公司创始人山姆．沃顿（Sam Walton）要求员工发誓："每个顾客在离我 10 英尺（约 3 米）时，我将微笑，注视着他们，欢迎他们，这就是帮助山姆"。

3. 高标准　优秀的服务企业都为服务质量规定很高的标准。例如，美国花旗银行规定，电话铃响 10 秒钟之内必须有人接听，顾客来函必须在两天内答复。有些公司甚至要求达到 100%的零差错服务，因为，如果只要求达到 98%的准确度，似乎已经是很高的标准了，但对联邦快递公司来说，就意味着每天将有 6.4 万个邮件丢失，而对自来水公司而言，每年有 8 天的饮水不安全。

4. 监督制度　一些大型服务公司都定期进行审计，以检查和控制服务质量，并同竞争者比赛，找出差距。例如，美国通用电气公司一年发出 70 万张调查表给居民，让他们对公司服务人员评估。还有些公司派调查人员佯装顾客，进行调查。

5. 处理投诉　要有专人负责处理顾客投诉，尽力使投诉者得到满意答复。满意的投诉者更容易成为企业的忠诚顾客。因此，企业要消除顾客投诉的障碍，建立与顾客双向沟通的渠道，及时处理投诉。

6. 使员工和顾客都满意　要想使顾客满意，首先应使本企业的员工满意。很多服务行业都需要员工向顾客提供面对面的服务，如果员工有对工作或对管理者不满的情绪，那么，他就不可能有良好的服务态度和服务质量。因此，管理者应经常检查员工是否对工作满意，关心员工生活，帮助他们解决困难，还可实行弹性工时制，建立奖励制度等。有些学者甚至提出“顾客第二”，认为应该把员工放在第一位，只有员工满意，才能使顾客满意。内部营销必须先于外部营销。

17.3 服务市场营销组合策略

17.3.1 服务产品策略

1. 服务产品的构成　服务产品是一种能满足人们需要的活动或好处。服务作为一种特殊的无形产品，它是服务企业开展市场营销活动的基础。其构成有3个部分。

1）核心服务。这是顾客购买一项服务所追求的根本利益，它所要回答的问题就是，顾客真正要寻求的东西是什么？服务产品真正要满足的是什么样的需求？例如，某女士去美容，并不是为了美容而美容，而为了护肤、美观、漂亮。服务市场的营销人员的作用就是把隐藏在每一种服务内部的核心利益揭示出来，使得核心服务形象地展现在顾客面前。

2）有形服务。也称可感觉性服务。因为核心服务总是通过一些有形的或可感觉到的形式来提供给顾客的。有形服务包括服务人员、服务质量、服务耗费时间、等候服务的时间、服务设备和服务名称等。它们是企业核心服务的外在表现形式，许多顾客在选择和评价服务企业时，往往利用这些可感觉到的服务形式作为依据。这就要求服务企业在提供服务产品时，要利用技术高超的服务人员、一流的服务水准、良好的服务设施和快速有效的服务来吸引和满足更多潜在顾客的需求。

3）附加服务。这是营销人员为目标顾客提供超出有形服务范围之外的额外服务和利益，其目的是为了给顾客以更大的满足，而且是围绕核心服务和有形服务的边缘服务，即附加服务给顾客带来的额外利益。在服务质量同等条件下，顾客往往根据企业提供的附加服务项目的多少来决定取舍。一个企业应为顾客提供尽可能多的附加服务。

2. 服务产品的生命周期　服务产品同实物产品一样，也有其产品的生命周期。服务产品生命周期是指一项服务产品投入市场直到它完全退出市场所经历的时间。任何一项服务产品都会经历投入、成长、成熟、衰退的发展变化过程。

各阶段的特征和实物产品类似，即投入期，营业额呈上升趋势，但比较缓慢；成长期，由于消费者已知晓并接受其产品，营业额持续上升，速度较快；成熟期时服务产品已被大多数消费者所接受，市场趋于饱和，营业额增长速度减缓；衰退期时营业额急速下降。

服务寿命周期概念可以按服务行业（如旅游业）具体一种服务形式或一种更为具体的服务品牌（中国际旅游公司）来分别描述分析。服务行业的寿命周期，其成熟期能延续相当长的时间，像旅游这一行业，它有着悠久的发展历史，至今兴盛不衰，并且具有持续不断发展下去的趋势。旅游业的服务形式和服务项目是多种多样的，但就某一种形式的旅游服务来讲，其寿命周期又是各不相同的。其中，有些旅游服务已进入成熟期，有些刚步入成长期，而有些则已入衰退期。所以，服务形式比服务行业更能典型地反映出服务寿命周期的是极其有限的，有的甚至未能经过全部 4 个发展阶段就消失了。比起服务行业和服务形式，服务品牌的寿命周期是比较短的。

3. 新服务产品的分类　新服务产品是指在服务对象和用途等方面，具有新特征的服务。其类型按新服务创新和改进的程度分为全新服务和换代服务。全新服务的出现标志着一个崭新的行业问世，其服务的寿命周期是从导入阶段开始，目前社会上还没有任何一种服务行业能够取代它。开发一种新服务风险性较大，但企业也能从这富有潜力的新市场中获得极大收益，并且成为这一市场的主宰。换代新服务是在现有服务行业基础上演变出来的具有新特征、能够代替原有服务形式的新服务，即在保持原有服务产品核心利益不变的基础上，通过改善或扩大有形服务和附加服务而产生的新服务。

新服务产品的开发也有其具体的程序，这要经过新服务创意、新服务创意技术和筛选、新服务概念及其试验、新服务营业分析、新服务试验、新服务推广等阶段。

17.3.2　服务定价策略

1. 服务价格的特征　在服务市场营销组合中，价格是使服务产品转化为收入和利润的惟一因素。由于服务性劳动的特点，使服务价格与一般产品价格有着特殊的区别。

(1) 服务价格成本中变动成本大于固定成本：这是由于服务行业劳动者平均占用的生产资料一般要少于其他产品生产部门，服务劳动大部分要靠人来完成。所以，服务价格构成中，劳务成本或工资开支比重较大。

(2) 影响服务价格变动的因素是由多元变量构成：由于服务性劳动受许多因素影响，包括社会的、心理的、技术的和自然的，因而服务价格的价值量具有相对不确定性。影响服务价格变动的因素有成本、利润率、利息率、工资率等内因，也包括消费者对服务效用评价、消费收入的水平、消费心理倾向、需求弹性系数大小等外因。企业定价时，一定要从多方面考虑。

(3) 服务价格具有相对垄断性：服务同其他新特产品一样具有一定的竞争性，在服务市场上，企业根据服务质量、信誉、服务条件、设备优劣等情况，在服务价格上展开了吸引顾客的竞争。但是，这种竞争是不完全的。由于价格差异的悬殊性以及不确定性，就使某些专利性的服务价格带有垄断性。例如，科学技术研究、信息咨询、外科手术、书画装裱以及高难度程序设计、发展创造等服务价格，在市场上它们极为稀缺，别人很难模仿推广。这样，在“物以稀为贵”市场因素的制约下，某些服务价格就有可能出现垄断现象。另外，有些服务价格的垄断性是由其服务在国民经济发展中所处的特殊重要地位所决定的。例如，邮电通信、铁路、航空、海运、金融、保险以及对外贸易等服务行业中的价格都具有相对垄断性。因为这些行业在整个社会经济中占居着特殊重要的地位。

（4）服务价格形式具有多样性：由于社会生产和生活消费的多样性、服务形式的多样性以及服务需求的多样性，最终决定了服务价格形式也必须是多种多样的。从反映服务行业各部门特性的价格来看，就有交通运输价格、邮电通信服务价格、饮食服务价格、旅游价格、咨询服务价格等多种形式。而且，每一部门又有不同的服务质量差价、地区差价、优惠折扣等多种形式。

2. 服务企业的定价目标

（1）以刺激服务需求为目的：我们用“薄利多销”来概括这一目标。由于服务企业的劳动生产率较低，它的发展又受到社会生产力发展水平和人民消费水平的种种限制，因而，单位服务产品或有效服务的价格中只能含有较低的利润。为此，服务企业一方面要努力刺激社会需求的增加；另一方面要努力提高本企业的市场占有率，尽力扩大销售。这样做的措施之一，就是把价格控制在最佳的数量界限内，即采用“薄利多销”。对于大多数服务企业说来，这样做也是可能的，因为这些企业的经营一般都是大批量、少品种的，这为企业核算边际生产费用提供了方便，为薄利多销策略的具体运用创造了条件。

（2）以调节短期需求为目的：顾客对许多服务的消费需求带有明显的时间性，而服务企业的经营能力一般来说是相对固定的，并且，服务产品又不能预先制作，而是以后销售。因此，服务供求在时间方面的矛盾，只能主要靠价格变动来调节。实践证明，同一服务项目上的价格的时间差效果是明显的。如通信企业采取价格时间差，晚间打长途电话实行半价收费，就有效地缓解了白天打长途电话的紧张状况。

（3）以协调连带消费为目的：服务产品的经营往往离不开工农业实物产品的经营，完全意义上的纯服务为数并不多。至于一项服务与另一项服务之间的连带或相关消费的情况更是比比皆是。因此，可以把一些服务项目的价格订得低一些，吸引顾客在购买这些服务的同时，购买其他产品。比如，游乐场的入场券价格可以定得低一些，但进场后的分类游乐服务的价格可以定得高些；旅馆客房的价格可以定得低些，旅馆内其他服务的价格可以定得高些。这样，给顾客一种价格低廉的印象，招徕顾客，以刺激其他连带性的消费需求，使企业在多种经营中获取利润。

3. 定价方法　企业选择了正确的定价目标后，还应采取有吸引力的定价方法，以实现其定价目标。服务企业定价方法有如下几种：

（1）理解价值定价法：这种定价法是根据消费者对服务价值的理解，而不是根据服务成本来定价。采用理解价值定价法，同一种服务在不同的企业制定的价格各有差异。一般情况下，定价差异只有一个浮动范围，服务价值及其价格最终还是由市场决定的。服务企业要正确估计和分析消费者对服务效用及其价值的认识理解程度，按照他们对服务效用和价值估计的高低，相应确定服务价格。

（2）需求差异定价法：这种方法也称区分需求定价法，就是根据不同消费者、不同服务地点和服务时间制定不同的收费标准。

1）对不同的消费者收取不同的费用。由于消费者对企业的忠诚程度、经济收入、消费经验等差异，同一服务收费标准也不一样。如对忠诚于竞争对手并且具有消费经验的潜在顾客采取低标准收费；而对偶尔光顾企业、收入较高和没有消费经验的顾客则以高标准收费。

2）对不同服务地点提供的服务制定不同的价格。例如，处于不同地理位置的旅馆、影剧院内不同位置的座位，其收费标准也各不相同。

3）对不同时间提供的服务制定不同的价格。例如，旅游淡季和旺季的收费差别、邮局白天和晚上长途电话收费的差异，都是根据不同季节，不同时间的服务需求规定服务价格的。

（3）竞争导向定价法：这种方法是以竞争者的价格作为定价依据。根据企业的定价目标，企业可以按照同行业的平均价格或主要竞争对手的平均价格来决定自己的收费标准。其特点是，企业定价随其他主要企业定价变化而变化，即使成本或市场需求发生了变化，由于竞争者价格未变，企业的定价也不能变；或企业成本和市场需求未变，但竞争者价格变化了，企业的定价也得做出相应变化。以竞争为导向的定价方法适于需求弹性和服务成本难以估算的服务行业，例如，咨询、修理、理发、旅馆等行业。

17.3.3 服务的渠道策略

服务分销渠道是服务的交付系统，是由一些向顾客提供的有效服务、具有共同目标、相互关联的部分组成的系统。此系统包括顾客、服务提供者、中间商以及代理商，他们在分销渠道中各自发挥着作用。

1. 服务产品分销渠道类型　服务无法运输和储存，服务销售过程中不存在所有权转移问题，因此，顾客必须包括在服务的分销渠道系统之间。服务分销渠道比产品分销渠道短而直接。一般来说，服务分销渠道有3种。

（1）直接销售服务：直接销售服务中最简单的渠道就是从服务卖方直接到服务买方，大部分专业性服务和企业服务属于此类。另一种直接分销方式是合同式（口头或者书面），双方按合同条款和条件执行。

（2）间接销售服务：这是指通过中间商的销售方式。服务市场营销中使用的中间商，往往起着代理人或经纪人的作用。他们辅助服务的交付和传递，例如，旅游代理商。

（3）提供某种服务场所进行服务：这有 3 种情况：①把顾客带到服务场所，如银行、医院、学校。②把服务送到顾客身边，如医疗保险、保险代理人等。③在进行中进行服务，如导游在旅行车上进行当地风土人情的介绍。

2. 服务产品的分销渠道策略　分销渠道策略主要是确立分销密度策略。服务企业在分销渠道策略上可有 3 种选择。

（1）密集分销：这是指为取得最大市场覆盖度而采取的策略，此项策略的目的是通过设立尽可能多的服务网点提供方便的服务。

（2）独家分销：这是指惟一的服务提供者或专门向某一市场提供服务。此种策略，一般为特殊的专业性服务和部分企业服务所采用。其特点是可对服务质量严格控制，增强顾客信任度，有利于树立企业的良好形象。

（3）选择分销：这是介于密集分销和独家分销之间的一种分销策略，此项策略是由一家以上但又为数不多的服务设施进行分销，大多数消费服务企业采用此种策略。

17.3.4　服务的促销策略

服务促销是指为了提高销售，加快新服务的引入，加速人们接受新服务的沟通过程。促销对象不只限于顾客，也可以被用来激励雇员和刺激中间商。

在服务市场上，消费者在购买服务产品之前，很难完全体会到服务企业提供的服务，只有消费了服务之后，才能体会出来。这样，就使顾客对购买服务产品信息传递给其他消费者，即服务产品促销。

1. 服务促销的目的　服务促销的主要目的是将本企业所提供的服务与竞争对手所提供的服务区别开来。具体有传递信息、说明、提示。传递信息，即告知潜在购买者有关本企业的服务项目和服务能力等；说明，即服务企业通过说服，使潜在顾客做出购买其服务的决策，如购买人寿保险、在银行开立账户、使用电话线路等；提示，即向顾客提示本企业提供的服务所具有的特征和好处。

2. 服务促销方式　与实物产品促销方式相同，即广告、人员推销、公共关系和销售促进（营业推广）。这些方式的综合运用，有计划、有目的的结合，即为服务促销组合策略。

1）广告是服务促销中非人员促销的主要手段，服务产品广告就是服务企业的使用各种媒介向广大公众展示某种服务的一种促销方式。一般来说，服务广告与产品广告相似，服务产品广告的特点是，服务的不可触知性要求服务广告要把不可触知的、抽象的服务变得可触知；服务购买者有一种不确定心理，服务广告设法减轻或者消除这种心理。因此，服务广告的大忌就是抽象，要努力创作富有想象力的广告，将服务与消费者联系起来。例如，保险代理，就要努力宣传某一险种带来的好处等。

2）人员推销是与顾客面对面地推销服务的一种方式，是服务企业市场营销的核心。因为服务购买者希望与服务企业建立和保持直接持久的关系，服务企业中几乎全体职工都接触顾客，都参与人员推销。服务企业的人员推销方法与产品的人员推销方法截然不同。

3）公共关系包括各种交际技巧，用来树立和维护服务企业良好形象。在服务企业中，公共关系的作用是对企业广告、人员推销及其他市场营销交流的补充，帮助提高企业在社会上的知名度。

此外，除上述方式以外的服务促销手段，均为服务销售促进。

本章小结

服务业是指专门生产和销售各种服务产品的生产部门和企业，有广义和狭义之分。服务业的发展是与生产力不断发展紧密相连的，是生产社会化进一步发展的必然趋势。

服务具有无形性、不可分割性、易消失性、不稳定性、复杂性与相互替代性，以及缺乏所有权等特点。由于服务产品与工农业产品有很大区别，因而服务营销有其自身特点，主要包括推销困难、销售方式单一、供求分散、销售对象复杂、需求弹性大、生产者个人的技能技术要求高等。

服务质量的好坏，关系到服务企业的生存和发展，因此，服务质量管理是服务营销管理的中心问题。

由于服务业自身的特殊性，其市场营销组合与传统营销组合（即 4P’s）有所不同，主要包括七大因素（7P’s），即产品、渠道、促销、定价、人、有形展示、过程等。服务产品构成同实物产品一样，包括核心服务、有形服务和附加服务 3 部分。

思考题

1. 服务的含义包括哪些内容？
2. 简述服务业的分类。
3. 服务的特征有哪些？
4. 服务质量的标准有哪些？如何提高服务质量？

案例分析

海尔家电的服务营销

服务营销的案例无疑是举不胜举，但是海尔确实更为人知，也是更加经典的服务营销案例了。海尔“真诚到永远”，被广大消费者广为传颂，海尔也的确做到了，海尔人用汗水书写的种种服务传奇。

海尔1994年的无搬动服务；1995年三免服务；1996年先设计后安装服务；1997年的五个一服务；1998年的星级服务一条龙，其核心内容是从产品的设计、制造到购买，从上门设计到上门安装，从产品使用到回访服务，不断满足用户新的要求，并通过具体措施使开发、制造、售前、售中、售后、回访6个环节的服务制度化、规范化；1999年海尔专业服务网络通过ISO9000国际质量体系认证；2000年星级服务进驻社区；2001年海尔空调的无尘安装；2003年海尔推出了全程管家365。10年来，海尔的服务已经历了10次升级，每次升级和创新都走在了同行业的前列。

海尔凭借出色的服务能力，不仅仅成为中国家电行业的领头羊，还挤身世界家电企业十强，在世界最受尊敬的企业排名中间，海尔已经连续多年位居中国企业第一位。

海尔是中国家电企业中最早重视向终端消费者提供个性化服务，海尔认为服务也是产品，只有通过持续性服务产品的创新和造势，才能拉升与竞争对手的距离，才能提升海尔形象，才能形成消费者忠诚度，从而拉开与竞争对手的差距。

由于海尔在提供星级服务方面达到国际先进水平，1996年海尔集团获得了美国优质服务科学协会颁发的五星钻石奖。在2000年全国消费服务信誉度调查结果中，海尔空调又以绝对领先得票数获得消费者满意度第一，奠定了海尔坚持打“价值战”不打“价格战”的基础。

20世纪90年代初，随着冰箱企业的急速膨胀，市场竞争越来越激烈，这使得更多的企业把注意力开始集中于价格上来，通过价格来调节竞争。80年代末的时候，由于政府治理整顿市场秩序，市场变淡，冰箱纷纷降价，海尔在这个时候不但没有降价，反而提价12%，产品更加供不应求。我国已经完成了从“紧缺经济”到“过剩经济”的转变，因此，在当时的营销环境中间，产品越来越需要通过“服务”提供的附加值，来增加产品对消费者的吸引力。在竞争最激烈的家电行业和保健品行业，服务在营销中的关键地位体现得最为明显。

当时，中国家电市场是处于高度无序价格战的状态。家电产品到90年代开始出现供大于求，产品出现库存。各个厂家为了消化库存拼命降价，甚至降到了成本之下来进行竞争。他们认为只要降价就可能卖出去，就可以占有市场份额。

自从20世纪90年代中国市场进入买方市场以来，“顾客满意度”就大行其道，成了企业经营中最基本的战略。这一理念风行的经济环境与80年代的欧美很相似。当时，绝大多数行业也已处于买方市场。如果不能使顾客满意，即使是“好商品”也会卖不出去。最早对这种经营环境变化做出系统反应的是斯堪的纳维亚航空公司，他们于1985年提出并实践了“服务与管理”的观点。他们的信念是，企业利润增加首先取决于服务的质量。这意味着企业自觉地把由生产率的竞争转换为服务质量的竞争。

20世纪90年代中后期，我国的市场营销全方位展开，其中一个极为重要的变化就是服务营销的全面启动。1992年6月，中共中央、国务院作出了《关于加快发展第三产业的决定》，为服务营销在中国的发展铺平了道路。

目前，国内家电企业也逐渐开始将注意力聚焦“服务”板块，如海尔的“全程管家365”、春兰的“24小时金牌服务”和小天鹅的“365E全质量客户服务计划”等。将服务品牌化、制度化、信息化，在售后服务市场不断推出种种新举措和服务模式。有关专家表示，随着目前家电业竞争的演变和升级，“服务营销”的天时、地利、人和将成为行业竞争的又一个焦点。

在市场竞争的白热化状态中，海尔并没有卷入价格竞争的旋涡，而是另辟蹊径。张瑞敏在当时可谓高瞻远瞩，他并没有跟随市场的大趋势，把海尔的“真诚到永远”真正转化为生产力。海尔在强化质量的同时，开始推出星级服务，把服务提到了企业营销战略的高度上来，这可以称为中国营销方面最具有意义的“服务营销”的经典案例，引发了中国企业开始由质量、价格的不断追求的同时，开始关注服务。而且，海尔还在强化营销的同时，更加注重整体管理水平的提升，及产品的创新与研发，这就是海尔能走得更远的根本原因。

案例思考

1. 通过海尔的成功，你得出什么体会？

2. 结合海尔的服务，谈一谈家电企业的发展与困难。

第18章 网 络 营 销

学习目标 通过本章学习，使学生对以现代营销学原理为出发点的网络营销产生与发展的必然性有一定认识；对网络营销作为一种新兴的营销方式和传统营销比较所表现出的特点和优势有所了解；对网络营销的内容，网络营销对传统营销的冲击以及网络营销和传统营销的整合，得以全面的领会。

18.1 网络营销的定义与内容

18.1.1 网络营销的定义

网络营销有多种类似的名称，如网上营销、在线营销、互联网营销等。与许多新兴学科一样，由于研究人员对网络营销研究的角度不同，对网络营销定义的理解和认识也有较大差异。广义地说，凡是以互联网为主要手段进行的、来达到一定营销目标的经营活动，都可称之为网络营销。从狭义的角度出发，可将网络营销定义为，网络营销是企业整体营销战略的一个组成部分，是利用 Internet 技术，最大程度地满足客户需求，以达到开拓市场，实现盈利目标的经营过程。据此，可以得到对网络营销的下列认识：

1. 网络营销不是网上销售　网上销售是网络营销发展到一定阶段产生的结果，网络营销是为实现网上销售目的而进行的一项基本活动，但网络营销本身并不等于网上销售。这可以从两个方面来说明：①因为网络营销的效果可能表现在多个方面，例如，企业品牌价值的提升、加强与客户之间的沟通、作为一种对外发布信息的工具等。网络营销活动并不一定能实现网上直接销售的目的，但是，很有利于增加总的销售。②网上销售的推广手段也不仅仅靠网络营销。一般，除了网络营销，还要采取许多传统的方式，如传统媒体广告、发布新闻、印发宣传册等。

2. 网络营销不仅限于网上营销　这样说也许有些费解，不在网上怎么叫网络营销？这是因为互联网本身还是一个新生事物。在我国，上网人数占总人口的比例还很小，即使对于已经上网的人来说，由于种种因素的限制，在互联网上通过一些常规的检索办法，不一定能顺利找到有意寻找的所需信息，何况对于许多初级用户来说，可能根本不知道如何去查询信息。因此，一个完整的网络营销方案，除了在网上作推广之外，还很有必要利用传统营销方法进行网下推广。这可以理解为关于网络营销本身的营销，正如关于广告的广告一样。

3. 网络营销理论是建立在传统营销理论基础之上的　网络营销理论是传统

营销理论在互联网环境中的应用和发展，因为网络营销是企业整体营销战略的一个组成部分，网络营销活动不可能脱离一般营销环境而独立存在。

18.1.2 网络营销的产生与发展

网络营销在国外有许多翻译，如 Cyber Marketing，Internet Marketing，Network Marketing，e-Marketing 等。不同的单词词组有着不同的含义，Cyber Marketing 主要指网络营销是在虚拟的计算机空间（Cyber，计算机虚拟空间）进行运作的商务；Internet Marketing 是指在 Internet 上开展的营销活动；Network Marketing 是指在网络上开展的营销活动，而这里指的网络不仅仅是 Internet，还可以是一些其他类型网络，如增殖网络 VAN。目前，比较习惯采用的翻译方法是 e-Marketing，e 表示电子化、信息化、网络化的含义，既简洁又直观明了，而且与电子商务（e-Business）、电子虚拟市场（e-Market）等进行对应。

1. 网络营销的产生　网络营销是以现代电子技术和通信技术的应用与发展为基础，与市场的变革、竞争以及营销观念的转变密切相关的一门新学科。网络营销相对于传统的市场营销，在许多方面都具有明显的优势，带来了一场营销观念的革命。

20 世纪 90 年代初，Internet 的飞速发展在全球范围内掀起了互联网应用热潮，世界各大公司纷纷利用互联网提供信息服务和拓展公司的业务范围，并且按照互联网的特点积极改组企业内部结构和探索新的营销管理方法。从此，网络营销宣布诞生。

网络营销的出现为企业提供了适应全球网络技术发展与信息网络社会变革的新的技术和手段，是现代企业走入新世纪的营销策略。网络营销的产生有其在特定条件下的技术基础、观念基础和现实基础，是多种因素综合作用的结果。具体地分析其产生的根源，可以更好地理解网络营销的本质。

（1）互联网的发展是网络营销产生的技术基础：互联网络，起源于 1969 年。在加利福尼亚大学洛杉矶分校的计算机实验室里，6 名科学家首次将一台计算机与远在千里之外的斯坦福研究所的另一台计算机联通，宣布了网络世界的到来。1974 年，计算机网络已拥有 100 多个站点。再后来的发展就是爆炸性的。

互联网是一种集通信技术、信息技术、时间技术为一体的网络系统。其形式并非来源于全球性的系统规划，它之所以有今天的规模，得力于本身的特点，即开放、分享与价格低廉。在互联网络上，任何人都可以享有创作发挥的自由，所有信息的流动皆不受限制，网络的运作可由使用者自由地连接，任何人都可加入联网，因此，网络上的信息资源是共享的。互联网上各种各样的服务，体现出连接、传输、互动、存取各类形式信息的功能，使得互联网具备了商业交易与互动沟通的能力。企业利用互联网开展经营活动，显示出越来越多的区别于传统营销模式的优势，以 Internet 为技术基础的网络营销，其产生已是社会经济发展的必然。

(2) 消费者价值观的改变是网络营销产生的观念基础：满足消费者的需求，是市场营销的核心。随着科技的发展、社会的进步、文明程度的提高，消费者的观念也在不断地变化，这为建立在 Internet 上的网络营销提供了普及的可能。

(3) 激烈的竞争是网络营销产生的现实基础：当今市场竞争日趋激烈，企业为了取得竞争优势，想方设法吸引顾客，传统的营销已经很难有新颖独特的方法来帮助企业在竞争中出奇制胜了。市场竞争已不再依靠表层的营销手段，经营者迫切需要更深层次的方法和理念武装自己。

网络营销的产生给企业的经营者带来了福音，可谓一举多得。企业开展网络营销，可以节约大量昂贵的店面租金，可以减少库存商品的资金占用，可以使经营规模不受场地限制，可以方便地采集客户信息等。这些长处使得企业经营的成本和费用降低，运作周期变短，从根本上提高了企业的竞争力。

2. 网络营销的发展　网络营销的发展前景令人瞩目，但也不会一帆风顺。尽管世界上一部分发达国家的电子商务活动发展较快，网络营销取得初步成功，但进一步发展所面临的问题依然不少，尤其是在我国，对此我们应有清醒的认识。

如果将网络营销简单地分解为“网络销售”和“网络经营”两种功能，那么目前国内主要发展的是网络销售。与欧美国家网络销售取得的不俗业绩相比，我国的网络营销在原本应是优势和特长的若干方面，却存在着一些现实问题。

(1) 从“方便”优势看：我国城市不存在欧美国家的“空心化”现象，市民的居住范围局限于市区，再加上近几年大中城市的商场建设热潮，国内消费者并不存在花两三个小时车程才能购物的无奈，亲临现场购物很方便。

(2) 从“快捷”优势看：我国没能像发达国家一样，经历了电话、电视直销热后，已经建立起一套完整的速递快运业务体系，我们的快运业务从费用、速度两方面说都不能令人十分满意。

(3) 从“交互性能好”优势看：我国的市场经济起步时间不长，消费者保持着浓厚的传统消费心理，不是亲眼所见，很难激发购买欲望，就是交互性再好，距离的间隔也使其不敢贸然行事。

(4) 从“其他”优势看：信用消费和在线结算离中国老百姓还太远，国内的风险投资体系和证券市场还不完善，网络营销的经营者缺乏开发的保障。

3. 网络营销的发展趋势　在认清现实困难的同时，我们也应充满信心地分析网络营销这一新生事物的发展前景。根据目前互联网发展的速度以及市场营销环境的变化，可以预测网络营销将会有以下的发展趋势：

(1) 网络技术将更有利于商品的销售：网络的防火墙技术、信息加密技术将更加成熟，电子货币等安全的网上支付方式将得到进一步推行，网络系统在商品销售方面的效率将大大提高，令网络消费者感到不安的网上付款安全问题将会迎刃而解，电子商务的使用将更加多样化，在销售促进上发挥更大的作用。

（2）营销决策趋于理性化：其主要表现在：①企业服务的对象，网络消费者的购买与消费行为将更加理性化，头脑冷静、擅长理性分析是网络用户的显著特点。②市场调研效率的提高为理性决策奠定了基础。在网上进行市场调研比采用传统的调查方法具有巨大的优势，不论是在调查的宽度，还是在调查的效率上都为网络用户决策提供了有利条件。

（3）网上的电子商场将兴旺发达：将商场或企业的商品以多媒体信息的方式通过互联网络供全球消费者浏览和选购，是国内外许多大商场和大企业正在使用的促销方式。对于企业来说，网络商场与传统的商场相比，具有不需店面租金，可以减少商品库存的压力，降低销售、管理、发货等环节的成本，经营规模不受场地的限制，便于收集顾客的信息等很多优点。其发展前景十分广阔。

（4）网络广告将大有作为：与传统广告相比，网络广告所表现出来的优势是明显的。网络广告的空间几乎是无限的，其传播范围远远大于传统广告；网络广告成本低廉，大约仅相当于传统媒体的1/10；网络广告可以实现即时互动，克服了传统广告强制性的缺点；网络广告促成消费者采取行动的机制主要是靠逻辑、理性的说服力，因此具有更高的效率。

超级链接

预计2010年我国网络营销型电子商务将基本普及

中国社会科学院互联网发展研究中心2006年3月28日公布的《2005年中国电子商务市场调研报告》预计，到2010年，各类电子商务将在国民经济主要部门，如工业、农业、商业、交通运输业、金融、保险、证券业及信息服务业全面发展，以网络营销为重点的电子商务将基本普及，网上支付随环境条件的改善而逐步发展。

报告称，我国电子商务的发展始于上个世纪90年代初，1997年逐渐成为一个热门话题。与北美、欧洲、日本等发达国家的电子商务高速发展的现状相比较，我国的电子商务起步虽晚，但发展势头强劲。短短几年时间，我国电子商务已经从启蒙阶段迅速进入实施阶段，到2005年，新的电子商务网站，如网上商店、商城、专卖店、拍卖点、网上定票、旅游、教育、医疗以及各种电子商务资讯和交易站点等，如雨后春笋不断涌现出来。

资料来源：新华网

18.1.3 网络营销内容

网络营销作为新的营销方式和营销手段实现企业营销目标，它的内容非常丰富。一方面，网络营销要针对新兴的网上虚拟市场，及时了解和把握网上虚拟市场消费者的特征和消费者行为模式的变化，为企业在网上进行营销活动提供可靠的数据分析和营销依据；另一方面，网络营销在网上开展营销活动来实现企业目标，而网络具有传统渠道和媒体所不具备的独特的特点，即信息交流自由、开放和平等，而且信息交流费用非常低廉，信息交流渠道既直接又高效，因此，在网上开展营销活动，必须改变传统的一些营销手段和方式。网络营销作为在 Internet 上进行的营销活动，它的基本营销目的和营销工具与传统营销是一致的，只不过在实施和操作过程中与传统营销方式有着很大区别。下面是网络营销的一些主要内容：

1. 网上市场调查　主要利用 Internet 的交互式的信息沟通渠道来实施调查活动。它包括直接在网上通过问卷进行调查，通过网络来收集市场调查中需要的二手资料。利用网上调查工具，可以提高调查效率和调查效果。Internet 是信息的海洋，同时又是作为信息交流渠道，因此，在利用 Internet 进行市场调查时，重点是如何利用有效工具和手段实施调查和收集整理资料，获取信息不是难事，关键是如何在信息海洋中获取想要资料的信息和分析出有用的信息。

2. 网上消费者行为分析　Internet 用户作为一个特殊群体，有着与传统市场消费群体截然不同的特性。因此，要开展有效的网络营销活动必须深入了解网上用户群体的需求特征、购买动机和购买行为模式。Internet 作为信息沟通工具，正成为许多兴趣、爱好趋同的群体聚集交流的地方，并且形成一个个特征鲜明的网上虚拟社区，了解这些虚拟社区群体的特征和偏好是网上消费者行为分析的关键。

3. 网络营销策略制定　不同企业在市场中处在不同地位，在采取网络营销实现企业营销目标时，必须采取与企业相适应的营销策略。因为网络营销虽然是非常有效的营销工具，但企业实施网络营销时是需要进行投入和存在风险的，同时企业在制定网络营销策略时，还必须考虑到产品生命周期对网络营销策略制定的影响。

4. 网上产品和服务策略　网络作为信息沟通的有效渠道，它可以成为一些无形产品，如软件和远程服务的载体，改变传统产品的营销策略特别是渠道的选择。作为网上产品和服务营销，必须结合网络特点重新考虑有关产品的设计、开发、包装和品牌等这些传统的产品策略，如传统的优势品牌在网络市场并不一定是优势品牌。

5. 网上价格策略　网络作为信息交流和传播工具，从诞生开始就实行的是自由、平等和信息免费的策略，因此，网上市场的价格策略大多采取免费或者低价策略。企业在制定网上价格营销策略时，必须考虑到 Internet 对企业定价的影响和 Internet 本身独特的免费思想。

6. 网上渠道选择与直销　如果问 Internet 对企业营销影响最大是什么，那应该是对企业营销渠道的影响。比如，Dell 公司借助 Internet 的直接特性建立的网上直销模式获得了巨大成功，改变了传统渠道中多层次的选择和管理与控制问题，最大限度地降低了渠道中的营销费用。但企业建设自己的网上直销渠道，必须进行一定投入，同时还要对传统的经营管理模式进行一定的变革。

7. 网上促销与网络广告　互联网作为一种双向沟通渠道，可以实现沟通双方突破时空限制直接进行交流，而且简单、高效，费用低廉。因此，在网上开展促销活动是最有效的。但网上促销活动的开展，也必须遵循网上信息交流与沟通规则，特别是遵守一些虚拟社区的礼仪。网络广告作为在 Internet 上发布的广告，具有传统的报纸杂志、无线广播和电视等传统媒体发布广告无法比拟的优势，即网络广告的交互性和直接性。目前，网络广告作为新兴的产业得到迅猛发展。

8. 网络营销管理与控制　网络营销作为在 Internet 上开展的营销活动，它必将面临许多传统营销活动无法碰到的新问题，如网络产品质量保证问题、消费者隐私保护问题，以及信息安全与保护问题等。这些问题都是网络营销必须重视和要进行有效控制的问题，否则网络营销效果会适得其反，甚至会产生很大的负面效应。

18.2　网络营销的特点与优势

网络营销作为一种全新的营销方式，与传统营销方式相比，具有得天独厚的优势，是实施现代营销媒体战略的重要组成部分。随着上网人数的迅速增加，覆盖的受众面越来越广泛，网络营销的影响力也越来越大。网络营销的主要特点和优势有：

1. 传播范围广、不受时空限制　通过国际互联网络，网络营销可以将信息 24 小时不间断地传播到世界的每一个角落。只要具备上网条件，任何人，在任何地点都可以阅读，这是传统媒体无法比拟的。

2. 网络营销具有交互性和纵深性　交互性是互联网络媒体的最大优势，它不同于传统媒体的信息单向传播，它是信息互动传播。通过链接，用户只需简单地点击鼠标，就可以从厂商的相关站点中得到更多、更详尽的信息。另外，用户可以通过广告位直接填写，并提交在线表单信息，厂商就可以得到宝贵的用户反馈信息，进一步减少了用户和企业、品牌之间的距离。同时，网络营销还可以满足消费者进一步的产品查询需求。

3. 成本低、速度快、更改灵活　网络营销制作周期短，即使在较短的时间进行投放，也可以根据客户的需求很快完成制作。而传统广告制作成本高，投放周期较固定。另外，在传统媒体上做广告，一经发布，很难更改，即使可以改动往往也需付出很大的经济代价。而在互联网上做广告，企业能够按照客户需要及时变更广告内容，这样，经营决策的变化就能及时实施和推广。

4. 网络营销是多维营销　网络营销是多维的，它能将文字、图像和声音有机的组合在一起，传递多感官的信息，让顾客如身临其境般感受商品或服务。这种图、文、声、像相结合的广告形式，大大增强网络营销的实效性。

5. 网络营销能进行完善的统计，可以跟踪和衡量营销效果　“无法衡量的东西就无法管理”。网络营销通过及时和精确的统计机制，使广告主能够直接对广告的发布进行在线监控。而传统的广告形式只能通过并不精确的收视率、发行量等来统计投放后的受众数量。而且，网络营销的广告主还能通过 Internet 即时了解广告的效果。通过监视广告的浏览量、点击率等指标，广告主可以统计出多少人看到了广告，其中有多少人对广告感兴趣，进而进一步了解广告投放后的详细信息。因此，较之其他任何广告形式，网络营销使广告主能够更好地跟踪广告受众的反应，及时了解用户和潜在用户的情况。

6. 网络营销的投放更具有针对性　通过提供众多的免费服务，网站一般都能建立完整的用户数据库，包括用户的地域分布、年龄、性别、收入、职业、婚姻状况、爱好等。这些资料可帮助广告主分析市场与受众，根据广告目标受众的特点，有针对性地投放广告，并根据用户特点作定点投放和跟踪分析。另外，网络营销还可以提供有针对性的内容环境，在不同的网站或者是同一网站不同的频道上，提供不同质且具有很强的分别的服务，为密切迎合广告目标受众的兴趣提供可能。

7. 网络营销的受众关注度高　据资料显示，电视并不能集中人的注意力，电视观众 40％的人同时在阅读，21％的人同时在做家务，13％的人在吃喝，12％的人在玩赏它物，10％的人在烹饪，9％的人在写作，8％的人在打电话。而网上用户 55％在使用计算机时不做任何它事，只有 6％的人同时在打电话，只有 5％的人在吃喝，4％的人在写作。

8. 网络营销缩短了媒体投放的进程　广告主在传统媒体上进行市场推广一般要经过 3 个阶段：市场开发期、市场巩固期和市场维持期。在这 3 个阶段中，厂商首先要获取注意力，创立品牌知名度，在消费者获得品牌的初步信息后，推广更为详细的产品信息，然后是建立和消费者之间较为牢固的联系，以建立品牌忠诚度。而互联网将这 3 个阶段合并在一次广告投放中实现，即消费者看到网络营销，点击后获得详细信息，并填写用户资料或直接参与广告主的市场活动，甚至直接在网上实施购买行为。

9. 网络营销具有可重复性和可检索性　网络营销可以将文字、声音、画面完美地结合之后供用户主动检索，重复观看。而与之相比，电视广告却是让广告受众被动地接受广告内容，如果错过广告时间，就不能再得到广告信息。另外，较之网络营销的检索，平面广告的检索要费时、费事的多。

当然，万物各有所长，也各有所短。作为新兴营销方式，网络营销具有强大的生命力，但也存在着某些不足。例如，网络营销尤其是网络分销，无法满足消费者个人社交的心理需要，无法使消费者以购物过程来显示自身社会地位、成就感或支付能力等。尽管如此，网络营销作为21世纪的营销新方式势不可挡，必将成为全球企业竞争的锐利武器。

18.3 网络营销对传统营销的冲击

网络营销作为一种全新营销理念，具有很强的实践性，它的发展速度是前所未有的。随着我国市场经济发展的国际化、规模化，国内市场必将更加开放，更加容易受到国际市场的冲击，而网络营销的跨时空性无疑是一枚“重型炮弹”，将对传统营销产生巨大冲击。

18.3.1 对传统营销策略的影响

1. 对传统品牌策略的冲击　首先，是对传统的标准化产品的冲击。通过互联网，厂商可以迅速获得关于产品概念和广告效果测试的反馈信息，也可以测试顾客的认同水平，从而更加容易对消费者行为方式和偏好进行跟踪，针对不同的消费者提供不同的商品。怎样更有效地满足消费个性化的需求，是每个上网公司面临的一大挑战。其次，对上网公司的另一个主要挑战是如何对全球品牌和共同的名称或标志识别进行管理，是实行统一形象品牌策略还是实行有本地特点区域品牌策略，以及如何加强品牌区域管理是上网公司面临的现实问题。

2. 对定价策略的影响　相对于目前的各种媒体来说，互联网先进的网络浏览和服务器会使变化不定的且存在差异的价格水平趋于一致，这对于执行差别化定价策略的公司来说不能不说是一个严重问题。

3. 对传统营销渠道的冲击　通过互联网，生产商可与最终用户直接联系，中间商的重要性因此有所降低。这造成两种后果：①由跨国公司所建立的传统的国际分销网络对弱小竞争者造成的进入障碍将明显降低。②对于目前直接通过互联网进行产品销售的生产商来说，本来由各分销商承担的售后服务工作随着代理销售利润的消失，分销商将很有可能不再承担这些工作。

4. 对传统广告障碍的消除　首先，相对于传统媒体来说，由于网络空间具有无限扩展性，因此，在网络上做广告可以较少地受到空间篇幅的局限，可尽可能地将必要的信息一一罗列。其次，迅速提高的广告效率也为网上企业创造了便利条件。

18.3.2 对传统营销方式的冲击

随着网络技术迅速向宽带化、智能化、个人化方向发展，用户可以在更广阔的领域内实现声、图、像、文一体化的多维信息共享和人机互动功能。它将导致大众市场的终结，并逐步体现市场的个性化，最终，企业将不得不以每一个用户的需求来组织生产和销售。

另外，网络营销的企业之间的竞争，是一种以顾客为焦点的竞争形态，如何与散布在全球各地的顾客群保持紧密的关系并能掌握顾客的特性，建立顾客对于虚拟企业与网络营销的信任感，是网络营销成功的关键。

18.3.3 对传统营销战略的影响

互联网具有的平等、自由等特性，使得网络营销将降低公司所拥有的规模经济的竞争优势，从而使小企业更易于在全球范围内参与竞争；另一方面，由于人人都能掌握竞争对手的产品信息与营销作为，因此，胜负的关键在于如何适时获取、分析、运用这些自网络上获得的信息，用来研究并采用极具优势的竞争策略。同时，策略联盟将是网络时代的主要竞争形态，如何运用网络来组成合作联盟，并以联盟所形成的资源规模创造竞争优势，将是未来企业经营的重要手段。

任何渴望利用互联网的公司，都必须为其经营选择一种恰当的商业模式，并要明确这种新型媒体所传播的信息和进行的交易将会对其现存模式产生什么样的影响。

18.3.4 对传统营销组织的影响

互联网的发展会相继带动企业内部网（Intranet）的蓬勃发展，使得企业内外部沟通与经营管理均需要依赖网络，并成为主要的信息来源渠道与信息源。

18.4 网络营销与传统营销整合

在买方市场下，市场竞争日益激烈。依靠传统的营销手段，企业要想在市场中取得竞争优势越来越难。网络营销的出现彻底地改变了原有市场营销理论和实务存在的基础，营销和管理模式也发生了根本的变化。网络营销是企业向消费者提供产品和服务的另一个渠道，为企业提供了一个增强竞争优势，增加盈利的机会。于是，如何处理好网络营销与传统营销的整合，能否比竞争对手更有效的唤起顾客对产品的注意和需要，成为企业开展网络营销能否成功的关键。

1. 网络营销中顾客概念的整合　传统的市场营销学中的顾客是指与产品购买和消费直接有关的个人或组织，如产业购买者，中间商，政府机构等。在网络营销中这种顾客仍然是企业最重要的顾客。

网络营销所面对的顾客与传统营销所面对的顾客并没有什么太大的不同，虽然，目前的网民还具有地域性和年龄性的特点。同时，我国现在的网民也仅有一千多万，但这都将随着网络建设的进一步完善以及网络资费的进一步降低而增加。因此，企业开展网络营销应进行全方位的、战略性的市场细分和目标定位。

但是，网络社会的最大特点就是信息“爆炸”。在因特网上，面对全球数以百万个站点，每一个网上消费者只能根据自己的兴趣浏览其中的少数站点。而应用搜索引擎可以大大节省消费者时间和精力，因此，自第一批搜索引擎投入商业运行以来，网络用户急剧上升。面对这种趋势，从事网络营销的企业必须改变原有的顾客概念，应该将搜索引擎当作企业的特殊顾客，因为搜索引擎不是网上直接消费者，却是网上信息最直接的受众，它的选择结果直接决定了网上顾客接受的范围。以网络为媒体的商品信息，只有在被搜索引擎选中的情况下，才有可能传递给网上的顾客。既然搜索引擎成为企业从事网络营销的特殊顾客，那么企业在设计广告或发布网上信息时，不仅要研究网上顾客及其行为规律，还要研究计算机行为，掌握各类引擎的探索规律。

2. 网络营销中产品概念的整合　市场营销学中将产品解释为能够满足某种需求的物品，并认为完整的产品是由核心产品、形式产品和附加产品构成，即整体的产品概念。网络营销一方面继承了上述整体产品的概念；另一方面比以前任何时候都更加注重和依赖于信息对消费者行为的引导，因而将产品的定义扩大了，即产品是提供到市场上引起注意、需要和消费的物品。

网络营销主张以更加细腻的、更加周全的方式为顾客提供更完美的服务和满足。因此，网络营销在扩大产品定义的同时，还进一步细化了整体产品的构成。它用 5 个层次来描述整体产品的构成，即核心产品、一般产品、期望产品、扩大产品和潜在产品。在这里，核心产品与原来的意义相同；扩大产品与原来的附加产品相同，但还包括区别于其他竞争产品的附加利益和服务；一般产品和期望产品由原来的形式产品细化而来，是指同种产品通常具备的具体形式和特征；期望产品是指符合目标顾客一定期望和偏好的某些特征和属性；潜在产品是指顾客购买产品后可能享受到的超乎顾客现有期望、具有崭新价值的利益或服务。但在购买后的使用过程中，顾客会发现这些利益和服务中总会有一些内容对顾客有较大的吸引力，从而有选择的去享受其中的利益或服务。可见，潜在产品是一种完全意义上的服务创新。

3. 网络营销中营销组合概念的整合　网络营销过程中营销组合概念因产品性质不同而不同。对于知识产品，企业直接在网上完成其经营销售过程，在这种情况下，市场营销组合发生了很大的变化（与传统媒体的市场营销相比）：①传统营销组合的 4P’s 中的 3 个，即产品、渠道和促销，由于摆脱了对传统物质载体的依赖，已经完全电子化和非物质化了。因此，就知识产品而言，网络营销中的产品、渠道和促销本身纯粹就是电子化的信息，它们之间的分界线已变的相当模糊，以至于三者不可分。若不与作为渠道和促销的电子化信息发生交互作用，就无法访问或得到该产品。②价格不再以生产成本为基础，而是以顾客意识到的产品价值来计算。③顾客对产品的选择和对价值的估计很大程度上受网上促销的影响，因而网上促销的作用倍受重视。④由于网上顾客普遍具有高知识、高素质、高收入等特点，因此网上促销的知识、信息含量比传统促销大大提高。

对于有形产品和某些服务，虽然不能以电子化方式传递，但企业在营销时可利用 Internet 完成信息流和商流。在这种情况下，传统的营销组合没有发生变化，价格则由生产成本和顾客的感受价值共同决定，其中包括和竞争对手的比较。促销及渠道中的信息流和商流则是由可控制的网上信息代替，渠道中的物流则可实现速度、流程和成本最优化。因为网上简便而迅速的信息流和商流，使中间商在数量上最大限度的减少，甚至成为多余。

综合以上两种典型的情况，在网络营销中，市场营销组合本质上是无形的，是知识和信息的特定组合，是人力资源和信息技术综合的结果。在网络市场中，企业通过网络市场营销组合，向消费者提供良好的产品和企业形象，获得满意的回报和产生良好的企业影响。

4. 网络营销对企业组织的整合　网络营销带动了企业理念的发展，也相继带动了企业内部网的发展，形成了企业内外部沟通与经营管理均离不开网络作为主要渠道和信息源的局面。销售部门人员的减少，销售组织层级的减少和扁平化，经销代理与门市分店数量的减少，渠道的缩短，虚拟经销商、虚拟门市、虚拟部门等内、外组织的盛行，都成为促使企业对于组织进行再造工程的迫切需要。

在企业组织再造过程中，在销售部门和管理部门中将衍生出一个负责网络营销和公司其他部门协调的网络营销管理部门。它区别于传统的营销管理，主要负责解决网上疑问，解答新产品开发以及网上顾客服务等事宜。同时，企业内部网的兴起，还将改变企业内部运作方式以及提高对员工素质的要求。在网络营销时代到来之际，形成与之相适应的企业组织形态显得十分重要。

网络营销与传统营销是相互促进和补充的，企业在进行营销时应根据经营目标和细分市场，整合网络营销和传统营销策略，以最低成本达到最佳的营销目标。网络营销与传统营销的整合，就是利用整合营销策略实现以消费者为中心的传播统一、双向沟通，实现企业的营销目标。传播的统一性是指企业以统一的传播资讯向消费者传达，即用一个声音来说话（speak with one voice），消费者无论从哪种媒体所获得的讯息都是统一的、一致的。其目的是运用和协调各种不同的传播手段，使其发挥出最佳、最集中统一的作用，最终实现在企业与消费者之间建立长期的、双向的、维系不散的关系。与消费者的双向沟通，是指消费者可与公司展开富有意义的交流，可以迅速、准确、个性化地获得信息、反馈信息，如果说传统营销理论的座右铭是“消费者请注意”的话，那么整合营销所倡导的格言即是“请注意消费者”。虽然只是两个词之间位置的转换，但其消费者在营销过程中的地位发生了根本的改变，营销策略已从消极、被动地适应消费者向积极、主动地与消费者沟通、交流转化。

另外，整合营销已从理论上离开了在传统营销理论中占中心地位的 4P’s 理论，逐渐转向以 4C 理论为基础和前提。其所主张的观念是：

(1) 先不急于制定产品策略 (Product)：以研究消费者的需求和欲望 (Consumer wants and needs) 为中心，不要再卖你所生产、制造的产品，而卖消费者想购买的产品。

(2) 暂时把定价策略 (Price) 放到一边：研究消费者为满足其需求所愿付出的成本 (Cost)。

(3) 忘掉渠道策略 (Place)：着重考虑给消费者方便 (Convenience) 以购买到商品。

(4) 抛开促销策略 (Promotion)：着重于加强与消费者沟通和交流。

网络营销的产生和发展，使营销本身及其环境发生了根本的变革，以 Internet 为核心支撑的网络营销正在发展成为现代市场营销的主流。长期从事传统营销的各类企业，必须处理好网络营销与传统营销的整合。只有这样，企业才能真正掌握网络营销的真谛，才能利用网络营销为企业赢得竞争优势，扩大市场，取得利润。

本章小结

市场营销学的生命源泉是其与生俱来的应用性、变革和创新性。市场营销学发展到今天，由于集通信技术、信息技术、计算机技术为一体的因特网络的建立，以及 Web 系统软件的广泛应用，形成了对传统经营模式的强大冲击，网络营销应运而生。

对网络营销研究角度的不同造成了对网络营销本身的理解和认识上的较大差异。广义地说，凡是以互联网为主要手段进行的、来达到一定营销目标的经营活动，都可称之为网络营销。从狭义的角度看，网络营销是企业整体营销战略的一个组成部分，是利用 Internet 技术，最大程度地满足客户需求，以达到开拓市场，实现盈利目标的经营过程。

网络营销的内容非常丰富，主要包括网上市场调查、网上消费者行为分析、网络营销策略制定、网上产品和服务策略、网上价格营销策略、网上渠道选择与直销、网上促销与网络广告、网络营销管理与控制。

与传统营销方式相比较，网络营销作为一种全新的营销方式具有得天独厚的特点和优势，主要表现在传播范围广、不受时空限制；网络营销具有交互性和纵深性；成本低、速度快、更改灵活；网络营销是多维营销；网络营销能进行完善的统计，可以跟踪和衡量营销效果；网络营销的投放更具有针对性；网络营销的受众关注度高；网络营销缩短了媒体投放的进程；网络营销具有可重复性和可检索性。

网络营销作为一种全新营销理念，对传统营销策略，传统营销方式，传统营销战略和传统营销组织都将产生巨大冲击和影响。如何在4P's理论逐渐转向以4C理论为基础和前提的情况下，处理好网络营销与传统营销中的顾客概念的整合、产品概念的整合、营销组合概念的整合和企业组织的整合，成为企业开展网络营销能否成功的关键。

作为新兴营销方式，网络营销除具有强大的生命力，也存在着某些不足。尽管如此，作为21世纪的营销新方式势不可挡，网络营销将成为全球企业竞争的锐利武器。

思 考 题

1. 如何正确认识网络营销的概念?
2. 试述企业通过哪些内容开展网络营销活动以实现网络经营目标。
3. 简述与传统营销方式相比较网络营销所具有的特点和优势。
4. 你认为网络营销的发展会对传统营销方式带来哪些冲击?
5. 企业开展网络营销，如何处理好网络营销与传统营销的整合?

案 例 分 析

戴尔公司网络营销

戴尔计算机公司于1984年由企业家迈克尔·戴尔创立。迈克尔·戴尔是目前计算机业内任期最长的首席执行官，他的理念非常简单，即按照客户要求制造计算机，并向客户直接发货，使戴尔公司能够更有效和明确地了解客户需求，继而迅速地做出回应。

这种革命性的举措已经使戴尔公司成为全球领先的计算机系统直销商，跻身业内主要制造商之列。在美国，戴尔公司是商业用户、政府部门、教育机构消费者市场名列第一的主要个人计算机供应商。

戴尔公司设计、开发、生产、营销、维修和支持一系列从笔记本电脑到工作站的个人计算机，显然，每一个系统都是根据客户的个别要求量身定制的。

戴尔公司透过首创的革命性“直线订购模式”，与大型跨国企业、政府部门、教育机构、中小型企业以及个人消费者建立直接关系。戴尔公司是首个向客户提供免费直拨电话技术支持，以及第2个工作日到场服务的计算机供应商。这些服务形式现在已经成为全球行业的标准。

戴尔公司与技术开发和缔造者建立的一对一直接关系，为顾客带了更多的好处。直线订购模式使戴尔公司能够提供最佳价值的技术方案，系统配置强大而丰富，性能表现绝对是物超所值。同时，也使戴尔公司能以更富竞争力的价格推出最新的相关技术。

从每天与众多客户的直接洽谈中，戴尔公司掌握了针对客户需要的第一手资料。戴尔公司提供广泛的增值服务，包括安装支持和系统管理，并在技术转换方面为客户提供指导服务。今天，戴尔公司利用互联网进一步推广其直线订购模式，再次处于业内领先地位。戴尔在1994年推出了网站（http://www.dell.com)，并在1996年加入了电子商务功能，推动商业向互联网方向发展。今天，基于微软公司的操作系统，戴尔运营着全球最大规模的互联网商务网站，该网站销售额占公司总收益的40%～50%。戴尔Power Edge服务器运作的www.dell.com网址包括80个国家的站点，目前每季度有超过4000万人浏览。客户可以评估多种配置，即时获取报价，得到技术支持，订购一个或多个系统。

戴尔公司在全球34个国家设有销售办事处，其产品和服务遍及170多个国家和地区。戴尔公司总部位于得克萨斯州的Round Rock，距奥斯丁不远，戴尔公司还在以下地方设立地区总部：中国香港，负责亚太地区业务；日本川崎，负责日本市场业务；英国布莱尔内尔（Bracknell)，负责欧洲、中东和非洲的业务。戴尔公司在以下6处地点设有生产全线计算机系统的设施：得克萨斯洲的奥斯丁、田纳西州的Nashville、巴西的Eldordo do sul、爱尔兰的利姆里克、马来西亚槟城和中国厦门。

1998年6月戴尔公司完成了首次公开募股，在全美证券交易协会再机动报价（Nasdaq）市场系统买卖，普通股代号为DELL。自从戴尔首次公开募股，公司股票价格已上升了400倍以上。

戴尔公司作为一个国际性的公司，为更好地满足不同市场需求，在推行网上直销时专门针对不同区域市场推行特定的网上直销。有专门针对我国市场客户提供的直销服务，网站设计时用的是中文而且考虑了中国人的习惯，允许电话联系定货。戴尔公司改变了传统营销的手段和方式，而且在Internet上开展网络营销所具有的价格竞争优势。这些将推动网络营销开创一个划时代的革命性的营销新纪元。

资料来源：http://www.sun116.net/

案例思考

你认为戴尔公司成功的主要原因是什么？

参考文献

[1] 韩德昌. 市场营销基础［M］. 2版. 北京：中国财政经济出版社，2006.
[2] 李家龙. 中小企业市场营销［M］. 北京：清华大学出版社，2006.
[3] 何立居. 市场营销理论与实务［M］. 北京：机械工业出版社，2005.
[4] 袁炎清，范爱理，等. 物流市场营销［M］. 北京：机械工业出版社，2005.
[5] 闫国庆. 国际市场营销学［M］. 北京：清华大学出版社，2005.
[6] 甘碧群. 市场营销学［M］. 武汉：武汉大学出版社，2003.
[7] 李先国. 营销管理［M］. 大连：东北财经大学出版社，2002.
[8] 冯丽云. 现代市场营销学［M］. 3版. 北京：经济管理出版社，2004.
[9] 菲利普·科特勒. 营销管理［M］. 北京：中国人民大学出版社，2001.
[10] 吴健安. 市场营销学［M］. 2版. 北京：高等教育出版社，2004.
[11] 张英奎. 市场营销学［M］. 天津：天津人民出版社，2001.
[12] 郭国庆. 市场营销学［M］. 武汉：武汉大学出版社，1997.
[13] 马连福. 现代市场调查与预测［M］. 北京：首都经济贸易大学出版社，2002.
[14] 刘玉玲. 市场调研与预测［M］. 北京：科学出版社，2005.
[15] 吴勇，车慈惠，等. 市场营销［M］. 北京：高等教育出版社，2005.
[16] 菲利普·科特勒. 市场营销管理［M］. 亚洲版. 郭国庆，译. 北京：中国人民大学出版社，1998.
[17] 吕一林，杨延龄，李蕾，等. 现代市场营销学［M］. 2版. 北京：清华大学出版社，2000.
[18] 迈克尔·波特. 竞争战略［M］. 陈小悦，译. 北京：华夏出版社，1997.

21 世纪高职高专规划教材书目
（经管、财会和文法类）

高等数学(文科用)(第 2 版)
经济应用数学
应用文写作
应用文写作教程
经济法概论
C 语言程序设计
计算机文化基础
职业院校学生心理健康
法律基础
法律基础概论

税法
行政法
民法
国际商法
法律基础英语
办公自动化技术
电子商务
电子商务概论
计算机网络技术

管理学原理
管理信息系统
管理实践指南
企业经营管理
民营企业管理实务
统计学
统计学及统计实务

金融学概论
宏观经济学
流通经济学
西方经济学

国际投资
国际贸易实务
国际贸易理论与实务
国际金融
国际商务
商务商务谈判
外经贸英语函电
商务英语函电
商务英语口语
商务英语口语教学指要
英语翻译

推销学
消费心理学
市场营销学
现代市场营销学
市场调查与信息分析
机电商品市场营销
网络营销
汽车营销学

保险学
证券投资学
证券交易实务
中国税收
中国税制及实务处理
中国税收及策划
审计学
公共关系原理及实务
秘书学原理及实务
档案管理学
文献信息检索教程
心理学原理与应用

会计基础
基础会计学
财务管理
财务会计
成本会计
管理会计
会计电算化
会计模拟实验
财务会计综合模拟实训教程
会计实验
财务报表分析

新闻学理论教程
广告学概论
广告文案写作
构成学
三维动画制作

旅游学概论
中国旅游地理
旅游市场营销
酒店公关与营销
饭店财务与管理
餐饮服务与管理
模拟客房实训教程
模拟英语导游实训教程

物流技术基础
物流仓储与配送
物流管理
物流运输管理与实务